"十二五"普通高等教育本科国家级规划教材

住房和城乡建设部"十四五"规划教材

交通版高等学校土木工程专业规划教材

道路勘测设计

（第5版）

主　编　李松青
副主编　张宝玉　高建平　袁　颖　唐　羽

人民交通出版社

北京

内 容 提 要

本书为高等学校土木工程专业规划教材，主要介绍公路与城市道路勘测与设计的基本概念、基本原理和基本方法。全书共十章，包括：概论、道路平面设计、道路纵断面设计、道路横断面设计、道路选线与总体设计、道路交叉设计、交通设施设计、道路环境保护与道路景观设计、道路安全性评价、道路勘测。

本书主要作为高等学校土木工程专业、道路桥梁与渡河工程专业教学用书，可供道路设计、施工、养护、管理的工程技术人员学习参考，也可用作继续教育、成人教育的专业课教材。

图书在版编目（CIP）数据

道路勘测设计 / 李松青主编. — 5版. — 北京：人民交通出版社股份有限公司，2025.3. — ISBN 978-7-114-20202-5

Ⅰ．U412

中国国家版本馆CIP数据核字第2025CG7230号

"十二五"普通高等教育本科国家级规划教材
住房和城乡建设部"十四五"规划教材
交通版高等学校土木工程专业规划教材

Daolu Kance Sheji

书　　　名：	道路勘测设计（第5版）
著 作 者：	李松青
责任编辑：	袁倩倩
责任校对：	赵媛媛　魏佳宁
责任印制：	刘高彤
出版发行：	人民交通出版社
地　　　址：	(100011)北京市朝阳区安定门外外馆斜街3号
网　　　址：	http://www.ccpcl.com.cn
销售电话：	(010)85285911
总 经 销：	人民交通出版社发行部
经　　销：	各地新华书店
印　　　刷：	北京市密东印刷有限公司
开　　　本：	787×1092　1/16
印　　　张：	26.75
字　　　数：	646千
版　　　次：	1999年7月　第1版
	2005年6月　第2版
	2012年7月　第3版
	2018年12月　第4版
	2025年3月　第5版
印　　　次：	2025年3月　第5版　第1次印刷　总第23次印刷
书　　　号：	ISBN 978-7-114-20202-5
定　　　价：	65.00元

（有印刷、装订质量问题的图书，由本社负责调换）

第5版 前言
PREFACE

  本教材自首版于1999年7月问世以来,历经25年,已成为全国高等院校土木工程及相关专业道路勘测设计课程的主要教材之一。其间,本教材于2014年入选全国"十二五"普通高等教育本科国家级规划教材,2021年入选高等教育住房和城乡建设领域学科专业"十四五"规划教材。

  当前,在加快建设交通强国背景下,交通行业的发展已由追求速度规模向更加注重质量效益转变,更加追求可持续发展。"道路勘测设计"课程在土木工程专业中具有至关重要的地位。它不仅是土木工程专业中的一个核心领域,而且是确保交通基础设施安全、高效和可持续发展的关键环节。随着科技的不断进步和创新,公路勘察设计水平不断提高,公路勘测设计方法及手段更加先进,新标准、新规范不断更新,这些变化对道路勘测设计课程提出了更新更高的要求。面对新的变化与要求,以及本课程在相关专业课时减少的现状,我们对《道路勘测设计》教材进行了全面的修订和更新,以确保其内容既符合当前公路建设的最新要求,又能简明扼要地传授给学生必备的知识和技能。与第4版相比,本版教材的主要更新内容如下:

  (1)考虑与相关课程交叉重叠,删去"道路设计管理及基本要求"一章;考虑安全发展的设计理念,以及设计中对安全性评价的相关要求及其重要性,新增第九章"道路安全性评价"。

  (2)横断面设计部分,对超高部分进行了完善,新增第八节"平、纵、横综合

1

设计"。

（3）选线与总体设计部分，新增第四节"特殊地区和不良地质地段选线"，对地形选线进行整合，对公路与城市道路的总体设计进行了修改调整。

（4）按照道路交叉的设计思路和步骤，对相关内容和前后顺序进行了梳理，突出其设计要点；新增互通式立体交叉设计的一般规定和互通式立体交叉主线平纵线形、匝道横断面、加减速车道等方面的设计要点。考虑到各学校对本课程的学时设置不同以及课程设置不同，该章内容在教学过程中可灵活对待。

（5）交通设施设计根据《道路交通标志和标线　第2部分：道路交通标志》（GB 5768.2—2022）等规范更新了相关内容，新增事故严重程度的判断标准和路基护栏防护等级的选取方法。

（6）对原"环境保护与道路景观设计"一章进行了更新、调整并取消"公路环境保护与景观设计文件编制"一节。

（7）在道路外业勘测中，对3S技术在公路勘测中的运用与操作、无人机技术在公路勘测中的运用与操作做了简要介绍。

（8）修改了其他与现行标准规范不一致的相关内容。

（9）增补部分插图，更换部分陈旧或不合理的插图。

（10）对全书进行统校、通改，尽量消除"错、漏、缺"。交通统计数据更新至2023年末。

本教材共十章，第一章、第五章由重庆交通大学李松青编写，第二章、第三章由重庆交通大学袁颖编写，第四章、第十章由重庆交通大学唐羽编写，第六章、第七章由重庆交通大学张宝玉编写，第八章、第九章由重庆交通大学高建平编写。

全书由重庆交通大学李松青主编并统稿。

本教材在编写过程中，主要参考了《公路工程技术标准》（JTG B01—2014）、《公路路线设计规范》（JTG D20—2017）、《城市道路工程设计规范（2016年版）》（CJJ 37—2012）等标准，还参考了有关的专业教材和资料，在此表示诚挚的感谢。同时，感谢人民交通出版社编辑们的辛勤付出。

由于教材内容涉及面广，篇幅较大、课程交叉内容较多，加之编者水平和能力有限，书中错漏之处在所难免，敬请读者批评指正，以便进一步修改完善。

编　者
2024年7月

道路勘测设计(第5版)一书一码资源列表

序号	资源名称(注意资源名与所发资源名称要一一对应)	类型	对应页码
1	因川藏公路而生的交通专业高等院校	文档	P2
2	我国高速公路发展历程	文档	P3
3	我国公路网规划的前世今生	文档	P4
4	我国农村公路的发展历程及未来展望	文档	P6
5	《公路工程技术标准》和《公路路线设计规范》编制修订历程	文档	P8
6	道路建设、道路设计缺陷导致交通事故的责任主体	文档	P13
7	第一章测试题及答案	文档	P19
8	发动机工作原理	视频	P20
9	规范解读:直线的最小长度	文档	P31
10	规范解读:回头曲线	文档	P46
11	第二章测试题及答案	文档	P69
12	高转速刹车测试	视频	P78
13	规范解读:最大坡长	文档	P79
14	竖曲线计算讲解	视频	P88
15	规范解读:平包竖	文档	P96
16	第三章测试题及答案	文档	P109
17	规范解读:公路用地范围	文档	P110
18	规范解读:有效净空高度	文档	P113
19	规范解读:最大超高值	文档	P133
20	规范解读:超高过渡	文档	P137
21	规范解读:圆曲线加宽	文档	P139
22	城市道路设计动画	视频	P159
23	公路设计视觉动态分析	视频	P159
24	第四章测试题及答案	文档	P160
25	独库公路	视频	P174
26	锡崖沟挂壁公路	文档	P186
27	国道318怒江七十二拐	视频	P190
28	第五章测试题及答案	文档	P243
29	公路交叉口安全隐患排查案例及优化	文档	P247
30	第六章测试题及答案	文档	P318

续上表

序号	资源名称(注意资源名与所发资源名称要一一对应)	类型	对应页码
31	道路设计缺护栏！高速集团被判赔偿	文档	P322
32	第七章测试题及答案	文档	P348
33	贵州正习高速荣获国际大奖	文档	P355
34	第八章测试题及答案	文档	P365
35	避险车道	视频	P388
36	第九章测试题及答案	文档	P389
37	CAD融合航拍	视频	P407
38	第十章测试题及答案	文档	P411
39	课程总结1	视频	P412
40	课程总结2	视频	P412
41	课程考核试卷一	文档	P413
42	课程考核试卷二	文档	P413
43	课程考核试卷三	文档	P413
44	试卷一答案及评分标准	文档	P413
45	试卷二答案及评分标准	文档	P413
46	试卷三答案及评分标准	文档	P413

目 录
CONTENTS

第一章　概论 ·· 1
　第一节　交通运输与道路运输 ·· 1
　第二节　道路的分类与等级 ·· 5
　第三节　道路设计阶段和任务 ·· 9
　第四节　道路设计控制要素 ··· 13
　复习思考题及习题 ·· 18

第二章　道路平面设计 ·· 20
　第一节　道路平面设计原理 ··· 20
　第二节　直线设计 ·· 30
　第三节　圆曲线设计 ··· 33
　第四节　缓和曲线设计 ·· 37
　第五节　平面线形设计与计算 ·· 41
　第六节　行车视距 ·· 54
　第七节　平面设计成果 ·· 60
　复习思考题及习题 ·· 68

第三章　道路纵断面设计 ·· 70
　第一节　道路纵断面设计原理 ·· 70
　第二节　纵坡设计 ·· 78
　第三节　竖曲线设计 ··· 87
　第四节　平纵线形组合设计 ··· 94

1

  第五节 纵断面设计方法及纵断面设计成果 ································· 98
  复习思考题及习题 ··· 108

第四章 道路横断面设计 ··· 110
  第一节 道路用地范围与建筑限界 ······································ 110
  第二节 横断面组成 ··· 115
  第三节 横断面各组成部分设计 ·· 119
  第四节 超高及加宽 ··· 132
  第五节 横断面视距的保证 ·· 144
  第六节 横断面设计 ··· 147
  第七节 路基土石方计算与调配 ·· 153
  第八节 平、纵、横综合设计 ·· 156
  复习思考题及习题 ··· 159

第五章 道路选线与总体设计 ··· 161
  第一节 道路选线概要 ··· 161
  第二节 路线方案比较 ··· 165
  第三节 不同地形条件下的道路选线 ······································ 171
  第四节 特殊地区和不良地质地段选线 ··································· 199
  第五节 定线 ··· 205
  第六节 总体设计 ·· 224
  复习思考题及习题 ··· 242

第六章 道路交叉设计 ··· 244
  第一节 道路交叉概述 ··· 244
  第二节 平面交叉 ·· 249
  第三节 立体交叉 ·· 282
  复习思考题及习题 ··· 317

第七章 交通设施设计 ··· 319
  第一节 交通设施概要 ··· 319
  第二节 公路交通工程及沿线设施 ······································ 320
  第三节 城市道路交通设施 ·· 336
  复习思考题及习题 ··· 347

第八章 道路环境保护与道路景观设计 ································· 349
  第一节 道路环境保护设计 ·· 349
  第二节 道路景观设计 ··· 359
  复习思考题及习题 ··· 365

第九章 道路安全性评价 ·· 366
  第一节 道路安全性评价的基本概念 ··································· 366

第二节　公路项目设计阶段安全性评价 …………………………………………371
　　复习思考题及习题 ………………………………………………………………389
第十章　道路勘测 ……………………………………………………………………390
　　第一节　道路勘测的要求 ………………………………………………………390
　　第二节　道路初测 ………………………………………………………………393
　　第三节　道路定测 ………………………………………………………………400
　　第四节　道路勘测验收及校审 …………………………………………………408
　　复习思考题及习题 ………………………………………………………………410
附件1　课程总结 ……………………………………………………………………412
附件2　试卷及参考答案 ……………………………………………………………413
参考文献 ………………………………………………………………………………414

第一章 概 论

第一节 交通运输与道路运输

一 交通运输

1. 交通运输的作用

交通是指人员的往来、货物的交流和信息的流动;运输是指人和物借助各种交通工具的载运,实现空间位移的一种经济活动和社会活动。交通与运输反映的是同一过程的两个方面:同一过程是指载运工具在交通网络上的流动过程;两个方面是指交通关注的是载运工具的流动情况(流量的大小、畅通的程度),运输关注的则是一定时期内运送人员或物资的数量、距离、经济成本等。在有载状态,交通的过程同时是运输的过程。交通与运输既相互区别,又密切联系,是一个统一整体。

交通运输是国民经济中具有基础性、先导性、战略性的产业,是重要的服务性行业和现代化经济体系的重要组成部分,交通运输发展可有效促进国土空间开发保护、城乡区域协调发展、生产力布局优化,是构建新发展格局的重要支撑和服务人民美好生活、促进共同富裕的坚实保障。

交通运输是国民经济的命脉,是国家强大的"先行官"。交通运输是生产过程在流通领域的继续和进行社会再生产的必要条件,是沟通城乡之间、地区之间、企业之间经济活动的纽带,也是联系国内与国外、商品生产与商品消费不可缺少的桥梁。交通运输的发展,有利于促进整个社会的经济发展和人民物质文化生活水平的提高,有利于国家的强大。随着人类社会的进步和科学技术的发展,交通运输的作用越来越大。构建安全、便捷、高效、绿色、经济的现代化综合交通体系,打造一流设施、一流技术、一流管理、一流服务,建成人民满意、保障有力、世界前列的交通强国,为全面建成社会主义现代化强国,实现中华民族伟大复兴中国梦提供坚强支撑。

2. 交通运输体系的构成

交通运输是社会经济活动的重要门类。交通运输业在《国民经济行业分类》(GB/T 4754—2017)中归于 G 类:交通运输、仓储和邮政业,包括铁路运输业(第53大类)、道路运输业(第54大类)、水上运输业(第55大类)、航空运输业(第56大类)、管道运输业(第57大类)、多式联运和运输代理业(第58大类)。其中,道路运输业细分为:城市公共交通运输、公路旅客运输、道路货物运输、道路运输辅助活动4个中类。

铁路运输具有安全、运送速度快、运载量大、运程远、运输成本较低、利于节约能源和环境保护等特点,在交通运输体系中起着主干作用。铁路运输适合大宗货物运输,特别是中长途货物运输,也适合于中长途、短途城际和现代快速市郊旅客运输。

道路运输具有机动灵活、分布广、效率高、运量小、成本高等特点。道路运输适用于中短途客货运输,短途运输有着显著的效益,特别是"门到门"的运输更显优越,并可补充和衔接其他运输方式。

水上运输有运量大、成本低、运速较慢、受到航道的限制等特点。水上运输特别适用于大宗货物的长途运输,尤其是远洋运输,是国际贸易的主要运输方式。

航空运输具有运送速度快、舒适性高、安全性好等特点。航空运输适用于长途旅客运输、货物运输及邮件运输,包括国际和国内运输,在通用航空运输方面(摄影、人工降雨、林业播种、抗灾救援等)更显优势。

管道运输具有运量大、占地少、耗能低、运费低等特点。但由于受管线的限制,管道运输仅适用于液态、气态及散装粉状(如石油、煤气、水泥等)的运输,尤其适用于输送属危险品的油类。由于管道埋在地下,受地面干扰少,运送此类物品较为安全。

多式联运是由两种或两种以上的不同运输方式通过有效衔接、转运而共同完成的运输过程,提供全程一体化组织的货物运输服务。多式联运具有产业链条长、资源利用率高、综合效益好等特点,对推动物流业降本增效和交通运输绿色低碳发展,完善现代综合交通运输体系具有积极意义。

不同运输方式具有各自不同的技术经济特征,各种运输方式应统筹规划、合理分工、协调配合、取长补短,构建以铁路为主干,以公路为基础,水运、民航比较优势充分发挥的国家综合立体交通网,为国民经济的发展服务。

二 我国道路建设发展历程

1. 公路建设

新中国成立初期,我国公路通车里程仅为8.07万km,公路等级都在二级以下,有路面里程只有3万km。到1978年,全国公路通车里程达到89万km,公路密度为每百平方公里9.27km,公路通车里程是新中国成立初期的11倍,但既无一级公路,更无高速公路,公路交通成为国民经济发展的"瓶颈"。改革开放后,伴随着国民经济的快速发展和对外开放的不断扩大,公路交通步入了快速发展的轨道。到2023年底,全国公路总里程543.68万km,公路密度为每百平方公里56.63km。新中国成立以来(1949—2023年)公路里程发展趋势如图1-1所示。

因川藏公路
而生的交通
专业高等院校

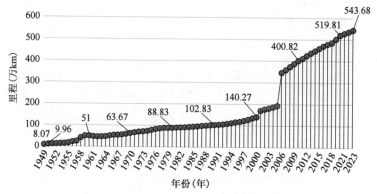

图1-1 1949—2023年公路里程发展趋势

注:2006年开始全国公路总里程包含村道里程(2006年村道153.2万km)。

高速公路是现代经济和社会发展的重要基础设施,是构筑交通现代化的重要基础。中国高速公路建设酝酿于20世纪70年代,起步于20世纪80年代,发展于20世纪90年代,腾飞于21世纪。虽然,它的建设起步时间较西方发达国家晚了近半个世纪,但建设速度快。1988年10月31日我国第一条高速公路——沪嘉高速公路建成通车,标志着中国大陆高速公路零的突破。1999年,我国高速公路里程突破1万km,跃居世界第四位;2000年底,高速公路里程达到1.6万km,居世界第三位;2005年底,高速公路里程达到4.1万km,居世界第二位;2012年底,高速公路里程达到9.6万km,居世界第一位;2023年底,高速公路里程18.36万km。图1-2为全国高速公路里程发展趋势图。

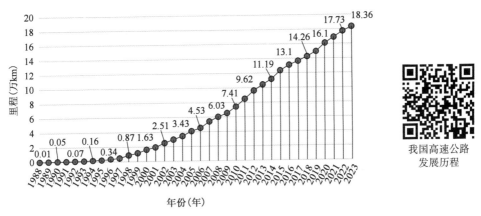

图1-2　1988—2023年高速公路里程发展趋势

2. 城市道路建设

新中国成立初期至1978年,中国对城市进行了新的建设和改造,原有破旧不堪的道路得到了修整,城市开始建立起较为合理的道路骨架系统,一些重点城市进行了大规模的基础设施建设,道路条件得到明显改善,道路的骨架系统逐步形成。这一时期,机动车增长比较缓慢,道路容量大于交通量,因而城市交通运行比较畅通,车速稳定。

1978—2000年期间,中国城市化水平由17.92%提高到36.26%,各大、中城市开始普遍产生交通问题,为改善交通状况,不少大城市开始大量建设城市快速路、大型立交、地铁等,但由于交通需求同样增长迅速,交通基础设施的建设仅仅局部、短时间地改善了城市交通运行状况,2000年以前,基本处于"拥堵—修路—再拥堵—再修路"这一被动循环局面。

2000—2023年,我国城市化水平由36.26%提高到66.16%,城市规模急剧扩大,机动车加速发展,交通拥堵已经成为许多城市发展过程中无法避免的问题。至"十三五"末,全国机动车保有量为3.7亿辆,机动车驾驶员约有4.6亿人,为满足日益增大的交通量,城市道路里程逐年增长。2023年底,全国城市道路里程为56.4394万km,1978—2023年城市道路里程发展趋势如图1-3所示。部分大城市确立了优先发展城市公共交通的战略,并先后建了大规模的轨道交通。随着科技的不断进步和人们生活水平的提高,城市道路将更加智能化、高效化、人性化,向高质量发展不断迈进。

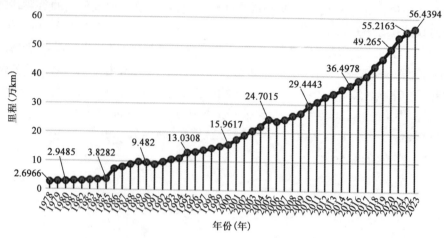

图1-3　1978—2023年城市道路里程发展趋势

三　道路发展规划

1. 公路发展规划

科学规划一直是引领国家公路网持续健康发展的重要保障。改革开放后，我国先后印发了《国家干线公路网（试行方案）》和《国道主干线系统规划》。2004年，为改善国道主干线联网不够、覆盖面不足、标准不统一等问题，经国务院批准，《国家高速公路网规划》发布实施，首次采用放射线与纵横网格相结合的布局方案，提出了"7918"国家高速公路网络布局。为适应新的发展要求，保障国家公路健康可持续发展，2013年，《国家公路网规划（2013—2030年）》印发实施，首次提出国家公路网由提供高效服务的国家高速公路网和提供普遍服务的普通国道网两个层次路网组成，并将国家高速公路网络布局调整为"7射、11纵、18横"（简称"71118"）等路线组成，总规模约13.6万km；普通国道网由"12射、47纵、60横"等路线组成，总规模约26.5万km。

我国公路网规划的前世今生

为贯彻落实《国民经济和社会发展第十四个五年规划和2035年远景目标纲要》《国家综合立体交通网规划纲要》，优化完善国家公路网络，有力支撑现代化经济体系和社会主义现代化强国建设，2022年，《国家公路网规划》印发实施，该规划是对2013版国家公路网规划的修编调整，是在我国进入第二个百年奋斗目标新征程上指导国家公路高质量发展的纲领性文件。《国家公路网规划》明确提出，到2035年，基本建成覆盖广泛、功能完备、集约高效、绿色智能、安全可靠的现代化高质量国家公路网，形成多中心网络化路网格局，实现国际省际互联互通、城市群间多路连通、城市群城际便捷畅通、地级城市高速畅达、县级节点全面覆盖、沿边沿海公路连续贯通。国家公路网规划总规模约46.1万km，由国家高速公路网和普通国道网组成，其中，国家高速公路网约16.2万km。普通国道网约29.9万km。

2. 城市道路发展规划

2022年，国务院印发《"十四五"现代综合交通运输体系发展规划》，规划要求打造城市现代交通系统，完善城市交通基础设施；科学规划建设城市综合交通系统，加快发展快速干线交通、生活性集散交通、绿色慢行交通，实现顺畅衔接；加强大城市微循环和支路网建设，优化快速、主干、次干、支路比例,加快城市支路街巷建设改造和畸形交叉口改造;合理提高中小城市路网密度。

2022年,住房和城乡建设部和国家发展和改革委员会联合印发《"十四五"全国城市基础设施建设规划》,该规划提出城市交通设施体系化与绿色化提升工程。城市道路和桥梁建设改造以增加有效供给、优化级配结构为重点,新建和改造道路里程11.75万km,新增和改造城市桥梁1.45万座;人行道净化和非机动车专用道建设,新增实施人行道净化道路里程4.8万km,建设非机动车专用道0.59万km。2025年,城市建成区路网密度达到或超过8km/km²。

第二节 道路的分类与等级

道路是供各种车辆(无轨)和行人等通行的基础设施。道路由线形和结构两大部分构成。道路中线是一条三维空间曲线,由直线和曲线组成,在道路线形设计中,从平面线形、纵面线形和平、纵组合线形三个方面来研究的。图1-4为道路的平面、纵断面示意图。道路的结构主要包括路基、路面、桥涵、隧道、路线交叉、交通工程及沿线设施等工程实体。

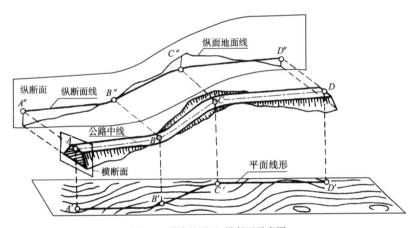

图1-4 道路的平面、纵断面示意图

一 道路的分类

道路按其使用特点与服务对象不同,分为公路、城市道路、厂矿道路、林区道路及港区道路等。

1. 公路

公路是指连接城镇、乡村,主要供机动车辆行驶的具备一定技术条件和设施的道路。公路按行政等级分为国道、省道、县道、乡道、村道和专用公路六个等级。其中,国道包括国家高速公路和普通国道,省道包括省级高速公路和普通省道。公路行政等级字母标识符为:国道G;省道S;县道X;乡道Y;村道C;专用公路Z。

我国公路网组成体系如图1-5所示。

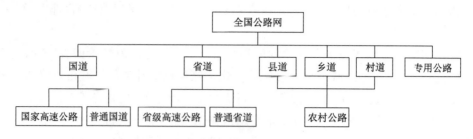

图 1-5　全国公路网组成体系

国道是指在全国公路网中,具有全国性的政治、经济、国防意义的主要干线公路,包括国家高速公路和普通国道,全面连接县级及以上行政区、交通枢纽、边境口岸、重要景区和国防设施。国家公路网是公路网中最高层次的路网,是国家综合立体交通网的基础和主骨架的重要组成部分。

省道是指在省、自治区、直辖市公路网中,具有全区域性的政治、经济、国防意义,并经确定为省级干线的公路。省道主要连接省(自治区、直辖市)内中心城市和主要经济区的公路以及不属于国道的省际重要公路。省道既有省级高速公路,也有省级非高速公路。

县道是指具有全县(旗、县级市、自治县)政治、经济意义,连接县城和县内主要乡(镇)、主要商品生产和集散地的公路,以及不属于国道、省道的县际公路。

乡道是指直接或主要为乡村经济、文化、生产、生活服务的公路,以及不属于县道以上等级公路的乡与乡之间及乡与外部联络的公路。

村道是指除乡道及乡道以上等级公路以外的连接建制村与建制村、建制村与自然村、建制村与外部的公路,但不包括村内街巷和农田间的机耕道。

专用公路是指由企业或其他单位建设、养护、管理,专为或主要为本企业或者本单位提供运输服务的道路。

我国农村公路的发展历程及未来展望

农村公路是指纳入农村公路规划,并按照公路工程技术标准修建的县道、乡道、村道及其所属设施。农村公路是公路网的重要组成部分,是交通强国建设的重要内容,是服务"三农"的公益性基础设施,是实施乡村振兴战略的重要抓手,对促进农业和农村发展具有基础性、先导性、保障性作用,对实施乡村振兴战略具有重要的先行引领和服务支撑作用。党的十八大以来,以习近平同志为核心的党中央高度重视农村公路工作,多次对"四好农村路"建设作出重要部署。

农村公路的建设应符合国家和行业现行有关标准的规定。对纳入农村公路规划,年平均日设计交通量小于或等于1000辆小客车的小交通量农村公路,其设计除应符合《小交通量农村公路工程技术标准》(JTG 2111—2019)和《小交通量农村公路工程设计规范》(JTG/T 3311—2021)的规定外,还应符合国家和行业现行有关标准的规定。

2. 城市道路

城市道路指城市供车辆、行人通行的,具备一定技术条件的道路、桥梁及其附属设施。

城市道路的功能除了具有把城市各部分联系起来为城市各种交通提供服务的功能外,还起着形成城市结构布局的骨架,提供通风、采光,保持城市生活环境空间以及为防火、绿化提供场地的功能。

3. 厂矿道路

厂矿道路指主要供工厂、矿山运输车辆通行的道路,通常分为厂内道路和厂外道路及露天矿山道路。

4. 林区道路

林区道路指修建在林区,主要供各种林业运输工具通行的道路。由于林区地形及运输木材特征,其技术要求应按专门制定的林区道路工程技术标准执行。

5. 港区道路

港区道路是指港口区域内的道路、货场通道、施工场地运输通道、码头装卸作业场地通道、客运站广场、停车场以及由港口建设、维修、养护的疏港道路等供车辆通行的地方或场所。

各类道路由于其位置、交通性质及功能的不同,设计时其依据标准及具体要求也不相同。

二 道路等级及标准

1. 公路等级及标准

公路按技术等级分为高速公路、一级公路、二级公路、三级公路和四级公路五个等级。

1)公路等级划分

(1)高速公路为专供汽车分方向、分车道行驶,全部控制出入的多车道公路。高速公路的年均日设计交通量宜在15000辆小客车以上。

(2)一级公路为供汽车分方向、分车道行驶,可根据需要控制出入的多车道公路。一级公路的年均日设计交通量宜在15000辆小客车以上。

(3)二级公路为供汽车行驶的双车道公路。二级公路的年均日设计交通量宜为5000~15000辆小客车。

(4)三级公路为供汽车、非汽车交通混合行驶的双车道公路。三级公路的年均日设计交通量宜为2000~6000辆小客车。

(5)四级公路为供汽车、非汽车交通混合行驶的双车道或单车道公路。双车道四级公路年均日设计交通量宜在2000辆小客车以下;单车道四级公路年均日设计交通量宜在400辆小客车以下。

2)公路等级选用原则

公路按照交通功能分为干线公路、集散公路和支线公路。干线公路分为主要干线公路和次要干线公路,集散公路分为主要集散公路和次要集散公路。

(1)主要干线公路

①连接20万人口以上的大中城市、交通枢纽、重要对外口岸和军事战略要地。

②提供省际及大中城市间长距离、大容量、高速度的交通服务。

(2)次要干线公路

①连接10万人口以上的城市和区域性经济中心。

②提供区域内或省域内中长距离、较高容量和较高速度的交通服务。

(3)主要集散公路

①连接5万人口以上的县(市)、主要工农业生产基地、重要经济开发区、旅游名胜区和商品集散地。

②提供中等距离、中等容量及中等速度的交通服务。

③与干线公路衔接,使所有的县(市)都在干线公路的合适距离之内。

(4)次要集散公路

①连接1万人口以上的县(市)、大的乡镇和其他交通发生地。

②提供较短距离、较小容量、较低速度的交通服务。

③衔接干线公路、主要集散公路与支线公路,疏散干线公路交通、汇集支线公路交通。

(5)支线公路

①以服务功能为主,直接与用路者的出行源点相衔接。

②衔接集散公路,为地区出行提供接入与通达服务。

公路技术等级选用应在论证确定公路功能的基础上,结合项目所在地区的综合运输体系、远景发展规划及设计交通量论证确定,并应遵循下列原则:

(1)主要干线公路作为公路网中结构层次最高的主通道,应选用高速公路。

(2)次要干线公路作为主要干线公路的补充,应选用二级及二级以上公路。

①设计交通量达到15000辆小客车/日时,宜选用一级及一级以上公路。

②设计交通量达到10000辆小客车/日时,且沿线纵横向干扰较大,宜选用一级公路。

③设计交通量低于10000辆小客车/日时,可选用二级公路;当货车混入率较高时,宜间隔设置超车车道,减小纵向干扰。

(3)主要集散公路连接干线公路与支线公路,宜选用一级公路、二级公路。

①设计交通量达到15000辆小客车/日时,可选用一级公路。

②设计交通量在5000~15000辆小客车/日时,可选用二级公路;设计交通量达到10000辆小客车/日,且沿线纵横向干扰较大时,宜选用一级公路。

③设计交通量低于5000辆小客车/日时,宜选用二级公路。

(4)次要集散公路服务于县乡区域交通,宜选用二级公路、三级公路。

①设计交通量达到5000辆小客车/日时,宜选用二级公路。

②设计交通量低于5000辆小客车/日时,宜选用三级公路。

(5)支线公路宜选用三级公路、四级公路。当设计交通量达到5000辆小客车/日时,宜选用二级公路。

《公路工程技术标准》和《公路路线设计规范》编制修订历程

(6)当既有公路不能满足功能需要时,应结合公路网发展规划,有计划地进行改建。

3)公路工程技术标准

公路的技术标准是指对公路路线和构造物的设计和施工在技术性能、几何形状和尺寸、结构组成上的具体要求,把这些要求用指标和条文的形式确定下来即形成公路工程的技术标准。

我国《公路工程技术标准》(JTG B01—2014)分为总则、术语、基本规定、路线、路基路面、桥涵、汽车及人群荷载、隧道、路线交叉、交通工程及沿线设施。进行公路设计时,除了必须满足《公路工程技术标准》(JTG B01—2014)的规定外,还应满足各类设计规范的规定,如路线设计还应满足《公路路线设计规范》(JTG D20—2017)的规定。

2. 城市道路等级及设计规范

1)分级

依据道路在城市道路网中的地位、交通功能以及对沿线的服务功能等,将城市道路划分为四个等级,即快速路、主干路、次干路和支路。

(1)快速路应设中央分隔、全部控制出入、控制出入口间距及形式,应实现交通连续通行,单向设置不应少于两条车道,并应设有配套的交通安全与管理设施。

快速路两侧不应设置吸引大量车流、人流的公共建筑物的出入口。

(2)主干路应连接城市各主要分区,应以交通功能为主。

主干路两侧不宜设置吸引大量车流、人流的公共建筑物的出入口。

(3)次干路应与主干路结合组成干路网,应以集散交通的功能为主,兼有服务功能。

(4)支路宜与次干路和居住区、工业区、交通设施等内部道路相连接,应解决局部地区交通,以服务功能为主。

2)城市道路工程设计规范

城市道路工程设计应根据城市总体规划、城市综合交通规划、专项规划,考虑社会效益、环境效益与经济效益的协调统一,合理采用技术标准。城市范围内新建、改建和扩建的各级城市道路设计应符合《城市道路工程设计规范》(2016年版)(CJJ 37—2012)、《城市道路路线设计规范》(CJJ 193—2012)等规范的规定。

第三节 道路设计阶段和任务

一 道路建设程序

1. 公路建设的基本程序

根据我国《公路建设监督管理办法》(中华人民共和国交通运输部令2021年第11号)规定,政府投资公路建设项目的实施,应当按照下列程序进行:

(1)根据规划,编制项目建议书;
(2)根据批准的项目建议书,进行工程可行性研究,编制可行性研究报告;
(3)根据批准的可行性研究报告,编制初步设计文件;
(4)根据批准的初步设计文件,编制施工图设计文件;
(5)根据批准的施工图设计文件,组织项目招标;
(6)根据国家有关规定,进行征地拆迁等施工前准备工作,并向交通主管部门申报施工许可;
(7)根据批准的项目施工许可,组织项目实施;
(8)项目完工后,编制竣工图表、工程决算和竣工财务决算,办理项目交、竣工验收和财产移交手续;
(9)竣工验收合格后,组织项目后评价。

政府投资公路建设项目建设程序如图1-6所示。

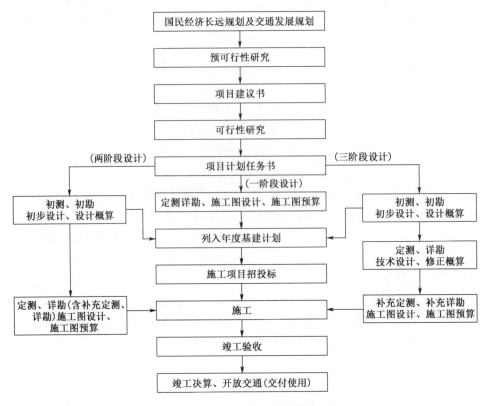

图1-6 政府投资公路建设项目建设程序

企业投资公路建设项目的实施,应根据规划,编制工程可行性研究报告,然后组织投资人招标工作,依法确定投资人,投资人中标后,投资人编制项目申请报告,按规定报项目审批部门核准;根据核准的项目申请报告,编制初步设计文件,其中涉及公共利益、公众安全、工程建设强制性标准的内容应当按项目隶属关系报交通主管部门审查。后续程序同政府投资公路建设项目基本一致。

2. 城市道路建设的基本程序

城市道路工程项目的基本建设程序一般分为项目建议书、可行性研究阶段、设计工作阶段、建设准备阶段、建设实施阶段、运营阶段等几个阶段。城市道路工程设计的前期工作主要包括项目立项、预可行性研究和工程可行性研究。对已明确建设必要性的工程项目,前期工作可以直接进入工程可行性研究。

二 公路建设项目可行性研究

公路建设项目可行性研究,是指对项目建设的必要性、技术可行性、经济合理性和实施可能性进行综合性研究论证的工作,是公路建设项目前期工作的重要组成部分,是建设项目决策的主要依据。

公路建设项目可行性研究,按其工作阶段分为预可行性研究和工程可行性研究。编制预可行性研究报告,应以项目所在地区域经济社会发展规划、交通发展规划和其他相关规划为依据;编制工程可行性研究报告,原则上以批准的项目建议书为依据。

公路建设项目预可行性研究,要求通过实地踏勘和调查,重点研究项目建设的必要性和建设时机,初步确定建设项目的通道或走廊带,并对项目的建设规模、技术标准、建设资金、经济效益等进行必要的分析论证,编制研究报告,作为项目建议书的依据。建设项目工程可行性研究,要求进行充分的调查研究,通过必要的测量和地质勘察,对可能的建设方案从技术、经济、安全、环境等方面进行综合比选论证,研究确定项目起、终点,提出推荐方案,明确建设规模,确定技术标准,估算项目投资,分析投资效益,编制研究报告。工程可行性研究报告一经批准,即为初步设计应遵循的依据。

公路建设项目可行性研究报告的主要内容应包括项目影响区域经济社会及交通运输的现状与发展、交通量预测、建设的必要性、技术标准、建设条件、建设方案及规模、投资估算及资金筹措、经济评价、实施安排、土地利用评价、工程环境影响分析、节能评价、社会评价等,特殊复杂的重大项目,还应进行风险分析。

工程可行性研究阶段投资估算与初步设计概算之差,应控制在投资估算的10%以内。

三 道路设计阶段

公路设计一般采用分阶段设计,一般分为一阶段设计、两阶段设计和三阶段设计三种。

(1)一阶段设计:对于技术简单、方案明确的小型建设项目,可采用一阶段设计。一阶段施工图设计应根据批复的可行性研究报告、勘测设计合同和定测、详勘资料编制。

一阶段施工图设计应根据可行性研究报告的批复意见、勘测设计合同的要求,拟定修建原则,确定设计方案和工程数量,提出文字说明和图表资料以及施工组织计划,编制施工图预算,满足审批的要求,适应施工的需要。

(2)两阶段设计:公路工程基本建设项目,一般应采用两阶段设计,即初步设计和施工图设计两阶段。高速公路、一级公路必须采用两阶段设计。

初步设计阶段的目的是基本确定设计方案,须根据批复的工程可行性研究报告、勘测设计合同的要求,拟定修建原则、选定设计方案、提出施工方案建议、计算工程数量及主要材料数量、编制设计概算、提供文字说明及图表资料。

两阶段(或三阶段)施工图设计阶段应根据初步设计(或技术设计)批复意见、勘测设计合同,进一步对所审定的修建原则、设计方案、技术决定加以具体和深化,最终确定各项工程数量,提出文字说明和适应施工需要的图表资料以及施工组织计划,并编制施工图预算。

(3)三阶段设计:技术复杂、基础资料缺乏和不足的建设项目或建设项目中的特大桥、长隧道、特长隧道、水下隧道、大型地质灾害治理等,必要时采用三阶段设计,即初步设计、技术设计和施工图设计。

技术设计阶段应根据初步设计批复意见、勘测设计合同的要求,对重大、复杂的技术问题,通过科学试验、专题研究、勘探调查及分析比较,解决初步设计中未解决的问题,落实技术方案,计算工程数量,提出修正的施工方案,修正设计概算,批准后作为编制施工图设计的依据。

城市道路工程设计一般采用初步设计和施工图设计两阶段来设计。对于技术复杂,又缺乏经验的项目,可以在初步设计和施工图设计两阶段设计间增加技术设计。对于小型且技术简单的道路工程,经有关部门同意后,可以利用方案设计代替初步设计,依据方案设计批复进行施工图设计。

四　道路设计文件编制

1. 公路设计文件编制

设计文件是公路勘测设计的最终成果,经审查批准后可作为下一阶段设计、施工及施工招投标的依据。根据设计阶段的不同,在其要求、组成及内容上均不相同。

(1)初步设计文件组成

新建工程初步设计文件由下列十三篇组成:

第一篇　总体设计

第二篇　路线

第三篇　路基、路面

第四篇　桥梁、涵洞

第五篇　隧道

第六篇　路线交叉

第七篇　交通工程及沿线设施

第八篇　环境及景观

第九篇　其他工程

第十篇　筑路材料

第十一篇　施工组织设计建议

第十二篇　设计概算

第十三篇　基础资料及专业报告

改建工程初步设计文件由十四篇组成。增加了第十一篇"交通组织设计"。

(2)施工图设计文件组成

新建工程施工图设计文件由下列十四篇组成:

第一篇　总体设计

第二篇　路线

第三篇　路基、路面

第四篇　桥梁、涵洞

第五篇　隧道

第六篇　路线交叉

第七篇　交通工程及沿线设施

第八篇　环境及景观

第九篇　其他工程

第十篇　筑路材料

第十一篇　施工组织设计建议

第十二篇　施工图预算

第十三篇　项目说明书

第十四篇　基础资料及专业报告

改建工程施工图设计文件由十五篇组成。增加了第十一篇"交通组织设计"。

(3)技术设计文件组成

公路工程建设项目技术设计文件,应根据技术设计的目的与要求以及工程需要解决的技术问题,技术设计文件组成可参照初步设计与施工图设计的规定编制。

对于公路工程建设项目中的特大桥、互通式立体交叉、隧道、交通工程及沿线设施的技术设计文件,还必须对整个建设项目的总体设计情况予以补充说明,对总概算加以修正。

公路设计文件表现的基本形式主要有:文字说明、设计图、设计表格三种。根据要求,有的设计还需附电子文档、建筑信息模型文件(BIM)等。

2. 城市道路设计文件编制

城市道路工程初步设计文件应包括:设计说明书、工程概算、主要材料及设备表、主要技术经济指标、附件(重要的设计依据文件及有关协议和纪要等,如工程可行性研究报告批复文件、勘测及设计合同、有关部门的批复)、设计图纸。其中道路工程设计图纸主要包括:工程地理位置图、效果图、平面总体设计图、平面设计图、纵断面设计图、典型横断面设计图、路面结构设计图、特殊路基设计图、广场或交叉口设计图、道路附属工程设计图、交通安全设施及交通管理设施设计图、工程特殊部位技术处理的主要图纸。其他专业设计图包括桥梁、排水、监控、通信、供电、照明、绿化景观设计图等。

城市道路工程施工图设计文件应包括的主要内容如下:设计说明书、施工图预算、工程数量和材料用量表、设计图纸。其中道路工程设计图纸主要包括:平面总体设计图、平面设计图、纵断面设计图、横断面设计图、广场或交叉口(平交、立交)设计图、路面结构设计图、需进行特殊处理或加固的路基设计图、排水设计图、挡土墙、无障碍设施、路缘石、台阶、涵洞等道路附属构筑物结构详图、交通安全设施及交通管理设施设计图、其他有关标准图、通用图等。其他专业设计图包括桥隧、照明、绿化景观等工程的设计图。

第四节　道路设计控制要素

设计控制是道路设计应考虑的基本要求,设计控制要素则是反映这些基本要求的具体规定和必要条件。设计控制一般有两种类型,即强制性控制和约定性控制。强制性控制是因方法、环境、安全、经济等原因不得更改的控制因素和条件;约定性控制是希望予以遵守,可以酌情修改的控制因素和条件。

道路建设、道路设计缺陷导致交通事故的责任主体

国家建设部(现住房和城乡建设部)2002年发布的《中华人民共和国工程建设标准强制性条文》(公路工程部分)包括了强制性控制要求的主要条文内容,公路建设强制性条文是现行工程建设国家标准和行业标准中直接涉及人民生命财产安全、人身健康、环境保护和其他公众利益的内容,同时考虑了提高经济效益和社会效益等方面的要求。所有强制性条文必须严格执行。强制性条文也是参与公路建设活动各方执行工程建设强制性标准和政府执行情况实施监督的依据。但考虑到目前大部规范已经更新,规范改动较大,公路工程建设行业标准使用JTG(强制性行业标准)和JTG/T(推荐性行业标准)进行编号分类,并在强制性行业标准中

使用"必须、应"等文字对相关条文的强制性属性进行区分界定，在使用时应结合更新后的规范来使用。

道路设计的控制要素很多，但最基本的是与车辆性能有关的因素，如车辆的速度、数量、尺寸、重量等。反映车辆这些特性的要求和条件，如设计车辆、设计速度、设计交通量、通行能力及服务水平、设计荷载、建筑限界、用地范围等则是道路几何设计和结构设计控制的基本因素。

一 设计速度

1. 设计速度的概念

设计速度是确定道路设计指标，并使其相互协调的设计基准速度，是指在气候条件良好、交通量正常、车辆行驶只受道路本身条件影响时，驾驶员能够安全、舒适行驶的最大速度。

设计速度是道路设计时确定其几何线形的最关键参数。道路的曲线半径、超高、视距等直接与设计速度有关，同时设计速度也影响车道宽度、中间带宽度、路肩宽度等指标的确定。

2. 设计速度的选用

1）公路设计速度及其运用

公路设计速度应符合表1-1的规定。设计速度的选用应根据公路的功能与技术等级，结合地形、工程经济、预期的运行速度和沿线土地利用性质等因素综合论证确定。

公路设计速度 表1-1

公路等级	高速公路			一级公路			二级公路		三级公路		四级公路
设计速度(km/h)	120	100	80	100	80	60	80	60	40	30	30	20

（1）高速公路设计速度不宜低于100km/h，受地形、地质等条件限制时，可以选用80km/h。

（2）作为干线公路的一级公路，设计速度宜采用100km/h；受地形、地质等条件限制，可采用80km/h。作为集散公路的一级公路，设计速度宜采用80km/h；受地形、地质等条件限制，可采用60km/h。

（3）高速公路和作为干线公路的一级公路的特殊困难局部路段，且因新建工程可能诱发工程地质病害时，经论证，该局部路段的设计速度可采用60km/h，但长度不宜大于15 km，或仅限于相邻两互通式立体交叉之间的路段。

（4）作为干线公路的二级公路，设计速度宜采用80km/h；受地形、地质等条件限制，可采用60km/h。作为集散的二级公路，设计速度宜采用60km/h；受地形、地质等条件限制，可采用40km/h。

（5）三级公路设计速度宜采用40km/h；受地形、地质等条件限制，可采用30km/h。

（6）四级公路设计速度宜采用30km/h；受地形、地质等条件限制，可采用20km/h。

设计速度是一个固定值，用于控制极限指标，计算其他相应指标，是确定道路几何参数的基本依据。公路设计除采用设计速度控制设计以外，还应采用运行速度进行检验。运行速度是指路面在平整、潮湿、自由流状态下，行驶速度累计分布曲线上对应于85%分位值的速度。相邻路段运行速度之差应小于20km/h，同一路段运行速度与设计速度之差宜小于20km/h。

2）城市道路的设计速度及其运用

各级城市道路的设计速度应符合表1-2的规定。

各级城市道路的设计速度 表1-2

道路等级	快速路			主干路			次干路			支路		
设计速度(km/h)	100	80	60	60	50	40	50	40	30	40	30	20

快速路和主干路的辅路设计速度宜为主路设计速度的0.4~0.6。在立体交叉范围内,主路设计速度应与路段设计速度一致,匝道及集散车道设计速度宜为主路设计速度的0.4~0.7。平面交叉口内的设计速度宜为路段设计速度的0.5~0.7。

二 设计车辆

设计车辆是指道路几何设计所采用的代表车型,其外廓尺寸、载质量和动力性能是确定道路几何参数的主要依据。

1. 公路设计车辆

公路设计所采用的设计车辆包括小客车、大型客车、铰接客车、载重汽车、铰接列车,外廓尺寸规定见表1-3。

公路设计车辆外廓尺寸 表1-3

车辆类型	总长(m)	总宽(m)	总高(m)	前悬(m)	轴距(m)	后悬(m)
小客车	6	1.8	2	0.8	3.8	1.4
大型客车	13.7	2.55	4	2.6	6.5+1.5	3.1
铰接客车	18	2.5	4	1.7	5.8+6.7	3.8
载重汽车	12	2.5	4	1.5	6.5	4
铰接列车	18.1	2.55	4	1.5	3.3+11	2.3

注:铰接列车的轴距(3.3+11)m:3.3m为第一轴至铰接点的距离,11m为铰接点至最后轴的距离。

2. 城市道路设计车辆

城市道路机动车设计车辆包括小客车、大型车、铰接车,其外廓尺寸应符合表1-4的规定。非机动车设计车辆的外廓尺寸应符合表1-5的规定。

城市道路机动车设计车辆及其外廓尺寸 表1-4

车辆类型	总长(m)	总宽(m)	总高(m)	前悬(m)	轴距(m)	后悬(m)
小客车	6	1.8	2.0	0.8	3.8	1.4
大型车	12	2.5	4.0	1.5	6.5	4.0
铰接车	18	2.5	4.0	1.7	5.8+6.7	3.8

注:①总长:车辆前保险杠至后保险杠的距离。
②总宽:车厢宽度(不包括后视镜)。
③总高:车厢顶或装载顶至地面的高度。
④前悬:车辆前保险杠至前轴中线的距离。
⑤轴距:双轴车时,为从前轴轴中线到后轴中线的距离;铰接车时分别为前轴中线至中轴中线、中轴中线至后轴中线的距离。
⑥后悬:车辆后保险杠至后轴轴中线的距离。

非机动车设计车辆及其外廓尺寸 表1-5

车辆类型	总长(m)	总宽(m)	总高(m)
自行车	1.93	0.60	2.25
三轮车	3.40	1.25	2.25

三 交通量与通行能力

1. 交通量

交通量是指在单位时间内,通过道路某一断面实际交通参与者的数量,又称交通流量。交通参与者包括机动车、非机动车和行人,因而交通量可分为机动车交通量、非机动车交通量和行人交通量。但在没有特殊说明的情况下,交通量一般是指机动车交通量,并且是指单位时间内通过道路某一断面双向的车辆数。交通量可以日或小时计,分别称为小时交通量和日交通量。交通量既有按一个车道计算的,也有将车道合计在一起计算的;交通量一般是将两个方向合在一起考虑的,也有只考虑单方向的。交通量随季节、气候和时间而变化。

设计交通量是根据交通量预测所选定的作为道路设计依据的交通量,可分为设计日交通量和设计小时交通量。

1)设计日交通量

设计日交通量是指拟建道路到预测年限时所能达到的年平均日交通量(辆/日),其值根据交通量预测得到,见式(1-1)。

$$AADT = ADT \times (1 + \gamma)^{n-1} \tag{1-1}$$

式中:AADT——设计日交通量(年平均日交通量)(pcu/d);

ADT——起始年平均日交通量(pcu/d);

γ——年平均增长率(%);

n——预测年限(年)。

年平均日交通量是一年的总交通量除以365d,是我国统计公路交通量的通用单位。

交通量预测年限规定:高速公路和一级公路设计交通量预测年限为20年;二级公路、三级公路设计交通量预测年限为15年;四级公路可根据实际情况确定。城市快速路、主干路设计交通量预测年限为20年;次干路设计交通量预测年限为15年;支路设计交通量预测年限宜为10~15年。设计交通量预测年限的起算年为该项目的计划通车年。

设计日交通量对确定道路等级、计算道路的计划费用或各项结构设计等有重要作用,但不宜直接用于道路几何设计。一年中的每月、每日、每小时交通量都在变化,在某些季节、某些时段可能高出年平均日交通量数倍,因此设计日交通量不宜作为具体设计的依据。

2)设计小时交通量

设计小时交通量是根据交通量预测所选定的作为公路设计标准的小时交通量。它是确定公路等级、评价公路运行状态和服务水平的重要参数。

公路设计小时交通量宜采用年第30位小时交通量,也可根据项目特点与需求,结合当地调查结果和经济承受能力,采用年第20~40位小时之间最为经济合理时位的交通量。

高速公路、一级公路的设计小时交通量(DDHV)应按式(1-2)计算:

$$DDHV = AADT \times D \times K \tag{1-2}$$

二级、三级公路设计小时交通量(DHV)应按式(1-3)计算:

$$DHV = AADT \times K \tag{1-3}$$

以上式中:DDHV——单向设计小时交通量(pcu/h);
DHV——设计小时交通量(pcu/h);
AADT——预测年度的年平均日交通量(pcu/d);
D——方向不均匀系数(%),宜取50%~60%,也可根据当地交通量观测资料确定;
K——设计小时交通量系数(%),为选定时位的小时交通量与年平均日交通量的比值。

3)高峰小时交通量

高峰小时交通量是指一定时间内(通常指一日或上午、下午)出现的最大小时交通量(pcu/h)。在城市道路上,交通量时变图一般呈马鞍形,上下午各有一个高峰。高峰小时交通量主要用于道路规划、交通流量调控、交通拥堵缓解等方面。

4)标准车型与车辆折算系数

为使交通量具有可比性,通常将道路上不同车型的交通量换算成标准车型交通量。交通量换算采用小客车为标准车型。各类车辆代表车型及车辆折算系数规定见表1-6与表1-7。拖拉机和非机动车等交通量换算应符合下列规定:

(1)畜力车、人力车、自行车等非机动车按路侧干扰因素计。
(2)公路上行驶的拖拉机每辆折算为4辆小客车。

公路各类车辆代表车型及车辆折算系数　　　　　　　表1-6

车辆代表车型	车辆折算系数	说明
小客车	1.0	座位≤19座的客车和载质量≤2t的货车
中型车	1.5	座位>19座的客车和2t<载质量≤7t的货车
大型车	2.5	7t<载质量≤20t的货车
汽车列车	4.0	载质量>20t的货车

城市道路车辆换算系数　　　　　　　表1-7

车辆类型	小客车	大型客车	大型货车	铰接车
换算系数	1.0	2.0	2.5	3.0

2. 通行能力和服务水平

1)通行能力

通行能力是指道路设施在正常的道路条件、交通条件和驾驶行为等情况下,在一定的时段(通常取1h)内可能通过设施的最大车辆数。当道路上的交通量等于该道路的通行能力时,就会出现运行拥挤现象。这时,所有车辆就会以大致相同的速度跟随行驶,超车无法实现,一旦发生干扰就会造成交通阻塞或断续运行。当道路上的交通量小于该道路的通行能力时,驾驶员驾驶车辆具有一定自由度,会有超车的可能。因此道路的通行能力是正常条件下道路交通量的极限数值,反映了道路设施所能疏导交通流的能力,是道路规划、设计和运营管理的重要参数。通行能力根据使用性质和要求,通常定义为以下三种:

(1)基准通行能力

基准通行能力是在基准的道路、交通、控制和环境条件下,均匀路段的一条车道或特定横断面上,特定时段内所能通过的最大小时流率,通常以pcu/(h·ln)[辆标准小客车/(小时·车道)]或 pcu/h(辆标准小客车/小时)为单位。

(2)设计通行能力

设计通行能力是在预计的道路、交通、控制和环境管制条件下,条件基本一致的一条车道或特定横断面上,在所选用的设计服务水平下,特定时段内所能通过的最大小时流率,通常以 pcu/(h·ln)或 pcu/h 为单位。因此,设计通行能力与选取的服务水平级别有关。

(3)实际通行能力

实际通行能力是在实际或预计的道路、交通、控制和环境条件下,已知道路设施的某车道或特定横断面上,特定时段内所能通过的最大小时流率,通常以 veh/(h·ln)[辆自然车/(小时×车道)]或 veh/h(辆自然车/小时)为单位。其含义是设计或评价某一具体路段时,根据该设施具体的公路几何构造、交通条件以及交通管理水平,对不同服务水平下的服务交通量(如基准通行能力或设计通行能力)按实际公路条件、交通条件等进行相应修正后的小时流率。

通行能力的计算参见《公路路线设计规范》(JTG D20—2017)、《城市道路路线设计规范》(CJJ 193—2012)的规定。

2)服务水平

服务水平是驾驶员感受道路交通流运行状况的质量指标,通常用平均行驶速度、行驶时间、驾驶自由度和交通延误等指标表征。我国按照车流运行状态,把从小交通量的自由流至交通量达到可能状态的受限制车流这一运行范围划分为六级服务水平(城市道路划分为四级服务水平)。服务水平的高低可以反映出一定条件下,道路上不同车流状态和与之相应的通行能力以及驾驶员驾车的自由程度。与每一级服务水平相应的交通量称为服务交通量。

公路的服务水平分为六级,各级公路设计采用的服务水平规定见表1-8。城市道路服务水平分为四个等级,新建城市道路应按三级服务水平设计。

各级公路设计服务水平　　　　　表1-8

公路等级	高速公路	一级公路	二级公路	三级公路	四级公路
服务水平	三级	三级	四级	四级	—

一级公路用作集散公路时,设计服务水平可降低一级。长隧道及特长隧道路段、非机动车及行人密集路段、互通式立体交叉的分合流区段以及交织区段,设计服务水平可降低一级。

复习思考题及习题

[1-1] 各类运输方式的特点及其适用范围分别是什么?

[1-2] 我国公路和城市道路的等级是如何划分的?确定公路和城市道路等级应考虑哪些主要因素?

[1-3] 工程可行性研究的主要内容有哪些?

[1-4] 公路设计阶段是如何划分的?各阶段的主要目的是什么?

[1-5] 设计日交通量与设计小时交通量应如何计算?

[1-6] 公路与城市道路的服务水平各分为几级?设计时对服务水平的采用是如何规

定的？

[1-7] 名词解释：

(1)国道；(2)城市道路；(3)设计速度；(4)设计车辆；(5)设计日交通量；(6)设计小时交通量；(7)通行能力；(8)基准通行能力；(9)设计通行能力；(10)服务水平。

第一章测试题及答案

第二章 道路平面设计

第一节 道路平面设计原理

道路设计是以满足车辆行驶的要求为前提的,车辆行驶理论是道路线形设计的理论基础,是制定道路线形几何标准(如平曲线半径、纵坡坡度、视距等)的理论依据。掌握车辆的动力性能、制动性能以及车辆行驶稳定性等车辆行驶理论,对于指导道路线形设计、助力制定和合理运用道路技术标准有着重要意义,可使设计出的道路更加满足车辆行驶需求,提高交通流畅性和行驶安全性。

一 车辆行驶的牵引力及运动方程

1. 车辆行驶的牵引力

1)用转矩表示的牵引力计算公式

车辆的牵引力来自它的内燃发动机。在发动机内将热能转化为机械能,从而产生有效功率,再使发动机的曲轴产生转矩,转矩再经传动系传到车辆的驱动轮上,使得车辆运动。

牵引力的大小可按式(2-1)计算:

$$T = \frac{M\gamma\eta}{r} \tag{2-1}$$

发动机工作原理

式中:T——车辆牵引力(N);

γ——变速器的变速比;

M——车辆发动机的转矩(N·m);

η——传动系统的机械效率,载货车辆一般为 0.8~0.85,小客车一般为 0.85~0.95;

r——计入轮胎变形后的车轮工作半径(m),一般为车轮几何半径的 0.93~0.96。

2)用车速表示的牵引力计算公式

此时,驱动轮上的转速 n_k 为:

$$n_k = \frac{n}{i_0 i_k} = \frac{n}{\gamma} \tag{2-2}$$

相应的车速 V 为:

$$V = 2\pi r \frac{n60}{\gamma 1000} = 0.377 \frac{nr}{\gamma} \tag{2-3}$$

式中:V——车辆行驶速度(km/h);

n——发动机曲轴转速(r/min);

r——同式(2-1)。

用车速表示的牵引力计算公式则为：
$$T = 0.377 \frac{n}{V} M\eta \tag{2-4}$$

3)用功率表示的牵引力计算公式

发动机曲轴的转矩与发动机的有效功率有关，它们之间的关系如下：
$$N = M\omega(\mathrm{W}) = M\omega/1000(\mathrm{kW}) \tag{2-5}$$
$$\omega = 2\pi n/60(\mathrm{rad/s}) \tag{2-6}$$

代入式(2-5)，则：
$$N = \frac{Mn}{9549} \tag{2-7}$$
$$M = 9549 \frac{N}{n} \tag{2-8}$$

将式(2-8)代入式(2-4)，则用功率表达的牵引力为：
$$T = 3600 \frac{N}{V} \eta \tag{2-9}$$

2. 车辆行驶的运动方程

1)车辆的运动方程

车辆在道路上行驶时，必须有足够的牵引力来克服各种行驶阻力。当牵引力与各种行驶阻力的代数和相等的时候，称为牵引平衡。其牵引平衡方程(也称车辆的运动方程式)为：
$$T = R = R_w + R_R + R_j \tag{2-10}$$

式(2-10)中牵引力 T 为节气门全开情况。如果节气门部分开启，需对牵引力 T 进行修正。修正系数用 U 表示，称之为负荷率。一般负荷率 $U = 80\% \sim 90\%$。即：
$$T = U \frac{M\gamma\eta}{r} \tag{2-11}$$

式(2-10)中 R_w 为车辆在空气介质中运动时所产生的空气阻力(N)，计算公式见式(2-12)：
$$R_w = \frac{KAv^2}{21.15} \tag{2-12}$$

式(2-10)中 R_R 为道路阻力(N)，由滚动阻力 R_f 与坡度阻力 R_i 两部分组成，计算公式见式(2-13)：
$$R_R = R_f + R_i = G(f + i) \tag{2-13}$$

式(2-10)R_j 为惯性阻力，计算公式见式(2-14)：
$$R_j = \delta \frac{G}{g} a \tag{2-14}$$

式(2-10)中 R 为车辆的总行驶阻力，计算公式见式(2-15)：
$$R = R_w + R_R + R_j \tag{2-15}$$

将式(2-12)、式(2-13)、式(2-14)代入式(2-10)，则车辆的运动方程为：
$$U \frac{M\gamma\eta}{r} = \frac{KAv^2}{21.15} + G(f + i) + \delta \frac{G}{g} a \tag{2-16}$$

式中：γ——变速器的变速比；

M——车辆发动机的转矩(N·m)；

η——传动系统的机械效率，载货车辆一般为 0.8~0.85，小客车一般为 0.85~0.95；

r——计入轮胎变形后的车轮工作半径(m)，一般为车轮几何半径的 0.93~0.96 倍；

K——空气阻力系数，它与车辆的流线型有关；

A——车辆迎风面积或称正投影面积(m^2);

v——车辆与空气的相对速度(m/s),可近似地取车辆的行驶速度;

G——车辆总重力(N);

f——滚动阻力系数,它与路面类型、轮胎结构和行驶速度等有关;

i——道路纵坡度,上坡为正,下坡为负;

g——重力加速度(m/s^2);

a——车辆的加速度(正值或负值)(m/s^2);

δ——惯性力系数(或旋转质量换算系数)。

2)车辆的行驶条件

车辆在道路上行驶,当牵引力等于各种行驶阻力之和时,车辆等速行驶;当牵引力大于各种行驶阻力之和时,车辆加速行驶;当牵引力小于各种行驶阻力之和时,车辆减速行驶,直至停车。所以,要使车辆行驶,必须具有足够的牵引力来克服各种行驶阻力。即:

$$T \geqslant R \tag{2-17}$$

式(2-17)是车辆行驶的必要条件(亦称驱动条件)。

只有足够的牵引力还不能保证车辆正常地行驶。若驱动轮与路面之间的附着力不够大,车轮将在路面上打滑,不能行进。所以,车辆能否正常行驶,还要受轮胎与路面之间附着条件的制约。即车辆行驶的另一必要条件是牵引力小于或等于轮胎与路面之间的附着力F_φ,附着力F_φ是作用在接地面上切向反作用力之和,可用附着系数φ表示。即:

$$T \leqslant F_\varphi = \varphi F_z \tag{2-18}$$

式中:φ——附着系数,是附着力对驱动轮荷载之比,主要取决于路面的粗糙程度和潮湿泥泞程度,轮胎的花纹和气压,以及车速和荷载等,计算时可按表2-1选用;

F_z——地面法向反作用力。

以上是车辆行驶的附着条件。

各类路面上附着系数φ的平均值　　　　表2-1

路面条件	附着系数	路面条件	附着系数
干燥的水泥混凝土或沥青路面	0.7~0.8	干燥的土路面	0.5~0.6
潮湿的水泥混凝土或沥青路面	0.5~0.6	潮湿的土路面	0.2~0.4
干燥的碎石路面	0.6~0.7		

3)车辆行驶条件分析

从车辆行驶的两个条件可以看出,要提高车辆的效率,主要应从提高车辆牵引力T和路面轮胎间的附着力以及减小行驶阻力三方面着手。

(1)提高牵引力可以采取增加发动机扭矩M、加大传动比γ和提高发动机机械效率等措施。

(2)提高附着力主要是从增加路面表面粗糙度,加强路面排水,使路面具有较大的附着系数φ,以及改进车辆轮胎和粗糙度等几方面着手。

(3)减小行车阻力主要从提高路面质量,使路面平整,减小滚动阻力R_f,降低路线纵坡,减小坡度阻力R_i,改进车型,减小空气阻力R_w等几方面着手。

二 车辆在圆曲线上行驶的稳定性分析

1. 车辆在圆曲线上行驶的受力分析

车辆转弯时除受到重力 G 外，还要受到离心力 F 的作用，受路面横坡（路拱横坡或超高横坡）的影响，重力及离心力将在垂直于路面和平行于路面方向产生分力，为便于研究，将 G、F 分别分解为垂直于路面方向（z 轴）和平行于路面方向（y 轴）的法向力和横向力。

2. 法向反力

如图 2-1 所示，令 $\sum z = 0$，可得法向反力总和为：

$$F_z - G\cos\beta \mp F\sin\beta = 0$$
$$F_z = G\cos\beta \pm F\sin\beta \tag{2-19}$$

式中：G——车辆总重力（N）；

F——车辆转弯时受到的离心力（N）；

β——路面横坡坡度角；

F_z——车轮的法向反力（N）；

"$\pm$"——"$+$"表示路面横坡向圆心倾斜，如图 2-1a）所示；"$-$"表示路面横坡向圆外侧倾斜，如图 2-1b）所示。

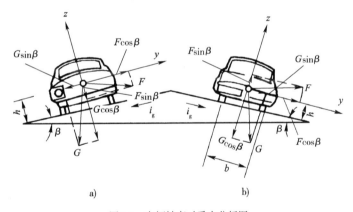

图 2-1 车辆转弯时受力分析图

3. 横向力和横向力系数

1）横向力

横向力指车辆转弯时所受的力在平行于路面方向（y 轴）上投影的总和，如图 2-1 所示，即：

$$F_y = F\cos\beta \pm G\sin\beta \tag{2-20}$$

通常 β 很小，则 $\cos\beta \approx 1$，$\sin\beta \approx \tan\beta \approx i_g$。

$$F_y = F \pm Gi_g \tag{2-21}$$

式中：F_y——横向力（N）；

i_g——路拱横坡；

"$\pm$"——"$+$"表示路面横坡倾斜方向指向圆外，如图 2-1b）所示；"$-$"表示路面横坡倾斜方向指向圆内,如图2-1a)所示。

离心力F用式(2-22)计算：

$$F = \frac{G}{g} \cdot \frac{v^2}{R} = \frac{GV^2}{127R} \tag{2-22}$$

式中：v——车辆转弯速度(m/s)；

V——车辆转弯速度(km/h)；

g——重力加速度(m/s²)；

R——车辆转弯时的轨迹半径(m)。

代入式(2-21)得计算横向力的公式：

$$F_y = \frac{GV^2}{127R} \pm Gi_g = G\left(\frac{V^2}{127R} \pm i_g\right) \tag{2-23}$$

2) 横向力系数μ

式(2-23)仅反映了车辆在曲线上运动时受到横向力的大小,并不能反映转弯时横向稳定性的好坏,因为车辆横向稳定性还与车辆受到的法向反力有关,所以,车辆横向稳定性不取决于F_y的绝对值,而取决于横向力与法向力的比值。这个比值叫作横向力系数,即：

$$\mu = \frac{F_y}{F_z} = \frac{F_y}{G\cos\beta \pm F\sin\beta} \tag{2-24}$$

法向反力F_z用式(2-19)计算。由于β角较小,一般计算时取$F_z \approx G$,故：

$$\mu = \frac{F_y}{G} = \frac{v^2}{gR} \pm i_g = \frac{V^2}{127R} \pm i_g \tag{2-25}$$

4. 车辆在圆曲线上行驶时的稳定性分析

1) 横向倾覆稳定

由于横向力F_y的作用,车辆在曲线上行驶时产生向弯道外侧方向的倾覆,如图2-1所示。当由横向力产生的倾覆力矩大于由法向力产生的稳定力矩时,车辆将绕外侧车轮旋转而发生倾覆。

倾覆力矩：

$$F_y h = (F\cos\beta \pm G\sin\beta)h \tag{2-26}$$

稳定力矩：

$$F_z \frac{b}{2} = (G\cos\beta \mp F\sin\beta)\frac{b}{2} \tag{2-27}$$

在极限平衡状态时有：

$$F_y h = F_z \frac{b}{2} \approx G\frac{b}{2}$$

$$F_y = \frac{Gb}{2h} \tag{2-28}$$

两端同除以G,则：

$$\frac{F_y}{G} = \mu = \frac{b}{2h}$$

即车辆不产生倾覆时的稳定条件为：

$$\mu \leqslant \frac{b}{2h} \quad (2\text{-}29)$$

式中：b——车辆轮距；

h——车辆重心高度。

2) 横向滑移稳定

当车辆受到的横向力大于车轮间所能提供的最大反力时，车辆将向弯道外侧发生滑移，则横向滑移的稳定条件是：

$$F_y \leqslant F_a = F_z f_a \quad (2\text{-}30)$$

$$\mu \leqslant f_a \quad (2\text{-}31)$$

式中：f_a——横向摩阻系数，是横向力系数的极限值，与车速、路面种类及状态、轮胎状况等有关，一般干燥路面为 0.4~0.8；潮湿沥青路面高速行驶时为 0.25~0.4；路面结冰积雪时降到 0.2 以下；平滑的冰雪路面降到 0.06 左右（不加防滑链）。

F_z——地面法向反力。

一般 $\frac{b}{2h} \approx 1$，即 μ 均大于 f_a，滑移发生先于倾覆。但若车辆装货过高，会使车辆重心提高，这也有可能出现倾覆现象，故对装载高度应有所限制。

综合以上横向不稳定性分析，横向力系数 μ 值取 0.1~0.16 时对一般公路是足够安全的。横向力系数 μ 除了反映行驶安全性外，还与乘客舒适性、运营经济性、驾驶员操作性有关。相关内容将在本章第三节圆曲线设计中作进一步介绍。

三 平面线形

1. 直线

1) 直线的方向表示

在路线平面中，直线的位置通常是由两端的交点位置来确定的。图 2-2 为路线的夹角和转角道路平面线形组成、曲率图及线形主点。直线的方向决定了路线的走向，其表示方法有以下两种：

(1) 用直线的夹角或转角表示。如图 2-2 所示，直线 JD_{n-1}—JD_n—JD_{n+1} 之间的夹角叫作路线的转角，通常用 θ 表示，转角有右转角与左转角之分，常用 θ_y（表示右转）或 θ_z（表示左转）表示。

如 JD_{n-1}—JD_n 的方向已知，则由转角即可求得 JD_n-JD_{n+1} 的方向。

(2) 用方位角表示。方位角即路线某一直线方向与正北方向的夹角（由正北方向起按顺时针方向到该方向的夹角），通常用 $A_1, A_2, \cdots, A_n$ 表示，如图 2-3 所示。JD_1—JD_2 的方位角用 A_1 表示，JD_n—JD_{n+1} 的主方位角用 A_n 表示。

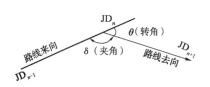

图 2-2 路线的夹角和转角

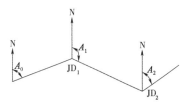

图 2-3 路线的方位角

由图2-3可知,路线的转角等于后一方位角与前一方位角之差。即:

$$\theta = A_n - A_{n-1} \tag{2-32}$$

当θ为正时,为右转即$\theta = \theta_y$;当θ为负时,为左转即$\theta = \theta_z$。

2)直线的方位角计算

如图2-4所示,路线直线与x轴的夹角β按式(2-33)计算:

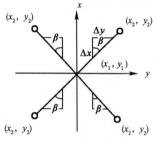

$$\beta = \arctan\frac{\Delta y}{\Delta x} = \arctan\left|\frac{y_2 - y_1}{x_2 - x_1}\right| \tag{2-33}$$

直线的方向即路线的方位角按下列公式计算。

第一象限:$A = \beta$。

第二象限:$A = 180° - \beta$。

第三象限:$A = 180° + \beta$。

第四象限:$A = 360° - \beta$。

图2-4 路线的方位角计算

3)直线的表达式

直线的一般表达式为:

$$\begin{cases} a_1 x + b_1 y + c_1 = 0 \\ a_2 x + b_2 y + c_2 = 0 \end{cases} \tag{2-34}$$

两条直线L_1和L_2的夹角为:

$$\delta = \arctan\frac{a_1 b_2 - a_2 b_1}{a_1 a_2 + b_1 b_2} \tag{2-35}$$

若直线上有两点的坐标为已知,则直线的数学表达式可用式(2-36)表示,即:

$$\frac{y - y_1}{y_2 - y_1} = \frac{x - x_1}{x_2 - x_1} \tag{2-36}$$

式中:x、y——直线上任意点的坐标;

x_1、y_1、x_2、y_2——直线上两已知点的坐标。

两点之间的直线长度:

$$AB = \sqrt{(x_2 - x_1)^2 + (y_2 - y_1)^2} \tag{2-37}$$

2. 圆曲线

当坐标原点在圆心时,圆曲线的直角坐标方程见式(2-38),如图2-5所示。

$$x^2 + y^2 = R^2 \tag{2-38}$$

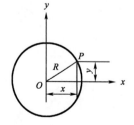
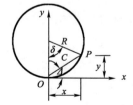

a)以圆心为坐标原点的圆曲线　　b)以圆周上任一点为坐标原点的圆曲线

图2-5 圆曲线

如以圆周上任意一点作为坐标原点且以通过该点的切线和垂足分别作为 x 轴和 y 轴，用级数表示的直角坐标方程为：

$$\begin{cases} x = R\sin\delta = L_P - \dfrac{L_P^3}{6R^2} + \cdots \\ y = R(1-\cos\delta) = \dfrac{L_P^2}{2R} - \dfrac{L_P^4}{24R^3} + \cdots \end{cases} \quad (2\text{-}39)$$

$$\delta = \frac{L_P}{R} = \frac{180°}{\pi} \cdot \frac{L_P}{R}$$

式中：L_P——任意点 P 到曲线起点或终点的曲线长度；
δ——L_P 弧所对的圆心角。

若用极坐标表示，其方程为：

$$\Delta_P = \frac{\delta}{2} \quad (2\text{-}40)$$

$$C = 2R\sin\frac{\delta}{2} \quad (2\text{-}41)$$

式中：Δ_P——曲线上任意一点 P 的极角，又叫偏角；
C——极距，又叫弦长。

3. 缓和曲线

1）车辆行驶的轨迹方程

平面线形中直线、圆曲线在几何学中是明确的线形，缓和曲线采用什么几何线形，则与车辆由直线进入曲线的行驶轨迹有关。下面介绍车辆在曲线上行驶的轨迹方程。

驾驶员在转弯时操作转向盘使前轮逐渐改变其转向角 φ，车辆重心围绕其旋转中心 O 做瞬时圆周运动，其曲率半径为 r，在缓和曲线上 φ 渐变，r 也逐渐变化。当忽略车辆宽度只考虑重心时，可将车辆简化为图 2-6 所示的模式。前轮转角 φ 和车辆重心轨迹的曲率半径之间的关系可粗略地表示为：

$$\varphi = \frac{L_0}{r} \quad (2\text{-}42)$$

$$\varphi = L_0 k \quad (2\text{-}43)$$

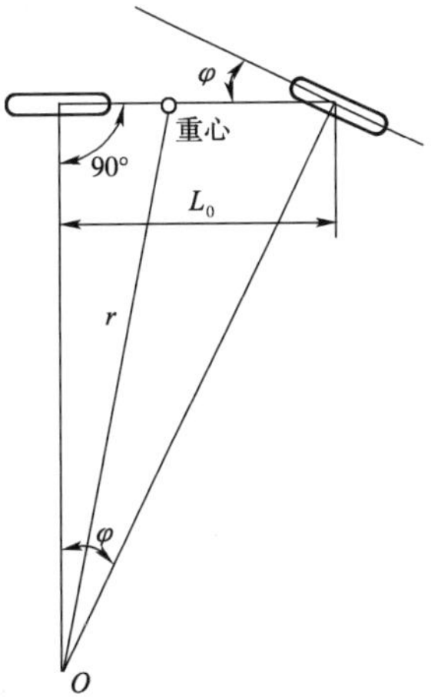

式中：φ——前轮转向角，以弧度计；
L_0——车辆前后轴的距离；
r——车辆重心轨迹的曲率半径；
k——车辆重心轨迹的曲率，$k = \dfrac{1}{r}$。

图 2-6 车辆转向模式

车辆直线行驶时，$k = 0$，因而 $\varphi = 0$；车辆在半径为 R 的圆曲线上行驶时，$k = \dfrac{1}{R}$，$\varphi = \dfrac{L_0}{R} = $ 常数。

车辆不可能由直线直接驶入圆曲线或由圆曲线直接驶入直线，在转弯过程中边走边打转向盘，使 φ 逐渐变化，才能实现直线和圆曲线的过渡。这个过渡性的轨迹线的形状取决于 φ 是

如何变化的,或者说取决于前轮转向的角速度 ω:

$$\omega = \frac{d\varphi}{dt}$$

式中: ω——前轮转向的角速度(rad/s)。

$$d\varphi = L_0 dk, \quad dt = \frac{dl}{v}$$

$$\omega = L_0 v \frac{dk}{dl} \tag{2-44}$$

假设车辆以匀速在缓和曲线上行驶,驾驶员以匀速转动转向盘,则 v 和 ω 都是常数,式(2-44)中的 $\frac{dk}{dl}$ 也应该是常数,令这个常数为 $\frac{1}{C}$,则:

$$\frac{dk}{dl} = \frac{k}{l} = \frac{1}{rl} = \frac{1}{C} \tag{2-45}$$

即得到缓和曲线的一般方程:

$$C = rl \tag{2-46}$$

式中: C——参数;
  r——曲率半径;
  l——由缓和曲线起点到任意点的弧长。

此式即为车辆由直线驶入圆曲线转向时的轨迹方程。它反映车辆转向时,轨迹上任一点的曲率半径 r 与其行程 l(自转变开始点算起)成反比,该方程即为回旋曲线方程。因此,我国《公路工程技术标准》(JTG B01—2014)规定缓和曲线采用回旋曲线。

2)回旋曲线

(1)回旋曲线一般方程式

为了设计方便,常用 A^2 来代替回旋曲线常数 C,则:

$$A^2 = rl \quad \text{或} \quad A = \sqrt{rl} \tag{2-47}$$

式中: A——回旋曲线参数(m);
  r——回旋曲线上任一点的曲率半径(m);
  l——回旋曲线上任一点到曲线起点的曲线长度(m)。

所有的回旋曲线在几何上都是相似的,r 确定了圆的大小,A 则确定了回旋曲线曲率变化的缓急。

(2)回旋曲线参数及直角坐标方程

在回旋线的任意点上 r 是随 l 的变化而变化的,但在缓和曲线的终点处,$l = L_h$、$r = R$,则式(2-47)又可写作:

$$A^2 = RL_h \tag{2-48}$$

缓和曲线参数可用式(2-49)求得:

$$A = \sqrt{RL_h} \tag{2-49}$$

式中: R——回旋曲线所连接的圆曲线半径(m);
  L_h——回旋曲线的缓和曲线长度(m)。

设计时可以由已知 R 和 L_h 计算 A,也可以按各种条件选择 R 和 A 计算 L_h。如图2-7所示,在回旋曲线上任意点 P 取微分单元,则有:

$$dl = r \cdot d\beta \quad (2\text{-}50)$$

$$\begin{cases} dx = dl \cdot \cos\beta \\ dy = dl \cdot \sin\beta \end{cases} \quad (2\text{-}51)$$

以 $A^2 = rl$ 代入得：

$$dl = \frac{A^2}{l} \cdot d\beta \text{ 或 } ldl = A^2 d\beta$$

$$l^2 = 2A^2\beta \text{ 或 } \beta = \frac{l^2}{2A^2}$$

积分后再以 $A^2 = rl$ 代入得：

$$r = \frac{A}{\sqrt{2\beta}}$$

再代入式(2-50)、式(2-51)得：

$$dx = \frac{A}{\sqrt{2\beta}}\cos\beta \cdot d\beta \quad (2\text{-}52)$$

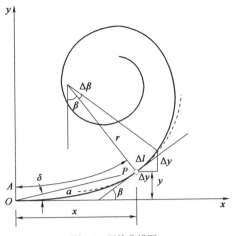

图 2-7 回旋曲线图

$$dy = \frac{A}{\sqrt{2\beta}}\sin\beta \cdot d\beta \quad (2\text{-}53)$$

将上式积分，并将 $\cos\beta$、$\sin\beta$ 用级数展开，然后整理成用参数 r 和 l 表示的回旋线直角表达式：

$$x = l - \frac{l^3}{40r^2} + \frac{l^5}{3456r^4} - \cdots = l - \frac{l^5}{40R^2L_h^2} + \frac{l^9}{3456R^4L_h^4} - \cdots \quad (2\text{-}54)$$

$$y = \frac{l^2}{6r} - \frac{l^4}{336r^3} + \frac{l^6}{42240r^5} - \cdots = \frac{l^3}{6RL_h} - \frac{l^7}{336R^3L_h^3} + \frac{l^{11}}{42240R^5L_h^5} - \cdots \quad (2\text{-}55)$$

式中：l——任一点到缓和曲线起点的弧长(m)；

r——任一点的曲率半径(m)；

R——缓和曲线所连接的圆曲线半径(m)；

L_h——缓和曲线长度(m)。

式(2-54)、式(2-55)即为回旋线直角坐标方程，是缓和曲线测设切线支距法的基本公式。

回旋曲线用于公路直线和圆曲线之间，使路中线的曲率渐变，保证了线形的顺适性。图 2-8 为从直线上的直缓点(ZH、HZ)到缓和曲线终点缓圆点(HY、YH)的曲率变化图。由图可见，缓和曲线上曲率是渐变的。

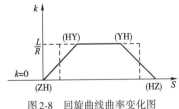

图 2-8 回旋曲线曲率变化图

（3）回旋曲线的几何要素计算公式

①回旋曲线上任一点 P 处的曲率半径：

$$r = \frac{A}{\sqrt{2\beta}} \quad (2\text{-}56)$$

②任一点 P 点的回旋线长：

$$l = A\sqrt{2\beta} \quad (2\text{-}57)$$

③回旋线任一点 P 的切线方向与 x 轴的夹角，称作缓和曲线角，即：

$$\beta = \frac{l^2}{2RL_h} \quad (2\text{-}58)$$

④P点曲率圆的内移值：

$$p = y + r\cos\beta - r \tag{2-59}$$

⑤P点曲率圆圆心的M点坐标：

$$x_M = x - r\sin\beta \tag{2-60}$$

$$y_M = r + p \tag{2-61}$$

⑥长切线长：

$$T_L = x - \frac{y}{\tan\beta} \tag{2-62}$$

⑦短切线长：

$$T_K = \frac{y}{\sin\beta} \tag{2-63}$$

⑧P点的弦长：

$$a = \frac{y}{\sin\delta} \tag{2-64}$$

⑨P点的弦偏角：

$$\delta = \arctan\frac{y}{x} \approx \beta/3 \tag{2-65}$$

公式中的符号含义如图2-9所示。

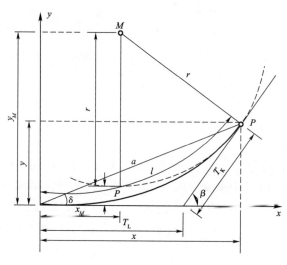

图2-9 回旋曲线要素

第二节 直 线 设 计

一 直线的线形特征

直线作为平面线形要素之一，在公路和城市道路中使用最为广泛。由于两点之间距离以直线为最短,因此一般在选线和定线时,只要地势平坦,无大的地物、地形障碍,选线、定线人员都会首先考虑使用直线。直线的主要特征有:

(1)直线以最短的距离连接两目的地,具有路线短捷、缩短里程和行车方向明确的特点。

(2)直线具有视距良好、行车快速、易于排水等特点。

(3)由于已知两点就可以确定一条直线,因而直线线形简单,容易勘测设计。

(4)从行车的安全和线形美观来看,过长的直线,线形呆板,行车单调,易使驾驶员产生疲劳,也容易发生超车和超速行驶,行车时驾驶员难以估计车辆间距离,在直线上夜间行车时,对向车容易产生眩光等。因而在直线段过长的路段行车的安全性较差,往往是发生车祸较多的路段。

(5)直线虽然路线方向明确,但只能满足两个控制点的要求,难以与地形及周围环境相协调。特别是在山区、丘陵区,采用过长的直线会破坏自然景观,并易造成大挖大填,工程经济性较差。

(6)笔直的道路给人以简捷、直达的良好印象,在美学上直线也有其自身的视觉特点。

二 直线的设计标准

在设计中,应根据路线所处地段的地形、地物,驾驶员的视觉、心理状态以及行车安全的要求等合理布设直线。直线的最大、最小长度应有所限制。

1. 直线最大长度

由于长直线的安全性较差,不易与地形相协调,特别是对于山区公路,因此过多地采用直线会使公路整体线形僵硬,同时也会使公路与周边自然环境难以协调配合,破坏自然环境景观,或使边坡防护工程建设规模增大,诱发地质病害,故在应用长直线时应有条件地加以限制。对于直线的最大长度(以 m 计),德国、日本规定不宜超过设计速度的 $20V(m)$(V是设计速度,单位为 km/h),即 72s 行程;西班牙规定直线长度不宜超过 80% 的设计速度的 90s 行程;美国规定线形应尽可能直捷,但应与地形相一致,一条与自然轮廓基本一致的流畅线路要优于一条贯穿地势的长直线;法国认为长直线宜采用半径 5000m 以上的圆曲线代替;俄罗斯对直线的运用未作规定。我国幅员辽阔、地形地貌种类多样,规范对直线最大长度未做出定量要求,《公路路线设计规范》(JTG D20—2017)规定:直线长度不宜过长,受地形条件或其他特殊情况限制而采用长直线时,应结合沿线具体情况采取相应技术措施。

2. 直线的最小长度

1)同向曲线间的直线最小长度

同向曲线是指两个转向相同的相邻圆曲线中间用缓和曲线或直线相连接所形成的平面线形。其中直线长度是指前一曲线终点至后一曲线起点之间的长度。当直线长度很短时,在视觉上容易形成直线与两端曲线构成反弯的错觉,使整个组合线形缺乏连续性,形成所谓的"断背曲线",如图 2-10a)所示。良好的线形应是在视觉上能自然地诱导驾驶员视线,并保持视觉连续性,如图 2-10b)所示,因此《公路路线设计规范》(JTG D20—2017)规定:两圆曲线间以直线径相连接时,直线的长度不宜过短,当设计速度不小于 60km/h 时,同向圆曲线间直线最小长度(以 m 计)以不小于行车速度(以 km/h 计)的 6 倍为宜;当设计速度不大于 40km/h 时,可参照上述规定执行。在受条件限制时,宜将同向曲线改为大半径曲线或将两曲线做成复曲线、卵形曲线或C形曲线,以避免形成"断背曲线",特殊困难条件下无法避免时,对于容易误导驾驶员的断背曲线,可采用植树等措施来隔离视线,避免两个圆曲线和短直线同时进入视线内而引起误判,中间短直线应尽量避免设置凹形竖曲线,以防止加剧驾驶员在行驶过程中可能产生的反弯错觉,从而确保道路的安全性和行驶的顺畅性。

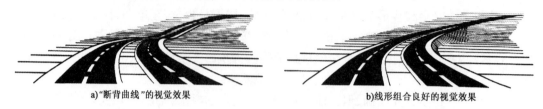

a)"断背曲线"的视觉效果　　　　b)线形组合良好的视觉效果

图2-10　"断背曲线"对视觉效果的影响

2)反向曲线间的直线最小长度

反向曲线是指两个转向相反的相邻圆曲线中间用缓和曲线或直线相连所形成的平面线形。由于两弯道转弯方向相反,考虑其超高和加宽缓和的需要以及驾驶员的操作方便,直线最小长度应予以限制。《公路路线设计规范》(JTG D20—2017)规定:两圆曲线间以直线径相连接时,直线的长度不宜过短,当设计速度不小于60km/h时,反向圆曲线间直线最小长度(以m计)以不小于设计速度(以km/h计)的2倍为宜;当设计速度不大于40km/h时,可参照上述规定执行。当两反向曲线两端设有缓和曲线时,在受限时也可将两反向曲线首尾相接,构成S形曲线。

圆曲线间的直线长度不宜过短,是基于保证线形连续性而考虑的。规范在程度用语上仍维持"宜",表示允许有选择,在有条件时首先应该这样做,这对指导设计速度高,特别是车道数多的公路线形设计是有利的。对设计速度小于或等于40km/h的公路,规范只规定"可参照执行",从程度用语上讲相当于又降了一档。

三　直线设计要点

1. 直线的运用

(1)直线的运用,应注意同地形、环境的协调与配合。采用直线线形时,应控制其长度,不宜过长,避免过长导致视觉单调和驾驶疲劳。

(2)农田、河渠规整的平坦地区、城镇近郊规划等以直线为主体时,宜采用直线线形。

(3)特长、长隧道或结构特殊的桥梁等构造物所处的路段,以及路线交叉点前后的路段,应根据地形、地质条件、驾驶安全等因素综合考虑线形设计,宜优先采用直线线形,必要时可采用曲线线形以优化行车体验和确保行车安全。

(4)双车道公路超车段宜采用直线线形。

2. 需要注意的问题

(1)采用直线线形应特别注意它同地形的适配性,确保线形设计能够顺应地形变化,减少工程量及环境影响。同时,在运用直线线形并决定其长度时,必须持谨慎态度,并不宜采用过长直线。

(2)长直线或长下坡尽头的平曲线,除曲线半径、超高、视距等必须符合规定要求外,还必须采取设置标志、增加路面抗滑能力等安全措施。

(3)在长直线上纵坡坡度不宜过大,因为长直线加过大的纵坡容易导致车辆在下坡时超速行车。对长直线来说,其纵坡一般应小于3%。

(4)长直线宜与大半径凹形竖曲线组合,这样可以使视觉上生硬呆板的直线得到一些缓和或改善(图2-11)。

a)无凹形竖曲线　　　　　　　　b)有凹形竖曲线

图2-11　长直线与凹形竖曲线组合

(5)道路两侧地形过于空旷时,宜采取种植不同树种或设置建筑物、雕塑、广告牌等措施,以改善单调的景观。

(6)关于"长直线"的量化问题。

我国幅员辽阔,地形条件在不同地区有很大差异,很难对直线最大长度做出统一规定。总的原则是:道路线形应该与地形相适应,与景观相协调,不盲目追求长直线,也不硬性去掉直线而设置曲线。我国已建成的位于平原微丘区的高速公路,在长直线的使用上参照了国外规定并稍有增长。如京津塘高速公路和济青高速公路的直线长不超过3200m;沈大高速公路多次出现5~8km的长直线,最长达13km。通过对不同路段、行驶速度100km/h的驾驶员和乘客心理反应和感受进行调查,得出以下结论:

①位于城市附近的道路,作为城市干道的一部分,由于路旁高大建筑和多彩的城市风光,无论路基高低均被纳入视线范围,驾驶员和乘客没有出现因直线过长而希望驶出的不良反应。

②位于乡间平原区的公路,随季节和地区不同,驾乘人员有不同反应。在北方的冬季,植物枯萎,景色单调,太长的直线易使人情绪受到影响。夏天情况略有改善,但驾驶员加速行驶、希望尽快驶完直线的心理普遍存在。

③位于大戈壁、大草原的公路,直线长度可达数十公里,驾乘人员容易疲劳,车速可能超过设计速度,但在这种特殊的地形条件下,除了直线别无其他选择,人为设置弯道不但不能改善其单调,反而会增加路线长度。

(7)直线长度亦不宜过短,特别是同向圆曲线间不得设置短直线。

由此看来,直线的最大长度,在城镇附近或其他景色有变化的地点,大于20V的长度是可以接受的;在景色单调的地点,最好控制在20V的长度以内;而在特殊的地理条件下,应特殊处理,若作某种限制是不现实的。

必须强调,无论是高速公路还是一般公路或者城市道路,在任何情况下都要避免追求长直线的错误倾向。

第三节　圆曲线设计

圆曲线是道路平面线形的三大要素之一,其设计的主要任务是:在满足技术标准的前提下,结合路线的等级、地形、地物及其他条件,充分考虑行车安全、工程经济和线形舒顺流畅的要求,选择适宜的曲线半径,并确定敷设圆曲线的各项曲线要素。本节主要介绍圆曲线的线形特征、设计标准及设计要点等内容。

一 圆曲线的线形特征

各级公路与城市道路不论转角大小均应设置圆曲线,从圆曲线的特征分析,其主要特点是:

(1)曲线上任意一点的曲率半径 R 为常数,故测设比缓和曲线简便。

(2)圆曲线上的任意一点的速度方向都在变化,因此车辆在圆曲线上行驶的车辆要受到离心力作用,当速度一定时,其离心力为一常量。同时,车辆在平曲线上行驶时要多占用路面宽度。

(3)视距条件差。车辆在圆曲线内侧行驶时,视线受路堑边坡或其他障碍物影响,视距条件差,容易发生交通事故。

(4)较大半径的圆曲线具有线形美观、顺适、行车舒适等特点,是公路上常采用的线形。

二 圆曲线的设计标准

根据《公路工程技术标准》(JTG B01—2014)、《公路路线设计规范》(JTG D20—2017)和《城市道路工程设计规范》(2016年版)(CJJ 37—2012)规定,圆曲线设计的主要技术指标有圆曲线半径和平曲线长度两类。

1. 圆曲线半径

1)影响圆曲线半径大小的主要因素

半径是圆曲线的重要几何元素,半径一旦确定,则圆曲线的大小和曲率也就完全确定了。由式(2-66)车辆转弯的横向稳定分析可得平曲线半径计算公式为:

$$R = \frac{V^2}{127(\mu \pm i)} \tag{2-66}$$

式中: R ——圆曲线半径(m);

V ——行驶速度(km/h);

i ——路面横坡,无超高时为路拱横坡,有超高时为超高横坡,设超高时为"+",不设超高时为"-";

μ ——横向力系数,其值受车辆行驶的稳定性、乘客的舒适性和运营的经济性等因素的影响。

根据车辆行驶稳定性分析和相关调查研究, μ 值与行车稳定性、乘客舒适性和运营经济性以及驾驶员操作的困难性相关:

(1)车辆行驶稳定性

横向力系数为0.15~0.16时,干燥与潮湿路面均可以较高的速度行驶;

横向力系数为0.07时,路面结冰也能安全行驶。

(2)乘客舒适性

横向力系数小于0.10感受不到曲线存在,很平稳;

横向力系数为0.15时,略感曲线存在,尚平稳;
横向力系数为0.20时,已感到曲线存在,稍感到不平稳;
横向力系数为0.35时,感到有曲线存在,已感到不平稳;
横向力系数大于等于0.40转弯时已非常不稳定,站立不住有倾倒的危险。

(3)运营经济性

横向力系数小于或等于0.10~0.15时,轮胎磨耗及燃料消耗增加较小。

横向力系数μ与燃料消耗和轮胎磨耗变化关系见表2-2。

μ与燃料消耗和轮胎磨耗变化关系表　　　表2-2

μ值	0	0.05	0.10	0.15	0.20
燃料消耗(%)	100	105	110	115	120
轮胎磨耗(%)	100	160	220	300	390

(4)驾驶员操纵的困难性

在横向力X的作用下,弹性的轮胎会产生横向变形,使轮胎的中间平面与轮胎前进方向形成一个横向偏移角δ,如图2-12所示。横向力的存在增加了车辆在转向操作上的困难,特别是车速较高时,这种操作的困难性就更大。经验表明,当横向偏移角δ超过5°时,驾驶员就不易保持驾驶方向的稳定,对行车安全不利。

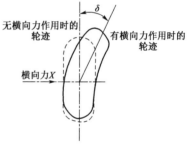

图2-12　横向力导致轮胎变形

横向力系数μ决定了车辆在弯道行驶的横向(侧向)安全性、乘客舒适性、运营的经济性、驾驶员操作性,其数值越大,车辆行驶的安全性、舒适性、经济性、可操作性越差。

我国公路路线设计规范与美国国家公路与运输协会(AASHTO)标准对不同设计速度下的最大横向力系数进行了规定,其数值见表2-3。由表2-3可知,我国设计用横向力系数μ值的范围在0.10~0.17,车速高时取低值,车速低时取高值。我国规范中采用的最大横向力系数在设计速度较高时与AASHTO标准中设计指标的差别不大;而在低速时,AASHTO标准中的最大横向力系数明显高于我国路线设计中的规定值。数据说明,相比于AASHTO设计,我国设计标准相对保守,当保证车辆在AASHTO极限设计条件下的安全行驶时,同时也能保证车辆在我国路线极限设计工况下的安全行驶。

中、美路线设计标准中的最大横向力系数　　　表2-3

设计速度(km/h)	120	100	80	60	40	30	20
我国路线设计规范	0.1	0.12	0.13	0.15	0.15	0.16	0.17
AASHTO标准	0.09	0.12	0.14	0.17	0.23	0.28	0.35

2)圆曲线半径的规定

(1)公路圆曲线最小半径的规定

《公路工程技术标准》(JTG B01—2014)规定了不同最大超高和不设超高的圆曲线最小半径的要求,见表2-4。

公路圆曲线最小半径 表2-4

设计速度(km/h)		120	100	80	60	40	30	20
圆曲线最小半径(一般值)(m)		1000	700	400	200	100	65	30
对应最大超高的圆曲线最小半径(极限值)(m)	i=10%	570	360	220	115	—	—	—
	i=8%	650	400	250	125	60	30	15
	i=6%	710	440	270	135	60	35	15
	i=4%	810	500	300	150	65	40	20
不设超高的圆曲线最小半径(m)	路拱≤2%	5500	4000	2500	1500	600	350	150
	路拱>2%	7500	5250	3350	1900	800	450	200

注:"—"为不考虑采用最大超高的情况;"一般值"为正常情况下的采用值;"极限值"为条件受限时采用的值;"i"为道路超高值。

(2)城市道路圆曲线最小半径的规定

《城市道路工程设计规范》(2016年版)(CJJ 37—2012)规定了三种平曲线最小半径,即不设超高最小半径,设超高最小半径一般值、极限值。其值规定见表2-5。一般情况下应采用大于或等于不设超高最小半径值;当地形条件受限制时,可采用设超高最小半径的一般值;当地形条件特别困难时,可采用设超高最小半径的极限值。

城市道路圆曲线最小半径 表2-5

设计速度(km/h)		100	80	60	50	40	30	20
不设超高的圆曲线最小半径(m)		1600	1000	600	400	300	150	70
设超高的圆曲线最小半径(m)	一般值	650	400	300	200	150	85	40
	极限值	400	250	150	100	70	40	20

注:"一般值"为正常情况下的采用值;"极限值"为条件受限时,可采用的值。

(3)圆曲线最大半径的规定

选用圆曲线半径时,在地形等条件允许的前提下,应尽量采用大半径曲线,使行车舒适。但半径过大,圆曲线太长,对测设和施工都不利,且过大的半径,其几何性质与直线无多大差异。因此,《公路路线设计规范》(JTG D20—2017)规定,圆曲线最大半径值不宜超过10000m。

2. 平曲线长度

1)平曲线的最小长度

平曲线长度是道路在水平面上转向部分的总长度,包括圆曲线长度以及缓和曲线长度。为了确保驾驶员操纵方便、行车舒适以及满足视觉要求,应对平曲线长度加以限制。《公路路线设计规范》(JTG D20—2017)指出:圆曲线的最小长度一般要求达到按运行速度行驶的3s行程,并按照6s行程长度制定了平曲线最小长度标准,见表2-6(表中一般值基本上取"最小值"的3倍)。对于城市道路相关指标,见表2-7。

公路平曲线最小长度 表2-6

设计速度(km/h)		120	100	80	60	40	30	20
平曲线最小长度(m)	一般值	600	500	400	300	200	150	100
	最小值	200	170	140	100	70	50	40

注:"一般值"为正常情况下的采用值;"最小值"为条件受限制时可采用的值。

城市道路平曲线与圆曲线最小长度　　　　　　　　　　　表2-7

设计速度(km/h)		100	80	60	50	40	30	20
平曲线最小长度(m)	一般值	260	210	150	130	110	80	60
	极限值	170	140	100	85	70	50	40
圆曲线最小长度(m)		85	70	50	40	35	25	20

2）小偏角时的平曲线长度

当道路转角小于7°时，曲线长度往往看上去较实际长度短，因为在曲线两端附近的曲线部分被误认为是直线，只有在交点附近的部分才能看出是曲线，这可能会给驾驶员造成急转弯的错觉。为避免造成视觉错误，确保行车安全，在进行平曲线设计时应避免设置小于7°的转角。当路线转角小于或等于7°时，应设置较长的平曲线，其长度应大于表2-8中规定的"一般值"。当地形条件及其他特殊情况受限时，可采用表中的"最小值"。

公路转角小于或等于7°时的平曲线长度　　　　　　　　　　表2-8

设计速度(km/h)	120	100	80	60	40	30	20
一般值	1400/Δ	1200/Δ	1000/Δ	700/Δ	500/Δ	350/Δ	280/Δ
最小值	200	170	140	100	70	50	40

注：表中Δ为路线转角值(°)，当Δ<2°时，按Δ=2°计算。

三 圆曲线的运用

圆曲线的运用应符合下列要求：

(1) 设置圆曲线时，应与地形相适应，宜采用超高为2%～4%的圆曲线半径或极限最小半径的4～8倍。

(2) 在适应地形的情况下宜选用较大的圆曲线半径。但选用过大的圆曲线半径，常常会造成平曲线过长。曲线过长且地形平坦、景观单调时，会使驾驶员感到疲劳、反应迟钝。所以，选用大半径的圆曲线时，也应持谨慎的态度。

(3) 条件受限制时，可采用大于或接近于圆曲线最小半径的"一般值"；地形条件特殊困难而不得已时，方可采用圆曲线最小半径的"极限值"。

(4) 设置圆曲线时，应同相衔接路段的平、纵线形要素相协调，使之构成连续、均衡的曲线线形，并避免小半径圆曲线与陡坡相重合的线形。

(5) 当交点转角不得已小于7°时，应按规定设置足够长的曲线。

第四节　缓和曲线设计

一 缓和曲线线形特征及作用

1. 线形特征

缓和曲线(回旋线)是在直线与圆曲线之间或者半径相差较大的两个转向相同圆曲线之

间设置的一种曲率逐渐变化的曲线,缓和曲线采用回旋线。从满足行车要求来看,缓和曲线具有如下线形特征:

(1)缓和曲线曲率渐变,设于直线与圆曲线间,其线形符合车辆转弯时的行车轨迹,从而使线形变得平缓,消除了曲率突变点。

(2)由于曲率渐变,公路线形看起来顺适美观,有良好的视觉效果和心理感受。从公路线形美学和驾驶员视觉心理的观点来看,加入缓和曲线也是有利的。

(3)在直线和圆曲线之间加入缓和曲线后,平面线形更为灵活,线形自由度提高,更能与地形、地物及环境相适应、协调、配合,使平面线形布置更加灵活、经济、合理。

(4)与圆曲线相比,缓和曲线的计算及测设均较复杂。

2. 缓和曲线的作用

1)线形缓和

在直线上,曲率半径为无穷大,曲率为零,而在圆曲线上,曲率为1/R,曲率半径为常数R。若两种线形径相连接,则在连接处形成曲率突变点。根据道路透视分析和调查,这种组合线形视觉效果差,有折点和扭曲现象,如图2-13a)所示。如果加入缓和曲线,则曲率渐变,线形平滑美观,有良好的视觉效果和心理感受。缓和曲线的视觉效果如图2-13b)所示。

a)不设缓和曲线感觉路线扭曲　　　　　　　b)设缓和曲线后变得平顺美观

图2-13　缓和曲线的视觉效果

2)行车缓和

车辆由直线直接驶入圆曲线或由大半径圆曲线直接驶入小半径圆曲线,其离心力发生了突变,行车的安全感和舒适性受到影响。另外,从驾驶员转弯操作的角度来看,车辆前轮转向角逐渐变化。因此,在其中间需要插入一段逐渐变化的缓和曲线,以便在车速一定的情况下使车辆前轮的转向角从$0°$至θ逐渐转向,从而有利于驾驶员操作方向盘。

3)超高和加宽缓和

为适应车辆转弯的需求,公路在圆曲线上设置有超高和加宽。设置超高和加宽时也需要设置缓和过渡段。

3. 缓和曲线设计的任务

在满足设计标准的前提下,缓和曲线设计的任务是考虑线形、地形及环境条件的要求,选择适宜的缓和曲线长度(或参数A)以及缓和曲线与其他线形的组合形式,从而确定曲线的位置。

二　缓和曲线设计标准

《公路路线设计规范》(JTG D20—2017)规定,高速公路、一级公路、二级公路、三级公路的直线同半径小于不设超高的圆曲线半径衔接处,应设置缓和曲线。当大于或等于不设超高的圆曲线最小半径值时,可不设缓和曲线。四级公路可将直线与圆曲线直接衔接,用超高、加宽缓和段代替缓和曲线。

《城市道路工程设计规范》(2016年版)(CJJ 37—2012)规定,直线与圆曲线或大半径圆曲线与小半径圆曲线之间应设缓和曲线。缓和曲线应采用回旋线,缓和曲线最小长度应符合规定。当设计速度小于40km/h时,缓和曲线可用直线代替。当圆曲线半径大于表2-9不设缓和曲线的最小圆曲线半径时,直线与圆曲线可直接连接。

1. 缓和曲线最小长度

缓和曲线必须有足够的长度,以避免离心加速度增长过快导致驾驶员转动方向盘过急,从而确保行车安全、舒适、线形平滑顺适。

1)从控制方向操作的最短时间考虑

缓和曲线的长度太短,使驾驶员操作不便,所以应确保驾驶员在缓和曲线上有一定的行程时间进行操作。缓和曲线的最小长度为:

$$L_{\text{hmin}} = vt = \frac{V}{3.6}t \tag{2-67}$$

式中:V——设计速度(km/h);

v——设计速度(m/s);

t——车辆在缓和曲线上最短行驶时间(s),一般取 $t = 3$s。

2)离心加速度变化率应限制在一定范围内

车辆行驶在缓和曲线上,其离心加速度随缓和曲线曲率变化而变化,如变化过快将会使旅客感受到横向的冲击。

缓和曲线上离心加速度的变化率为:

$$a_c = \frac{a}{t} = \frac{V^2}{Rt} = \frac{V^3}{47RL_h} \tag{2-68}$$

式中:V——设计速度(km/h);

R——圆曲线半径(m);

t——车辆在缓和曲线上行驶时间(s)。

由上述关系得出缓和曲线长度的计算公式为:

$$L_h = \frac{V^3}{47Ra_c} \tag{2-69}$$

我国在制定缓和曲线标准时,将离心加速度的变化率控制在0.5~0.6m/s³之间。对于车速较高的公路,考虑空气阻力的作用,其横向加速度变化率宜减小为0.45m/s³。

根据道路设计速度,按照式(2-67)和式(2-69)即可计算出最小缓和曲线长度。《公路路线设计规范》(JTG D20—2017)规定,见表2-10;城市道路缓和曲线最小长度规定,见表2-11。

城市道路不设缓和曲线的最小圆曲线半径见表2-9。

城市道路不设缓和曲线的最小圆曲线半径　　　　表2-9

设计速度(km/h)	100	80	60	50	40
不设缓和曲线的最小圆曲线半径(m)	3000	2000	1000	700	500

公路缓和曲线最小长度　　　　　　　　　　　　　表2-10

设计速度(km/h)	120	100	80	60	40	30	20
缓和曲线最小长度(m)	100	85	70	50	35	25	20

注：四级公路为超高、加宽过渡段长度。

城市道路缓和曲线最小长度　　　　　　　　　　　表2-11

设计速度(km/h)	100	80	60	50	40	30	20
缓和曲线最小长度(m)	85	70	50	45	35	25	20

在设计中回旋线参数A值是根据线形舒顺和美观要求，按圆曲线半径R值的大小来确定的。

从视觉要求出发，当缓和曲线很短使缓和曲线角$\beta < 3°$时，则缓和曲线在视觉上变得不明显，容易被忽略。但是，如果缓和曲线过长使$\beta \geq 29°$时，圆曲线与缓和曲线之间的协调性不佳。因此，从适宜的缓和曲线角值($3° < \beta < 29°$)可推导出适宜的A值。通过缓和曲线角计算公式得出

$$\beta_0 = \frac{90°}{\pi} \frac{L_h}{R} \tag{2-70}$$

则

$$L_h = \frac{R\beta_0}{28.6479} \tag{2-71}$$

而且

$$A = \sqrt{L_h R} = \sqrt{\frac{\beta_0}{28.6479}} \tag{2-72}$$

将$\beta = 3°$和$\beta = 29°$代入式(2-72)得：

$$\frac{R}{3} \leq A \leq R \tag{2-73}$$

式中：A——缓和曲线参数(m)；

R——与缓和曲线相连接的圆曲线半径(m)。

2. 半径不同的圆曲线间缓和曲线的省略

(1)小圆半径大于不设超高的圆曲线最小半径时，可以不设缓和曲线。

(2)小圆半径大于表2-12中所列半径，且符合下列条件之一时，均可不设缓和曲线。

①小圆曲线按规定设置相当于最小缓和曲线长的缓和线时，其大圆与小圆的内移值之差不超过0.10m。

②设计速度$V \geq 80$km/h时，大圆半径与小圆半径之比小于1.5。

③设计速度$V < 80$km/h时，大圆半径与小圆半径之比小于2。

复曲线中的小圆临界曲线半径　　　　　　　　　　表2-12

设计速度(km/h)	120	100	80	60	40	30
临界曲线半径(m)	2100	1500	900	500	250	130

三　缓和曲线运用及设计要点

(1)缓和曲线参数及其长度应根据线形设计以及对安全、视觉、景观等的要求，选用较大的数值。

(2)四级公路直线与小于不设超高最小半径的圆曲线相衔接处，可不设置缓和曲线，用超

高、加宽缓和段径相连接。

(3)设计速度大于或等于60km/h时,缓和曲线应作为线形要素之一加以运用。缓和曲线-圆曲线-缓和曲线的长度以大致接近为宜。两个缓和曲线的参数值亦可以根据地形条件设计成非对称曲线,但$A_1:A_2$不应大于2.0。

(4)缓和曲线参数宜依据地形条件及线形要求确定,并与圆曲线半径相协调。

(5)缓和曲线长度除满足表2-10和表2-11所列的最小长度外,还应满足超高和加宽缓和段最小长度要求。

第五节 平面线形设计与计算

一 平面线形设计的一般要求

(1)平面线形,应直捷、连续、均衡,并与地形相适应,与自然环境和景观相协调。

(2)平面线形指标应均衡、连续,且应与纵面线形和横断面的组合合理协调,平面线形高、低指标之间应逐渐过渡。

(3)各级公路不论转角大小均应敷设曲线,曲线长度应满足最小长度要求,转角不宜过大或过小,相邻曲线的转角差值不宜过大。

(4)两同向曲线间应设有足够长度的直线,否则应调整线形设置为单曲线或复曲线。

(5)两反向曲线间不应设置短直线段,否则应调整线形设置为S形曲线。

(6)六车道及以上高速公路,同向或反向圆曲线间插入的直线长度,还应符合路基外侧边缘超高过渡渐变率规定的要求。

(7)设计速度等于或小于40km/h的双车道公路,两相邻反向圆曲线无超高时可径相衔接,无超高有加宽时应设置长度不小于10m的加宽过渡段;两相邻反向圆曲线设有超高时,地形条件特殊困难路段的直线长度不小于15m。

(8)设计速度等于或小于40km/h的双车道公路,应避免连续急弯的线形。地形条件特殊需设置时,应在曲线间按规定插入直线或回旋线。

(9)立体交叉、大型桥梁、隧道前后的平面线形宜选用较高的技术指标。

二 平面线形组合设计

平面线形由直线、圆曲线、缓和曲线三个几何要素组成,三个线形要素可以组成不同的组合线形。这些组合线形主要有:简单形曲线、基本形曲线、凸形曲线、S形曲线、C形曲线、复曲线、复合形曲线以及回头曲线等。

1. 简单形曲线

1)定义

当线形由直线与圆曲线组成一段曲线时叫作简单形曲线,即按直线—圆曲线—直线的顺序组合,如图2-14所示。

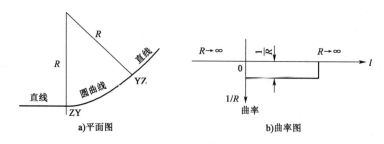

图 2-14 简单形曲线

2)特征及运用

简单形组合曲线在 ZY 和 YZ 点处有曲率突变点,对行车不利,当半径较小时,该处线形也不顺适,一般限于四级公路采用。其他等级公路当平曲线半径大于不设超高半径时,缓和曲线也可以省略,即采用简单形曲线。

2. 基本形曲线

1)定义

按直线—回旋线—圆曲线—回旋线—直线的顺序组合的曲线称为基本形曲线,如图 2-15 所示。

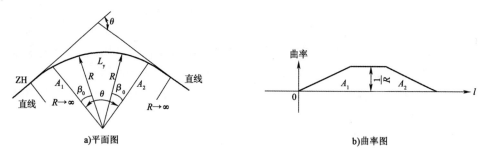

图 2-15 基本形曲线

2)特征及运用

基本形曲线可以设计成对称基本形和非对称基本形两种:当 $A_1=A_2$ 时为对称基本形,这是经常采用的;非对称基本形是根据线形、地形变化的需要,在圆曲线两侧采用 $A_1 \neq A_2$ 的回旋线。

基本形两端的回旋线参数除应满足式(2-74)的要求外,为使线形协调,回旋线—圆曲线—回旋线的长度之比宜为 1:1:1~1:2:1,并注意满足如下设置基本形的几何条件:

$$2\beta_0 < \theta \tag{2-74}$$

式中:θ——路线转角;

β_0——缓和曲线角,$\beta_0 = \dfrac{90}{\pi} \dfrac{L_h}{R}$。

两个回旋线的参数值 A 根据地形条件可以设计成非对称的曲线,此时 $A_1:A_2$ 应不大于 2.0。

3. 凸形曲线

1)定义

两同向缓和曲线间不插入圆曲线而径相连接的组合形式称为凸形曲线,如图 2-16 所示。

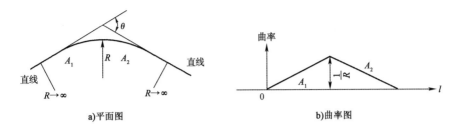

图 2-16 凸形曲线

2) 特征及运用

(1) 设置凸形的几何条件是：

$$2\beta_0 = \theta \tag{2-75}$$

(2) 凸形曲线的缓和曲线最小参数及其连接点的半径值，应分别符合容许最小回旋线参数和圆曲线一般最小半径的规定。连接点附近最小 0.3V 的长度范围内，应保持以连接点的曲率半径确定的路拱横坡。

(3) 凸形曲线在两缓和曲线衔接处曲率会产生突变，不仅行车操作不便，而且由于超高，路面边缘线纵断面也在该处形成转折，因此，凸形曲线作为平面线形是不理想的，一般情况下不宜采用，只有地形、地物受限制的路段方可考虑。当公路转角很小时，采用凸形则较基本形好。

(4) 按两回旋线参数是否相等，凸形曲线分为对称形和非对称形两种，可结合地形及环境条件选用。

4. S 形曲线

1) 定义

两个反向圆曲线间用两个反向回旋线连接的组合形式，称为 S 形曲线，如图 2-17 所示。

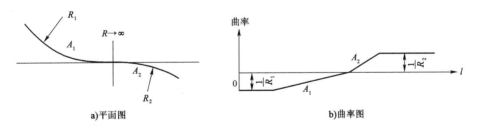

图 2-17 S 形曲线

2) 特征及运用

从行驶力学和线形协调、超高过渡考虑，S 形曲线的两回旋线参数 A_1 与 A_2 宜相等。当采用不同回旋线参数时，A_1 与 A_2 之比应小于 2，有条件时以小于 1.5 为宜。当 $A_2 \leqslant 200m$ 时，A_1 与 A_2 之比应小于 1.5。

5. C 形曲线

1) 定义

同向曲线的两回旋线在曲率为零处径相衔接的形式称为 C 形曲线，如图 2-18 所示。

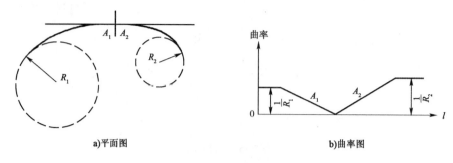

图2-18 C形曲线

2)特征及运用

C形曲线只有在特殊地形条件下方可采用,两个回旋线参数可相等,也可不相等。C形曲线公切点处曲率变化率的方向相反,不是十分理想的组合线形,只有在特殊地形条件下方可使用。高速公路应避免使用C形曲线。

6. 复曲线

1)定义

复曲线是指两个以上半径不同、转向相同的圆曲线径相连接或插入缓和曲线的组合曲线,后者又叫卵形曲线,根据其是否插入缓和曲线有以下几种形式:

(1)圆曲线直接相连的组合形式,即按直线—圆曲线(R_1)—圆曲线(R_2)—直线的顺序组合构成。如图2-19所示。

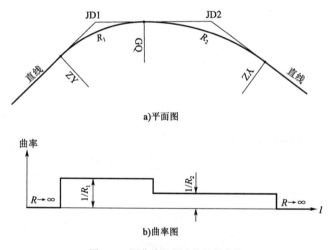

图2-19 圆曲线径相连接的复曲线

(2)两端带缓和曲线的组合形式,即按直线—缓和曲线(A_1)—圆曲线(R_1)—圆曲线(R_2)—缓和曲线(A_2)—直线顺序组合构成。如图2-20所示。

(3)卵形曲线,即按直线—缓和曲线(A_1)—圆曲线(R_1)—缓和曲线—圆曲线(R_2)—缓和曲线(A_2)—直线顺序组合构成。如图2-21所示。

2)特征及运用

卵形曲线要求大圆能完全包住小圆,如果大圆半径为无穷大,那么它就是直线,而回到基本形。所以，卵形曲线可以认为是具有基本形式的一般线形。不过卵形的缓和曲线不是从原点开始，而是使用曲率从 $\dfrac{1}{R_1}$ 到 $\dfrac{1}{R_2}$ 这一段。

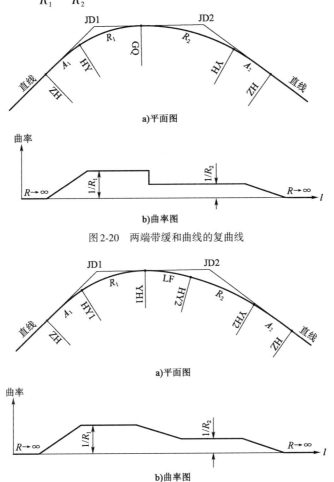

图 2-20　两端带缓和曲线的复曲线

图 2-21　卵形曲线

卵形缓和曲线的参数最好在下列范围之内：

$$\dfrac{R_2}{2} \leqslant A \leqslant R_2 \tag{2-76}$$

两圆曲线半径之比 $\dfrac{R_2}{R_1}$ 宜为 0.2~0.8。两圆曲线的间距以 $\dfrac{s}{R_2}$ 宜为 0.003~0.03（s 为两曲线间的最小间距）。

对于卵形曲线来说，如果两圆曲线相交、相切或相离时，只用一条回旋线就不能将两个圆曲线连接起来，需要用适当的辅助圆把两个缓和曲线连接成两个卵形，或用 C 形曲线。

7. 复合形曲线

1）定义

两个及两个以上的同向缓和曲线，在曲率相等处径相衔接的组合形式称为复合形曲线，如图 2-22 所示。

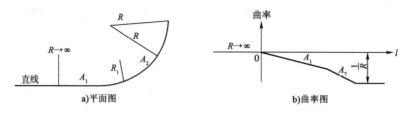

图 2-22 复合形曲线

2)特征及运用

复合形曲线的两个缓和线参数之比一般以小于 1:1.5 为宜,这种形式很少采用,仅在受地形或其他特殊原因限制时采用(互通式立体交叉除外)。

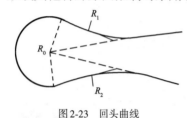

图 2-23 回头曲线

规范解读:回头曲线

8. 回头曲线

1)定义

回头曲线指在山区公路为克服高差在同一坡面上展线时所采用的线形,其圆心角一般接近或大于 180°,如图 2-23 所示。

2)特征及运用

(1)回头曲线转角大、半径小、线形差,一般较少采用,只有在三级、四级公路当自然展线无法争取到需要的距离以克服高差时,或因地形、地质条件所限不能采取自然展线时,可考虑采用回头曲线。高差较大的山区城市道路也可采用。

(2)回头曲线的前后线形应有连续性,两头宜布设过渡性曲线,此外还应设置限速标志,并采取保证通视良好的技术措施。回头曲线的主要技术指标见表 2-13。

回头曲线技术指标　　　　　　　　　　　　　　　表 2-13

主线设计速度(km/h)	40		30	20
回头曲线设计速度(km/h)	35	30	25	20
圆曲线最小半径(m)	40	30	20	15
回旋线最小长度(m)	35	30	25	20
超高横坡度(%)	6	6	6	6
双车道路面加宽值(m)	2.5	2.5	2.5	3.0
最大纵坡(%)	3.5	3.5	4.0	4.5

(3)设计速度为 40km/h 的公路可采用 35km/h、30km/h 的回头曲线速度。

(4)两相邻回头曲线之间,应有较长的距离。由一个回头曲线的终点至下一个回头曲线起点的距离,设计速度为 40km/h、30km/h、20km/h 时,应分别不小于 200m、150m、100m。

三 平曲线计算

1. 概述

1)任务

道路曲线计算的目的是计算平曲线要素和各曲线点桩号,并进行曲线实地放样。曲线放样的方法主要有切线支距法、偏角法、坐标法等,这些方法可以参考《工程测量学》。本节主要介绍曲线要素计算和主点桩号计算。

2)平曲线的种类

道路平面曲线的种类见表2-14,另外按放样方法不同可分为:单交点、双交点及多交点曲线。

平曲线种类　　　　　　　　　　　　　　　　表2-14

简单组合	单圆曲线	—
	凸形曲线	对称凸形
		非对称凸形
	基本形曲线	对称基本形
		非对称基本形
	复合形曲线	—
多圆组合	复曲线	两端不设缓和曲线的复曲线
		两端设缓和曲线的复曲线
		卵形曲线
	S形曲线	单组S形和多组S形
	C形曲线	—

2. 单圆曲线

单圆曲线,即在路线改变方向的交点(JD)处,插入与两直线相切的圆曲线来实现路线方向的改变。

1)曲线要素计算

单圆曲线的形式,及其要素如图2-24所示。

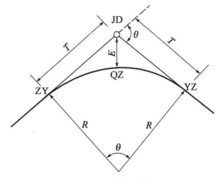

图 2-24　单圆曲线

各要素计算公式:

$$T = R \tan \frac{\theta}{2} \tag{2-77}$$

$$E = R\left(\sec\frac{\theta}{2} - 1\right) = R\frac{1}{\cos\frac{\theta}{2}} - R \tag{2-78}$$

$$L = R\frac{\pi}{180°}\theta \tag{2-79}$$

$$J = 2T - L \tag{2-80}$$

式中:θ——转角(°);

R——曲线半径(m);
T——切线长(m);
E——外距(m);
L——曲线长(m);
J——校正值,即切线长与曲线长之差(m)。

2)曲线主点桩号计算

$$桩号ZY = JD(桩号) - T \qquad (2\text{-}81)$$

$$桩号YZ = ZY(桩号) + L \qquad (2\text{-}82)$$

$$桩号QZ = YZ(桩号) - L/2 \qquad (2\text{-}83)$$

$$桩号JD = QZ(桩号) + J/2(校正) \qquad (2\text{-}84)$$

3. 基本形曲线

1)对称基本形(两端缓和曲线等长)

(1)曲线要素计算

曲线各部分要素如图2-25所示。

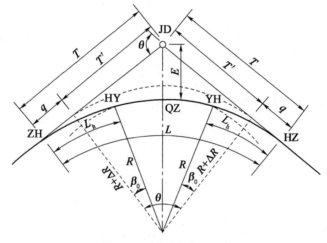

图2-25 对称基本形

曲线要素计算:

$$T = (R + \Delta R)\tan\frac{\theta}{2} + q = T' + q \qquad (2\text{-}85)$$

$$L = R\frac{\pi}{180°}\theta + L_h = R\frac{\pi}{180°}(\theta - 2\beta_0) + 2L_h \qquad (2\text{-}86)$$

$$E = (R + \Delta R)\sec\frac{\theta}{2} - R = (R + \Delta R)\frac{1}{\cos\frac{\theta}{2}} - R \qquad (2\text{-}87)$$

$$L_y = L - 2L_h = R\frac{\pi}{180°}(\theta - 2\beta_0) \qquad (2\text{-}88)$$

$$J = 2T - L \qquad (2\text{-}89)$$

$$\beta_0 = \frac{90°}{\pi R}L_h \qquad (2\text{-}90)$$

$$q = \frac{L_h}{2} - \frac{L_h^3}{240R^2} \tag{2-91}$$

$$\Delta R = \frac{L_h^2}{24R} - \frac{L_h^4}{2688R^3} \tag{2-92}$$

式中：θ——转角(°)；

R——曲线半径(m)；

L_h——缓和曲线长(m)；

L_y——平曲线中圆曲线长(m)；

T——切线长(m)；

E——外距(m)；

L——曲线全长(包括缓和曲线)(m)；

J——校正值(m)；

q——切线增长值(m)；

ΔR——曲线内移值(m)；

β_0——缓和曲线角(°)。

(2)主点桩号计算

$$桩号ZH = JD(桩号) - T \tag{2-93}$$

$$桩号HY = ZH(桩号) + L_h \tag{2-94}$$

$$桩号YH = HY(桩号) + L_y \tag{2-95}$$

$$桩号HZ = YH(桩号) + L_h \tag{2-96}$$

$$桩号QZ = HZ(桩号) - L/2 \tag{2-97}$$

$$桩号JD = QZ(桩号) + J/2 \tag{2-98}$$

2)非对称基本形(两端缓和曲线不等长)

(1)曲线要素计算

图2-26为两端设非对称形的缓和曲线。一般首先确定θ、R、L_{h1}、L_{h2}，再按以下公式计算求得几何参数。

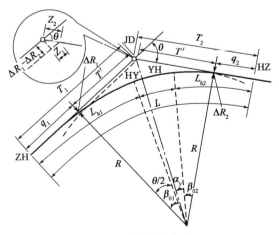

图2-26 非对称基本形

$$q_1 = \frac{L_{h1}}{2} - \frac{L_{h1}^3}{240R^2}, q_2 = \frac{L_{h2}}{2} - \frac{L_{h2}^3}{240R^2} \tag{2-99}$$

$$\beta_{01} = \frac{90°}{\pi R} L_{h1}, \beta_{02} = \frac{90°}{\pi R} L_{h2} \tag{2-100}$$

$$\Delta R_1 = \frac{L_{h1}^2}{24R} - \frac{L_{h1}^4}{2688R^3} \approx \frac{L_{h1}^2}{24R} \tag{2-101}$$

$$\Delta R_2 = \frac{L_{h2}^2}{24R} - \frac{L_{h2}^4}{2688R^3} \approx \frac{L_{h2}^2}{24R} \tag{2-102}$$

$$T' = (R + \Delta R_2) \tan \frac{\theta}{2} \tag{2-103}$$

$$Z_1 = (\Delta R_1 - \Delta R_2) \cot \theta = \frac{\Delta R_1 - \Delta R_2}{\tan \theta} \tag{2-104}$$

$$Z_2 = \frac{\Delta R_1 - \Delta R_2}{\sin \theta} \tag{2-105}$$

$$T_1 = q_1 + T' - Z_1 \tag{2-106}$$

$$T_2 = q_2 + T' - Z_2 \tag{2-107}$$

$$\alpha_y = \theta - (\beta_{01} + \beta_{02}) \tag{2-108}$$

$$L_y = R \frac{\pi}{180°} \alpha_y \tag{2-109}$$

$$L = L_{h1} + L_y + L_{h2} \tag{2-110}$$

这些要素求得之后,便可计算曲线内各控制点里程及坐标。

(2)主点桩号计算

$$桩号ZH = JD(桩号) - T_1$$

$$桩号HY = ZH(桩号) + L_{h1}$$

$$桩号YH = HY(桩号) + L_y$$

$$桩号HZ = YH(桩号) + L_{h2}$$

$$桩号QZ = HZ(桩号) - L/2$$

4. S形和C形曲线

S形曲线是两个反向的基本形曲线(或带缓和曲线的复曲线)首尾相接的组合形式,而C形曲线则是两同向的基本形曲线(或带缓和曲线的复曲线)首尾相接的组合形式。其共同的几何特征是:两回旋曲线间的直线长度为零,即计算时要满足下列条件:

$$AB = T_1 + T_2 \tag{2-111}$$

式中:AB——两交点间距;

T_1——第一曲线切线长;

T_2——第二曲线切线长。

计算时通常先确定控制条件较严的某一曲线并计算曲线要素,则另一曲线的曲线半径(或缓和曲线长度)由式(2-111)的条件用切线长控制反算确定,再计算第二曲线的曲线要素。

5. 凸形曲线

1)对称的凸形曲线

当基本形曲线的圆曲线长度为零时,即构成了凸形曲线,其应满足的几何条件是:

$$\theta = 2\beta_0 \qquad (2\text{-}112)$$

计算时,可根据半径反算缓和曲线长,或根据缓和曲线长反算半径值 R,或根据线形或地形条件(T 或 E)反算主曲线半径 R 和缓和曲线长 L_h,再计算其他曲线要素,如图 2-27 所示。

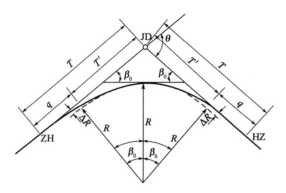

图 2-27 对称凸形曲线

由式(2-90)知:

$$\beta_0 = \frac{90°}{\pi} \cdot \frac{L_h}{R}$$

代入式(2-112),有:

$$\theta = \frac{L_h}{R} \frac{180°}{\pi} \qquad (2\text{-}113)$$

若选定 L_h,则:

$$R = \frac{180°}{\pi} \frac{L_h}{\theta} \qquad (2\text{-}114)$$

若选定 R,则:

$$L_h = \frac{\pi}{180°} \theta R \qquad (2\text{-}115)$$

若用切线长控制,即 T 为已知,则由式(2-85)有:

$$T = (R + \Delta R)\tan\frac{\theta}{2} + q$$

将

$$L_h = \frac{\pi}{180°}\theta R$$

$$\Delta R = \frac{L_h^2}{240R}$$

$$q = \frac{L_h}{2} - \frac{L_h^3}{240R^2}$$

逐步代入式(2-85)可得:

$$R = \frac{T}{\left(1 + \frac{\theta^2}{24}\right)\tan\frac{\theta}{2} + \frac{\theta}{2} - \frac{\theta^3}{240}} \qquad (2\text{-}116)$$

式中:θ——转角,(rad)。

若用外距控制,即 E 为已知,则由式(2-87)得:

$$E = (R + \Delta R)\sec\frac{\theta}{2} - R$$

将式(2-115)代入 $\Delta R = \dfrac{L_h^2}{240R}$，再代入上式联解可得：

$$R = \frac{E}{\left(1 + \dfrac{\theta^2}{24}\right)\sec\dfrac{\theta}{2} - 1} \tag{2-117}$$

2)非对称凸形曲线

当凸形曲线两缓和曲线长度(或缓和曲线参数)不相等时，即构成非对称凸形曲线。计算时通常选定一端缓和曲线长度及半径，再解算另一缓和曲线长度，即可求出所有曲线要素。

如图 2-28 所示，已知 L_{h1} 和 R 及 θ，则缓和曲线 1 的要素为：

$$\beta_{01} = \frac{L_{h1}}{2R} \tag{2-118}$$

$$x_{01} = L_{h1} - \frac{L_{h1}^3}{40R^2} + \frac{L_{h1}^5}{3456R^4} \tag{2-119}$$

$$y_{01} = \frac{L_{h1}^2}{6R} - \frac{L_{h1}^4}{336R^3} + \frac{L_{h1}^6}{42240R^5} \tag{2-120}$$

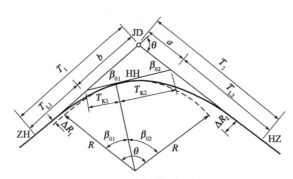

图 2-28 非对称凸形曲线

缓和曲线 1 的切线长为：

$$T_{L_1} = x_{01} - y_{01}\cot\beta_{01} \tag{2-121}$$

缓和曲线 1 的短切线长为：

$$T_{K_1} = y_{01}\csc\beta_{01} \tag{2-122}$$

缓和曲线 2 的缓和曲线角为：

$$\beta_{02} = \theta - \beta_{01}$$

其他要素 L_{h2}、x_{02}、y_{02}、T_{L2}、T_{K2} 均可按式(2-119)~式(2-122)计算。

解三角形可得边长：

$$b = (T_{K1} + T_{K2})\frac{\sin\beta_{02}}{\sin\theta} \tag{2-123}$$

$$a = (T_{K1} + T_{K2})\frac{\sin\beta_{01}}{\sin\theta} \tag{2-124}$$

$$T_1 = T_{L1} + b \tag{2-125}$$

$$T_2 = T_{L2} + a \tag{2-126}$$

6. 曲线逐桩坐标计算

1) 计算目的

对于高等级公路中线上的各点位置,通常是以"逐桩坐标表"的形式提供设计文件。高等级公路或采用大测区控制系统进行勘测设计所提供的设计文件点坐标一般为高斯坐标,即采用"大测区高斯坐标系统"。而以往曲线设计采用的坐标为"顺路导线坐标系统",即每一个交点处都以曲线的起点或终点的切线作为 y 轴、并分别以曲线起点或终点作为坐标原点的坐标系统。因此,应将小坐标系统的坐标统一折算为大坐标系统中的坐标。

高等级公路的线形指高程,表现在平面上是圆曲线半径较大,缓和曲线较长,在测设和放样时须采用坐标法,方能保证其测量精度。所以提供一份"逐桩坐标表"是十分必要的。

2) 坐标系统的选择

根据测区内原坐标系统,一般可作下列几种情况选择:

(1) 采用统一的高斯正投影 3°带平面直角坐标系统。

(2) 采用高斯正投影 3°带或任意带平面直角坐标系统,投影面可采用 1985 年国家高程基准、测区抵偿高程面或测区平均高程面。

(3) 三级和三级以下公路、独立桥梁、隧道及其他构造物等小测区,可不用投影,采用平面直角坐标系统在平面上直接进行计算。

(4) 对于已在平面控制网的地区,应尽量采用原有的坐标系统,如精度不符合要求,也应充分利用其点位,选用其中一点的坐标及含此点的方位角,作为平面控制的起算依据。

3) 计算步骤

"逐桩坐标"即各个中桩的坐标,其计算和测量的方法是按"从整体到局部"的原则进行的。其步骤如下:

(1) 计算导线点坐标

采用两阶段勘测设计的公路或一阶段设计但地形困难的路段,一般都要先作平面控制测量,而路线的平面控制测量多采用导线测量法,在有条件时可优先采用全球定位系统(简称GNSS)测量法。导线测量法,又有经纬仪导线法、光电测距仪法和全站仪法。其中全站仪可以直接读取导线点的坐标,其他方法可以在已知各边边长及其夹角后,用坐标增量法逐点推算其坐标。用 GNSS 定位技术观测,则可在测站之间不通视的情况下,高精度、高效率地获得测点的三维坐标。

(2) 计算交点坐标

当导线经平差使精度满足要求后,即可展绘在图纸上。直接定线时,以导线点为依据在现场直接测得路线各交点的坐标,直接定线的交点坐标若是用全站仪或 GNSS 仪测量也可以很方便地获得(参见《测量学》)。纸上定线的交点坐标,可直接在电子地图上读取。

(3) 计算各中桩坐标

①计算交点坐标并根据交点坐标计算路线转角,再结合 L_h 和 R 计算曲线元素。

②计算曲线起点(ZH 或 ZY)、终点(HZ 或 YZ)坐标。

③计算直线或曲线上任意点坐标。

(4)计算公式

坐标计算公式见表2-15。

坐标计算公式汇总表 表2-15

计算桩点或计算段落			坐标计算公式	
			横坐标	纵坐标
导线点和曲线起终点	交点	JD	$X_本=X_后+S_{后-本}\cos A_{后-本}$	$Y_本=Y_后+S_{后-本}\sin A_{后-本}$
	曲线起终点	ZH	$X_{本ZH}=X_本+T_本\cos A_{本-后}$	$Y_{本ZH}=Y_本+T_本\sin A_{本-后}$
		HZ	$X_{本HZ}=X_本+T_本\cos A_{本-前}$	$Y_{本HZ}=Y_本+T_本\sin A_{本-前}$
直线段	前直线		$X_{前直}=X_本+(T_本+L_{x-ZH})\cos A_{本-后}$	$Y_{前直}=Y_本+(T_本+L_{x-ZH})\sin A_{本-后}$
	后直线		$X_{后直}=X_本+(T_本+L_{x-HZ})\cos A_{本-前}$	$Y_{后直}=Y_本+(T_本+L_{x-HZ})\sin A_{本-前}$
曲线段			$X=X_0+x\cos\alpha-y\sin\alpha$	$Y=Y_0+x\sin\alpha-y\sin\alpha$

表中符号意义如下：

$X_0、Y_0$——曲线起点或终点在大地坐标系中的坐标；

$X、Y$——曲线上的任意点在大坐标系中的坐标；

$x、y$——曲线上的任意点在小坐标系中的坐标，对左转曲线的前半个曲线及右转曲线的后半个曲线计算时，y取负，其余条件x和y均取正；

α——两坐标轴所夹的锐角，顺时针为"+"，反时针为"−"；一般取两坐标轴所夹的象限角计算，也就是小坐标轴x相对于坐标轴X旋转的象限角；如用方位角计算，以上公式当中，x、y前后的正、负号可以自动取定；

A——起算点和计算点连线的正方位角；

$X_本、Y_本$——计算的JD的大坐标系坐标；

$X_{本ZH}、Y_{本ZH}、X_{本HZ}、Y_{本HZ}$——计算的JD的曲线起、终点的大坐标系坐标；

$T_本$——计算的JD的切线长；

$A_{本-后}$——计算的JD至后交点连线的方位角；

$A_{本-前}$——计算的JD至前交点连线的方位角；

L_{x-ZH}——计算点至ZH点的距离；

L_{x-HZ}——计算点至HZ点的距离。

第六节 行车视距

一 视距的概念

1. 定义

从车道中心线上规定的视线高度，能看到该车道中心线上高为10cm的物体顶点时，沿着该车道中心线所测得的距离即为视距。驾驶员在行车过程中必须确保拥有足够的行车视距，以便能及时观察到前方各种情况，据此采取相应的应对措施，以确保行车安全。道路平面上的暗弯（处于挖方路段的弯道和内侧有障碍物的弯道）、纵断面上的凸形竖曲线以及下穿式立体交叉的凹形竖曲线等位置均可能出现视距受限的情况。为保障交通安全，公路沿线各节点应有足够的视距,使驾驶员能够及时察觉潜在危险,并及时作出准确的反应。如图2-29所示,该图详细描绘了道路在多种情境下可能出现的视距问题。

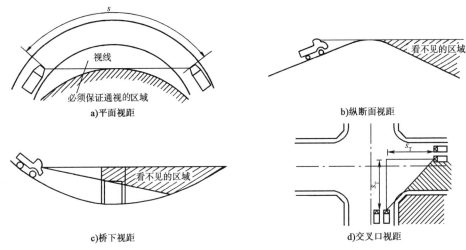

图2-29 多种情境下的行车视距

在道路设计中,确保足够的行车视距是一项至关重要的工作,它对于保障行车安全、提升行车效率、增加驾驶员安全感以及优化行车舒适性具有决定性作用。

2. 视距种类

驾驶员发现障碍物或迎面来车,根据其所采取措施的不同,行车视距可分为停车视距、会车视距和超车视距三种类别:

(1)停车视距:车辆行驶时,驾驶员自看到前方障碍物时起,至达到障碍物前安全停车止,所需的最短行车距离。

(2)会车视距:是指在同一车道上对向行驶的车辆,为避免发生迎面相撞,自车辆在行驶过程中发现对向来车起,至驾驶员采取合理的减速操作后两车安全停止且不发生相撞所需的最短行驶距离。两部车辆相向行驶,会车时停车需二倍停车视距。

(3)超车视距:在双车道道路上,后车超越前车时,从开始驶离原车道起,至可见对向来车并能超车后安全驶回原车道所需的最短距离。

在同等情况下(即道路条件、车辆性能、驾驶员反应时间等因素相同),上述三种视距中,停车视距最短,超车视距最长。

3. 影响视距的因素

视距的要求主要由驾驶员、车辆和环境三方面的特征共同决定。

(1)驾驶员因素:包括驾驶员的警惕性、对危险的认知能力以及驾驶员可能采取的应急操作,如停车、变速、转向等。

(2)车辆因素:涵盖车型(小客车或载货车辆等)、轮胎与路面之间的摩擦系数、驾驶员视线高度(即从驾驶座位上观察外界的水平高度)、车辆运行速度等参数。

(3)道路及环境因素:涉及公路几何设计(如纵坡、平曲线半径等)、路面状况(如是否存在路面铺装、平整度如何、粗糙度大小等)以及道路照明设施的完善程度等因素。

二 视距标准及运用

1. 停车视距

停车视距(图2-30)主要由两部分组成:驾驶员反应时间内行驶的距离和开始制动到车辆完全停止所行驶的制动距离。通常按式(2-127)计算:

$$s_t = s_1 + s_2 = \frac{V}{3.6}t + \frac{(V/3.6)^2}{2g\varphi_z} = \frac{V}{3.6}t + \frac{V^2}{254\varphi_z} \quad (2\text{-}127)$$

式中:t——驾驶员反应时间,取2.5s;

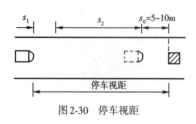

图2-30 停车视距

φ_z——路面与轮胎之间的纵向摩阻系数,因轮胎、路面、制动等条件不同而异,计算停车视距一般按路面潮湿状态考虑,见表2-16;

V——行驶速度,当设计速度为80~120km/h时,为其85%;当设计速度为40~60km/h时,为其90%;当设计速度为20~30km/h时,为其100%。

不同计算行车速度下φ_z值表　　　　表2-16

设计速度(km/h)	120	100	80	60	50	40	30	20
φ_z值	0.29	0.31	0.31	0.33	0.35	0.38	0.44	0.44

高速公路、一级公路的视距应采用停车视距。高速公路、一级公路的一般路段,每条车道的停车视距应不小于表2-17的规定。

高速公路、一级公路停车视距　　　　表2-17

设计速度(km/h)	120	100	80	60
停车视距(m)	210	160	110	75

高速公路、一级公路以及大型车比例高的二级公路、三级公路的下坡路段,应采用下坡段货车停车视距对相关路段进行检验。各级公路下坡段货车停车视距应不小于表2-18的规定。

公路下坡段货车停车视距(m)　　　　表2-18

	设计速度(km/h)	120	100	80	60	40	30	20
纵坡坡度(%)	0	245	180	125	85	50	35	20
	3	265	190	130	89	50	35	20
	4	273	195	132	91	50	35	20
	5	—	200	136	93	50	35	20
	6	—	—	139	95	50	35	20
	7	—	—	—	97	50	35	20
	8	—	—	—	—	—	35	20
	9	—	—	—	—	—	—	20

《城市道路工程设计规范》(2016年版)(CJJ 37—2012)规定的停车视距标准见表2-19。

城市道路停车视距　　　　　　　　　　　　　表2-19

设计速度(km/h)	100	80	60	50	40	30	20
停车视距(m)	160	110	70	60	40	30	20

2. 会车视距

会车视距(图2-31)由三部分组成：

(1)双方驾驶员反应时间所行驶的距离(s_{A1},s_{B1})。
(2)双方车辆的制动距离(s_{A2},s_{B2})。
(3)安全距离(s_0)。

二级公路、三级公路、四级公路的视距应采用会车视距。受地形条件或其他特殊情况限制而采取分道行驶措施的路段,可采用停车视距。会车视距与停车视距应不小于表2-20的规定。

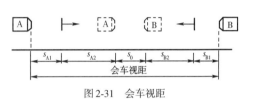

图2-31　会车视距

二级、三级、四级公路会车视距与停车视距　　　　表2-20

设计速度(km/h)	80	60	40	30	20
会车视距(m)	220	150	80	60	40
停车视距(m)	110	75	40	30	20

3. 超车视距

1)超车过程分析

图2-32描述了超车动作各时刻的情况,显示出超车、被超车和迎面来车在各个时刻(时点)的相应位置。在 A 点,超车(车1)从尾随被超车(车2)的位置开始超车动作,就像它在作"延时超越"那样。然后,超车加速至 B 点,开始进入对面的车道。在 C 点,超车到达"关键位置"或称"无法回头点",在这一点位上,放弃超车所需的视距等于完成超车动作所需的视距。过了 C 点,超车的驾驶员除了完成超车动作别无选择,因为此时若放弃超车会需要更大的视距。到 D 点,超车动作已经完成,安全返回其原来的车道。

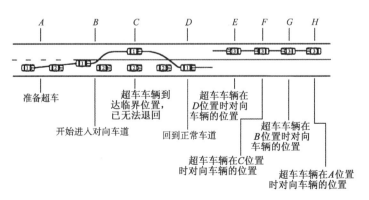

图2-32　超车过程

1-超车车辆;2-被超车辆;3-对向车辆

2)超车视距计算

如图 2-33 所示,在双车道公路上,后车超越前车,从开始驶离原车道之处起,至超车后安全回到原车道止,所需安全距离按下列公式计算:

$$s_{cq} = s_1 + s_2 + s_3 + s_4 \qquad (2\text{-}128)$$

$$s_{cb} = \frac{2}{3}s_2 + s_3 + s_4 \qquad (2\text{-}129)$$

$$s_1 = \frac{V_0}{3.6}t + \frac{1}{2}at_1^2 \qquad (2\text{-}130)$$

$$s_2 = \frac{V}{3.6}t_2 \qquad (2\text{-}131)$$

$$s_4 = \frac{2}{3}s_2 = \frac{V}{3.6}\frac{2}{3}t_2 \qquad (2\text{-}132)$$

式中:s_{cq}——全超车视距(m);

s_{cb}——最小必要超车视距(m);

s_1——车辆超车开始到进入对向车道的加速行驶距离(m)[按式(2-130)计算];

s_2——超车车辆在对向车道上行驶的距离(m)[按式(2-131)计算];

s_3——超车完毕,超车车辆与对向来车之间的安全距离,一般取 15～60m;

s_4——超车车辆从开始加速到超车完成,对向车辆的行驶距离,计算时一般取时间为 $\frac{2}{3}t_2$,因为超车车辆在对向车道上追上被超车辆后,一旦发现对向有来车而其距离不足时,驾驶员还可以回到原来的车道上[按式(2-132)计算]。

V_0——被超车辆的行驶速度(km/h);

t_1——加速时间(s);

a——平均加速度(m/s²);

V——超车车辆的速度(km/h);

t_2——在对向车道上行驶的时间(s)。

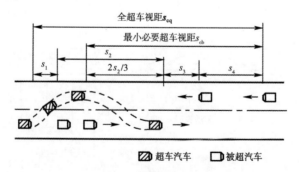

图 2-33 超车视距

上述式中,V 采用设计速度(单位:km/h),设超车车辆和对向车辆都按设计速度行驶,而 V_0 为被超车的速度,较设计速度低 5～20km/h。超车视距最小值应符合表 2-21 的规定。

超车视距最小值　　　　　　　　　表2-21

设计速度(km/h)		80	60	40	30	20
超车视距最小值(m)	一般值	550	350	200	150	100
	最小值	350	250	150	100	70

注："一般值"为正常情况下的采用值;"极限值"为条件受限制时可采用的值。

4. 视距标准的运用

1)公路

三种视距标准的选择和应用主要依据公路等级、车辆类型以及道路的具体条件来进行。

(1)高速公路和一级公路通常采用停车视距。原因在于高速公路和一级公路通常设有中央分隔带,无对向车流冲突,不存在会车问题;同时,同向车道数多于两条,且通过车道分界线实现快慢车道行驶,也不存在超车问题。故只需考虑制动停车视距。

(2)二级公路、三级公路、四级公路的视距,应满足会车视距的要求,其长度应不小于停车视距的两倍。当受地形条件或其他特殊情况限制,采取分道行驶的路段,可采用停车视距,但此时该视距路段对向车辆应通过划线等措施确保对向车辆能分道分向行驶。

(3)二级公路、三级公路、四级公路双车道公路,应间隔设置满足超车视距的路段。具有干线功能的二级公路宜在连续行驶3min的行驶路段内,提供一次满足超车视距要求的超车路段。

(4)积雪冰冻地区的停车视距宜适当增长。

(5)高速公路、一级公路及大型车比例高的二级、三级公路下坡路段,应采用下坡段货车停车视距对相关路段进行检验。

(6)各级公路的互通式立体交叉、服务区、停车区、客运车辆停靠站等各类出口路段应满足识别视距要求,并符合下列规定:

①不同设计速度对应的识别视距应符合表2-22的规定。

识别视距　　　　　　　　　表2-22

设计速度(km/h)	120	100	80	60
识别视距(m)	350(460)	290(380)	230(300)	170(240)

注:括号中为行车环境复杂、路侧出口提示信息较多时应采取的视距值。

②受地形、地质等条件限制路段,识别视距可采用1.5倍的停车视距,但应进行必要的限速控制和管理措施。

(7)路线设计时应对采用较低几何指标、线形组合复杂、中间带设置护栏或防眩设施、路侧设有高边坡或构造物、公路两侧各类出入口、平面交叉、隧道等各种可能存在视距不良的路段和区域,进行视距检验。不符合对应的视距要求时,应采取相应的技术和工程措施予以改善。

2)城市道路

(1)停车视距应大于或等于表2-19中的规定值,积雪或冰冻地区的停车视距宜适当增长。

(2)当行车道上对向行驶的车辆有会车可能时,应采用会车视距,其值应为表2-19中停车视距的两倍。

(3)对货车比例较高的道路,应验算货车的停车视距。
(4)对设置平、纵曲线可能影响行车视距路段,应进行视距验算。

第七节 平面设计成果

一 公路平面设计成果

1. 平面设计成果主要内容及要求

公路设计成果由文字说明和有关的设计图、表组成,设计成果是工程设计和施工的基本依据,根据《公路工程基本建设项目设计文件编制办法》规定,各设计阶段平面设计图、表的内容及要求如下。

1)初步设计阶段
(1)路线方案平面图

路线方案平面图应示出路线(包括比较方案)起讫点、5km(或10km)标、控制点、地形、主要城镇、与其他交通路线的关系以及县以上境界。简明示出特大桥、大桥、隧道、主要路线交叉、主要沿线设施等的位置和形式。对制约路线方案的不良地质、滞洪区、文物古迹、城镇规划、风景区等的分布范围,必要时可着色,醒目示出其分布。比例尺采用1:10000。

(2)公路平面总体设计图

公路平面总体设计图应比较方案(同深度比较)的平面总体设计图应按上述要求单独绘制。示出地形、地物、坐标网格、路线位置、桩号、桥涵、隧道、路线交叉、沿线排水系统、服务区、停车区、紧急停车带、管理养护区、沿线取(弃)土场、路(渠)改移等的布设位置。路线位置应标出中心线、路基边线、示坡线、公里桩、百米桩及曲线主要桩位。对沿线的重要地物(村镇、文物、古迹、规划等)和环境敏感区(点)(景区、学校、自然保护区等)及重要设施的范围必要时应示出。比例尺用1:1000或1:2000。

比较方案(同深度比较)的平面总体设计图应按上述要求单独绘制。

(3)路线平面图

路线平面图应示出地形、地物、平面控制点、高程控制点,路中心线位置及平曲线交点、公里桩、百米桩及平曲线主要桩位、断链位置及前后桩号,各种构造物的位置以及县以上境界等。标出指北图式,列出平曲线要素表。高速公路、一级公路及采用坐标控制的其他等级公路还应示出坐标网格,互通式立体交叉平面布置形式,跨线桥(包括分离式立体交叉桥)位置及交叉方式,复杂平面交叉位置及形式。标注地形图的坐标和高程体系以及中央子午线经度或投影轴经度。对于高速公路、一级公路,比例尺采用1:2000;其他公路,其比例尺也可采用1:1000、1:2000和1:5000。必要时增加在影像地形图上绘制的平面图。

比较方案如远离推荐方案时,可单独绘制(注明上承下接关系、对应桩号)。

(4)直线、曲线、转角表

直线、曲线、转角表应列出交点编号、交点桩号、交点坐标、偏角、曲线各要素值、路线要素点桩号、直线长、各曲线单元长度、计算方位角,备注路线起讫点桩号、断链、平面测量控制系统等。

2)施工图设计阶段

(1)公路平面总体设计图

公路平面总体设计图应示出地形、地物、导线点、坐标网格、路线位置(桩号、断链、路中心线、中央分隔带、路基边线、坡脚或坡顶线、示坡线曲线主要桩位)与其他交通路线的关系、沿线排水系统、改移河道(沟渠)及道路、县以上境界等,标出桥梁、涵洞、隧道、路线交叉及防护工程的位置(桥梁按孔数及孔径、长度标绘,注明桥名、结构类型、孔数及孔径、中心桩号;隧道按长度标绘,注明名称、长度、桩号;互通式立体交叉绘出平面布置形式,注明跨线桥名称、结构类型、孔数及孔径、交叉方式;平面交叉示出平面形式;涵洞与通道按孔数标绘,示出结构类型、孔数及孔径,通道还应注明区别;防护工程注明类型),示出服务区、停车场、收费站。对设置爬坡车道、应急车道、紧急停车带、公交停靠站的路段,应示出其放置位置及起讫点桩号。比例尺采用1:1000或1:2000。

(2)路线平面图

路线平面图应示出地形、地物、路线(不绘比较方案)位置及桩号、断链、平曲线主要桩位与其他交通路线的关系以及县以上境界等、标注平面控制点和高程控制点及坐标网格和指北图式,示出涵洞、桥梁、隧道、路线交叉(标明交叉方式和形式)位置、中心桩号、尺寸及结构类型等。并示意出主要改路、改渠等。图中列出平曲线要素表。对于高速公路、一级公路,比例尺采用1:2000;对于其他公路,其比例尺也可采用1:2000~1:5000。公路的路线平面图示例参见图2-34。

(3)直线、曲线及转角表

直线、曲线及转角表应列出交点号、交点桩号、交点坐标、偏角、曲线各要素数值、曲线控制桩号、直线长、计算方位角或方向角,备注路线起讫点桩号、断链、平面测量控制系统等。

(4)导线点成果表

导线点成果表应列出导线点编号、点名、坐标、边长、方位角及高程等。

(5)路线逐桩坐标表

高速公路和一级公路编制本表,列出桩号、纵坐标、横坐标等。

(6)总里程及断链桩号表

总里程及断链桩号表应列出总里程、测量桩号、断链桩号、断链(增长、减短)、断链累计(长链、短链)、换算连续里程等。

(7)路线固定表及纸上移线图

路线固定表应列出固定桩号、固定情况叙述简图等。

纸上移线图:在编制三、四级公路施工图设计文件时,如发现路线有局部修改需作纸上移线的应绘本图。

2.设计主要成果的编绘

1)路线平面图的绘制

路线平面图是设计文件的主要内容之一,也是平面设计的重要成果,它综合反映了路线的平面位置和线形,还反映了沿线人工构造物和工程设施的布置以及公路与周围环境、地形、

地物的关系,其绘制方法及步骤如下:

(1)导线及道路中线的展绘。在展绘导线或中线展绘以前,需按图幅的合理布局,绘出方格网,坐标网格尺寸采用5cm×5cm或10cm×10cm,要求图廓网格的对角线长度误差均不大于0.5mm,然后按导线点(或交点,下同)坐标x、y精确地点绘在相应位置上。每张导线展绘完毕后,用比例尺复核各点间距,再用量角仪校正每个角度是否与计算相符,复核无误后,再按"逐桩坐标表"所提供的数据,展绘曲线,并注明路线在本张图中的起点和终点里程桩号、曲线要素等。

路线一律按前进方向从左至右绘制,在每张图的拼接处绘出接图线。在图的右上角注明共×张、第×张。在图纸的空白处注明曲线元素及主要点的里程桩号等。

(2)控制点的展绘。各种比例尺的地形图均应展绘和测出各等级三角点、导线点、图根点、水准点等,并按规定的符号表示。

(3)各种构造物的测绘。各类建筑物、构造物及其主要附属设施应按《公路勘测规范》JTG C10—2007的规定测绘和表示。各种线状地物,如管线和高、低压电线等应实测其支架或电杆的位置。对穿越路线的高压线应实测其垂线距地面的高度并注明电压。地下管线应详细测定其位置及埋深。道路及其附属物应按实际形状测绘。公路交叉口应注明每条公路的走向。铁路应注明轨面高程,公路应注明路面类型,涵洞应注明洞底高程等。

(4)水系及其附属物的测绘。海洋的海岸线位置;湖泊(水库)的湖岸线位置;水渠顶边及高程;堤坝顶部及坡脚的高程;水井井台高程;水塘顶边及塘底的高程;河流、水沟等应注明水流流向。

(5)地形、地貌、植被、不良地质地带等均应详细测绘,并用等高线国家测绘局制定的"地形图图式"符号及数字注明。

带状地形图的测绘宽度,一般为中线两侧各100～200m。对1:5000的地形图,测绘宽度每侧应不小于250m。如有比较线,应将比较线包括进去。

2)逐桩坐标表的编制

高等级公路的线形指高程,表现在平面上是圆曲线半径较大,缓和曲线较长,在测设和放样时须采用坐标法,方能保证其测量精度。所以计算一份"逐桩坐标表"是十分必要的。

(1)坐标系统的采用

根据测区内原坐标系统,一般可作如下几种选择:

①采用统一的高斯正投影3°带平面直角坐标系统。

②采用高斯正投影3°带或任意带平面直角坐标系统,投影面可采用1985年国家高程基准、测区抵偿高程面或测区平均高程面。

③三级和三级以下公路、独立桥梁、隧道及其他构造物等小测区,可不经投影,采用平面直角坐标系统在平面上直接计算。

④在已有平面控制网的地区,应尽量沿用原有的坐标系统,如精度不合要求,也应充分利用其点位,选用其中一点的坐标及含此点的方位角,作为平面控制的起算依据。

(2)中桩坐标的计算

"逐桩坐标"即各个中桩的坐标,其计算和测量的方法是按"从整体到局部"的原则进行的。其步骤如下:

①计算导线坐标。采用两阶段勘测设计的公路或一阶段设计但遇地形困难的路段,一般

都要先进行平面控制测量,而路线的平面控制测量多采用导线测量的方法,在有条件时可优先采用全球定位系统(简称GNSS)测量方法。导线测量的方法,有经纬仪法、光电测距仪法和全站型电子速测仪法(简称全站仪)。其中全站仪可以直接读取导线点的坐标,其他方法可以在测得各边长及其夹角后,用坐标增量法逐点推算其坐标。用GNSS定位技术观测,可在测站之间不通视的情况下,高精度、高效率地获得测点的三维坐标,但高程控制尚不能满足测设精度要求。

②计算交点坐标。当导线点的精度满足要求并经过平差以后,即可展绘在图纸上测绘地形图(纸上定线),或以导线点为依据在现场直接测得路线各交点的坐标(直接定线)。纸上定线的交点坐标可以在图纸上量取,而直接定线的交点坐标用全站仪测量也可以很方便地获取。

③计算各中桩坐标。可先计算直线和圆曲线主要点坐标,然后计算缓和曲线、圆曲线上每一个中桩的坐标。计算公式参见有关章节。

3. 设计软件编绘设计主要成果

路线平面设计成果的编绘方式经历了从繁琐的手工展绘到高效的道路设计软件设计的转变。以往,设计师需依赖手绘图纸和计算工具,逐点逐线地绘制和计算,耗时费力且容易出错。如今,随着技术的进步,道路设计软件已成为主流工具,它自动化处理数据、精确计算与图形绘制,使设计过程更加直观、快捷且准确,极大地提升了设计效率与质量。

使用道路设计软件进行道路平面图设计通常遵循以下步骤,具体操作细节可能会因软件不同而有所差异,这里以通用流程为例进行描述:

1)软件安装与环境配置

(1)安装软件:确保道路设计软件(如纬地、Civil3D、OpenRoads Designer、EICAD、鸿业市政道路设计软件等)已正确安装在计算机上,并根据软件要求进行必要的系统配置和激活。

(2)集成环境:如果软件需要与AutoCAD或其他CAD平台集成,确保二者兼容且已经成功对接。

2)新建项目与设置

(1)创建新项目:在软件中启动新项目创建流程,设定项目名称、位置、坐标系等相关信息。

(2)设定设计标准与参数:根据设计规范和工程要求,设置道路等级、设计速度、车道数、路幅宽度、转弯半径、超高与加宽规则等设计参数。

3)数据准备与导入

(1)控制点数据:收集或导入道路沿线的控制点坐标数据,这可能包括GNSS测量数据、地形图上的特征点坐标等。

(2)地形数据(如有):导入数字高程模型(DEM)、地形图或现场测量的地面线数据,用于地形分析和土方计算。

4)路线规划与设计

(1)初步规划:在软件中绘制或导入初步的路线方案草图,或者基于控制点数据进行初步线形拟合。

(2)交点设计:定义关键交点的位置和连接关系,软件会根据设定的曲线要素自动生成圆曲线、缓和曲线和直线段。

(3)曲线调整:通过软件提供的交互工具,动态调整曲线半径、偏移、转向角等参数,优化路线线形。

(4)特殊线形处理:处理回头曲线、卵形曲线、S形曲线等特殊线形,确保设计满足规范要求和驾驶舒适性。

5)中线与边线绘制

(1)生成中线:软件根据设计好的路线导线自动计算并绘制道路中线。

(2)绘制边线:根据道路宽度设置,软件自动生成左右两侧边线,形成完整的路幅边界。

(3)附属设施布局(如有):布置人行道、绿化带、路缘石、排水设施等道路附属元素的位置。

6)设计检查与优化

(1)规范检查:利用软件内置的规范检查功能,验证设计是否符合道路设计规范的各项指标。

(2)土方平衡分析:基于地形数据计算填挖方量,评估土方平衡情况,必要时调整路线线形以优化土方调配。

(3)视觉化展示与评审:生成平面图进行可视化展示和内部/外部评审。

7)输出成果与报告

(1)图纸输出:按照规定的图层、比例、标注样式等要求,导出道路平面图设计图纸。

(2)数据导出:生成直线、曲线及转角表、逐桩坐标表等工程所需文档。

(3)技术说明书撰写:根据设计过程和结果,编写道路平面设计技术说明书,详细记录设计依据、方法、关键决策及设计成果。

8)设计变更与更新

在整个设计过程中,根据评审意见、现场条件变化或业主需求,随时在软件中进行设计调整,并同步更新相关图纸与数据,确保设计文件的准确性和一致性。

二 城市道路平面设计成果

1. 城市道路平面设计主要成果

初步设计阶段的平面图,其比例为1:500~1:2000(立交1:500~1:1000),包括规划道路中线位置、红线宽度、规划道路宽度、道路施工中线及主要部位的平面布置和尺寸。拆迁房屋征地范围,桥梁、立交平面布置,相交的主要道路规划中线、红线宽度、道路宽度、过街设施(含天桥和地道)及公交车站等设施,主要杆管线和附属构筑物的位置等。

施工图设计阶段的平面图,其比例为1:500~1:1000,包含规划道路中线与施工中线坐标、平曲线要素、机动车道、辅路(非机动车道)、人行道(路肩)及道路各部位尺寸、公交停靠站、人行通道或人行天桥位置尺寸,道路与沿线相交道路及建筑进出口的处理方式,桥隧、立交的平面布置与尺寸,各种杆、管线和附属构筑物的位置和尺寸,拆迁房屋、挪移杆线、征地范围等。

2. 城市道路平面设计图的绘制

1)测绘范围

绘图的范围,视道路等级而定,等级高的范围应大些,等级低的可小些。一般在道路两侧红线以外各20~50m,或中线两侧各50~150m,特殊情况例外。

2)城市道路平面设计图的内容及绘制方法

城市道路的导线、中线及路线两侧的地形、地物、水系、植被等的绘制方法与公路相同,不再重复。下面就城市道路中各种设施的绘制方法作一介绍。

(1)规划红线

道路红线是道路用地与城市其他用地的分界线,红线之间的宽度即为城市道路的总宽度。所以当道路的中心线绘出以后,则应按城市道路的规划宽度绘出道路红线。如果有远期规划和近期规划之分,还应分别绘出并注明。

(2)坡口、坡脚或挡土墙边缘线

新建道路由于原地面高低起伏必然有填挖。填方路段在平面图中应绘出路基的坡脚线;挖方路段绘出路基的坡口线,或者绘出挡土墙的边缘线并标示出挡土墙顶面宽度。

(3)车道线

城市道路的车道线是城市道路平面设计图的重要内容。在路幅宽度内,有机动车道、非机动车道之分;在机动车道中还分快车道、慢车道等。各种车道线的位置、宽度可在横断面布置图中查得,在平面中反映出来。车道的曲线部分应按设计的圆曲线半径、长度和缓和曲线长度绘制。各车道之间的分隔带、路缘带、支路出入口等也应绘出。

(4)人行道、人行横道线、交通岛

按设计绘制。

(5)地下管线及设施

道路范围内的地上、地下管线的走向和位置、雨水口、窨井、排水沟等都应在图中标出。必要时,可另绘排水干管、支管平面布置图或专用线路平面布置图。

(6)交叉口

平面交叉口、立体交叉口虽然有专门的交叉口设计图,但在道路平面设计图中也应该按平面图的比例尺绘出,并详细注明交叉口的各路去向、交叉角度、曲线元素以及路缘石转弯半径。

3)绘制要求的说明

一张完整的平面设计图,除了清楚并正确地表达上述设计内容外,还可对某些细部设施或构件绘出大样图。最后在图中的空白处作一些简要的工程说明,如工程范围、采用坐标系、引用的水准点位置等。

在城市道路设计文件中所提供的平面设计图包括两种图式:一种是直接在地形图上所做的平面布置图,红线以内和红线以外的地形地物一律保留;另一种是只绘红线以外的地形地物,红线以内只绘车道线和道路上的各种设施而不绘地形地物。两种图各有优缺点:前者可以看出设计人员是如何处理道路与地形地物之间的关系的(包括拆迁情况),后者则可更清晰地表现道路上各种设施的位置和尺寸。前一种图一般用在方案研究和初步设计中,后一种图用在技术设计或施工图设计中。城市道路设计路线平面图如图2-34所示。城市道路的平面设计图示例参见图2-35。

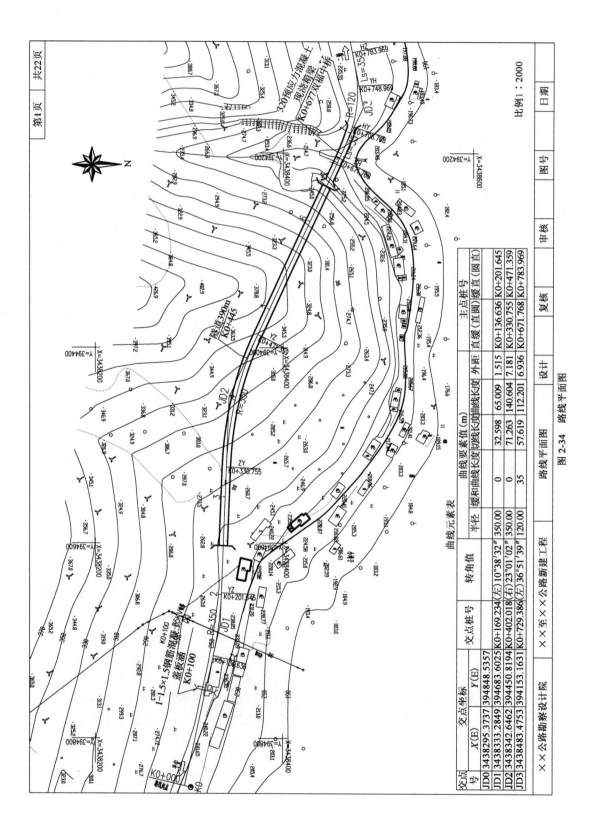

图 2-34 路线平面图

第二章 道路平面设计

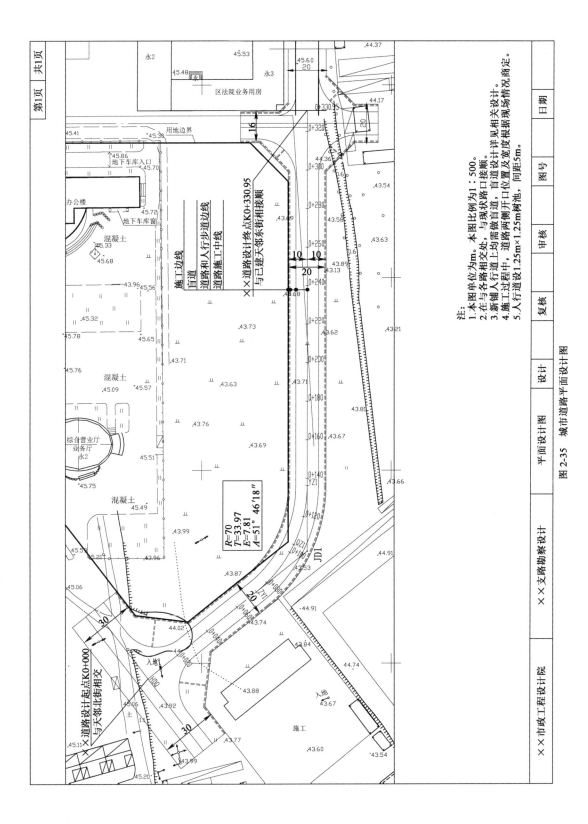

图 2-35 城市道路平面设计图

复习思考题及习题

[2-1] 道路平面线形有哪些要素？

[2-2] 综述直线、圆曲线、缓和曲线的线形特征，并简述这三种线形在道路平面线形中运用的条件和注意问题。为什么说过长的直线不是好的线形？

[2-3] 推导当超高横坡为 i_c 时的横向力系数 μ 的计算公式并试绘出示意图。简述 μ 对车辆行驶稳定性、经济性、舒适性的影响。

[2-4] 书中讨论了车辆行驶在弯道上时的横向倾覆稳定性。如果弯道半径 R 很小，路面横坡 i 不适当，车辆的轮距 b 较窄，装载重心高度 h 又过大，车速 v 很高，则车辆有倾覆的可能性。试分析车辆在将发生倾覆时上述诸因素之间的相互作用与关联。

假定 $b=1.7m$，$h=1.8m$，$R=50m$，路面横坡 $i_c=-0.03$（反超高），求倾覆的临界速度 v。

[2-5] 《公路工程技术标准》(JTG B01—2014) 对公路平曲线半径规定了哪些技术指标？这些技术指标对路线平面设计有何意义？

[2-6] 为什么道路缓和曲线要采用回旋线？缓和曲线在公路平面线形中有何作用？

[2-7] 试从控制离心加速度的变化率出发，推导出缓和曲线最小长度计算公式。

[2-8] 在什么条件下可以省略缓和曲线？省略缓和曲线在路线平面设计中有何意义？

[2-9] 为什么小偏角要设置大半径曲线？

[2-10] 简要回答同向曲线、反向曲线和回头曲线的线形特征。在平面线形运用中要注意哪些问题？

[2-11] 某平原区二级公路，其设计速度为 80km/h，路拱横坡度 $i_g=2\%$，最大超高横坡高 $i_c=8\%$。试求该路线圆曲线的最小半径极限值、最小半径一般值及不设超高的最小半径。

[2-12] 图 2-36 是 6 组路线图，每组包括两种不同的线形，试就行车质量（安全及美观）评价其优劣，并简洁明了地阐述其理由。

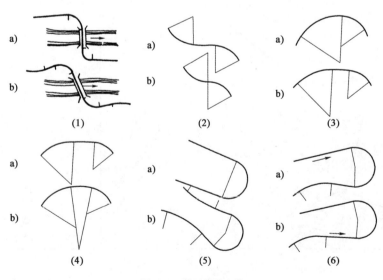

图 2-36 平面线形比较

[2-13] 在怎样的情况下采用停车视距、会车视距、超车视距？凡满足停车视距要求，就一定能满足会车视距和超车视距的要求，这种说法对不对？为什么？

[2-14] 基本形曲线的曲线要素及桩号计算公式可否计算简单形曲线？具体如何运用？

[2-15] 名词解释：
(1)不设超高最小半径；(2)横向力系数；(3)缓和曲线及参数；(4)停车视距；(5)超车视距；(6)卵形曲线；(7)基本形曲线；(8)凸形平曲线；(9)S形曲线；(10)C形曲线。

第二章测试题及答案

第三章 道路纵断面设计

第一节 道路纵断面设计原理

纵断面设计原理涉及对道路竖向高程、坡度、坡长等要素的综合考虑,其中车辆动力性能与制动性能作为核心影响因素之一,与纵断面设计紧密相关。车辆的动力性能决定了其在不同坡度道路上的行驶能力,而制动性能则直接关系到车辆在下坡路段的行车安全。纵断面设计需要充分考虑这些性能特点,合理设置坡度和坡长,以确保车辆能够安全、经济、舒适地行驶。因此,学习纵断面设计原理,包括深入理解车辆动力性能与制动性能及其与纵断面设计的关系,是提升道路设计水平、保障行车安全、优化道路使用性能的必经之路。

一 车辆的动力性能

车辆的动力性能表示车辆行驶时所具有的爬坡能力、行驶速度以及加、减速性能等。车辆的动力性能越好,其可能的行驶速度就越高,所具有的克服道路阻力和爬坡能力也就越大,其平均技术速度也越高。因此,车辆的动力特性常用车辆行驶所能达到的最高速度、最低稳定速度、所能克服的最大纵坡、加速和减速性能等各项技术指标来评价,称为车辆的牵引性参数。

改善车辆动力性能,可以提高运行速度,从而提高运输生产率。这通常是车辆设计者的任务。对于公路设计者来说,学习车辆的动力性能的主要任务是:了解公路上行驶的主要车型的动力特性,并使所设计的公路更有利于车辆动力特性的发挥,也为一些公路技术标准的制定(如最大纵坡、合成纵坡、坡长限制等)提供理论依据。

1. 动力因素

1)动力因素计算

在车辆的牵引力平衡方程中,牵引力和空气阻力与车辆的构造及行驶速度有关,而滚动阻力和坡度阻力与车辆所行驶的道路条件有关,惯性阻力则取决于车辆运动状态。为便于研究车辆行驶与道路的关系,将牵引力平衡方程改写为:

$$T - R_w = G(f \pm i) \pm \delta \frac{G}{g} a \tag{3-1}$$

两边同除以 G:

$$\frac{T - R_w}{G} = (f \pm i) \pm \frac{\delta}{g} a$$

令

$$\frac{T - R_w}{G} = D$$

则

$$D = (f \pm i) \pm \frac{\delta}{g} a \tag{3-2}$$
$$= \psi \pm \frac{\delta}{g} a$$

式中：ψ——道路阻力系数；

D——动力因素，表征某型车辆在海平面高程上，满载情况下单位车重所具有的有效牵引力（又称单位车重所具有的潜力）。

2）受附着力限制的动力因素 D_φ

另外，根据前述的车辆运动的附着条件，即式(2-18)，则受附着条件限制的动力因素为：

$$D_\varphi = \frac{G_k \varphi - R_w}{G} \tag{3-3}$$

2. 动力特性图及其应用

1）动力特性图

根据动力因素计算式可以计算出某一挡位时车辆的动力因素，据此作出某一道路条件下的 D-V 曲线。该曲线称为车辆的动力特性。图3-1为三种车辆的动力特性图，三种车型的有关数据见表3-1。

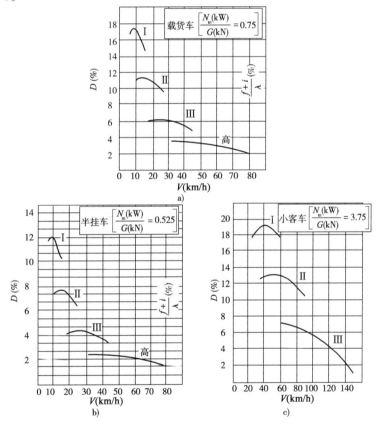

图3-1 车辆动力特性图

三种代表车型有关数据 表3-1

车型	G (kN)	N (kN)	$\dfrac{KF}{G}$	高挡		Ⅲ挡		Ⅱ挡		低挡	
				V_{max}	η	V_{max}	η	V_{max}	η	V_{max}	η
半挂车	313.60	164.75	0.6×10^{-6}	80	0.9	45	0.85	25	0.85	15	0.8
载货车	137.20	102.97	1.6×10^{-6}	80	0.9	45	0.85	25	0.85	15	0.8
小客车	16.66	62.52	2.9×10^{-6}	130	0.9	—	—	90	0.85	60	0.8

注：高挡即直接挡，超挡未列。

动力特性图是按海平面及车辆满载的情况下绘制的,对不同海拔、荷载下的动力因素应按海拔、荷载及发动机最大功率进行调整。调整系数为:

$$\lambda = \xi \frac{G_a}{G_0} \frac{P'_{\max}}{P_{\max}} \tag{3-4}$$

式中:λ——动力因素调整系数,即考虑海拔及荷载影响系数,考虑λ后的动力因素则调整为λD;

ξ——海拔系数;

G_a——实际装载时车辆的重力(N);

G_0——车辆满载时的重力(N);

$P'_{\max}$——实际计算车型发动机最大功率(kW);

$P_{\max}$——标准车发动机最大功率(kW)。

利用车辆的动力特性图,可以求出车辆在某一行驶条件下所能保持的稳定行驶速度V,并可确定车辆克服此时的行驶阻力所采用的排挡以及此时车辆所具有的加速度和爬坡能力(如坡度和坡长)等。

当车辆匀速行驶时,$\frac{dV}{dt} = 0$,$D = \psi$,此时,车辆可爬的最大坡度为:

$$i_{\max} = D_{\max} - f \tag{3-5}$$

式中:$D_{\max}$——车辆在某一排挡爬坡时动力因素的最大值,可由该排挡时车辆的动力特性图查得。

2)动力特性图的应用与分析

(1)动力特性图的应用

应用动力特性图可以求出车辆在某一行驶条件下(道路阻力系数ψ为某一定值)所能保持的速度V和所采用的排挡;可以近似求出在小于最高速度下所能达到的加速度;可以求出在匀速行驶时某一排挡下车辆所能克服的纵坡度等。

(2)道路条件一定时的最高车速

最高车速是指在良好的路面上,稳定行驶的车辆能达到的最大速度。此时,加速度为零,即$dV/dt = 0$,由$D = \psi$直线与$D = f(V)$曲线的交点,如图3-2中的c点,所对应的速度V_c,即为在道路阻力为ψ时,车辆可能的最大行驶速度。

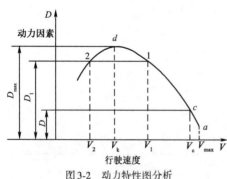

图3-2 动力特性图分析

(3)保持一定速度车辆所能克服的道路阻力

如图3-2所示,由已知的速度V_1,与曲线$D = f(V)$相交于1点,其对应的D_1,即由$D_1 = \psi$求出道路阻力。

(4)最小稳定速度

对于临界速度某一排挡的动力特性曲线,动力因素D均有一定的使用范围,该曲线的极值$D = D_{\max}$,如图3-2中的d点,其所对应的速度V_k叫作临界速度。临界速度V_k是车辆稳定运动的极限最小速度。

当车辆采用$V_1 > V_k$的速度行驶时,如图3-2中的1点,在$d \sim 1$的曲线范围内,V与D成反比关系。当道路阻力增加时,则车辆可降低车速,增加D值以克服道路阻力。

若增加的阻力消失,则速度很容易提高到V_1行驶。这种$V_1>V_k$的情况叫作稳定行驶。

若车辆采用$V_2<V_k$的速度行驶,如图3-2中的2点,在2~d曲线范围内V与D成正比关系。此时,若道路阻力增加,车辆降低车速行驶,而D值减小,这样动力因素反而不足,迫使车辆停车。这种$V_2<V_k$的行驶情况叫作不稳定行驶。

由此可知,临界速度V_k是车辆行驶的极限最小速度。因此,一般车辆行驶速度均应大于V_k。

(5)最高速度

车辆的最高速度是指加速踏板踩到底,车辆满载(不带挂车)在平整坚实的水平路段上,以直接挡稳定行驶的最大速度。如图3-2中的a点所对应的速度V_{max}。

二 车辆行驶的纵向稳定性

车辆行驶稳定性是指车辆在行驶过程中,受外部因素作用,能保持或很快恢复原行驶状态和方向,而不失去控制发生侧滑、倾覆等现象的能力。

车辆行驶稳定性从不同方向来看,可分为纵向稳定性和横向稳定性。从丧失稳定的方式来看可分为滑动稳定性和倾覆稳定性。分析和确保车辆行驶的稳定性对于合理设计车辆结构尺寸、正确设计公路、保证行车安全、提高运输生产率、减轻驾驶员的疲劳强度有着十分重要的意义。

影响车辆行驶稳定性主要有以下三方面的因素:

(1)车辆本身的结构参数。如车辆的整体布置、几何参数、重量参数、轮胎特性、前后悬架的形式等。

(2)驾驶员的因素。如驾驶员驾驶过程中的思想集中状况、反应速度、技术熟练程度、动作灵敏程度等因素,对于驾驶员能否做出准确判断、及时采取措施使车辆趋于稳定、确保行车稳定有着直接关系。

(3)作用于车辆的外部因素。主要是车辆和路面间的相互作用因素(如公路的纵向、横向坡度,路面附着情况等),以及车辆做不等速行驶和曲线运动时惯性力的作用。

车辆行驶的横向稳定性问题已在第二章中讲述,下面介绍车辆行驶的纵向稳定性。

1. 车辆在直坡道上的受力分析

如图3-3为后轴驱动的双轴车辆在路面直坡道上低等速行驶时,忽略滚动阻力、空气阻力影响的受力情况。

对车辆后轮着地点B取矩,则可求得前轮垂直反力:

$$Z_1 L = G\cos\alpha L_2 - G\sin\alpha h$$

$$Z_1 = \frac{G\cos\alpha L_2 - G\sin\alpha h}{L} \tag{3-6}$$

式中:Z_1——作用于前轮上的法向反力(N);

G——车辆总重力(N);

α——道路坡度角(°);

L_1、L_2——车辆重心至前后轴间距离(m);

h——车辆重心高度(m);

L——车辆轴距(m)。

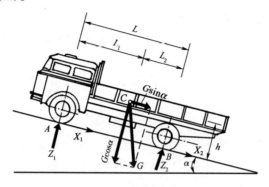

图3-3 车辆在直坡道上的受力

G-车辆总重力(N);C-车辆重心位置;h-车辆重心高度(m);α-道路坡度角(°);Z_1、Z_2-作用于前、后轮上的法向反力(N);X_1、X_2-作用于前后轮上的切向反力(N);L-车辆轴距(m)

对前轮着地点A取矩,则可得到后轮垂直反力:

$$Z_2 L = G\cos\alpha L_1 + G\sin\alpha h$$

$$Z_2 = \frac{G\cos\alpha L_1 + G\sin\alpha h}{L} \tag{3-7}$$

式中:Z_2——作用于后轮上的法向力(N);

G——车辆总重力(N);

α——道路坡度角(°);

L_1——车辆重心至前轴间距(m);

h——车辆重心高度(m);

L——车辆轴距(m)。

2. 纵向倾覆稳定

当车辆前轮离地即法向作用力为零时,将导致车辆纵向倾覆。

由式(3-6),令$Z_1 = 0$,即得纵向倾覆稳定条件:

$$\tan\alpha_0 = \frac{L_2}{h} \tag{3-8}$$

式中:α_0——车辆产生纵向倾覆时的道路极限坡度角;

L_2——车辆结构参数;

h——车辆重心高度。

由上式可知,当$\alpha>\alpha_0$时,车辆失控产生纵向倾覆;纵向倾覆稳定性仅与车辆结构参数L_2和h有关。L_2越大,则α_0越大,纵向倾覆稳定性好;车辆重心位置越高,则α_0越小,纵向稳定性越差。一般L_2与h的值在车辆设计中必须考虑,其比值$L_2/h \gg 1$,因此,一般来说纵向倾覆稳定条件容易满足。

3. 纵向滑动稳定

当车辆上坡产生倒溜极限状态时,下滑力与最大附着力平衡,略去次要因素,则:

$$\text{下滑力} = G\sin\alpha_1$$
$$\text{附着力} = Z_2\varphi$$

将式(3-7)代入,得:

$$G \cdot \sin\alpha_1 = \frac{G\cos\alpha_1 L_1 + G\sin\alpha_1 h}{L} \cdot \varphi$$

$$\tan\alpha_1 = \frac{L_1 + h\tan\alpha_1}{L} \cdot \varphi$$

因 $h \cdot \tan\alpha_1 \cdot \varphi$ 较小,略去不计,并且 $\frac{L_1}{L} \approx \frac{G_2}{G}$,所以

$$\tan\alpha_1 = \frac{L_1}{L}\varphi = \frac{G_2}{G}\varphi \tag{3-9}$$

式中:α_1——车辆发生倒溜时的道路极限坡度角(°);
  L_1、L——含义同式(3-7);
  G_2——后轴分配的轴重(N);
  G——车辆总重(N);
  φ——轮胎与路面的附着系数。

由以上分析可知:

$$i < \tan\alpha_1 = \frac{G_2}{G}\varphi \tag{3-10}$$

式中:i——路线纵坡度;
  其他符号意义同前。

式(3-10)即为满足车辆不产生纵向倒溜时的公路纵坡条件。对于载货车辆,一般:

$$\frac{G_2}{G} = 0.66 \sim 0.76$$

道路泥泞时,$\varphi=0.2$;道路结冰时,$\varphi=0.1$,因此车辆不产生倒溜的条件是:

$$i < 0.132 \sim 0.152(\text{泥泞时}) \tag{3-11}$$
$$i < 0.066 \sim 0.076(\text{结冰时}) \tag{3-12}$$

车辆行驶纵向滑动稳定条件是制定公路极限纵坡、最大超高坡度、合成纵坡的理论依据之一。

三 车辆的制动性能

车辆的制动性能是指车辆在行驶中强制降低车速或在长下坡时保持一定车速的能力。车辆制动性能的好坏,直接关系到车辆行驶的安全性。据某城市统计,在某年中发生的250起重大交通事故中,因制动距离太长和紧急制动侧滑所引起的事故占40%。因此,良好的制动性能是车辆在安全行驶条件下提高车速、获得较高运输生产效率的重要保证。

车辆的制动性能可以从以下三个方面来评价:
(1)制动效能包括车辆的制动减速度、制动时间和制动距离。
(2)制动效能的恒定性,如热机衰退性能等。
(3)制动时车辆的方向稳定性,即制动时车辆不发生跑偏、侧滑、甩尾及丧失转向能力。
下面仅就与行车安全和公路设计关系密切的制动效能加以论述。

1. 制动力及制动时车辆运动方程

1)制动力 P_T

如图3-4所示,制动时,制动器内的制动蹄上的摩擦片的制动鼓压紧,产生摩擦力 P,并形成制动力矩 M_μ 阻止车轮转动,即:

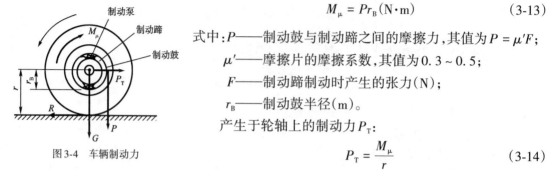

图3-4 车辆制动力

$$M_\mu = Pr_B (\text{N·m}) \tag{3-13}$$

式中:P——制动鼓与制动蹄之间的摩擦力,其值为 $P = \mu'F$;

μ'——摩擦片的摩擦系数,其值为 $0.3 \sim 0.5$;

F——制动蹄制动时产生的张力(N);

r_B——制动鼓半径(m)。

产生于轮轴上的制动力 P_T:

$$P_T = \frac{M_\mu}{r} \tag{3-14}$$

但是,制动力 P_T 的发挥是受车轮和路面间的附着力(即反作用力)限制的。因此,在极限状态下,车辆最大制动力为:

$$P_{T\max} = G\varphi \tag{3-15}$$

式中:$P_{T\max}$——车辆最大制动力(N);

G——分配到制动轮上的荷重,一般车辆为全轮制动,即 G 为车辆总重(N);

φ——轮胎与路面的附着系数,设计时,φ 值一般采用路面为潮湿状态的值,见表2-1。

2)制动时车辆运动方程

制动时车辆为减速运动,考虑制动力的作用,车辆牵引力平衡方程:

$$-P_T = R_f \pm R_i + R_w + R_j \tag{3-16}$$

符号意义同前,具体含义见第二章的2-13、2-14及2-15后面的解释。

制动时,一般速度下降很快,速度较小,空气阻力可略去不计。

$$P_T + R_f \pm R_i + R_j = 0 \tag{3-17}$$

即:

$$G\varphi + G\psi + \frac{\delta}{g} G \frac{dv}{dt} = 0 \tag{3-18}$$

式(3-17)和式(3-18)即为制动时车辆运动方程。

2. 车辆的制动效能

1)制动减速度 j_s

由式(3-18)移项,得:

$$-\frac{\delta}{g} G \frac{dv}{dt} = G\varphi + G\psi$$

$$j_s = \frac{dv}{dt} = -\frac{g}{\delta}(\varphi + \psi)(\text{m/s}^2) \tag{3-19}$$

路面干燥($\varphi = 0.5 \sim 0.8$)时,计算减速度 j_s 可达 $7 \sim 9\text{m/s}^2$。但制动减速度过大时,不仅燃

料消耗和轮胎磨损增加,而且也会使乘客不适,货物碰撞。因此,一般 j_s 不大于 $1.5 \sim 2.5\text{m/s}^2$,只有在紧急情况下才超过 4m/s^2。

2) 制动时间 t_s

制动时,如果地面制动力达到了附着极限,并保持不变,则可认为车辆制动时为匀减速运动。理论上,从制动开始到停车的时间可按下式计算:

$$t_s = \int_0^t dt$$

将 $dt = \dfrac{dv}{j_s}$ 代入,得:

$$t_s = \int_{V_B}^0 \frac{1}{j_s} dv = -\frac{\delta}{g(\varphi + \psi)} \int_{V_B}^0 \frac{dV}{3.6}$$

$$t_s = \frac{\delta V_B}{3.6 g(\varphi + \psi)} \tag{3-20}$$

式中:V_B——车辆制动时初速度(km/h);

其余符号意义同前。

式(3-20)仅为从制动生效开始到车停下来所需的时间,除此以外,制动时间还应包括驾驶员的制动反应时间和制动生效时间,两项合起来称为空驶时间。

驾驶员反应时间是指从驾驶员发现障碍物判定是否制动到踩下制动踏板所需时间,按测试一般为 $0.5 \sim 0.7\text{s}$;制动生效时间是指从驾驶员踩下踏板到制动发生效力(即制动蹄与制动鼓接触)所需时间,这段时间对于液压式制动约为 0.4s,对于气压式制动为 $0.6 \sim 1.0\text{s}$,在公路设计时,空驶时间 t_1 采用 2.5s。

3. 制动距离 S_s

制动距离是指车辆以速度 V_B 行驶时(空挡),从驾驶员发现障碍物判断是否制动到车辆安全停止所行驶的距离。

$$S_s = \int_0^s ds$$

$$dt = \frac{dv}{j_s},\text{而} ds = vdt = v\frac{dv}{j_s}$$

代入前式,得:

$$S_s = \int_{V_1}^{V_2} V \cdot \frac{dV}{dt} = -\frac{\delta}{g(\varphi + \psi)} \int_{V_1}^{V_2} \frac{VdV}{13}$$

$$= \frac{V_1^2 - V_2^2}{254(\varphi + \psi)} \ (\text{m}) \tag{3-21}$$

式中:V_1——制动初速度(km/h);

V_2——制动末速度(km/h);

其余符号意义同前。

车辆完全停止时 $V_2 = 0$,并考虑由于制动机构使用不充分的影响而产生的制动使用系数,式(3-21)变为:

$$S_s = \frac{K V_1^2}{254(\varphi + \psi)} \ (\text{m}) \tag{3-22}$$

式中:K——制动使用系数(或称制动系数),K值一般为1.0~1.4,公路设计中通常采用1.2。

考虑驾驶员的反应和制动生效时间t_1,则:

$$S_s = \frac{V_1}{3.6}t_1 + \frac{KV_1^2}{254(\varphi+\psi)} \text{ (m)} \tag{3-23}$$

式中符号意义同前。

第二节 纵坡设计

一 最大纵坡

最大纵坡是根据公路等级、自然条件、行车要求及临街建筑等因素所限定的纵坡最大值。最大纵坡是道路纵坡设计的极限值,是纵面线形设计的一项重要指标。最大纵坡的大小将直接影响路线的长短、使用质量、行车安全、运营成本和工程的经济性。

1. 制定最大纵坡的依据

1)车辆类型

不同类型的车辆具有不同的动力性能和制动性能。其上坡时的爬坡能力和下坡时的制动性能亦各不相同,因此对道路的最大纵坡要求均不相同。

2)设计速度

由车辆的动力特性曲线可知,车辆的爬坡能力与行驶速度成反比,车速越高爬坡能力越低。因此,在确定路线最大纵坡时必须以保证一定的行驶速度为前提。

3)自然条件

道路所处地区的地形、海拔、气候条件等也影响车辆的行驶条件和爬坡能力。

2. 最大纵坡标准的制定

1)计算法

此法以上坡行驶为准,通过规定车辆爬坡时的计算车型、计算车速和车辆荷载,根据等速爬坡的原理按车辆的动力特性图并经计算确定。

2)调查法

我国通过对车辆在坡道上行驶情况的调查、试验,根据路段的调查资料分析来确定最大纵坡值。《公路工程技术标准》(JTG B01—2014)在制定路线最大纵坡时主要考虑了以下三方面的因素:

(1)车辆上坡行驶的爬坡能力。车辆上坡时因升坡阻力增加而需增大牵引力,从而降低车速。若长时间爬陡坡,不但会引起车辆散热器内的冷却液沸腾、气阻,使行驶无力,而且在爬坡时车辆的机件磨损也将增大。因此,应从车辆爬坡能力考虑对最大纵坡加以限制。

(2)车辆下坡行驶的安全性。车辆下坡时,制动次数增加,制动器易因发热而失效,驾驶员心理紧张,也容易发生交通事故。根据行车事故调查分析,坡度大于8%、坡长为360m,或虽然坡长很短但坡度很大(11%~12%)的路段,下坡的终点易发生交通事故。同时,调查资料表明,当纵坡大于8.5%时,制动次数激增。所以,最大纵坡的制定应从下坡安全的角度来考虑,其最大值控制在8%~

高转速刹车测试

9%为宜。

(3)考虑畜力车及雨雪冰滑时车辆上下坡的行驶要求。

对城市道路来讲,其最大纵坡的制定除了考虑上述因素以外,还应考虑非机动车特别是自行车的行驶要求。

3. 最大纵坡标准

1)《公路工程技术标准》(JTG B01—2014)规定的最大纵坡见表3-2。

公路的最大纵坡　　　　　　　　　　　　　表3-2

设计速度(km/h)	120	100	80	60	40	30	20
最大纵坡(%)	3	4	5	6	7	8	9

(1)设计速度为120km/h、100km/h、80km/h的高速公路受地形条件或其他特殊情况限制时,经技术经济论证,最大纵坡值可增加1%。

(2)公路改扩建中,设计速度为40km/h、30km/h、20km/h的利用原有公路的路段,经技术经济论证,最大纵坡值可增加1%。

(3)二级及二级以下公路的越岭路线连续上坡(或下坡)路段,相对高差为200～500m时,平均纵坡不应大于5.5%;相对高差大于500m时,平均纵坡不应大于5%。任意连续3km路段的平均纵坡不应大于5.5%。

(4)高速公路、一级公路应论证采用合理的平均纵坡。对存在连续长、陡纵坡的路段应进行安全性评价。

2)城市道路规定的最大纵坡(表3-3)。

城市道路机动车道最大纵坡　　　　　　　　　　　　　表3-3

设计速度(km/h)		100	80	60	50	40	30	20
最大纵坡(%)	一般值	3	4	5	5.5	6	7	8
	极限值	4	5	6		7		8

(1)新建道路应采用小于或等于最大纵坡一般值;改建道路、受地形条件或其他特殊情况限制时,可采用最大纵坡极限值。

(2)除快速路外的其他等级道路,受地形条件或其他特殊情况限制时,经技术经济论证后,最大纵坡极限值可增加1.0%。

(3)积雪或冰冻地区的快速路最大纵坡不应大于3.5%,其他等级道路最大纵坡不应大于6.0%。

二 坡长限制

坡长限制包括陡坡的最大坡长限制和最小坡长限制两个方面。

1. 最大坡长限制

1)限制理由

长距离的陡坡对车辆行驶不利。连续上坡会导致发动机负荷增大,易产生过热现象,从而降低其机械效率,使行驶性能恶化。下坡过程中,因制动频繁会导致制动系统过热、磨损加剧,从而增加制动失效和轮胎磨损的风险,同时还会降低车辆稳定性并加重驾驶员的疲劳感。因此,应对陡坡的长度有所限制。

2)最大坡长规定

(1)《公路工程技术标准》(JTG B01—2014)规定的不同纵坡最大坡长见表3-4。

公路不同纵坡最大坡长(m)　　　　　　　　　　　　　　　表3-4

	设计速度(km/h)	120	100	80	60	40	30	20
纵坡坡度(%)	3	900	1000	1100	1200	—	—	—
	4	700	800	900	1000	1100	1100	1200
	5	—	600	700	800	900	900	1000
	6	—	—	500	600	700	700	800
	7	—	—	—	—	500	500	600
	8	—	—	—	—	300	300	400
	9	—	—	—	—	—	200	300
	10	—	—	—	—	—	—	200

(2)《城市道路工程设计规范》(2016年版)(CJJ 37—2012)规定的坡长限制见表3-5。

城市道路机动车最大坡长　　　　　　　　　　　　　　　表3-5

设计速度(km/h)	100	80	60			50			40		
纵坡(%)	4	5	6	6.5	7	6	6.5	7	6.5	7	8
最大坡长(m)	700	600	400	350	300	350	300	250	300	250	200

(3)城市道路,对于非机动车道的纵坡坡长规定见表3-6。

城市道路非机动车道最大坡长　　　　　　　　　　　　　表3-6

纵坡(%)		3.5	3.0	2.5
最大坡长(m)	自行车	150	200	300
	三轮车	—	100	150

2. 最小坡长限制

1)限制理由

最小坡长是指相邻两个变坡点之间的最小长度。若其长度过短,会使变坡点个数增加,行车时颠簸频繁,当坡度差较大时还容易造成视线的中断、视距不良,从而影响到行车的平顺性和安全性。另外,从线形的几何构成来看,纵断面是由一系列的直坡段和竖曲线所构成,若坡长过短,则不能满足竖曲线所需的最短距离的要求,故应对纵坡的最小长度做出限制。

2)最小坡长规定

(1)《公路路线设计规范》(JTG D20—2017)规定的最小坡长的一般值见表3-7。

公路最小坡长　　　　　　　　　　　　　　　　　　　　表3-7

设计速度(km/h)	120	100	80	60	40	30	20
最小坡长(m)	300	250	200	150	120	100	60

(2)《城市道路工程设计规范》(2016年版)(CJJ 37—2012)规定的坡段最小长度见表3-8。

城市道路最小坡长　　　　　　　　　　　　　　　　　　表3-8

设计速度(km/h)	100	80	60	50	40	30	20
最小坡长(m)	250	200	150	130	110	85	60

3. 缓和坡段

缓和坡段是在纵坡长度达到坡长限值时,按规定设置的较小纵坡路段。进行公路设计时,当设计速度等于或小于80km/h时,缓和坡段的纵坡应不大于3%;当设计速度大于80km/h时,缓和坡段的纵坡应不大于2.5%。同时,缓和坡段的长度应大于表3-7规定。

城市道路纵坡缓和段的纵坡应不大于3%,其长度应符合表3-8的规定。

三 平均纵坡限制

1. 限制理由

平均纵坡是指含若干坡段的路段两端点的高差与其路段长度的比值。平均纵坡是衡量路线线形设计质量的重要指标之一。

$$i_p = \frac{h}{l} \tag{3-24}$$

式中:i_p——平均纵坡;
  l——路段长度(m);
  h——长度为l的路段两端的高差(m)。

平均纵坡是为了合理运用最大纵坡、坡长及缓和坡长的规定,确保车辆安全、顺畅行驶而设定的一种限制性指标。

通过对山区道路行车实际状况调查发现,尽管某些道路纵坡设计完全符合最大纵坡、坡长限制及缓和坡长规定,但也不一定能保证行车顺畅安全。特别是在地形困难、高差较大地段,设计者可能交替使用极限长度的最大纵坡和缓和坡长,形成"台阶式"纵断面线形。这是一种合法但不合理的做法。在这种坡道上车辆会较长时间频繁地使用低速挡行驶,对车辆性能和行驶安全都不利。

2. 平均纵坡规定

(1)《公路路线设计规范》(JTG D20—2017)规定平均纵坡标准如下:二级、三级、四级公路越岭路线连续上坡(或下坡)路段,相对高差为200~500m时,平均纵坡不应大于5.5%;相对高差大于500m时,平均纵坡不应大于5%,且任意连续3km路段的平均纵坡宜不大于5.5%。

(2)高速公路、一级公路应论证采用合理的平均纵坡。对存在连续长、陡纵坡的路段应进行安全性评价。

四 其他纵坡标准

1. 合成坡度

1)概念

合成坡度是指在设有超高的平曲线上,由路线纵坡与弯道超高横坡所组成的斜向坡度,即道路路面上的纵向坡度和横向坡度的矢量,其方向指向为流水线方向,如图3-5所示。其合成坡度值可按式(3-25)计算:

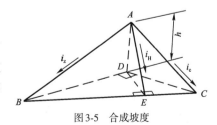

图3-5 合成坡度

$$i_H = \sqrt{i_z^2 + i_c^2} \tag{3-25}$$

式中：i_H——合成坡度；

i_z——路线纵坡；

i_c——超高横坡。

在陡坡急弯处，若合成坡度过大，会导致车辆产生附加阻力、重心偏移等问题，对行车安全构成威胁。因此，应对由超高横坡和路线纵坡组成的合成坡度加以限制。

2）标准规定

《公路路线设计规范》(JTG D20—2017)及《城市道路工程设计规范》(2016年版)(CJJ 37—2012)规定的道路最大合成坡度分别见表3-9、表3-10。

公路最大合成坡度　　　　　　　　表3-9

公路等级	高速公路、一级公路				二级公路、三级公路、四级公路				
设计速度(km/h)	120	100	80	60	80	60	40	30	20
合成坡度(%)	10.0	10.0	10.5	10.5	9.0	9.5	10.0	10.0	10.0

城市道路合成坡度　　　　　　　　表3-10

设计速度(km/h)	100,80	60,50	40,30	20
合成坡度(%)	7.0	7.0	7.0	8.0

注：积雪或冰冻地区道路的合成坡度应小于或等于6.0%。

当陡坡与小半径平曲线重叠时，宜采用较小的合成坡度。下列情况其合成坡度必须小于8%：

①冬季路面有结冰、积雪的地区。

②自然横坡较陡峻的傍山路段。

③非机动车交通量较大的路段。

各级公路最小合成坡度不宜小于0.5%。在超高过渡的变化处，合成坡度不应设计为0%。当合成坡度小于0.5%时，应采取综合排水措施，以保证路面排水畅通。

3）合成坡度临界图

路线为各种横坡及纵坡合成时，为便于检查合成坡度是否超标，可直接用合成坡度临界图进行检查，如图3-6所示，可不必用式(3-25)进行计算。

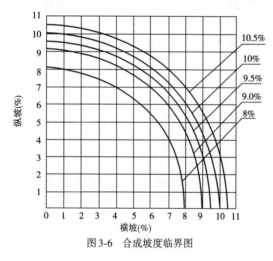

图3-6　合成坡度临界图

2. 高原纵坡折减

1）折减理由

在高海拔地区，由于空气密度下降而使车辆发动机的功率、车辆的驱动力以及空气阻力降低，这些因素导致车辆的爬坡能力下降。此外，由于该区域气压较低，车辆散热器中的冷却液易于沸腾而破坏冷却系统。车辆满载情况下，不同海拔高度H对应的海拔荷载修正系数λ值见表3-11。

满载时 λ 与 H 的关系 表3-11

海拔高度 H(m)	0	1000	2000	3000	4000	5000
海拔荷载修正系数 λ	1.00	0.89	0.78	0.69	0.61	0.53

由表3-11可见,海拔高度对 λ 值的影响是相当大的,也就是对纵坡的影响很大。为此,在高原地区除了对车辆本身要采用一些措施避免随海拔增高而使发动机功率降低过多,在道路纵坡设计中也应适当采用较小的坡度。

2)折减规定

《公路路线设计规范》(JTG D20—2017)规定:设计速度不大于80km/h,并且位于海拔3000m以上的高原地区的公路最大纵坡值应按表3-12的规定予以折减。折减后若小于4%,则仍采用4%。

高原纵坡折减值 表3-12

海拔高度(m)	3000~4000	4000~5000	5000以上
折减值(%)	1	2	3

3. 最小纵坡

最小纵坡是出于满足纵向排水的需要而对排水不畅的路段所规定的纵坡最小值。各级公路的长路堑地段以及其他横向排水不畅的路段,为了保证排水顺畅,均应设置不小于0.3%的纵坡。城市道路最小纵坡不应小于0.3%,当遇特殊困难路段纵坡小于0.3%时,应设置锯齿形边沟或采取其他排水措施。

4. 桥上及桥头路线的纵坡

(1)小桥处的纵坡要求与路线相同。

(2)大、中桥上的纵坡不宜大于4%,桥头引道纵坡不宜大于5%;引道紧接桥头部分的线形应与桥上线形相配合。

(3)位于城镇附近混合交通繁忙处的路段,桥上及桥头引道纵坡均不得大于3%。

(4)易结冰、积雪的桥梁,桥上纵坡宜适当减小。

5. 隧道纵坡

(1)隧道内的纵坡应大于0.3%且小于3%,但短于100m的隧道不受此限制。

(2)高速公路、一级公路的中、短隧道,当条件受限制时,经技术经济论证后,最大纵坡可适当加大,但不宜大于4%。

(3)隧道内的纵坡宜设置成单向坡;地下水发育的隧道及特长、长隧道宜采用人字坡。

6. 城镇附近公路纵坡

位于市镇附近且非机动车交通量较大的路段,纵坡可根据具体情况适当放缓。

7. 回头曲线纵坡

《公路路线设计规范》(JTG D20—2017)规定的各级公路回头曲线路段的最大纵坡见表3-13。

回头曲线最大纵坡 表3-13

主线设计速度(km/h)	40		30	20
回头曲线设计速度(km/h)	35	30	25	20
最大纵坡(%)	3.5	3.5	4.0	4.5

8. 爬坡车道

（1）四车道高速公路、四车道一级公路以及二级公路连续上坡路段，符合下列情况之一时，宜在上坡方向行车道右侧设置爬坡车道：

①沿连续上坡方向载重车辆的运行速度降低到表3-14的容许最低速度以下。

上坡方向容许最低速度 表3-14

设计速度(km/h)	120	100	80	60	40
容许最低速度(km/h)	60	55	50	40	25

②单一纵坡坡长超过表3-4的规定或上坡路段的设计通行能力小于设计小时交通量。

③经过对设置爬坡车道与改善主线纵坡不设爬坡车道进行技术经济比较论证，设置爬坡车道的效益费用比、行车安全性较优。

（2）爬坡车道的超高坡度应符合表3-15的规定。超高横坡的旋转轴应为爬坡车道内侧边缘线。

爬坡车道超高值 表3-15

主线的超高坡度(%)	10	9	8	7	6	5	4	3	2
爬坡车道的超高坡度(%)	5			4				3	2

（3）爬坡车道的曲线加宽值应采用一个车道曲线加宽的规定。

（4）高速公路、一级公路爬坡车道长度大于500m时，应按照规定在其右侧设置紧急停车带。

①爬坡车道的起点，应设于陡坡路段上载重车辆运行速度降低至表3-14中"容许最低速度"处。

②爬坡车道的终点，应设于载重车辆爬经陡坡路段后恢复至"容许最低速度"处，或陡坡路段后延伸的附加长度的端部。该陡坡路段后延伸的附加长度应符合表3-16的规定。

陡坡路段后延伸的附加长度 表3-16

附加段纵坡(%)	下坡	平坡	上坡			
			0.5	1.0	1.5	2.0
附加长度(m)	100	150	200	250	300	350

③相邻两爬坡车道相距较近时，宜将两爬坡车道直接相连。

④爬坡车道起、终点处应设置分流、汇流渐变段，其长度应符合表3-17的规定。

爬坡车道分流、汇流渐变段长度 表3-17

公路技术等级	分流渐变段长度(m)	汇流渐变段长度(m)
高速公路、一级公路	100	150~200
二级公路	50	90

五 纵坡设计的一般要求

1. 公路纵坡设计要求

(1)纵坡设计必须满足标准关于纵坡的有关规定,不轻易使用极限值。
(2)纵坡应力求平缓,避免连续陡坡、过长陡坡和反坡。
(3)纵面线形应连续、平顺、均衡,并重视平纵面线形的组合。

从行车安全、乘客舒适和视觉良好的要求来看,纵坡设计要注意以下几点:

①短距离内要避免线形起伏过于频繁。如图3-7所示,当纵面线形连续起伏时,会导致视线中断,进而影响行车安全。

②避免凹陷路段。如图3-8所示,线形凹陷会形成视线隐蔽路段,引发驾驶员视觉不适,产生莫测感。这不仅会影响行车速度,还会对交通安全构成威胁。

图3-7 凹凸连续变坡路段　　　　图3-8 "凹陷"路段

③在较长的连续陡坡路段,宜将最陡的纵坡放在底部,接近顶部的纵坡放缓些。
④注意与平面线形的配合。

(4)纵坡设计应结合自然条件综合考虑。为利于路面和边沟排水,一般情况下最小纵坡以不小于0.3%为宜。对于采用平坡或小于0.3%的纵坡路段,应进行专门的排水设计。在受洪水影响的沿河路段及平原区的低洼路段,应保证路线的最低高程,以免受洪水冲刷,确保路基稳定。

(5)纵坡设计应争取填挖平衡,尽量利用挖方作就近填方,以减少借方和废方,降低工程造价。

(6)纵坡设计应根据公路沿线的实际情况,适当考虑农业机械、农田水利等方面的要求。

2. 城市道路纵坡设计要求

城市道路纵断面设计的要求,除了最大和最小纵坡、坡长限制、合成坡度、平均纵坡、竖曲线最小半径和最短长度、平纵组合的要求以外,还应满足由城市道路的特点所决定的具体要求。

(1)纵断面设计应参照城市规划控制高程、适应临街建筑立面布置以及沿路范围内地面排水的要求。

确定道路中线设计高程时,必须满足下列各控制点高程的要求:

①城市桥梁桥面高程$H_桥$。

$$H_桥 = h_水 + h_浪 + h_净 + h_桥 + h_面 \tag{3-26}$$

式中：$h_水$——河道设计水位高程(m)；
$h_浪$——浪高(m)，一般取为0.50m；
$h_净$——河道通航净空高度(m)，视通航等级而定；
$h_桥$——桥梁上部建筑结构高度(m)；
$h_面$——桥上路面结构厚度(m)，应包括预留的路面补强厚度在内。

②立交桥桥面高程$H_桥$。
桥下为铁路时：

$$H_桥 = h_轨 + h_净 + h_桥 + h_面 + h_沉 \tag{3-27}$$

式中：$h_轨$——铁路轨顶高程(m)；
$h_净$——铁路净空高度(m)，一般蒸汽机车、内燃机车为6.00m，电气机车为6.55m；
$h_沉$——桥梁预估沉降量(m)。

桥下为道路时：

$$H_桥 = h_路 + h_净 + h_面 + h_桥 \tag{3-28}$$

式中：$h_路$——路面高程(m)，应包括预留的路面补强厚度在内；
$h_净$——道路净空高度(m)。

③铁路道口应以铁路轨顶高程为准。
④相交道路交叉点应以交叉中心规划高程为准。
⑤满足沿线街道两侧建筑前地坪高程(图3-9)。

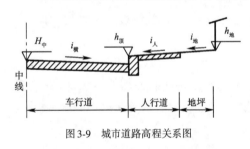

图3-9 城市道路高程关系图

确定道路中线设计高程$H_中$时，为保证道路及两侧街道地面水的排除，一般应使侧石顶面高程$h_地$、行车道横坡度$i_横$和人行道横坡度$i_人$视面层类型在1%～2%之间选用，建筑物前地坪横坡度$i_地$为0.5%～1.0%。根据横断面各组成部分宽度和横坡度可确定包括预留路面补强厚度在内的道路中线设计高程。

(2)应与相交道路、街坊、广场和沿街建筑物的出入口衔接平顺。

(3)对于山城道路及新建道路的纵断面设计，应尽量使土石方平衡。在保证路基稳定的条件下，力求设计线与地面线接近，以减少土石方工程数量，保持原有山坡天然稳定状态。

(4)旧路改建宜尽量利用原有路面，若加铺结构层时，不得影响沿路范围的排水。

(5)机动车与非机动车混合行驶的行车道，最大纵坡不宜大于2.5%，以满足非机动车爬坡能力的要求。

(6)道路最小纵坡应不小于0.3%，特别困难情况下小于0.3%时，应设置锯齿形街沟或采取其他综合排水措施。

(7)道路纵断面设计必须满足城市各种地下管线最小覆土深度的要求，见表6-11。

第三节 竖曲线设计

一 竖曲线计算

1. 竖曲线要素计算公式

(1)竖曲线几何要素主要有:竖曲线切线长 T、曲线长 L 和外距 E,如图3-10所示。

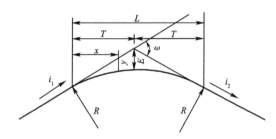

图3-10 竖曲线要素

$$L = R\omega \tag{3-29}$$

$$T = \frac{L}{2} \tag{3-30}$$

$$E = \frac{T^2}{2R} = \frac{R\omega^2}{8} = \frac{T\omega}{4} \tag{3-31}$$

(2)竖曲线上任意点纵距 y 的计算如下:

$$y = \frac{x^2}{2R} \tag{3-32}$$

式中:y——计算点纵距(m);

x——计算点桩号与竖曲线起点的桩号差(m);

R——竖曲线半径(m)。

2. 竖曲线上任意点设计高程的计算

(1)计算切线高程

$$H_1 = H_0 - (T - x)i_1 \tag{3-33}$$

式中:H_1——计算点切线高程(m);

H_0——变坡点高程(m);

T——切线长度(m);

x——计算点桩号与竖曲线起点的桩号差(m);

i_1——纵坡度。

利用该式可以计算直坡段上任意点的设计高程。

(2)计算设计高程

$$H = H_1 \pm y \tag{3-34}$$

式中：H——设计高程(m)；

"±"——当为凹形竖曲线时取"+"，当为凸形竖曲线时取"-"；

其余符号意义同前。

3. 竖曲线半径选择

选择竖曲线半径 R 主要应考虑以下因素：

(1)选择半径应符合规范所规定的竖曲线最小半径的要求。

(2)在不过分增加土石方工程量的情况下，为使行车舒适，宜采用较大的竖曲线半径。

(3)结合纵断面起伏情况和高程控制要求，确定合适的外距值，按外距控制选择半径：

$$R = \frac{8E}{\omega^2} \tag{3-35}$$

(4)考虑相邻竖曲线的连接(即保证最小直坡段长度或不发生重叠)，限制曲线长度，按切线长度选择半径。

$$R = \frac{2T}{\omega} \tag{3-36}$$

竖曲线计算讲解

(5)过大的竖曲线半径将使竖曲线过长，从施工和排水的角度都是不利的，选择半径时应注意。

(6)夜间交通量较大的路段，考虑灯光照射方向的改变，使前照灯照射范围受到限制，故选择竖曲线半径时应适当加大，以使其有较长的照射距离，从而提高行车安全性。

4. 竖曲线计算示例

【例3-1】 某二级山岭区公路，相邻两坡段纵坡为 $i_1 = +0.05$，$i_2 = -0.04$，变坡点的里程桩号为K12+220，该点高程为685.69m(图3-11)，试计算凸形竖曲线半径 $R=1000$m 路段的设计高程。

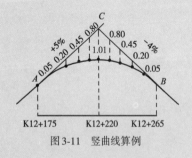

图3-11 竖曲线算例

解：

竖曲线长度：

$$L = R \cdot \omega = 1000 \times 0.09 = 90(\text{m})$$

切线长度：

$$T = \frac{L}{2} = 45(\text{m})$$

外距：

$$E = \frac{T^2}{2R} = \frac{45^2}{2 \times 1000} = 1.01(\text{m})$$

竖曲线起点桩号为：

K12 + 220 - 45 = K12 + 175.00

竖曲线起点高程为：

685.69 - 45 × 5% = 683.44(m)

竖曲线终点桩号为：

$$K12 + 220 + 45 = K12 + 265.00$$

竖曲线终点高程为：

$$685.69 - 45 \times 4\% = 683.89(m)$$

中间各点高程以桩距10m按 $y = \dfrac{x^2}{2R}$ 公式计算，列在表3-18，如图3-11所示。

竖曲线计算表　　　　　　　　　　　　　　　　表3-18

桩号	坡段高程（m）	计算点桩号与竖曲线起(终)点的桩号差（m）	高程改正 $y = \dfrac{x^2}{2R}$ (m)	竖曲线设计高程（m）
K12+175	683.44	0	0.00	683.44
K12+185	683.94	10	0.05	683.89
K12+195	684.44	20	0.20	684.24
K12+205	684.94	30	0.45	684.49
K12+215	685.44	40	0.80	684.64
K12+220	685.69	45	1.01	684.68
K12+225	685.49	40	0.80	684.69
K12+235	685.09	30	0.45	684.64
K12+245	684.69	20	0.20	684.49
K12+255	684.29	10	0.05	684.24
K12+265	683.89	0	0.00	683.89

二 竖曲线设计标准

竖曲线设计主要包括对竖曲线最小半径和竖曲线长度的设计。由于车辆在凸形竖曲线上和在凹形竖曲线上行驶时的受力及视距等不同，因此，对于凸形竖曲线和凹形竖曲线有不同的设计标准。

1．竖曲线最小半径

1）凹形竖曲线极限最小半径

凹形竖曲线极限最小半径主要从缓和冲击、夜间行车前照灯照射的影响以及在跨线桥下的视距三个方面计算分析而确定。

(1)从缓和冲击角度考虑。车辆行驶在竖曲线上，由于离心力的作用，要产生失重(凸形竖曲线)或增重(凹形竖曲线)。失重直接影响乘客的舒适感，增重则不仅影响乘客的舒适感，还会使车辆的悬挂系统超载。竖曲线半径的大小直接影响离心力的大小。因此，必须首先从控制离心力来限制竖曲线的极限最小半径。

车辆在竖曲线上产生的离心力为：

$$F = \frac{G}{g}\frac{v^2}{R} = \frac{GV^2}{127R} \tag{3-37}$$

则：

$$R = \frac{V^2}{127\frac{F}{G}} \tag{3-38}$$

式中：F——车辆在竖曲线上受到的离心力(N)。

其中F/G是单位车重受到的离心力,根据日本资料限制为$F/G = 0.028$代入式(3-38),得：

$$R = \frac{V^2}{3.6} \tag{3-39}$$

由于竖曲线的前后坡差较小,可近似看作圆曲线,则缓和冲击所需的曲线最小长度为：

$$L_{\min} = \frac{\omega V^2}{3.6} \tag{3-40}$$

式中：ω——坡度差。

(2)从夜间行车前照灯照射距离考虑(图3-12)。若照射距离小于要求的视距长度,则无法保证行车安全。按此条件即可推导出此时凹形竖曲线最小半径的计算公式。

设车辆前照灯高度为h,由竖曲线计算公式得：

$$BC \approx \frac{s^2}{2R}$$

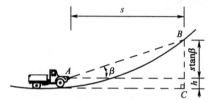

图3-12 夜间行车前照灯照射距离

由图3-12可知：

$$BC = h + s \cdot \tan\beta$$

两式联立,得：

$$R = \frac{s^2}{2(h + s \cdot \tan\beta)} \tag{3-41}$$

式中：s——前照灯照射距离(m),按行车视距长度取值,一般用停车视距；

h——前照灯高度(m),取$h = 0.75$m；

β——前照灯向上的照射角,取$\beta = 1.5°$。

将s、h、β取值代入式(3-41),得：

$$R_{\min} = \frac{s^2}{1.5 + 0.0524s} \tag{3-42}$$

考虑夜间行车照明的竖曲线最小长度为：

$$L_{\min} = \frac{\omega s^2}{1.5 + 0.0524s} \tag{3-43}$$

(3)从保证跨线桥下视距考虑。

当$L < s$时(图3-13),按式(3-44)计算：

$$L_{\min} = 2s - \frac{26.92}{\omega} \tag{3-44}$$

式中：s——要求的行车视距长度,一般采用停车视距,即$s = s_T$；

ω——凹形竖曲线的坡度角；

$L_{\min}$——竖曲线最小长度。

当$L \geqslant s$时(图3-14),按式(3-45)计算：

$$L_{\min} = \frac{s^2 \omega}{26.92} \qquad (3\text{-}45)$$

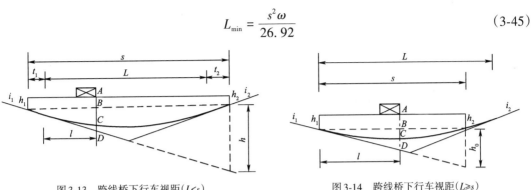

图3-13 跨线桥下行车视距($L<s$)　　图3-14 跨线桥下行车视距($L\geqslant s$)

经分析比较,一般式(3-45)的计算结果比式(3-44)的计算结果大,因此,采用式(3-45)作为控制计算公式。

根据影响凹形竖曲线最小半径的三个限制因素,可以计算出凹形竖曲线的极限最小半径,见表3-19。

凹形竖曲线最小半径极限值的计算　　表3-19

计算行车速度	停车视距 s（m）	缓和冲击所要求的曲线长度(m) $L_1 = \frac{V^2 \omega}{3.6}$	前照灯光束距离所要求的曲线长度(m) $L_2 = \frac{s^2 \omega}{1.5+0.0524s}$	跨线桥下视距所要求的曲线长度(m) $L_3 = \frac{s^2 \omega}{26.92}$	《公路工程技术标准》(JTG B01—2014)最小长度采用值(m) L_t	《公路工程技术标准》(JTG B01—2014)极限最小半径(m) $R = \frac{L_t}{\omega}$
120	210	4000ω	3527ω	1683ω	4000ω	4000
100	160	2778ω	2590ω	951ω	3000ω	3000
80	110	1778ω	1666ω	449ω	2000ω	2000
60	75	1000ω	1036ω	209ω	1000ω	1000
40	40	444ω	445ω	59ω	450ω	450
30	30	250ω	293ω	33ω	250ω	250
20	20	111ω	157ω	15ω	100ω	100

2)凸形竖曲线极限最小半径

凸形竖曲线极限最小半径主要从缓和冲击和保证纵面行车视距两个方面计算分析确定。

(1)从缓和冲击的角度考虑。与凹形竖曲线的限制条件和计算公式相同,即:

$$R = \frac{V^2}{3.6} \quad \text{或} \quad L_{\min} = \frac{\omega V^2}{3.6} \qquad (3\text{-}46)$$

(2)从保证纵面行车视距的角度考虑。凸形竖曲线半径过小,直接影响行车视距,按规定的视距控制即可推导出计算极限最小半径的公式。分两种情况:

第一种情况,$s \leqslant L$,如图3-15所示。

$$h_w = \frac{l_w^2}{2R}$$

$$h_m = \frac{l_m^2}{2R}$$

由几何条件:

$$s = l_w + l_m$$

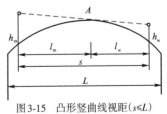

图3-15 凸形竖曲线视距($s \leqslant L$)
L-竖曲线长度,单位为m

则：

$$s = \sqrt{2R}(\sqrt{h_w} + \sqrt{h_m}) \tag{3-47}$$

式中：s——要求的行车视距，按停车视距考虑(m)；

R——竖曲线半径(m)；

l_w——竖曲线顶点A距物点的距离(m)；

l_m——竖曲线顶点A距目点的距离(m)；

h_w——物高(m)，取$h_w=0.10$m；

h_m——目高(m)，取$h_m=1.20$m。

将h_w、h_m的值代入式(3-47)并整理，得：

$$R_{min} = \frac{s^2}{4} \tag{3-48}$$

$s \leqslant L$情况下，凸形竖曲线最小长度为：

$$L_{min} = \frac{\omega s^2}{4} \tag{3-49}$$

第二种情况，$s > L$。

经推导，得：

$$R_{min} = \frac{2s}{\omega} - \frac{4}{\omega^2} \tag{3-50}$$

式中：s——要求的视距长度(m)；

ω——纵断面变坡处的坡度角(°)。

$s > L$情况下，凸形竖曲线最小长度为：

$$L_{min} = 2s - \frac{4}{\omega} \tag{3-51}$$

经计算分析、比较采用值最大的式(3-49)作为制定标准的依据。

根据影响凸形竖曲线最小半径的两个限制因素，可以计算出凸形竖曲线的极限最小半径。见表3-20。

凸形竖曲线最小半径极限值的计算　　　　表3-20

计算行车速度	停车视距s(m)	缓和冲击所要求的曲线长度(m) $L_1 = \dfrac{V^2\omega}{3.6}$	视距所要求的曲线长度(m) $L_2 = \dfrac{s^2\omega}{4}$	《公路工程技术标准》(JTG B01—2014)最小长度采用值(m)L_t	《公路工程技术标准》(JTG B01—2014)极限最小半径(m) $R = \dfrac{L_t}{\omega}$
120	210	4000ω	11025ω	11000ω	11000
100	160	2778ω	6400ω	6500ω	6500
80	110	1778ω	3025ω	3000ω	3000
60	75	1000ω	1406ω	1400ω	1400
40	40	444ω	400ω	450ω	450
30	30	250ω	225ω	250ω	250
20	20	111ω	100ω	100ω	100

3) 竖曲线一般最小半径

竖曲线极限最小半径是缓和行车冲击和保证行车视距所必需的竖曲线半径的最小值。该值只有在地形受限制迫不得已时才采用。凹形竖曲线与凸形竖曲线极限最小半径见表3-21。通常为了使行车有较好的条件，设计时多采用大于极限最小半径1.5~2.0倍的半径值，此值即为竖曲线一般最小半径。随设计速度降低而取用较大数值。凹形竖曲线与凸形竖曲线一般最小半径见表3-21。

公路竖曲线最小半径与竖曲线长度 表3-21

设计速度(km/h)		120	100	80	60	40	30	20
凸形竖曲线半径(m)	一般值	17000	10000	4500	2000	700	400	200
	极限值	11000	6500	3000	1400	450	250	100
凹形竖曲线半径(m)	一般值	6000	4500	3000	1500	700	400	200
	极限值	4000	3000	2000	1000	450	250	100
竖曲线长度(m)	一般值	250	210	170	120	90	60	50
	极限值	100	85	70	50	35	25	20

2. 竖曲线最小长度

与平曲线相似，当坡度角较小时，即使采用较大的竖曲线半径，竖曲线的长度也可能很短。这样容易使驾驶员感觉急促的变坡，同时，竖曲线长度过短，易对车辆及乘客造成冲击。我国公路设计按照车辆在竖曲线上行驶3s的行程来控制竖曲线的最小长度，具体可按式(3-52)计算取整而得，竖曲线最小长度见表3-21。城市道路竖曲线的最小半径与最小长度的计算方法与公路相同，《城市道路工程设计规范》(2016年版)(CJJ 37—2012)对竖曲线的规定值见表3-22。

$$L_{min} = \frac{V}{3.6}t = \frac{V}{1.2} \tag{3-52}$$

城市道路竖曲线最小半径与竖曲线长度 表3-22

设计速度(km/h)		100	80	60	50	40	30	20
凸形竖曲线半径(m)	一般值	10000	4500	1800	1350	600	400	150
	极限值	6500	3000	1200	900	400	250	100
凹形竖曲线半径(m)	一般值	4500	2700	1500	1050	700	400	150
	极限值	3000	1800	1000	700	450	250	100
竖曲线长度(m)	一般值	210	170	120	100	90	60	50
	极限值	85	70	50	40	35	25	20

3. 满足超车视距的凸形竖曲线半径

在保证超车视距的路段设计中，根据超车的需求，除了按照行车视距计算外，还需考虑满足超车视距需求。满足超车视距的凸形竖曲线半径见表3-23。

满足超车视距的凸形竖曲线半径 表3-23

设计速度(km/h)	80	60	40	30	20
凸形竖曲线半径(m)	31500	12800	4200	2400	1100

三 竖曲线设计的一般要求

竖曲线的平顺程度及其在视觉上的效果，往往是评价纵面线形优劣的关键因素。因此，竖曲线设计应满足以下要求：

(1)宜选用较大的竖曲线半径。在不显著增加工程量的情况下，宜选择较大的竖曲线半径。通常设计时应采用大于竖曲线一般最小半径的数值，特别是当前后坡度差较小时，更应采用大半径进行设计，以提升视觉效果和道路整体美观度。只有当地形受限或其他特殊困难不得已时才允许采用极限最小半径。

(2)注意相邻竖曲线的衔接。相邻两个同向凹形或凸形竖曲线，特别是同向凹形竖曲线之间，如直坡段长度较短，应将其合并为单曲线或复曲线，避免形成不利于行车的"断臂曲线"现象。

(3)竖曲线设置应满足排水需要。若相邻纵坡之代数差很小时，采用大半径竖曲线可能会导致竖曲线上的纵坡小于0.3%。不利于排水，应重新进行设计。

第四节 平纵线形组合设计

一 组合设计的原则

道路平面、纵断面线形组合的基本原则是：

(1)应使线形能自然地诱导驾驶员的视线，并保持视觉的连续性。任何使驾驶员感到困惑和判断失误的线形都应极力避免。

(2)平、纵面线形的技术指标应大小均衡。平纵线形组合不仅关系到线形的平顺性，还与工程经济性相关。片面追求某一技术指标的提升而不顾及其他方面是不可取的。

(3)合成坡度应组合得当，以利于路面排水和行车安全。

(4)线形组合设计应注意同公路外部沿线自然景观的协调和地质条件的适应等。恰当的配合不仅可以减轻驾驶员的疲劳和紧张情绪，还可以起到引导视线的作用。

二 线形组合设计要点

1. 线形组合要素

按平面线形为直线、曲线，纵面线形为直线、凸形竖曲线、凹形竖曲线，可有6种不同的立体线形组合类型。这6种组合类型为：

(1)平面直线与纵面直线。

(2)平面直线与凹形竖曲线。
(3)平面直线与凸形竖曲线。
(4)平曲线与纵面直线。
(5)平曲线与纵面凹形竖曲线。
(6)平曲线与纵面凸形竖曲线。

直线和曲线组合的线形要素如图3-16所示。

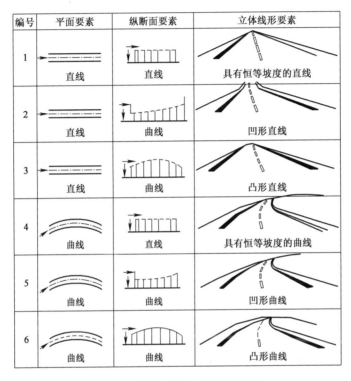

图3-16　直线和曲线组合的线形要素

2. 平纵线形组合与景观的协调配合

(1)平、纵面线形设计应同周围环境相协调。在设计过程中,应充分考虑到速度对驾驶员视觉感知的影响,设计速度高的公路,线形设计和周围环境配合的要求更严格。

(2)应充分利用沿线的自然景观资源(如湖泊、大树、孤山)或人工构造物(如水坝、桥头、农舍),或在道路两侧设置景观设施,以打破景观单调感,使公路与自然环境有机融合。

(3)线形与环境的协调应遵循以下原则:

①线形设计应利用地形,尽量少改变公路周围的地形、地貌、天然森林、建筑物等景观。横断面设计时,应使边坡造型和绿化同原有景观相适宜,以弥补挖、填作业对自然景观的破坏。

②当公路以挖方穿越山脊或通过宽阔林地时,路线应布设成曲线,以保持自然景观的连续。

③为减轻在长直线上行驶的单调感,应使驾驶员能看到前方显著的景物。

④应根据技术和景观要求合理选定构筑物的造型,使公路构筑物成为自然景观中的一部分。

(4)有条件时,宜适当放缓边坡或将边坡的变坡点修整圆滑,使边坡接近于自然地面,增进路容美观。

(5)公路两侧的绿化应避免形式和品种的单一,应将绿化作为诱导视线、点缀风景以及改造环境的一种措施而进行的专门设计。

3. 线形组合设计的基本要求

平、纵组合设计,是公路线形综合几何设计中至关重要的环节。路线平面与纵面设计是从满足车辆行驶力学上的要求及安全方面考虑的,平、纵组合设计则是同时考虑了路线几何特性对驾驶员在行驶中的心理、生理因素和视觉效应等多方面的影响。

1)平曲线与竖曲线应相互重合,且平曲线稍长于竖曲线

平曲线与竖曲线完全对应就能保证视觉上连续性。具体的做法是,使平曲线包含竖曲线,如图3-17a)所示;若平面线形与纵断面线形不对应,如图3-17b)中竖曲线的顶点设在平曲线的起点处,就不能给驾驶员一个顺滑的视线诱导,而且在纵断面凹部底点附近易产生排水问题,并营造出一种视觉错误,令人误以为公路在此处出现了断裂。此外,在平曲线路段内过多地设置竖曲线,会导致驾驶员在视觉上将公路分割成多个不连续的段落。这种设计方式也是不合理的。

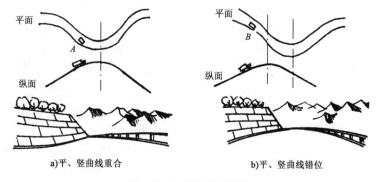

图3-17 平、竖曲线对应复合

规范解读:平包竖

2)平曲线与竖曲线的大小应保持均衡

平曲线与竖曲线的大小应相互协调,以保持均衡的比例关系。若两者不匹配,不仅会导致工程费用的浪费,还会在视觉上破坏整体的平衡感,影响道路的美观性和行驶体验。根据德国计算统计,若平曲线的半径小于1000m,竖曲线半径约为平曲线半径的10~20倍时,便可达到均衡的目的,可参考表3-24选用。

平、纵曲线半径的均衡值　　　　表3-24

平曲线半径(m)	竖曲线半径(m)	平曲线半径(m)	竖曲线半径(m)
500	10000	1100	30000
700	12000	1200	40000
800	16000	1500	60000
900	20000	2000	100000
1000	25000	—	—

3)选择组合适当的合成坡度

在山岭地带,当纵坡较陡且又插入小半径平曲线时,易使合成坡度过大,这对行驶安全不利。而在平坦地区,当纵坡接近于水平时,在平曲线起讫点附近的合成坡度变得非常小,导致该区域因排水不利而易引发积水问题。因此,选择能够获得适当的合成坡度的平曲线与竖曲线的组合是必要的。

4)暗、明弯与凸、凹竖曲线

暗弯与凸形竖曲线、明弯与凹形竖曲线的组合是合理的、悦目的。暗弯与凹形竖曲线、明弯与凸形竖曲线的组合,在坡差较大时会给人留下故意爬坡、绕弯的感觉。尽管此类组合在山区道路设计中难以避免,但仍需控制坡差,不宜太大。

5)平、竖曲线应避免的组合

平、竖曲线重合是一种理想的组合,但由于地形等条件的限制,这种组合不是总能实现的。当平曲线的中点与竖曲线的顶(底)点位置错开不超过平曲线长度的1/4时,仍然可以获得比较满意的视觉效果。但是,如果错位过大或大小严重失调,就会引发线形视觉效果的显著劣化,从而影响整体的视觉美感。

(1)要避免使凸形竖曲线的顶部或凹形竖曲线的底部与反向平曲线的拐点重合。前者可能导致驾驶员操作失误,引起交通事故;后者虽无明显的视线诱导问题,但易造成路面排水不畅,产生积水。这两种情况都会导致线形呈现不同程度的扭曲。

(2)小半径竖曲线不宜与缓和曲线相重叠。对于凸形竖曲线而言,其诱导性差,事故率较高;而凹形竖曲线则易导致路面排水不畅。

(3)设计速度大于等于40km/h的公路,应避免在凸形竖曲线顶部或凹形竖曲线底部插入小半径的平曲线(图3-18)。前者会失去引导视线的作用,驾驶员需接近坡顶才发现平曲线,导致不必要的减速或交通事故;后者会出现车辆高速行驶时急转弯,不利于行车安全。

为了便于应用,平曲线与竖曲线的组合形象如图 3-19 所示。竖曲线的起终点最好分别放在平曲线的两个缓和曲线内,其中任一点都不要放在缓和曲线和曲线以外的直线上,也不要放在圆曲线之内。若平、竖曲线半径都很大,则平、竖位置可不受上述限制;若做不到平、竖曲线较好的组合,宁可把两者拉开距离,使平曲线位于直坡段或竖曲线位于直线上。

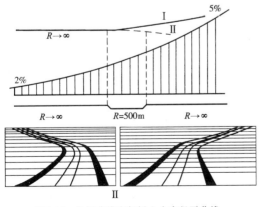

图3-18 长竖曲线底部插入小半径平曲线

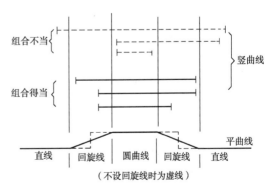

图3-19 平曲线与竖曲线的组合

6)直线与纵断面的组合

平面的长直线与纵面的直坡线配合,在平坦地区易与地形适应,有利于双车道公路的超车操作,但其线形单调乏味,易疲劳。平曲直线上一次变坡是很好的平、纵组合。从美学角度看,包括一个凸形竖曲线为好,而包括一个凹形线次之;直线中短距离内若发生二次以上变坡会形成连续的"驼峰"和"凹陷"形态,看上去线形既不美观也不连贯。这会导致驾驶员视线频繁中断,如图3-20、图3-21所示。

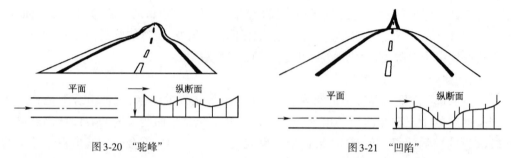

图3-20 "驼峰"　　　　　　　图3-21 "凹陷"

因此,若路线存在显著的起伏变化,应避免采用过长的直线段。理想情况下,应使平面路线顺应纵坡的自然变化而适当转折,同时确保平、竖曲线的合理组合。在此过程中,需特别注意避免驾驶员在单次视野范围内能明显察觉到路线方向转折超过两次,或纵坡起伏超过三次,以防止因视觉信息过于复杂而分散驾驶员注意力,进而影响行车安全,即避免形成"波浪"。形成的"波浪"如图3-22所示。

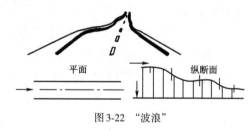

图3-22 "波浪"

第五节　纵断面设计方法及纵断面设计成果

一 纵断面设计原则、要求与控制因素

纵断面设计是设计人员根据选线(定线)意图结合道路沿线地形、地质以及桥涵和重要建筑物进出口、沿街地坪高程等方面的要求,在综合考虑工程技术与工程经济的基础上最后定出路线纵断面设计线的工作。纵断面设计的主要任务就是根据车辆的动力特性、公路等级、当地的自然地理条件以及工程经济性等,确定起伏空间线几何构成的大小及长度,以便达到行车安全迅速、运输经济合理及乘客感觉舒适的目的。

1. 设计原则

(1)纵面线形应与地形相适应,线形设计应平顺、圆滑、视觉连续,与周围环境相协调。

(2)纵坡设计应考虑填挖平衡,并利用挖方就近作为填方,以减轻对自然地面与环境的影响。

(3)相邻纵坡的代数差较小时,应采用大的竖曲线半径。

(4)连续设置长、陡纵坡的路段,上坡方向应满足通行能力的要求,下坡方向应考虑行车安全,并结合前后路段各技术指标的设置情况,采用运行速度对连续上坡方向的通行能力及下坡方向的行车安全性进行检验。

(5)路线交叉前后的纵坡应平衡。

(6)位于积雪或冰冻地区的公路,应避免采用陡坡。

2. 设计要求

1)纵坡设计的要求

根据《公路路线设计规范》(JTG D20—2017)纵坡设计的一般要求如下:

(1)平原地带的纵坡应均匀、平缓。

(2)丘陵地带的纵坡应避免过分迁就地形而起伏过大。

(3)山区的越岭线纵坡应力求均匀,不应采用最大值或接近最大值的坡度,更不宜连续采用不同纵坡最大坡长值的陡坡夹短距离缓坡的纵坡线形。

(4)山脊线和山腰线,除受地形限制不得已而采用较大的纵坡外,一般条件下应采用平缓的纵坡。

2)竖曲线设计的要求

根据《公路路线设计规范》(JTG D20—2017)竖曲线设计的一般要求如下:

(1)竖曲线应选用较大的半径。当地形条件受限制时,应采用大于或接近于竖曲线最小半径的"一般值";地形条件困难时方可采用"极限值"。

(2)有条件时,宜采用大于等于表3-25所列视觉所需要的最小竖曲线半径值。

视觉所需要的最小竖曲线半径值 表3-25

设计速度 (km/h)	竖曲线半径(m)		设计速度 (km/h)	竖曲线半径(m)	
	凸形	凹形		凸形	凹形
120	20000	12000	80	12000	8000
100	16000	10000	60	9000	6000

(3)注意相邻竖曲线的衔接。

①同向竖曲线间,特别是同向凹形竖曲线之间,直线坡段接近或达到最小坡长时,宜合并设置为单曲线或复曲线。

②反向竖曲线间宜插入直线坡段,亦可直接连接,直坡段的长度应大于3s设计速度的行程。

3. 纵断面设计控制因素

1)设计高程的规定

纵断面上的设计高程(图3-23),即路基设计高程规定如下:

(1)新建公路的路基设计高程:高速公路和一级公路宜采用中央分隔带的外侧边缘高程;二级、三级、四级公路宜采用路基边缘高程,在设置超高、加宽地段为设超高、加宽前该处边缘高程。

(2)改建公路的路基设计高程:宜按新建公路的规定执行,也可视具体情况采用中央分隔带中线或行车道中线高程。

(3)对于双向分离式路基,可采用分向路基的中线高程。

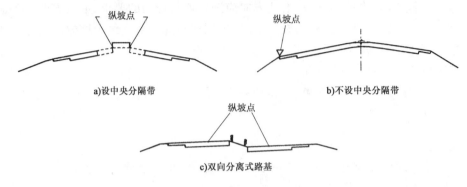

图 3-23　纵断面设计高程

2)设计洪水频率的规定

(1)沿河及可能受水浸淹的路段,按设计高程推算的最低侧路基边缘高程,应高出表 3-26 规定洪水频率计算水位加壅水高、波浪侵袭高和 0.5m 的安全高度。

路基设计洪水频率　　　　表3-26

公路等级	高速公路	一级公路	二级公路	三级公路	四级公路
设计洪水频率	1/100	1/100	1/50	1/25	按具体情况确定

(2)沿水库上游岸边的路段,按设计高程推算的路基最低侧边缘高程应考虑水库水位升高后地下水位壅升,以及水库淤积后壅水曲线抬高及浪高的影响;在寒冷地区还应考虑冰塞壅水对水位增高的影响。

(3)大、中桥桥头引道(在洪水泛滥范围内)的路基最低侧边缘高程,应高于该桥设计洪水位(并包括壅水和浪高)至少 0.5m;小桥涵附近的路基最低侧边缘高程应高于桥(涵)前壅水水位至少 0.5m(不计浪高)。

3)纵断面设计主要控制因素

纵断面设计主要解决道路路线线位的高度和位置,具体确定线位高程的影响因素很多,除了考虑设计洪水频率的高程影响外,还应考虑以下控制因素。

(1)路线起终点及中间控制点的要求

路线终点的线位高程一般由设计任务书确定,它受路网规划以及与相邻道路的交叉条件控制,是纵断面设计的重要控制因素之一。中间控制点是指在路线规划过程中,根据路线的总体走向、沿途城镇发展规划以及其他特定控制条件所设定的,用于精确控制路线在特定位置高程的关键点。中间控制点应根据设计任务要求和沿线各种控制因素,在纵坡设计前先确定,以此作为纵坡设计的主要控制因素之一。

(2)构造物及附属设施的控制要求

①道路构造物控制的要求。高速公路、一级公路和二级公路桥下最小净空高度为 5.0m,三级、四级公路为 4.5m。门架、悬臂标志和路灯下的净空高度应最低不小于上述要求。考虑将来可能的变化,净空高度应预留 0.20m。

②人行通道控制的要求。人行通道的净高应大于或等于2.2m;拖拉机、畜力车的净高应大于或等于2.7m;农用车辆通道的净高应大于或等于3.2m;车辆通道的净高应大于或等于3.5m。

③构造物下的凹曲线控制的要求。当构造物下为短小的凹形曲线时,长大车辆通过时形成圆弧上的一条弦,从而降低了构造物下的有效净高。此时应对凹形曲线进行检查,以确保桥下净高满足特殊载货车辆的需要。

④铁路控制的要求。道路跨越铁路时,跨线桥下净空应符合现行铁路部门净空限界标准。

⑤电力线控制的要求。对于高压电缆来说,不仅由于可能直接触及而发生危险,而且即使间隔一定距离也会产生感应电流。道路上空所有设施的净空要求必须从相应设施的主管部门获得。对于高压电线或其他高压设备,其净空要求应以书面形式从相应主管部门获得。

⑥地下设施控制的要求。道路工程沿线附近的所有地下设施,如通信电缆,应逐一鉴别和定位,以保证满足基本最小净空要求。最小净空要求应以书面形式从有关主管部门获得。有时在采取特殊保护措施的情况下,应获得主管部门的同意,减小净空要求。

⑦水运航道控制的要求。航道所需净空应与相应主管部门商定,或满足通航论证报告规定的要求。

⑧涵洞和桥梁的安全高度控制的要求。对于小型构造物,其底部至100年一遇洪水位的安全净空高度通常为0.5m;而对于桥梁,这一安全净空高度为1.0m。

⑨其他控制要求。其他特殊场地的净空要求,如机场、野生动物通道等,应以书面形式从相应主管部门获得。

(3)自然及环境因素控制要求

自然及环境因素对道路设计的影响较大,如地形、地质、水文地质、沿线居民出行条件及沿线城镇分布情况等因素都影响路线纵坡设计。在纵坡设计前掌握自然及环境因素情况,确定合理的设计高程控制点,对于纵坡设计十分重要。

二 纵断面设计方法与步骤

路线纵断面设计包括纵坡设计(俗称拉坡)与竖曲线设计。由于路线是一条空间带状结构物,路线的平面、纵断面和横断面相互影响,因而在纵断面设计之前的选(定)线阶段,设计人员就已经考虑了纵坡设计的部分内容。在室内进行纵断面设计时,设计人员一般要根据实地选(定)线时的意图,以及桥涵、地质等各方面对路线纵断面设计的要求,综合考虑工程技术与工程经济因素,定出路线纵坡,再选择合适的竖曲线半径,最后计算出各桩号的设计高程和填挖值。纵断面设计具体步骤如下。

1. 准备工作

纵坡设计前,应先根据中桩和水准记录点绘出路线纵断面图的地面线,并详细记录每个中桩的桩号和对应的地面高程。此外,应熟悉和掌握全线有关勘测设计资料以及沿线土壤地质说明资料,领会设计意图和要求。

2. 标注控制点

所谓控制点,就是指影响纵坡设计的高程控制点。控制点主要分为控制性的控制点和参考性的控制点两类。(1)控制性的控制点。路线纵坡设计时,必须通过它或限制从其上方或下方通过的点。这类控制点主要包括路线的起终点,垭口、重要桥梁及特殊涵洞、隧道的控制高程,通过重要城镇位置的高程,以及受其他因素限制路线必须通过的控制点高程等。(2)参考性的控制点,又叫作经济点。对于山岭重丘区的公路,除应标出控制性的控制点以外,还应考虑各横断面上横向填挖基本平衡的经济点,以降低工程造价。横断面上的经济点如图3-24所示。

横断面上的经济点有以下三种情况:

(1)当地面横坡不大时,可在中桩地面高程上下找到填方和挖方基本平衡的高程,纵坡通过此高程时,在该横断面上挖方数量基本等于填方数量。该高程为其经济点,如图3-24a)所示。

(2)当地面横坡较陡时,填方往往不易保持稳定,有时坡脚伸得较远,采用多挖少填甚至全部挖出路基的方法比砌石护坡经济,这时多挖少填或全挖路基的高程为经济点,如图3-24b)所示。

(3)当地面横坡很陡而无法填方时,需砌筑挡土墙,此时宁愿全部挖出路基或深挖。该全部挖出或深挖路基的高程为其经济点,如图3-24c)所示。

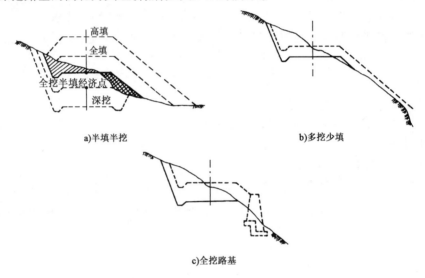

图3-24 横断面上的经济点

(4)当地面横坡很陡,必须做挡土墙时,应当采用某一设计高程使该断面按1m长度计,使施工的土石方与挡土墙费用总和最少,该高程为其经济点。

(5)对于城市道路还应标注如下控制点:

①城市桥梁桥面高程控制点。

②立交桥桥面高程控制点。桥下为铁路时,应满足铁路净空要求;桥下为道路时,应满足车辆通行的净空要求。

③铁路道口高程(按铁路轨顶高程计算)。

④平面交叉相交中心点控制高程。

⑤重要建筑物的地坪高程。

⑥满足重要管线最小覆土厚度的控制高程等。

3. 试坡

试坡主要是在已标出控制点的纵断面图上,根据技术标准、选线意图,考虑各控制点和经济点的要求以及地形变化情况,初步定出纵坡设计线。

试坡应以控制点为依据,并充分参考经济点位置。当个别控制点确实无法满足时,应对控制点重新研究,以便采取弥补措施。试坡的要点可以归纳为:"前后照顾,以点定线,反复比较,以线定交"。前后照顾就是要前后坡段通盘考虑,不能只局限在某一坡段上。以点定线就是按照纵面技术标准的要求,满足控制点,参考经济点,初步定出坡度线。反复比较就是移动坡度线,反复试坡,对各种可能的坡度线方案进行比较,最后确定既符合技术标准、同时又满足控制点要求而且土石方量又最省的坡度线。以线定交就是将得到的坡度线延长,确定变坡点的初步位置。

4. 调坡

调坡主要根据以下两方面进行:

(1)结合选线意图。将试坡线与选线时所考虑的坡度进行比较,两者应基本相符。若存在脱离实际情况或考虑不周现象,则应进行全面分析,找出原因,权衡利弊,决定取舍。

(2)对照技术标准或规范。详细检查设计最大纵坡、坡长限制、纵坡折减以及平纵线形组合是否符合技术标准或规范的要求。特别要注意陡坡与平曲线、竖曲线与平曲线、桥头接线、路线交叉、隧道及渡口码头等地方的坡度是否合理,发现问题及时调整修正。

调整坡度线的方法有抬高、降低、延长、缩短纵坡线和加大、减小纵坡度等。调整时应以少脱离控制点、少变动填挖为原则,以便调整后的纵坡与试定纵坡基本相符。

5. 核对

核对主要在有控制意义的特殊横断面上进行。如选择高填深挖、挡土墙、重要桥涵及人工构造物以及其他重要控制点的断面等。其做法是:在纵断面图上直接由厘米格子读出相应桩号的填挖高度,将此值用"路基横断面透明模板"套在相应横断面地面线上,检查若有填挖过大、坡脚落空、挡墙过高、桥涵填土不够以及其他边坡不稳现象,则需要调整坡度线。核对是保证纵面设计质量的重要环节,对某些复杂地段,如山区横坡陡峻的傍山线,这一工作尤为重要。

6. 定坡

经调整核对合理后,即可确定坡度线。所谓定坡,就是把坡值、变坡点位置(桩号)和高程确定下来。坡度值一般是用三角板推平行线的办法,直接读厘米格子得出,要求取值到千分之一。

7. 纵坡设计应注意的问题

(1)设置回头曲线地段,拉坡时应按回头曲线技术标准先定出该地段的纵坡,然后从两端接坡,应注意在回头曲线地段不宜设竖曲线。

(2)大、中桥上不宜设置竖曲线,桥头两端竖曲线的起、终点应设在桥头10m以外[图3-25a)]。

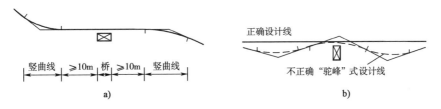

图3-25 桥涵上纵坡

(3)小桥涵允许设在斜坡地段或竖曲线上,为保证行车平顺,应尽量避免在小桥涵处出现"驼峰式"纵坡[图 3-25b)]。

(4)注意平面交叉口纵坡及两端接线要求。道路与道路交叉时,一般宜设在水平坡段,其长度应不小于最短坡长规定。两端接线纵坡应不大于 3%,山区工程艰巨地段不大于 5%。

(5)拉坡时如受"控制点"或"经济点"制约,导致纵坡起伏过大或土石方工程量太大,经调整仍难以解决时,可用纸上移线的方法修改原定纵坡线。具体方法是:按理想要求定出新的纵坡设计线,然后找出对应新设计线的填、挖高度,用在横断面上以新填、挖高度左右移动,定出适宜的中线位置。该点距原路中线的横距就是按新纵坡设计要求希望平面线形调整移动的距离,据此可作出纸上平面移线,若为实地定线时还应到现场改线。这种移线修正纵面线形的方法,在山区和丘陵区道路的纵坡设计中是常遇到的。

(6)注意平、纵面线形的组合,在不过分增加工程量的原则下,尽可能求得最佳的空间组合线形。

(7)桥隧道地段应按照桥隧道路线纵坡的特殊要求执行。

(8)通过城镇路段,应结合城镇规划,结合两侧建筑物的布置,合理确定纵坡和设计高程,使路线与两侧建筑相协调。

8. 道路设计软件进行纵断面设计的步骤

1)项目设置与数据准备

项目创建与参数设定:在道路设计软件中创建新的纵断面设计项目,设置道路等级、设计速度、路幅宽度、路面结构类型等基本参数。

地形数据导入:导入数字高程模型(DEM)或现场实测的地形数据,这些数据将作为生成纵断面地面线的基础。

中线数据导入:确保道路中线设计已完成并已导入到软件中,这将是生成纵断面地面线的依据。

2)纵断面剖面线生成

剖面线提取:软件根据导入的中线数据,沿道路中线方向自动提取沿线的地形剖面线。

地形分析:软件对提取的剖面线进行分析,显示沿线的地形起伏、坡度变化等情况,有助于设计人员了解地形特征并进行合理设计。

3)纵断面设计与优化

设计高程确定:根据道路等级、设计速度、地形条件等因素,设定道路各控制点(如起终点、交叉口、桥涵位置等)的设计高程。

纵坡设计:在满足设计规范的前提下,设置合理的纵坡段、坡长、坡度以及竖曲线参数(如半径、切线长、外距等),确保行车安全与舒适性。软件通常提供自动坡度分配功能,辅助完成纵坡设计。

横断面模板应用:选择或创建适用于当前道路类型的横断面模板,包括路基、路面、边沟、护坡等结构层的厚度和材料。

设计调整与优化:通过软件提供的交互式工具,实时调整设计高程、纵坡、竖曲线参数等,观察其对土方量、视线遮挡、排水状况等影响,进行多次迭代优化。

4)土方量计算与分析

土方计算:软件根据设计的纵断面与原始地形剖面,自动计算填挖方量,包括分段土方量、总填方量、总挖方量等。

土方平衡分析:评估设计纵断面对土方调配的影响,考虑经济性与环保要求,必要时调整纵断面设计以实现土方平衡或最小化运距。

5)设计成果输出

软件可自动生成纵断面设计图和纵坡、竖曲线表等设计文件。

当然,若使用不同的道路设计软件进行纵断面设计,可能会略有不同。

三 纵断面设计成果

1. 公路路线纵断面图

路线纵断面图是公路纵断面设计的最终成果,是道路设计文件的重要组成部分。

路线纵断面图采用直角坐标,以横坐标(水平方向)表示里程及桩号,纵坐标(垂直方向或称纵向)表示水准高程。为了突出地形起伏,纵、横坐标通常采用不同的比例尺。横坐标比例尺一般与路线平面图一致,为1:2000~1:5000,纵坐标的比例尺视地形起伏情况可采用1:200、1:400或1:500。公路路线纵断面图示例参见图3-26。

在路线纵断面图中,应标示出以下主要内容:

(1)里程桩号、地面高程与地面线、设计高程与设计线以及施工填挖值等。

(2)设计的纵坡度和坡长。

(3)竖曲线及其要素、平面上的直线及平曲线。

(4)沿线桥涵及人工构造物位置、类型及孔径,跨线桥还应示出交叉方式。

(5)隧道长度及高度。

(6)与公路、铁路交叉时的桩号及路名。

(7)沿线跨越河流的现有水位和设计洪水位,影响路基稳定的地下水位等。

(8)水准点的位置、编号及高程。

(9)沿线土壤地质分布情况。

(10)断链桩位置及长短链关系。

2. 城市道路纵断面设计图

城市道路的纵断面设计图一般包括以下内容:道路中线的地面线、纵坡设计线、施工高度(填挖值)、土壤地质剖面图、沿线桥涵位置、街沟类型和孔径、沿线交叉、沿线水准点位置、桩号和高程等,以及在图的下方附以简要的说明表格。在市区主干道的纵断面图上,还应标注出相交道路的路名与交叉口的交点高程以及街坊与主要建筑物的出入口高程等。

当设计纵坡小于0.3%时,道路两侧街沟应作锯齿形街沟设计,以满足排水要求,并分别计算出雨水进水口和分水点的设计高程,注在相应的图栏内。

城市道路纵断面设计图的比例尺,水平方向一般采用1:1000~1:500,垂直方向一般采用1:100~1:50。纵断面设计图示例参见图3-27。

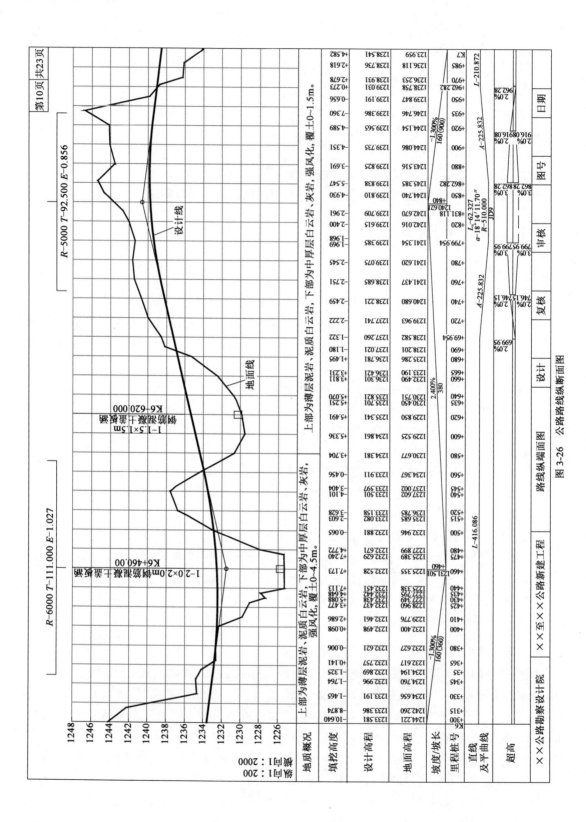

图 3-26 公路路线纵断面图

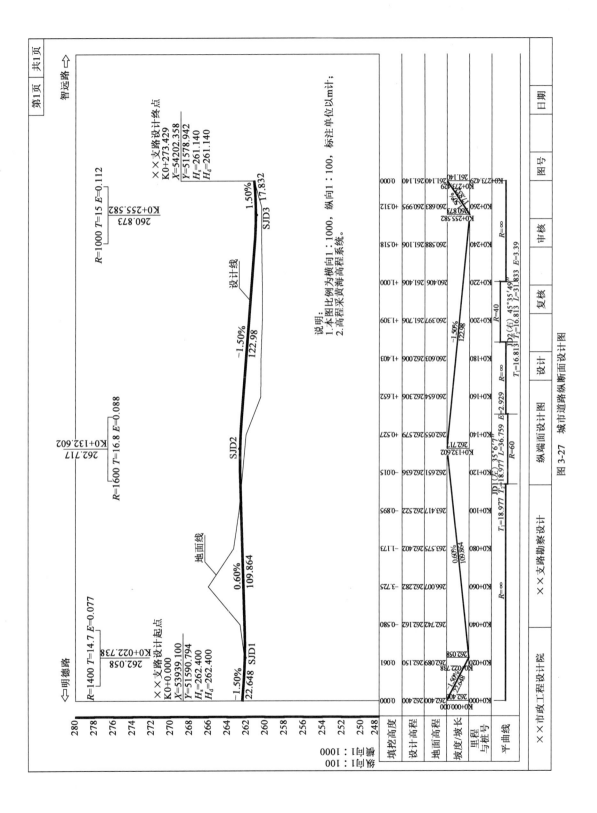

图 3-27 城市道路纵断面设计图

复习思考题及习题

[3-1] 纵断面设计应综合考虑哪些要求及控制因素？在设计时应怎样满足这些要求？

[3-2] 车辆行驶的基本条件是什么？纵面线形设计可以从哪些方面来保证这些基本条件？

[3-3] 何谓动力特性图？在车辆行驶计算中有何作用？

[3-4] 车辆行驶有哪些阻力？当车辆行驶状态和道路条件发生变化时，这些阻力发生怎样的变化？

[3-5] 为什么要对路线最大纵坡加以限制？规定最大纵坡值主要考虑哪些因素？

[3-6] 纵断面设计应满足哪些技术指标要求？运用这些技术指标时要注意哪些问题？

[3-7] 简述纵断面设计的一般步骤和方法。

[3-8] 城市道路纵坡设计时，一般要考虑哪些控制高程？

[3-9] 在纵断面变坡处为什么要设置竖曲线？在制定竖曲线最小半径标准时主要考虑了哪些因素？

[3-10] 某山岭重丘区四级公路，一弯道半径 $R=18m$，设计纵坡为8.9%，试问这一段纵坡是否满足标准要求？若不能满足要求，可采取什么办法予以弥补？

[3-11] 某竖曲线 $i_1=-0.06$，$i_2=+0.05$ 竖曲线半径 $R=2000m$，变坡点桩号为K10+355，变坡点高程为250.50m，试计算竖曲线起、终点桩号及设计高程，以及K10+330、K10+345、K10+380各点的设计高程。

[3-12] 某桥头变坡点处桩号为K4+950，变坡点高程为120.78m，$i_1=+3.5\%$，桥上为平坡，桥梁起点的桩号为K5+023，要求竖曲线不进入桥梁，并保证有15m的直坡段，试问竖曲线半径选在什么范围内？

[3-13] 某公路与铁路平交，其设计速度为60km/h，要求交叉点的两端至少各有20m长较平坦的路段。已知其中一端由交叉点 A 到变坡点 O 的距离为30m，坡度角 $\omega=0.02$（图3-28）。试问该竖曲线的半径最大为多少？验算选用值是否满足最小竖曲线半径和最小竖曲线长度的要求。

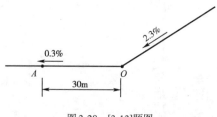

图3-28 [3-13]题图

[3-14] 某城市主干道，设计速度为50km/h，其纵坡为 $i_1=-2.5\%$，$i_2=+1.5\%$，变坡点桩号为K0+640，变坡点高程为9.00m，如图3-29所示。

(1) 试确定竖曲线最小半径并计算竖曲线上各点高程(桩号每隔5m求一点高程)。

(2) 由于受地下管线和地形限制，K0+640的设计高程要求不低于9.30m，且不高于9.40m，这时竖曲线半径的取值范围应为多少？

图 3-29

[3-15] 试用所学知识,评价以下几段平、纵组合的优劣(图3-30)。

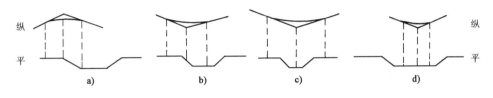

图 3-30

[3-16] 名词解释:
(1)动力因素;(2)道路阻力;(3)惯性阻力;(4)最小坡长;(5)最大纵坡;(6)合成坡度;(7)坡度角;(8)定坡;(9)施工高度;(10)缓和坡段;(11)平均纵坡;(12)坡长。

第三章测试题及答案

第四章　道路横断面设计

道路横断面是指道路中线上各点垂直于路线前进方向的竖向剖面。道路横断面设计是根据道路的用途,结合当地的地形、地质、水文等自然条件来确定横断面的形式、各部分的结构组成和几何尺寸的过程。

第一节　道路用地范围与建筑限界

一　道路用地范围

1. 公路用地范围

公路用地是指为修建、养护公路及其沿线设施,依照国家规定所征用的地幅。

1)公路用地范围的规定

规范解读:公路用地范围

(1)公路路堤两侧排水沟外边缘(无排水沟时为路堤或护坡道坡脚)以外,或路堑坡顶截水沟外边缘(无截水沟为坡顶)以外不少于1m范围内的土地,在有条件的地段,高速公路、一级公路不小于3m,二级公路不小于2m范围内的土地为公路用地范围。

(2)在风沙、雪害等特殊地质地带,需设置防护林,种植固沙植物,安装防沙或防雪栅栏以及设置反压护道等设施时,应根据实际需要确定其用地范围。

(3)桥梁、隧道、互通式立体交叉、分离式立体交叉、平面交叉、交通安全设施、服务设施、管理设施,绿化以及料场、苗圃等,应根据实际需要确定用地范围。

(4)有条件或环境保护要求种植多行林带的路段,应根据实际情况确定用地范围。

(5)改建公路可参照新建公路用地范围的规定执行。

2)公路用地指标

公路建设项目用地总体为公路用地范围内的路基、桥涵、隧道、防护、沿线设施等用地面积,但不包括辅道、支线、取土坑及弃土场的用地面积。风沙、雪害、多年冻土、软土、砂土液化、膨胀土、滑坡等地段可根据需要增加用地数量。

2. 城市道路红线

城市道路红线是指划分城市道路用地、城市建筑用地、生产用地及其他备用地的分界控制线。红线之间的宽度即道路用地范围,也可称为道路建筑红线宽度或路幅宽度。

1)城市道路红线的作用

规划道路红线是一项划定道路建设与其他城市建设分界线的重要工作,是关系到城市建设百年大计的事情。红线的作用是控制街道两侧建筑(包括围墙)不能侵入道路规划用地。

因此,它不但是具体道路单项工程的设计依据,也是城市公用设施(地面线杆、地下管线、绿化带、照明设备、公共交通停靠站等)用地的依据。

2)城市道路红线规划的主要内容

在城市总体规划时,道路网规划主要是解决城市中各类道路的走向、位置、功能性质及交叉口控制点的相对位置等问题。在做红线规划时,则要具体解决城市道路及与之相关的工程设施的近、远期建设问题,如确定其横断面形式和各组成部分的几何尺寸等。

城市道路红线规划的主要内容包括以下四个方面。

(1)确定道路红线宽度:根据道路的功能、性质,考虑道路横断面形式,确定机动车道、非机动车道、人行道、分车带和绿化带等组成部分的合理宽度,从而确定道路的总宽度,即红线宽度。

(2)确定红线位置:在城市总体规划基础上,对新建区道路,选择规划道路中心位置,并拟定道路横断面宽度,绘出道路红线;对旧城改建道路,规划红线应根据少拆迁原则,以一侧拓宽为宜,对于长期控制、逐步形成的道路,定位时可按照现有道路中线不动、两侧建筑平均后退确定。

(3)确定交叉口形式:根据各交叉口的类型与具体条件和近、远期结合的要求,确定交叉口用地范围、具体位置和尺寸,并以红线方式绘在平面图上。

(4)确定控制点的坐标和高程:规划道路中线的转折点和各条道路的交点,即控制点的平面位置可直接实地测量,高程则由竖向规划、设计确定。

二 建筑限界

1. 建筑限界的概念

道路建筑限界是指为保证车辆、行人正常通行,规定在道路、桥面、隧道的一定宽度和高度范围内不允许有任何设施及障碍物侵入的空间范围,又称建筑净空。建筑限界由净高和净宽两部分组成。在道路横断面设计中,道路标志、护栏、照明灯柱、电杆、行道树以及跨线桥的桥台、桥墩等的任何部分不得侵入道路建筑限界之内。

中央分隔带和路肩上的桥墩或门架支柱不得紧靠建筑限界设置,应留有设置防护栏位置不小于0.25m的余地。

2. 公路建筑限界

1)公路建筑限界的规定

《公路工程技术标准》(JTG B01—2014)规定的公路建筑限界如图4-1所示。

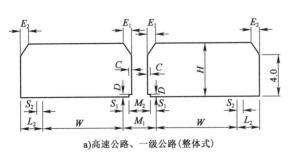
a)高速公路、一级公路(整体式)

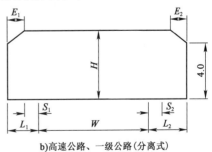
b)高速公路、一级公路(分离式)

图 4-1

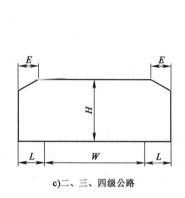
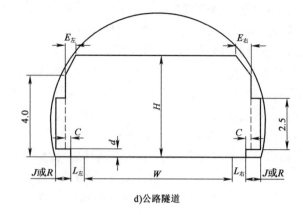

c) 二、三、四级公路　　　　　　　　d) 公路隧道

图 4-1　各级公路的建筑限界(尺寸单位:m)

W——行车道宽度；

L_1——左侧硬路肩宽度；

L_2——右侧硬路肩宽度；

S_1——左侧路缘带宽度；

S_2——右侧路缘带宽度；

L——侧向宽度,二级公路的侧向宽度为硬路肩宽度,三、四级公路的侧向宽度为路肩宽度减去 0.25m；设置护栏时,应根据护栏需要的宽度加宽路基；

$L_左$——隧道内左侧向宽度；

$L_右$——隧道内右侧向宽度；

C——当设计速度大于 100km/h 时为 0.5m,小于或等于 100km/h 时为 0.25m；

D——路缘石高度,小于或等于 0.25m,一般情况下,高速公路可不设路缘石；

M_1——中间带宽度；

M_2——中央分隔带宽度；

J——检修道宽度；

R——人行道宽度；

d——检修道或人行道高度；

E——建筑限界顶角宽度,当 $L \leq 1m$ 时,$E=L$；当 $L>1m$ 时,$E=1m$；

E_1——建筑限界顶角宽度,当 $L_1<1m$ 时,$E_1=L_1$,或 $S_1+C<1m$ 时,$E_1=S_1+C$；当 $L_1 \geq 1m$ 或 $S_1+C \geq 1m$ 时,$E_1=1m$；

E_2——建筑限界顶角宽度,$E_2=1m$；

$E_左$——建筑限界左顶角宽度,当 $L_左 \leq 1m$ 时,$E_左=L_左$；当 $L_左>1m$ 时,$E_左=1m$；

$E_右$——建筑限界右顶角宽度,当 $L_右 \leq 1m$ 时,$E_右=L_右$；当 $L_右>1m$ 时,$E_右=1m$；

H——净空高度。

2) 公路建筑限界规定的说明

(1) 设置加(减)速车道、紧急停车带、爬坡车道、慢车道、错车道等路段,行车道应包括该部分的宽度。

(2) 八车道及其以上的高速公路(整体式),设置左侧硬路肩时,建筑限界包括左侧硬路肩宽度。

(3) 一条公路应采用同一净高。高速公路、一级公路、二级公路的净高应为 5.00m,三级、四级公路的净高应为 4.50m。

(4) 检修道、人行道、自行车道与行车道分开设置时,其净高应为 2.50m。

(5) 路基、桥梁、隧道相互衔接处,其建筑限界应按过渡段处理。

3)公路建筑限界边线划定的原则

(1)建筑限界的上缘边界线

①不设超高的路段,上缘边界线为水平线。

②设置超高的路段,上缘边界线与超高横坡平行。

建筑限界的上缘边界线的划定如图4-2所示。

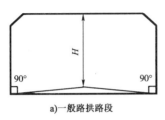 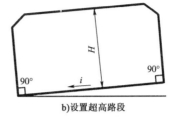

a)一般路拱路段　　　　　　　　b)设置超高路段

图4-2　建筑限界边界线的划定

(2)建筑限界两侧的边界线

①不设超高的路段,两侧边界与水平线垂直。

②设置超高的路段,两侧边界线与路面超高横坡垂直。

(3)净空高度 H

①根据公路网中的地位与位置,同一公路应采用相同的净空高度。

②三级、四级公路的路面采用沥青贯入、沥青碎石、沥青表面处治或砂石路面时,净空高度宜预留20cm。

③中央分隔带或路肩上设置桥梁墩台、标志立柱时,其前缘不得侵入公路建筑限界外,且不得紧贴建筑物设置,应留有护栏缓冲变形余宽。

④构造物位于凹形竖曲线上方时,其净高应满足鞍式列车有效净空高度的要求。凹形竖曲线上方有效净空高度如图4-3所示。

规范解读:有效净空高度

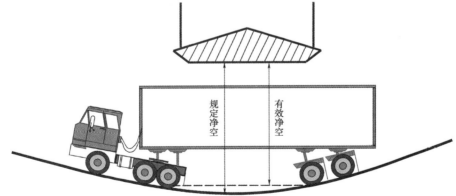

图4-3　凹形竖曲线上方有效净空高度

⑤公路下穿宽度较宽或斜交角度较大的跨线结构造物时,其路面距跨线构造物下缘任一点的净高应符合净空高度的规定。

3．城市道路建筑限界

(1)道路建筑限界应为道路上净高线和道路两侧侧向净宽边线组成的空间界线。道路建筑限界内不得有任何物体侵入。城市道路建筑限界如图4-4所示,城市道路最小净高见表4-1。

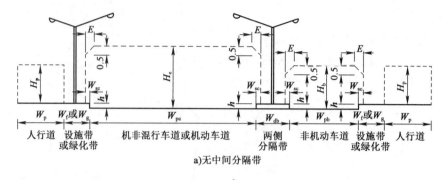

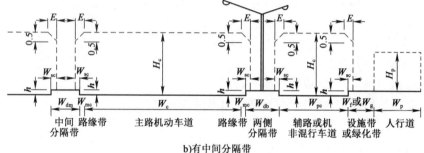

图 4-4 城市道路建筑限界(尺寸单位:m)

H_c——机动车行车道最小净高；

H_b——非机动车行车道最小净高；

H_p——人行道最小净高；

E——建筑限界顶角宽度；

W_c——机动车道或机非行车道的行车道宽度；

W_b——非机动车道的行车道宽度；

W_{pc}——机动车道或机非混行车道的路面宽度；

W_{pb}——非机动车道的路面宽度；

W_{mc}——机动车道路缘带宽度；

W_{mb}——非机动车道路缘带宽度；

W_{sc}——安全带宽度；

W_{db}——两侧分隔带宽度；

W_{sb}——两侧分车带宽度；

W_p——人行道宽度；

W_g——绿化带宽度；

W_f——设施带宽度。

道路最小净高 表4-1

道路种类	行驶车辆类型	最小净高(m)
机动车道	各种机动车	4.5
	小客车	3.5
非机动车道	自行车、三轮车	2.5
人行道	行人	2.5

注：对通行无轨电车、有轨电车、双层客车等其他特种车辆的道路，最小净高应满足车辆通行的要求。

（2）道路设计中应做好与公路以及不同净高要求的道路间的衔接过渡，同时应设置必要的指示、诱导标志及防撞等设施。

第二节　横断面组成

一　横断面组成

1. 一般组成

（1）行车道：行车道是指公路上供各种车辆行驶部分的总称，包括快车行车道和慢车行车道。

（2）路肩：路肩是指位于行车道外缘至路基边缘，具有一定宽度的带状结构部分。

（3）中间带：中间带是指高速公路及一级公路用于分隔对向车辆的路幅组成部分，通常设于车道中间。各级公路的横断面形式如图4-5所示。

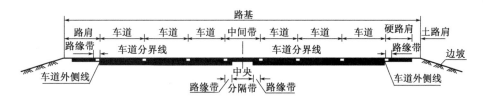

a) 高速公路、一级公路一般整体式断面形式

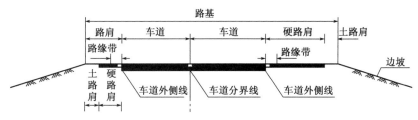

b) 高速公路、一级公路一般分离式断面形式（右幅断面）

图 4-5

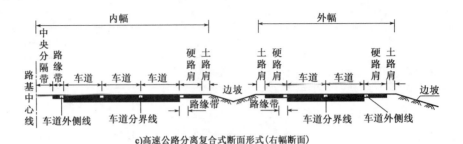

c)高速公路分离复合式断面形式(右幅断面)

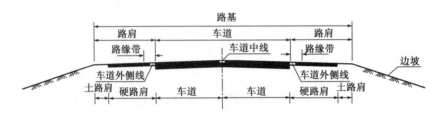

d)高速公路整体复合式断面形式(右幅断面)

e)二级公路、三级公路、四级公路一般路基断面形式

图4-5 公路横断面形式

公路路基横断面形式应根据公路功能技术等级、交通量和地形等条件确定,并应符合下列规定:

①高速公路、一级公路应根据需要采用整体式或分离式路基断面形式。
②双向十车道及以上车道数的高速公路可采用复合式断面形式。
③二级公路、三级公路、四级公路应采用整体式路基断面形式。

2. 特殊组成

(1)爬坡车道:爬坡车道是指设置在高速公路和一级、二级公路的上坡路段,供慢速上坡车辆行驶用的车道。

(2)加减速车道:加减速车道是指供车辆驶入(离)高速车流之前(后)加速(减速)用的车道。

(3)错车道:错车道是指在单车道道路上,可通视的一定距离内,供车辆交错避让用的一段加宽车道。

(4)紧急停车带:紧急停车带是指在高速公路和一级公路上,供车辆临时发生故障或其他原因紧急停车使用的临时停车地带。

(5)避险车道:避险车道是指设置于连续长、陡下坡路段右侧视距良好的适当位置,为减轻失控车的损失或避免危及第三方安全而设置的停车车道。

公路特殊组成仅在公路特殊路段或特殊条件下才设置。

3. 公路横断面组成及形式

根据各级公路的性质和功能的不同,其宽度组成如下:

(1)高速公路、一级公路的路基横断面分为整体式和分离式两类(图4-6)。整体式断面包括行车道、中间带(中央分隔带及左侧路缘带)、路肩(硬路肩及土路肩)以及紧急停车带、爬坡车道、加(减)速车道等组成部分;分离式断面包括行车道、路肩(硬路肩及土路肩)以及紧急停车带、爬坡车道、加(减)速车道等组成部分。分离式断面是一种将上、下行车道放在不同平面上,中间带随地形变宽的断面形式。

a)整体式断面　　　　　　　　　　b)分离式断面

图4-6　整体式和分离式断面

一级公路在慢行车较多时,可利用硬路肩设置慢车道。

(2)二级公路的路基横断面包括行车道、路肩、爬坡车道等组成部分。二级公路位于中、小城市城乡接合部、混合交通量大的连接路段,实行快、慢车道分开行驶时,可根据当地经验设置右侧硬路肩,设置慢车道。

(3)三级、四级公路的路基横断面包括行车道、路肩以及错车道等组成部分。

公路路基横断面形式应根据公路功能技术等级、交通量和地形等条件确,并应符合下列规定:

①高速公路、一级公路应根据需要采用整体式或分离式路基断面形式。

②双向十车道及以上车道数的高速公路可采用复合式断面形式。

③二级公路、三级公路、四级公路应采用整体式路基断面形式。

二　城市道路横断面组成及形式

1)横断面组成

如图4-7所示,城市道路的横断面由机动车道、非机动车道、人行道、绿化带和分隔带及其他等部分组成。

(1)机动车道:在城市道路上供汽车、无轨电车、摩托车等机动车行驶的车道称为机动车道。按车道在行车方向上的不同位置,又可分为内侧车道、中间车道和外侧车道。按车道的不同性质可分为加(减)速车道、超车车道、爬坡车道、停车道、错车道、会车道、专用车道等。

(2)非机动车道:供自行车、三轮车、板车等非机动车行驶的车道称为非机动车道。

(3) 人行道：人行道是指在城市道路上用路缘石或护栏及其他类似设施加以分隔的专门供人行走的区域。

(4) 绿化带：绿化带是指在道路用地范围内供绿化的条形地带。

(5) 分隔带（又称分车带）：分隔带是指沿道路纵向设置的分隔行车道用的带状设施。位于路中线位置的称中间分隔带，位于路中线两侧的称外侧分隔带（又称两侧分隔带）。

(6) 其他组成部分：除以上组成部分外，还有其他组成部分，如路缘石、街沟、路拱、照明等。路缘石指设在路边的界石，简称缘石，包括平缘石和立缘石。街沟是指设在路面边缘处，由立缘石与平缘石或铺装路面形成的侧沟。

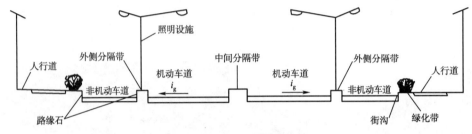

图 4-7 城市道路横断面组成

2）基本布置形式

城市道路交通主要由行人交通和车辆交通两部分组成，在设计中必须合理解决行人与车辆、机动车与非机动车之间的交通矛盾。通常利用侧平石和绿化带把人行道和行车道布置在不同的位置和高度上，以分隔行人和车辆，保证交通安全。但机动车和非机动车的交通组织是分隔还是混行，则应根据道路和交通具体情况作具体分析而定；不同的交通组织，它的机动车道和非机动车道在横断面上的布置形式也相应不同。

根据机动车道和非机动车道的不同布置形式，城市道路横断面的布置有以下四种基本形式。

(1) 单幅路横断面（"一块板"）

单幅路横断面[图 4-8a)]即把所有车辆都组织在同一个车道上混合行驶，行车道布置在道路中央。在划有快（机动车）、慢（非机动车）车道的道路上，机动车在快车道上行驶，非机动车在慢车道上行驶，在不影响交通安全的条件下，允许车辆临时跨越分道线；在快、慢车道不分的道路上，机动车在中央行驶，非机动车靠右侧行驶；在特殊情况下，也可把单幅路的行车道专供某种车辆行驶。

(2) 双幅路横断面（"两块板"）

双幅路横断面[图 4-8b)]即利用分隔带（或分隔墩）把单幅路的行车道一分为二，在交通组织上起分流渠化作用，分向行驶。在两条对向行驶的行车道上，可划分快慢车道线分流行驶，也可不划分车道线，快慢车混合行驶。

(3) 三幅路横断面（"三块板"）

三幅路横断面[图 4-8c)]即用分隔带（或分隔墩）把行车道分隔为三幅，中央的为双向行驶机动车行车道，两侧的均为单向行驶（彼此方向相反）的非机动车行车道。

(4) 四幅路横断面（"四块板"）

四幅路横断面[图 4-8d)]即在三幅路断面形式的基础上，再用分隔带把中央的机动行车道分隔成两幅，分向行驶。

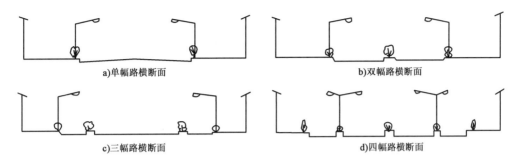

图 4-8　城市道路横断面布置基本形式

第三节　横断面各组成部分设计

一　公路行车道及城市道路机动车道

1. 行车道宽度的确定

行车道的宽度要根据车辆宽度、设计交通量、交通组成和车辆行驶速度来确定。

公路除四级公路外一般包括两条以上的车道。高速公路和一级公路有四条以上的车道，以中央分隔带将上、下行车辆分开或采用分离式路基。当单向行车道有 2 条及以上时，会进一步划分快车道和慢车道。城市道路的横断面布置与公路有较大区别，如城市道路行车道两侧有路缘石，而公路两侧则是有与路面齐平且有一定宽度的路肩。城市道路在路幅布置上比公路更复杂多变，其行车规律、交通组织和管理也与公路有所不同。

行车道宽度直接影响道路的通行能力、行车速度、行车安全以及工程造价等。行车道宽度必须满足对向车辆错车、超车或并列行驶以及车辆与路肩之间所需的余宽。

1）一般双车道公路行车道宽度的确定

双车道公路有两条车道，一条行车道宽度包括车辆宽度和富余宽度。车辆宽度取载货车辆车厢的总宽度，为 2.5m。富余宽度是指对向行驶时两车厢之间的安全间隙、车辆轮胎至路面边缘的安全距离，如图 4-9 所示。

双车道公路第一条单向行驶的车道宽度可用式(4-1)计算，两条车道宽度可用式(4-2)计算。

$$B_{单} = \frac{a+c}{2} + x + y \quad (4\text{-}1)$$

两条车道宽度：

$$B_{双} = a + c + 2x + 2y \quad (4\text{-}2)$$

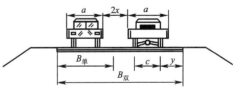

图 4-9　双车道公路的行车道宽度

式中：a——车厢宽度(m)；

c——车辆轮距(m)；

$2x$——两车厢安全间隙(m)；

y——轮胎与路面边缘之间的安全距离(m)。

根据大量试验观测,得出计算 x、y 的经验公式为:

$$x = y = 0.50 + 0.005V \tag{4-3}$$

式中:V——行车速度(km/h)。

从式(4-3)可知,行车道的富余宽度与车速有关,此外还与路侧环境、驾驶员心理、车辆状况等有关。当设计速度为120km/h时,取一条车道的宽度为3.75m是合适的。对车速较低、交通量不大的公路可取较小的宽度,双车道公路行车道宽度视等级一般取7.5m、7.0m、6.5m、6.0m。

2)有中央分隔带公路行车道宽度的确定

高速公路、一级公路有四条以上的车道,一般设置中央分隔带。分隔带两侧的行车道只有同向行驶的车辆,如图4-10所示。

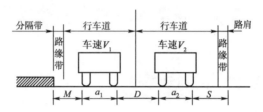

图4-10 有中央分隔带的行车道宽度

车速、交通组成和大型车的混入率对行车道宽度的确定有较大的影响。根据实地观测,得出下列关系式:

$$S = 0.0103V_1 \tag{4-4}$$
$$D = 0.000066(V_2^2 - V_1^2) + 1.49 \tag{4-5}$$
$$M = 0.0103V_2 + 0.46 \tag{4-6}$$

式中:S——后轮外缘与车道外侧之间的安全间隙(m);

D——两车辆后轮外缘之间的安全间隙(m);

M——后轮外缘与车道内侧之间的安全间隙(m);

V_1、V_2——分别为被超车与超车的车速(km/h)。

则单侧行车道宽度公式为:

$$B = S + D + M + a_1 + a_2 \tag{4-7}$$

式中:a_1、a_2——车辆后轮外缘间距,对于普通车为1.60m,大型车为2.3m;

其余符号意义同前。

不同位置车位的后轮外缘间距如图4-10所示。

根据上式计算结果得出下列结论:设计速度 $V=120$km/h 时,每条车道的宽度均采用3.75m;当 $V=100$km/h,且交通量大和大型车混入率高时,内侧车道应为3.75m,外侧车道可采用3.75m或3.50m。

当高速公路的交通量超过四条车道的容量时,其车道数可按双数增加。

3)城市道路机动车道宽度的确定

(1)靠路边的车道宽

①一侧靠边,另一侧反向行驶的车道(图4-11),其车道宽度公式为:

$$B_1 = \frac{x}{2} + a_1 + c \tag{4-8}$$

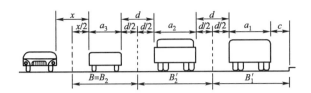

图4-11 城市道路的行车道宽度

②一侧靠边,另一侧为同向行驶的车道宽度公式为:

$$B_1' = \frac{d}{2} + a_1 + c \tag{4-9}$$

(2)靠路中心线的车道宽度公式为

$$B_2 = \frac{x}{2} + a_2 + \frac{d}{2} \tag{4-10}$$

(3)同向行驶的中间车道宽度公式为

$$B_2' = \frac{d}{2} + a_2 + \frac{d}{2} + a_2 + d \tag{4-11}$$

式中:a_1、a_2——车厢全宽(m);

　　　x——反向行驶车辆间的安全间隙(m);

　　　d——同向行驶车辆间的安全间隙(m);

　　　c——车身边缘与侧石边缘间的横向安全距离(m)。

根据试验观测得出 x、d、c 与车速之间的关系式为:

$$c = 0.4 + 0.02V^{\frac{3}{4}} \tag{4-12}$$

$$d = 0.7 + 0.02V^{\frac{3}{4}} \tag{4-13}$$

$$x = 0.7 + 0.02(V_1 + V_2)^{\frac{3}{4}} \tag{4-14}$$

式中:V——实际车速(km/h)。

上列诸式表明车道宽 B 是车速 V 的函数,依车速的变化一般在3.40~3.80m之间变化。考虑到城市道路上行驶的车辆各异,且车道还需调剂使用,故一条车道的平均宽度取3.50m,当车速 $V>40$km/h时,可取3.75m。

2. 行车道宽度及车道数的规定

1)公路行车宽度

车道宽度根据设计速度规定见表4-2。

表4-2 车道宽度

设计速度(km/h)	120	100	80	60	40	30	20
车道宽度(m)	3.75	3.75	3.75	3.50	3.50	3.25	3.00

(1)八车道及以上公路在内侧车道(内侧第1、2车道)仅限小客车通行时,其车道宽度可采用3.5m。

(2)以通行中、小型客运车辆为主且设计速度为80km/h及以上的公路,经论证车道宽度可采用3.5m。

(3)四级公路采用单车道时,车道宽度应采用3.5m。

(4)设置慢车道的二级公路,慢车道宽度应采用3.5m。

(5)需要设置非机动车道和人行道的公路,非机动车道和人行道等的宽度,宜视实际情况确定。

2)公路车道数

(1)高速公路、一级公路的各路段应根据设计交通量、设计通行能力等确定其车道数。

(2)高速公路、一级公路的车道数应不少于四车道,车道数增加时按双数、两侧对称增加。

(3)二级、三级公路应为双车道。

(4)四级公路宜采用双车道,工程艰巨或交通量小的路段可采用单车道。

3)爬坡车道的宽度

(1)高速公路、一级公路以及二级公路在连续上坡路段设置爬坡车道时,其宽度不应小于3.5m,且不大于4.0m。六车道及以上的高速公路、一级公路可不设爬坡车道。

(2)高速公路、一级公路的爬坡车道应紧靠车道的外侧设置。条件受限时,爬坡车道路段右侧硬路肩宽度应不小于0.75m。

(3)二级公路的爬坡车道应紧靠车道的外侧设置,可利用硬路肩宽度。当需保留原来供非车辆交通行驶的硬路肩时,该部分应移至爬坡车道的外侧。

4)加速车道、减速车道的宽度

(1)高速公路、一级公路的互通式立体交叉、服务区、停车区、客运车辆停靠站、管理与养护设施、观景台等与主线相衔接处,应设置加速车道和减速车道。加、减速车道宽度应为3.5m。

(2)二级公路在服务区、停车区、客运车辆停靠站、管理与养护设施、加油站、观景台等的各类出入口处,应设置过渡段。

5)错车道宽度

四级公路路基宽度采用单车道时,应在不大于300m的距离内选择有利地点设置错车道,并使驾驶员能看到相邻两错车道之间的车辆。设置错车道路段的路基宽度应不小于6.5m,有效长度应不小于20m。

6)避险车道宽度

连续长、陡下坡路段,应结合交通安全性评价论证设置避险车道。避险车道应设置在长、陡下坡路段的右侧视距良好的适当位置,其宽度不应小于4.50m。有条件时,宜在避险车道右侧平行设置救援车道。

7)城市道路机动车道宽度

(1)一条机动车道最小宽度应符合表4-3的规定。

一条机动车道最小宽度 表4-3

车型及车道类型	设计速度(km/h)	
	>60	≤60
大型车或混行车道(m)	3.75	3.50
小客车专用车道(m)	3.50	3.25

(2)机动车道路面宽度应包括行车道宽度及两侧路缘带宽度,单幅路及三幅路采用中间分隔物或双黄线分隔对向交通时,机动车道路面宽度还应包括分隔物或双黄线的宽度。

二 城市道路非机动车道

1. 非机动车道宽度的确定

城市行驶的非机动车包括自行车、三轮车等。非机动车道数宜根据非机动车设计交通量与每条非机动车道设计通行能力计算确定,车道数单向不宜小于2条。

自行车车道的通行能力是以单车安全行驶所需的宽度划分车道线,以高峰时间各车道平均的通行能力作为一条自行车道的设计通行能力。

(1)不受平面交叉口影响的一条自行车道的路段设计通行能力,当有机非分隔设施时,应取1600veh/h~1800veh/h;当无分隔时,应取1400veh/h~1600veh/h。

(2)受平面交叉口影响的一条自行车道的路段设计通行能力,当有机非分隔设施时,应取1000veh/h~1200veh/h;当无分隔时,应取800veh/h~1000veh/h。

(3)信号交叉口进口道一条自行车道的设计通行能力可取为800veh/h~1000veh/h。

2. 非机动车车道宽度的规定

(1)一条非机动车道宽度应符合表4-4的规定。

一条非机动车道宽度　　　　　　　　　　表4-4

车辆种类	自行车	三轮车
非机动车道宽度(m)	1.0	2.0

(2)与机动车道合并设置的非机动车道,车道数单向不应小于2条,宽度不应小于2.5m。

(3)非机动车专用道路面宽度应包括车道宽度及两侧路缘带宽度,单向不宜小于3.5m,双向不宜小于4.5m。

三 路肩

1. 组成及作用

如图4-12所示,路肩通常由右侧路缘带(高速公路和一级公路才设置)、硬路肩和土路肩三部分组成。

路肩的作用是:

(1)增加路幅的富余宽度,供临时停车、错车或堆放养路材料之用,同时对提高行车道通行能力也有辅助作用。

(2)为填方地段通车后的路基提供宽度损失补偿。据调查,填方路堤通车后由于自然力的破坏,一般路基边缘形成约0.2m的圆角,使路基实际宽度减少,路肩可使这部分宽度损失得以补偿,同时也保护路面,作为路面横向支承之用。

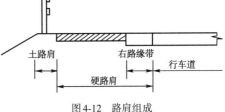

图4-12 路肩组成

(3)示出行车道的边缘线,有利于诱导驾驶员的视线,开阔视野,增加行车的舒适感和安全感。

(4)为公路的其他设施(如护墙、护栏、绿化、电杆、地下管线等)提供设置的场地。

(5)为公路养护操作及避车提供空间。

2. 公路路肩宽度

确定路肩宽度应根据在满足路肩功能要求的条件下,尽量采用较窄宽度的原则确定。高速公路、一级公路的路肩宽度应考虑发生故障车辆随时都可在路肩上停置所需的宽度。《公路工程技术标准》(JTG B01—2014)规定路肩宽度见表4-5。

右侧路肩宽度 表4-5

公路技术等级(功能)		高速公路			一级公路(干线功能)	
设计速度(km/h)		120	100	80	100	80
右侧硬路肩宽度(m)	一般值	3.00(2.50)	3.00(2.50)	3.00(2.50)	3.00(2.50)	3.00(2.50)
	最小值	1.50	1.50	1.50	1.50	1.50
土路肩宽度(m)	一般值	0.75	0.75	0.75	0.75	0.75
	最小值	0.75	0.75	0.75	0.75	0.75
公路技术等级(功能)		一级公路(集散功能)和二级公路		三级公路、四级公路		
设计速度(km/h)		80	60	40	30	20
右侧硬路肩宽度(m)	一般值	1.50	0.75	—	—	—
	最小值	0.75	0.25			
土路肩宽度(m)	一般值	0.75	0.75	0.75	0.50	0.25(双车道)
	最小值	0.50	0.50			0.50(单车道)

注:1. 正常情况下,应采用"一般值";在设爬坡车道、加(减)速车道及超车道路段,受地形、地物等条件限制路段及多车道公路特大桥,可论证采用"最小值"。

2. 高速公路和作为干线的一级公路以通行小客车为主时,右侧硬路肩宽度可采用括号内数值。

3. 高速公路局部设计速度采用60km/h的路段,右侧硬路肩宽度不应小于1.5m。

(1)右路肩宽度

①高速公路、一级公路应在右侧硬路肩宽度内设右侧路缘带,其宽度为0.50m。

②二级公路的硬路肩可供非机动交通使用。非机动交通量较大的路段,可采用全铺的方式,以充分利用。

③二级公路、三级公路、四级公路在路肩上设置的标志、防护设施等不得侵入公路建筑限界,必要时应加宽路肩。

(2)左路肩宽度

高速公路、一级公路的左侧路肩应符合下列规定:

①高速公路、一级公路的分离式路基,应设置左侧路肩,其宽度规定如表4-6所示。左侧硬路肩内含左侧路缘带,左侧路缘带宽度为0.50m。

高速公路、一级公路分离式路基左侧硬路肩宽度　　　　表4-6

设计速度(km/h)	120	100	80	60
左侧硬路肩宽度(m)	1.25	1.00	0.75	0.75
左侧土路肩宽度(m)	0.75	0.75	0.75	0.50

②高速公路整体式路基双向八车道及以上路段,宜设置左侧硬路肩,其宽度应不小于2.5m。

③高速公路分离式路基单幅同向四车道及以上的路段,左侧硬路肩宽度不宜小2.5m。

四　路侧带

(1)路侧带可由人行道、绿化带、设施带等组成(图4-13)。

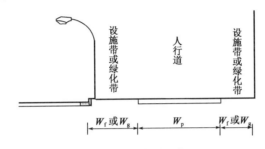

图4-13　路侧带组成

W_g-绿化带宽；W_f-设施带宽

(2)路侧带的设计应符合下列规定：

①人行道宽度必须满足行人安全顺畅通过的要求,并应设置无障碍设施。人行道最小宽度应符合表4-7的规定。

人行道最小宽度　　　　表4-7

项目	人行道最小宽度(m)	
	一般值	最小值
各级道路	3.0	2.0
商业或公共场所集中路段	5.0	4.0
火车站、码头附近路段	5.0	4.0
长途汽车站	4.0	3.0

②绿化带的宽度应符合行业标准《城市道路绿化设计标准》(CJJ/T 75—2023)的相关要求。当绿化带内设置雨水调蓄设施时,绿化带的宽度还应满足所设置设施的宽度要求。

③设施带宽度应包括设置护栏、照明灯柱、标志牌、信号灯、城市公共服务设施等的要求,各种设施布局应综合考虑。设施带可与绿化带结合设置,但应避免各种设施与树木间的干扰。

五　中间带及分车带

1. 中间带组成及功能

高速公路和一级公路整体式断面应设置中间带,以保证行车安全。一级公路当受条件限

制时,可不设中央分隔带,但必须设分隔设施。如图4-14所示,中间带由两条左侧路缘带和中央分隔带组成。中间带的功能是:

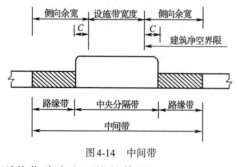

图4-14 中间带

(1)分隔往返车流,避免驶入对向行车道造成严重的交通事故。

(2)设于分隔带两侧的路缘带,由于有一定宽度且颜色醒目,既能引导驾驶员视线,又能增加行车所必需的侧向余宽,从而提高行车的安全性和舒适性。

(3)设置一定宽度的中间带并种植花草灌木或设置防眩网,既可防止对向车辆灯光炫目,还可起到美化路容和环境的作用。

(4)可用设置公路标志牌及其他交通管理设施的场地,也可作为行人的安全岛使用。

(5)可以避免车辆中途掉头,减少紊乱车流,降低事故发生率,提高通行能力。

城市道路除设有中间分隔带外,还有设置在同向行驶的机动车与非机动车之间的两侧分隔带。其作用是分隔同向行驶的机动车与非机动车,防止其相互干扰,减少事故,保证车速,并可作为设置沿线设施之用。

2.公路中间带

1)中间带宽度

高速公路、一级公路整体式路基断面必须设置中间带。中间带由两条左侧路缘带和中央分隔带组成,并应符合下列规定:

(1)高速公路和作为干线的一级公路,中央分隔带宽度应根据公路项目中央分隔带功能确定。

(2)作为集散的一级公路,中央分隔带宽度应根据中间隔离设施的宽度确定。

(3)左侧路缘带宽度不应小于表4-8的规定。

左侧路缘带宽度　　　　　　　　　　　　　　　　　　　　　表4-8

设计速度(km/h)		120	100	80	60
左侧路缘带宽度(m)	一般值	0.75	0.75	0.50	0.50
	最小值	0.50	0.50	0.50	0.50

注:1."一般值"为正常情况下的采用值。
　　2.设计速度为120km/h、100km/h时,受地形,地物限制的路段或多车道公路内侧仅限小型车辆通行的路段,可论证采用"最小值"。

(4)侧向余宽及C值。

①侧向余宽按表4-9采用。

高速公路行车道侧向余宽　　　　　　　　　　　　　　　　　表4-9

运行速度(km/h)	车道侧向余宽	
	左侧(m)	右侧(m)
120	1.25	1.75
100	1.00	1.50
80	0.75	0.75

②C值(余宽):当左侧路缘带宽度采用值大于或等于左侧侧向余宽(表4-9)时,则无须保留C值的宽度;而当左侧路缘带宽度采用给定的一般值和最小值(表4-9)时,则应保留C值宽度。C值在设计速度大于100km/h时为0.50m,在设计速度小于或等于100km/h时为0.25m。

2)分隔带开口

互通式立体交叉、隧道、特大桥、服务区等构造物前后,以及整体式路基、分离式路基的分离(汇合)处,应设置中央分隔带开口。其设置应符合下列规定:

(1)中央分隔带开口间距应视需要而定,最小间距应不小于2km。

(2)中央分隔带开口长度不宜大于40m;八车道及以上车道数的高速公路开口长度适当增长,但不应大于50m。中央分隔带开口处应设置活动护栏。

(3)中央分隔带开口应设置在通视良好的路段,开口设于曲线路段时,该圆曲线的超高值不宜大于3%。

(4)当中央分隔带宽度小于3.0m时,其开口端部的形式可采用半圆形;当中央分隔带宽度大于或等于3.0m时,宜采用弹头形。

(5)分隔带开口方式可参照图4-15、图4-16。

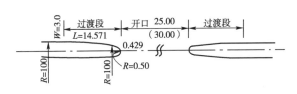

图4-15 公路中央分隔带开口平面(尺寸单位:m)

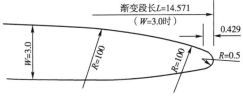

图4-16 开口细部(尺寸单位:m)

3)中间带的设计要求

(1)中央分隔带形式

如图4-17所示,中央分隔带分为凹式、凸式及路面齐平式三种形式。中央分隔带宽度大于或等于3.0m时,宜用凹式;中央分隔带宽度小于3.0m时,可采用凸式;对于存在风沙和风雪影响的路段,宜采用路面平齐式。

(2)中央分隔带缘石

中央分隔带缘石一般可分为栏式缘石、斜式缘石和齐平式缘石三种,如图4-18所示。缘石顶面高于路面且缘石临近路面一侧为直立(或略带斜坡)面的缘石称作栏式缘石;缘石顶面与路面高度保持一致时,称为齐平式路缘石;缘石顶面高出路

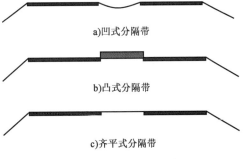

图4-17 中央分隔带形式

面且顶面外侧高于内侧时,称为斜式缘石。栏式缘石高度一般为8~20cm,正面宜带斜坡,且一般不宜超过3:1;斜式缘石正面坡度平缓,当坡度陡于1:1时,最大高度应限制在10cm内,当缘石面坡在1:1~1:2时,其高度应限制在15cm内。齐平式路缘石一般多在10~15cm左右。

平齐式中央分隔带宽度大于或等于3.0m,或存在风沙和风雪影响的路段,宜采用齐平式;中央分隔带宽度小于3.0m时可采用平齐式或斜式。高速公路、一级公路中央分隔带不得采用栏式缘石。

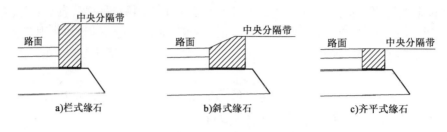

图 4-18 缘石形式

（3）中央分隔带表面处理

凹式中央分隔带一般宜采用铺草皮予以封面，表面坡度可设计为缓于 1∶4 的宽浅式；凸式中央分隔带宜采用植树兼作防眩设施；齐平式分隔带可视情况而定，可植草（或铺草皮）封面，也可以植树或采用其他封面措施。

3. 城市道路分车带

1) 分车带

（1）分车带按其在横断面中的不同位置及功能，可分为中间分车带（简称中间带）及两侧分车带（简称两侧带），分车带由分隔带及两侧路缘带组成。

（2）分车带最小宽度见表 4-10。

分车带最小宽度　　　　　　　　　　　　　　　　　表 4-10

类别		中间带		两侧带	
设计速度(km/h)		≥60	<60	≥60	<60
路缘带宽度(m)	机动车道	0.50	0.25	0.50	0.25
	非机动车	—	—	0.25	0.25
安全带宽度 W_{sc}(m)	机动车道	0.25	0.25	0.25	0.25
	非机动车	—	—	0.25	0.25
侧向净宽 W_1(m)	机动车道	1.00	0.50	0.75	0.50
	非机动车	—	—	0.50	0.50
分隔带最小宽度(m)		1.50	1.50	1.50	1.50
分车带最小宽度(m)		2.50	2.00	2.50(2.25)	2.00

注：1. 侧向净宽为路缘带宽度与安全带宽度之和。
　　2. 两侧带分隔带宽度中：括号外为两侧均为机动车道时取值；括号内数值为一侧为机动车道，另一侧为非机动车道时的取值。
　　3. 分隔带最小宽度值系按设施带宽度为 1m 考虑的，具体应用时应根据设施带实际宽度确定。
　　4. 当分隔带内设置雨水调蓄设施时，宽度还应满足设置设施的宽度要求。

（3）分隔带应采用立缘石围砌，当立缘石设置在中间分隔带及两侧分隔带时，其外露高度宜为 15~20cm。需要考虑防撞要求时，应采用相应等级的防撞护栏。当需要在道路分隔带中设置雨水调蓄设施时，立缘石的设置形式应满足排水要求。

2) 绿化布置

分隔带宽度大于 4.5m 时，一般植草皮、栽灌木，形成道路中央绿化带；分隔带宽度不大于

4.5m时应绿化或铺面封闭。

六 路拱

为了迅速排除路面上的雨水,路面横断面的两端与中间形成一定坡度的拱起形状,称为路拱。

1. 路拱形式

路拱有抛物线形、直线形、折线形和双曲线形四种形式。

1)抛物线形路拱

抛物线形路拱比较圆顺,造型美观,没有路中尖峰,路面中间部分坡度较小,两旁坡度较大,有利于雨水的排除。但抛物线形路拱行车道中间部分横坡过于平缓,行车易集中,使中央部分路面易损坏,并且行车道上各部分横坡度不同,施工较难。为改进这些缺点,就有其他各种形式的抛物线形路拱。抛物线形路拱的计算图式如图4-19所示。

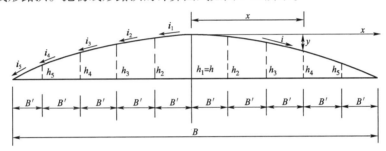

图4-19 抛物线形路拱的计算图示

B'-路面宽度B的1/10;$h_1 \sim h_5$-各宽度特征点对应的路拱高度

常见的抛物线形路拱有下述四种类型。

(1)二次抛物线形路拱

计算式为:

$$y = \frac{4h}{B^2}x^2 \qquad (4\text{-}15)$$

式中:y——相应于x各点的竖向距离(m);

x——距路中心线的横向距离(m);

h——路拱高度(m);

B——路面总宽度(m)。

此路拱形式适用于路面宽度小于12m,而横坡较大的中、低级路面的道路。缺点是路中心线附近横坡过于平缓,而路两旁横坡又过大,不利于行车。

(2)改进的二次抛物线形路拱

计算式为:

$$y = \frac{2h}{B}x^2 + \frac{h}{b}x \qquad (4\text{-}16)$$

此路拱形式适用于机动车、非机动车混合行驶的城市道路单幅路断面。特点是横坡变化较均匀,路中与路边横坡也较为适中,有利于排水和整个宽度上的行车。

(3)半立方抛物线形路拱

计算式为:

$$y = h\left(\frac{x}{B/2}\right)^{\frac{3}{2}} \quad (4\text{-}17)$$

这种路拱形式与改进的二次抛物线路拱形式相似,但路中横坡稍缓,适用于路面宽度小于20m的沥青混凝土、水泥混凝土或沥青碎石路面的道路。

(4)修正三次抛物线形路拱

计算式为:

$$y = \frac{4h}{B^3}x^3 + \frac{h}{B}x \quad (4\text{-}18)$$

这种形式的路拱符合排水要求,并可改善路中部分横坡过于平缓的缺点,适用于路面横坡小于3%的各种类型路面。

2)直线形路拱

这种形式的路拱两旁是倾斜直线,在行车道的中心线附近加设竖曲线或缓和曲线。通常用在高等级路面,宽度超过20m的城市道路上。它的优点是车辆轮胎和路面接触较为平均,路面磨耗较小;缺点是排水效果不及抛物线流畅。它的主要形式有以下三种:

(1)倾斜直线形路拱

当行车道横坡采用1.5%时,在路拱中心范围内插入一对横坡为0.8%~1.0%的对称倾斜线[图4-20a)]。当行车道横坡采用2%时,在路拱中心插入两对对称的倾斜线,其横坡度分别用1.5%和0.8%~1.0%[图4-20b)]。在侧石线1.0m的距离内,横坡度分别增加到3%~4%。

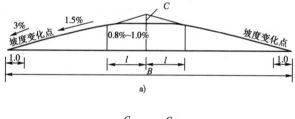

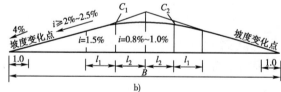

图4-20 倾斜直线形路拱(尺寸单位:m)

(2)圆顶直线形路拱

中间的圆顶部分用圆曲线或抛物线连接(图4-21),所用圆曲线长度一般不小于行车道总宽度的1/10,半径不小于50m,为使排水通畅,在靠两旁侧石线的横坡度可增加到3%~4%。

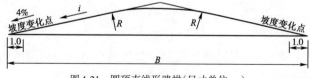

图4-21 圆顶直线形路拱(尺寸单位:m)

对于中间插入抛物线的路拱,可用在路面宽度 B 为 20~50m 的道路上,其横坡度可用 1.0%~1.5%。

3)折线形路拱

折线形路拱是行车道横坡由若干段短折线组成的路拱,每一折线段的横坡度由路中心向侧石逐渐增大。折线形路拱(图 4-22)适应于多种车道的道路。优点是直线段较短,施工时容易摊压得平顺,也可按行车道宽度来选择转折点,较符合设计、施工和养护的要求;缺点是在转折点处有尖峰凸出,不利于行车,但可在施工时用压路机碾压平顺。其一般适用于道路较宽的沥青路面上。

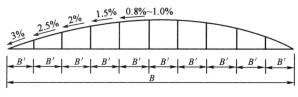

图 4-22 折线形路拱

4)双曲线形路拱

双曲线形路拱常用于高速公路及高等级道路,一般形式为 $y = Ax^2 + By^2 + C$,通常采用的计算式为:

$$y = \frac{h}{16}\left[-7 + \sqrt{49 + 480\left(\frac{x}{B/2}\right)^2}\right] \tag{4-19}$$

此种形式路幅 1/4 宽处为 $3h/8$,1/2 宽处为 h,但中心部分较缓。

路拱的形式很多,各有特点。在设计道路横断面时,应根据路面宽度、横坡度、路面结构类型、排水和交通等要求来选择。

城市道路的非机动车道以及地形适合、宽度不大于 9m 的行车道上,可采用单向横坡的形式。当次要道路或地形适宜、路面两侧高程不等时,也可采用不对称路拱,但测设、施工较麻烦。

2. 路拱横坡

路拱的倾斜度,以百分率表示,称为路拱横坡。路拱横坡的确定,应以有利于路面排水顺畅和保证行车安全、平稳为原则。公路路拱横坡见表 4-11。在具体选用时,应注意在干旱和有积雪、浮冰地区采用低值,多雨地区采用高值。当道路纵坡较大,或路面较宽,或行车速度较高,或交通量和车辆载质量较大,或常有拖挂车行驶时,应采用低值;反之,则采用高值。

公路路拱横坡 表 4-11

路面类型	路拱横坡(%)	路面类型	路拱横坡(%)
沥青混凝土、水泥混凝土	1~2	碎、(砾)石等粒料路面	2.5~3.5
其他沥青路面	1.5~2.5	低级路面	3~4
半整齐石块	2~3	—	—

城市道路路拱横坡见表 4-12。城市道路路拱横坡应根据路面宽度、路面类型、纵坡及气候条件确定,宜采用 1.0%~2.0%。单幅路应根据道路宽度采用单向或双向路拱横坡;多幅路

应采用由路中线向两侧的双向路拱横坡、人行道宜采用单向横坡,坡向应朝向雨水设施设置位置的一侧。采用单向坡时一般采用直线形路拱,双向坡时应采用抛物线加直线的路拱。

城市道路路拱横坡　　　　　表4-12

气候与道路条件	路拱横坡(%)	气候与道路条件	路拱横坡(%)
快速路及降雨量大的地区	1.5% ~ 2.0%	严寒积雪地区、透水路面	1.0% ~ 1.5%

路肩的横向坡度一般应较路面横向坡度大1% ~ 2%。

《公路路线设计规范》(JTG D20—2017)对于路拱横坡有关规定如下:

(1)高速公路、一级公路整体式路基路拱坡度一般应采用双向坡面,由路中央向两侧倾斜。双向六车道及以上车道数的公路,当超高过渡段的路拱坡度过于平缓时,可采用双向路拱坡度。

(2)二级公路、三级公路、四级公路的路拱应采用双向路拱坡度,由路中央向两侧倾斜。路拱坡度应根据路面类型和当地自然条件确定,但不应小于1.5%。

(3)高速公路、一级公路位于中等强度降雨地区时,路拱坡度宜为2%;位于降雨强度较大地区时,路拱坡度可适当增大。

(4)高速公路、一级公路分离式路基的路拱,宜采用单向横坡,并向路基外侧倾斜,也可采用双向路拱坡度。积雪冰冻地区,宜采用双向路拱坡度。

(5)路肩横坡。

①直线路段的硬路肩应设置向外倾斜的横坡,其坡度值应与车道横坡值相同。路线纵坡平缓,且设置拦水带时,其横坡值宜采用3% ~ 4%。

②曲线路段内、外侧硬路肩横坡的横坡值及其方向,当曲线超高小于或等于5%时,其横坡值和方向应与相邻车道相同;当曲线超高大于5%时,其横坡值应不大于5%,且方向相同。

③硬路肩的横坡应随邻近车道的横坡一同过渡,其过渡段的纵向渐变率应控制在1/330 ~ 1/150之间。

④土路肩的横坡:位于直线路段或曲线路段内侧,且车道或硬路肩的横坡值大于或等于3%时,土路肩的横坡应与车道或硬路肩横坡值相同;小于3%时,土路肩的横坡应比车道或硬路肩的横坡值大1%或2%。位于曲线路段外侧的土路肩横坡,应采用3%或4%的反向横坡值。

⑤中型以上桥梁及隧道区段的硬路肩横坡值,应与车道相同。

第四节　超高及加宽

一　超高

1. 定义

为抵消车辆在曲线路段上行驶时所产生的离心力,在该路段横断面上设置的外侧高于内侧的单向横坡,称之为超高。当车辆行驶在设有超高的弯道上时,车辆自重力的分力将抵消一部分离心力,从而提高行车的安全性和舒适性。超高的布置如图4-23所示。

2. 超高坡度

1)最大超高坡度

由前面平曲线半径计算公式可得超高坡度的计算公式:

$$i_c = \frac{V^2}{127R} - \mu \quad (4-20)$$

当采用极限最小半径时即为计算最大超高坡度公式:

$$i_{c\max} = \frac{V^2}{127R_{\min}} - \mu \quad (4-21)$$

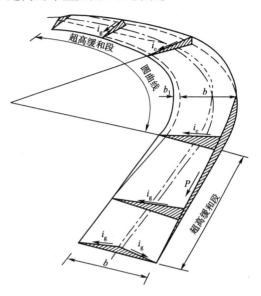

图4-23 超高的布置图示

最大超高坡度的限值与气候条件、地形、地区、车辆以低速行驶的频率、路面施工的难易程度等因素有关。从保证车辆转弯时有较高速度和乘客舒适性来看,要求超高横坡应尽量大一点,但考虑车辆组成不同,车速不一,特别是在弯道上停车($V=0$)时,有可能产生向弯道内侧滑移的危险。另外,在冰雪状态下,过大的超高坡度对车辆起动及制动不利。

由式(4-21),当$V=0$产生滑移的极限状态时:

$$\mu = \varphi_h \quad (4-22)$$

故横向滑移限制条件为:

$$i_{c\max} \leq \varphi_h \quad (4-23)$$

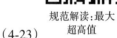

规范解读:最大超高值

式中:φ_h——横向附着系数。

公路圆曲线半径小于规定的不设超高圆曲线最小半径时,应在曲线上设置超高,并符合下列规定:

(1)各级公路圆曲线部分的最大超高值应符合表4-13的规定。

各级公路圆曲线最大超高值 表4-13

公路技术等级	高速公路、一级公路	二级公路、三级公路、四级公路
一般地区(%)	8或10	8
积雪冰冻地区(%)	6	
城镇区域(%)	4	

注:一般地区公路,圆曲线最大超高应采用8%;以通行中、小型客车为主的高速公路和一级公路,最大超高可采用10%。

(2)各级公路圆曲线部分的最小超高值应与该公路直线部分的正常路拱横坡度一致。

(3)二级公路、三级公路、四级公路接近城镇且混合交通量较大的路段,车速受到限制时,其最大超高值可采用表4-14的规定。

车速受限制时最大超高值 表4-14

设计速度(km/h)	80	60	40	30	20
超高值(%)	6	4	2		

(4)各圆曲线半径所设置的超高值应根据设计速度、圆曲线半径、公路条件、自然条件等经计算确定,必要时应按运行速度验算。

二级公路、三级公路、四级公路混合交通量较大且接近城镇路段,或通过城镇作为街道使用的路段,当车速受到限制,按规定设置超高有困难时,可按表4-15的规定设置超高。

城市道路最大超高坡度   表4-15

设计速度(km/h)	100,80	60,50	40,30,20
最大超高值(%)	6	4	2

2)超高坡度的确定

超高坡度按设计速度、半径大小计算,并结合路面类型、当地自然条件等最后确定。当超高横坡度的计算值小于路拱坡度时,应设置等于路拱坡度的超高。

3. 超高方式

1)公路超高的过渡方式

公路超高的过渡方式,根据超高旋转轴在公路横断面上的位置,分为下列几种。

(1)无中间带的公路

①超高横坡度等于路拱坡度时,外侧车道绕路中线旋转,使行车道外侧逐渐抬高,直至超高横坡值。硬路肩横坡值和方向应与相邻车道相同;内侧土路肩横坡值与直线路段土路肩横坡一致,外侧的土路肩应采用3%或4%的反向横坡值。超高横坡等于路拱坡度的旋转如图4-24所示(图中未设硬路肩)。

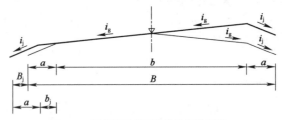

图4-24　超高横坡等于路拱坡度的旋转

i_g-路拱坡度;i_j-路肩坡度;a-土路肩宽度;b-行车道宽度;B-路基宽度;b_j-路面加宽;B_j-路基加宽

②超高横坡度大于路拱坡度时,有以下三种过渡方式:

第一种,绕车道内侧边缘旋转,如图4-25所示(图中未设硬路肩)。

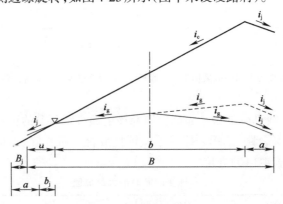

图4-25　绕车道内侧边缘旋转

i_g-路拱坡度;i_j-路肩坡度;i_c-超高横坡度;b-行车道宽度;B-路基宽度;b_j-路面宽度;B_j-路基加宽

从超高缓和段起点开始,先将外侧行车道绕中线旋转,使行车道外侧逐渐抬高,当外侧车道和内侧车道变为单向的横坡度后,整个断面再绕未加宽前的内侧车道边缘旋转,直至达到超高横坡度为止。当曲线超高横坡小于或等于5%时,硬路肩横坡值和方向应与相邻车道相同,当曲线超高大于5%时,其横坡值应不大于5%,且方向相同;内侧土路肩横坡值应与硬路肩横坡值一致(当无硬路肩应与车道横坡值一致),外侧的土路肩应采用3%或4%的反向横坡值。一般新建公路多采用此种方式。

第二种,绕中线旋转,如图4-26所示(图中未设硬路肩),简称中轴旋转。

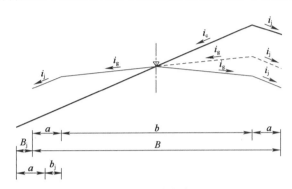

图4-26 绕中线旋转

i_c-超高横坡度;i_g-路拱横坡;i_j-路肩坡度;a-土路肩宽度;b-行车道宽度;b_j-路面加宽;B_j-路基加宽

从超高缓和段起点开始,先将外侧行车道绕中线旋转,使行车道外侧逐渐抬高,当外侧车道和内侧车道变为单向的横坡度后,整个断面一同绕中线旋转,直至达到超高横坡度为止。硬路肩与土路肩的横坡值和方向与第一种过渡方式相同。一般改建公路常采用此种方式。

第三种,绕车道外边缘旋转,如图4-27所示(图中未设硬路肩)。

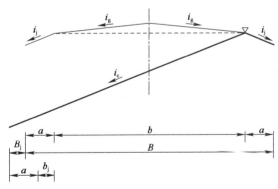

图4-27 绕车道外边缘旋转

i_c-超高横坡度;i_g-路拱横坡;i_j-路肩坡度;a-土路肩宽度;b-行车道宽度;b_j-路面加宽;B_j-路基加宽

先将外侧车道绕外边缘旋转,与此同时,内侧车道随中线的降低而相应降坡,待达到单向横坡后,整个断面仍绕外侧车道边缘旋转,直至达到超高横坡为止。硬路肩与土路肩的横坡值和方向与第一种过渡方式相同。此种方法仅在特殊设计时采用(如强调路容美观、外侧因受条件限制不能抬高等)。

(2)有中间带的公路

①绕中间带的中心线旋转,如图4-28所示。先将外侧行车道绕中间带的中心线旋转,待达

到与内侧行车道构成单向横坡后,整个断面一同绕中心线旋转,直至超高横坡值。此时,中央分隔带呈倾斜状。采用窄中间带的公路可选用此方式,即一般中间带宽度不大于4.5m时采用。

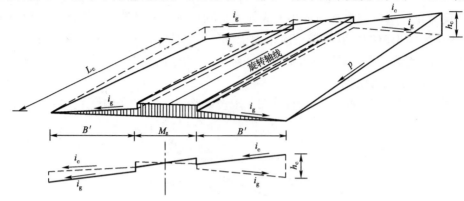

图4-28 绕中间带中心线旋转

i_c-超高横坡度;i_g-路拱坡度;B'-行车道宽度;M_z-中央分隔带宽度;p-超高渐变率;h_c-外侧最大抬高值;L_c-超高缓和段长度

②绕中央分隔带边缘旋转,如图4-29所示。将两侧行车道分别绕中央分隔带边缘旋转,使之各自成为独立的单向超高断面。此时中央分隔带维持原水平状态。各种宽度不同的中间带均可选用此种方式。

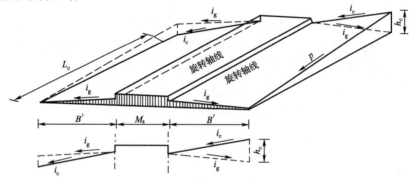

图4-29 绕中央分隔带边缘旋转

i_c-超高横坡度;i_g-路拱坡度;B'-行车道宽度;M_z-中央分隔带宽度;p-超高渐变率;h_c-外侧最大抬高值;L_c-超高缓和段长度

③绕各自行车道中线旋转,如图4-30所示。将两侧行车道分别绕各自的中线旋转,使之各自成为独立的单向超高断面。此时中央分隔带边缘分别升高与降低而成为倾斜断面。单向车道数大于四条的公路可采用此种方式。

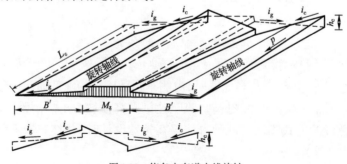

图4-30 绕各自车道中线旋转

i_c-超高横坡度;i_g-路拱坡度;B'-行车道宽度;M_z-中央分隔带宽度;p-超高渐变率;h_c-外侧最大抬高值;L_c-超高缓和段长度

(3)分离式公路

分离式公路断面的超高过渡方式可视为两条无中间带的公路分别予以处理。

2)城市道路超高方式

城市道路超高方式应根据地形状况、车道数、超高横坡度值、横断面形式、便于排水、路容美观等因素决定。单幅路及三幅路机动车道宜绕中线旋转；双幅路及四幅路机动车道宜绕中央分隔带边缘旋转，使两侧行车道各自成为独立的超高横断面。

4. 超高缓和段

超高设于圆曲线范围内，两端用过渡段与直线相连，从直线段的双向横坡渐变到圆曲线路段具有超高单向横坡的过渡段称为超高缓和段。

规范解读：超高过渡

为了行车舒适和利于排水，对超高缓和段长度必须加以规定。通常按设超高后行车道外边缘的渐变率来计算。

双车道公路的超高缓和段长度按式(4-24)计算：

$$L_c = \frac{B'\Delta i}{p} \tag{4-24}$$

式中：L_c——超高缓和段长度(m)；

B'——旋转轴至行车道(设路缘带时为路缘带)外侧边缘的宽度(m)；

Δi——超高坡度与路拱坡度的代数差(%)；

p——超高渐变率，即旋转轴线与行车道(设路缘带时为路缘带)外侧边缘线之间相对升降的比率。公路超高渐变率和城市道路超高渐变率规定值分别见表4-16和表4-17。

公路超高渐变率　　　表4-16

设计速度(km/h)	超高旋转轴位置		设计速度(km/h)	超高旋转轴位置	
	绕中线旋转	绕边缘旋转		绕中线旋转	绕边缘旋转
120	1/250	1/200	40	1/150	1/100
100	1/225	1/175	30	1/125	1/75
80	1/200	1/150	20	1/100	1/50
60	1/175	1/125			

城市道路超高渐变率　　　表4-17

设计速度(km/h)	超高渐变率	设计速度(km/h)	超高渐变率
80	1/150	40	1/100
60	1/125	30	1/75
50	1/115	20	1/50

绕中线旋转时，式(4-25)可写为：

$$L_c = \frac{\frac{b}{2}(i_c + i_g)}{p} \tag{4-25}$$

绕边线旋转时，式(4-26)可写为：

$$L_c = \frac{bi_c}{p} \tag{4-26}$$

式中：b——路面宽度(m)；
i_c——最大超高横坡；
i_g——路拱横坡。

超高缓和段长度应采用5的倍数，并不小于10m；四级公路超高的过渡应在超高过渡段的全长范围内进行。

超高过渡宜在回旋线全长范围内进行。当回旋线特别长时，其超高过渡段应设在回旋线的某一区段范围内，超高过渡段的纵向渐变率不得小于1/330，全超高断面宜设在缓圆点或圆缓点处。当回旋线特别长时，另外一种处理方式是仍然在缓和曲线全长范围内进行超高过渡，但为了避免超高渐变率过缓引起的路面排水问题，对路拱横坡从$-i_g\%$过渡$+i_g\%$的区间设置较大的渐变率，而把横坡从$i_g\%$到全超高($i_c\%$)的过渡过程，线性分布到缓和曲线的剩余长度之内。这样，即便后半部分的超高渐变率很小，也不会影响路面排水了。

硬路肩超高值与相邻车道超高值相同时，其超高过渡段应与车道相同，且采用与车道相同的超高渐变率；硬路肩超高值比相邻车道超高值小时，应先将硬路肩横坡过渡到与车道路拱相同，再与车道一起过渡，直至硬路肩达到其最大超高横坡度。

二 加宽

1. 定义

车辆在曲线路段上行驶时，靠近曲线内侧后轮行驶的曲线半径最小，靠曲线外侧的前轮行驶的曲线半径最大。为适应车辆在平曲线上行驶时后轮轨迹偏向曲线内侧的需要，平曲线内侧相应增加的路面、路基宽度称为曲线加宽(又称弯道加宽)。

2. 加宽值

圆曲线上加宽值与平曲线半径、设计车辆的轴距有关，同时还要考虑弯道上行驶车辆摆动及驾驶员的操作所需的附加宽度。因此，圆曲线上加宽值由几何需要的加宽和车辆转弯时摆动加宽两部分组成。

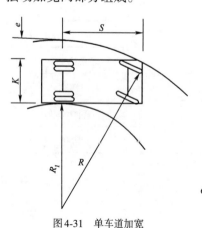

图4-31 单车道加宽

1)几何加宽值的计算

对于普通载货车辆，由图4-31可得一条车道的加宽值e：

$$e = R - (R_1 + K)$$

而：

$$R_1 + K = \sqrt{R^2 - S^2}$$

代入得：

$$e = R - \sqrt{R^2 - S^2} = R - \left(R - \frac{S^2}{2R} - \frac{S^4}{8R^3} - \cdots\right) = \frac{S^2}{2R} + \frac{S^4}{8R^3} + \cdots \tag{4-27}$$

上式第二项以后的数值极小,可略去不计,故一条车道的加宽值为:

$$e = \frac{S^2}{2R} \quad (4-28)$$

对于半挂车,由图4-32的几何关系,可求得牵引车的几何加宽值为:

$$e_1 = \frac{S_1^2}{2R}$$

而拖挂车的加宽值为:

$$e_2 = \frac{S_2^2}{2R}$$

其中 $R' = R - e_1$,由于 e_1 与 R 相比甚小,可取 $R' \approx R$。故对于半挂车一个车道的加宽值为:

$$e = e_1 + e_2 = \frac{S_1^2 + S_2^2}{2R} \quad (4-29)$$

式中:e——一个车道加宽值(m);
R——曲线半径(m);
S_1——牵引车保险杠至第二轴的距离(m);
S_2——第二轴至拖车最后轴的距离(m)。

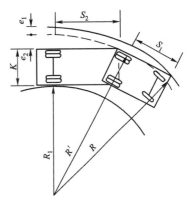

图4-32 半挂车加宽

令 $S_1^2 + S_2^2 = S^2$,则 $e = \frac{S^2}{2R}$ 与式(4-28)相同。其中 S 为设计车长(m),普通载货车辆后轴至前保险杠的距离,对半挂车为当量车长。

2)摆动加宽值

据实测,车辆转弯摆动加宽与车速有关,一个车道摆动加宽值计算经验公式为:

$$e' = \frac{0.05V}{\sqrt{R}} \quad (4-30)$$

规范解读:
圆曲线加宽

式中:V——车辆转弯时的车速(km/h)。

3)标准规定

《公路路线设计规范》(JTG D20—2017)规定,平曲线半径等于或小于250m时,应在平曲线内侧加宽。双车道公路路面的加宽值见表4-18。

双车道路面加宽值　　表4-18

加宽类别	设计车辆	圆曲线半径(m)								
		200~250	150~200	100~150	70~100	50~70	30~50	25~30	20~25	15~20
第1类	小客车	0.4	0.5	0.6	0.7	0.9	1.3	1.5	1.8	2.2
第2类	载重汽车	0.6	0.7	0.9	1.2	1.5	2.0	—	—	—
第3类	铰接列车	0.8	1.0	1.5	2.0	2.7	—	—	—	—

注:单车道公路路面加宽值应为表列规定的一半。

(1)作为干线的二级公路,应采用第3类加宽值。

(2)作为集散的二级和三级公路,在考虑铰接列车通行时,应采用第3类加宽值;不考虑通行铰接列车时,可采用第2类加宽值。

(3)作为支线的三级、四级公路可采用第1类加宽值。

(4)有特殊车辆通行的专用公路应根据特殊车辆验算确定其加宽值。

《城市道路路线设计规范》(CJJ 193—2012)规定,当圆曲线半径小于或等于250m时,应在圆曲线范围内设置加宽,每条车道加宽值应符合表4-19的规定。

城市道路圆曲线每条车道的加宽值　　　　表4-19

加宽类型	汽车前悬加轴距(m)	车型	圆曲线半径(m)							
			200<R≤250	150<R≤200	100<R≤150	80<R≤100	70<R≤80	50<R≤70	40<R≤50	30<R≤40	20<R≤30
1	0.8+3.8	小客车	0.30	0.30	0.35	0.40	0.40	0.45	0.50	0.60	0.75
2	1.5+6.5	大型车	0.40	0.45	0.60	0.65	0.70	0.90	1.05	1.30	1.80
3	1.7+5.8+6.7	铰接车	0.45	0.60	0.75	0.90	0.95	1.25	1.50	1.90	2.75

4)加宽值采用

(1)双车道公路路面加宽值应符合表4-18的规定,城市道路每条车道加宽值应符合表4-19的规定,圆曲线加宽值应根据道路平曲线半径、技术等级和实际交通组成确定。

(2)圆曲线上的路面加宽设置在圆曲线的内侧。各级公路的路面加宽后,路基也应相应加宽。当受条件限制时,城市道路的次干路、支路可在圆曲线的两侧加宽。

(3)双车道公路在采取强制性措施实行分向行驶的路段,其圆曲线半径较小时,内侧车道的加宽值应大于外侧车道的加宽值,设计时应通过计算分别确定。

3. 加宽过渡段

当平曲线半径不大于250m时,一般在弯道内侧圆曲线范围内设置全加宽,当其平曲线内无圆曲线(凸形)时,仅平曲线中点处断面设置全加宽。为了使路面和路基均匀变化,设置一段从加宽值为零逐渐加宽到全加宽的过渡段,称之为加宽过渡段(也称为加宽缓和段),如图4-33、图4-34所示。加宽过渡段(或超高缓和段)范围内,如无缓和曲线和超高缓和段,则应另设加宽过渡段。

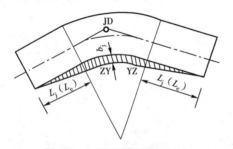

图4-33　加宽过渡段(单圆曲线)

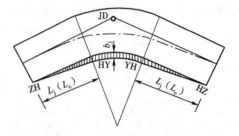

图4-34　加宽过渡段(基本形曲线)

1)加宽过渡段设置的规定

(1)设置回旋线或超高过渡段时,加宽过渡段长度应采用与回旋线或超高过渡段长度相同的数值。不设回旋线或超高过渡段时,公路加宽过渡段长度应按渐变率为1:15且长度不小10m的要求设置。城市道路加宽缓和段长度应按加宽侧路面边缘宽度渐变率为1:15~1:30计算,且长度不应小于10m。

(2)二级公路、三级公路、四级公路的加宽过渡应在加宽过渡段全长范围内,按其长度或比例增加的方式设置。

(3)四级公路可不设回旋线而用超高、加宽过渡段代替。当直线同半径小于不设超高的最小半径和规定应设置加宽的圆曲线衔接时,应设置超高、加宽过渡段。

四级公路的超高、加宽过渡段长度应分别按超高和加宽的有关规定计算,取其较长者。但最短应符合渐变率为1:15且不小于10m的要求。

四级公路的超高、加宽过渡段应设在紧接圆曲线起点或终点的直线上。受地形条件或其他特殊情况限制时,可将超高、加宽过渡段的一部分插入曲线,但插入曲线内的长度不得超过超高、加宽过渡段长度的一半。不同半径的同向圆曲线径相连接构成的复曲线,其超高、加宽过渡段应对称地设在衔接处的两侧。

四级公路设人工构造物处,当因设置超高、加宽过渡段而在圆曲线起、终点内侧边缘产生明显转折时,可采用路面加宽边缘线与圆曲线上路面加宽后的边缘圆弧相切的方法予以消除。

2)加宽缓和段的长度 L_j

在公路设计中,加宽缓和段长度取决于三方面的要求:

(1)加宽所需的最小长度。

(2)超高缓和段长度 L_c。

(3)缓和曲线长度 L_h。

3)缓和段 L_j 内加宽值的过渡方式

在加宽缓和段内,加宽是逐渐变化的,其过渡方式有以下几种:

(1)直线比例法

如图4-35所示,直线比例法即加宽缓和段任一点的加宽值 b_{jx} 与该点到加宽缓和段起点的距离 L_x 同加宽缓和段全长 L_j 的比率成正比。

$$b_{jx} = Kb_j \quad (4-31)$$

$$K = \frac{L_x}{L_j} \quad (4-32)$$

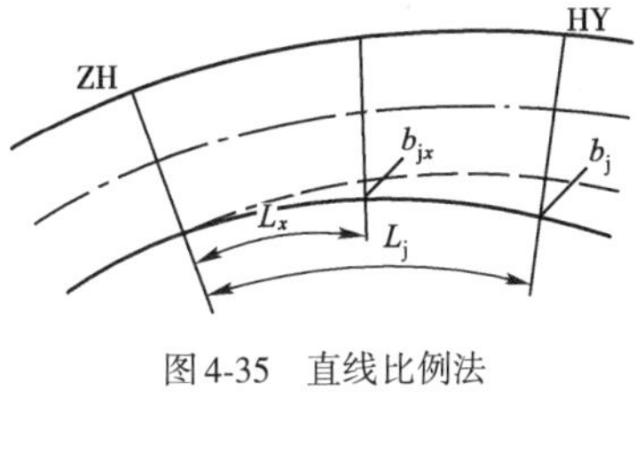

式中:b_{jx}——加宽缓和段上任一点的加宽值(m);

b_j——行车道加宽值(m);

K——比率;

L_x——加宽缓和段内任一点到缓和段起点的长度(m);

L_j——加宽缓和段长度(m)。

图4-35 直线比例法

这种过渡方式处理简单粗糙,不圆滑美观,一般适用于二、三、四级公路。城市道路的加宽过渡一般也采用该过渡方式。

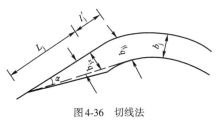

图4-36 切线法

(2)切线法

如图4-36所示,为消除加宽缓和段内侧边线与圆曲线起、终点的明显折点,采用路面加宽边缘线与圆曲线上路面加宽后边缘线圆弧相切的方法。

其近似计算公式为:

$$\alpha = \frac{-L_j \sqrt{L_j^2 + 2(R-b)b_j}}{R-b}$$

$$L_j' = R\alpha$$

$$b_{jj} = L_j \tan\alpha$$

$$b_{jx} = L_x \tan\alpha \tag{4-33}$$

式中：α——路面加宽边缘线与未加宽边缘线的夹角(°)；

L_j——加宽缓和段长度(m)；

R——路中线的曲线半径(m)；

b_j——路面加宽值(m)；

b——未加宽前的路面宽度(m)；

L_j'——插入圆曲线内的缓和段长度(m)，即圆曲线起终点至切点距离；

b_{jj}——修正后，圆曲线起、终点处的路面加宽值(m)；

b_{jx}——加宽缓和段内任一点加宽值(m)；

L_x——加宽缓和段内任一点到缓和段起点的长度(m)。

亦可采用修正系数求得 e_j' 和 b_{jj}：

$$e_j' = K' \frac{R}{L_j} \tag{4-34}$$

$$b_{jj} = K'b \tag{4-35}$$

式中：K'——修正系数，可按表4-20取用。

修正系数 K' 值　　　　表4-20

加宽过渡段长度(m)		10	15	20	25	≥30
圆曲线半径(m)	≤30	0.90	0.94	0.95	0.96	0.97
	>30	0.80	0.88			

切线法一般适用于四级公路人工构造物路段。

(3)插入高次抛物线的方法

加宽缓和段内任一点的加宽值 b_{jx} 按下列公式计算：

$$b_{jx} = (4K^3 - 3K^4)b_j \tag{4-36}$$

式中：K——系数，$K = \dfrac{L_x}{L_j}$。

这种方法路面边缘线圆滑、顺适，适用于高速公路、一级公路以及对路容有较高要求的二级公路。

(4)插入二次抛物线的方法

如图4-37所示，为使加宽缓和段的路面边缘是平顺、优美的曲线，采取在 ZH 点（HZ 点）和 HY 点（YH 点）插入二次抛物线的方式。加宽缓和段按下述三个区段设计：

$$b_{jx} = \frac{L_x^2}{30L_h} b_j \quad (0 \le L_x < 15) \tag{4-37}$$

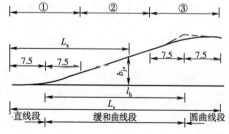

图4-37 插入二次抛物线的方法(单位尺寸:m)

$$b_{jx} = \frac{L_x - 7.5}{L_h} b_j \quad (15 \leqslant L_x \leqslant L_v - 15) \tag{4-38}$$

$$b_{jx} = b_j - \frac{(L_v - L_x)^2}{30 L_h} b_j \quad (L_v - 15 < L_x < L_v) \tag{4-39}$$

式中：L_v——加宽总长度(m)；

L_h——缓和曲线长度(m)；

L_x——加宽缓和段内任一点到缓和段起点的长度(m)；

b_j——行车道加宽值(m)；

b_{jx}——加宽缓和段内任一点加宽值(m)。

本方法适用于高等级公路或大城市郊区路段、桥梁、高架桥、挡土墙、隧道、构造物以及设置各种安全防护设施等的路段。

(5)复曲线的加宽过渡方法

对于卵形曲线，加宽方法如图4-38所示，其加宽值按式(4-40)计算：

$$b_{jx} = b_{j2} + (b_{j1} - b_{j2}) \frac{L_x}{L_f} \tag{4-40}$$

式中符号含义如图4-38所示。

(6)插入回旋曲线的方法

高速公路、一级公路、二级公路的下列路段，也可采用插入回旋线的方法，如图4-39所示。插入回旋线的方法一般适用于：

①位于大城市近郊的路段。

②桥梁、高架桥、挡土墙、隧道等构造物处。

③设置各种安全防护设施的地段。

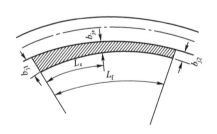

图4-38 复曲线的加宽过渡

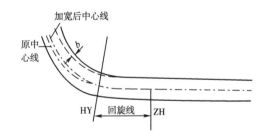

图4-39 插入回旋曲线的方法

在缓和段上插入回旋线，这样不但中线上有回旋线，而且加宽以后的路面边线也是回旋线，与行车轨迹相符，保证了行车的顺适与线形的美观。

4. 城市道路加宽缓和段

城市道路圆曲线范围内的加宽应为不变的全加宽值，两端应设置加宽缓和段。加宽缓和段可采用线性加宽(即直线比例法)、抛物线加宽等过渡方式，其计算方法与公路一致。

城市道路加宽缓和段的长度可按下列两种情况确定：

(1)当设置缓和曲线或超高缓和段时，加宽缓和段长度应采用与缓和曲线或超高缓和段长度相同的数值。

(2)当不设缓和曲线或超高缓和段时,加宽缓和段长度应按加宽侧路面边缘宽度渐变率为1:15~1:30计算,且长度不得小于10m。

第五节 横断面视距的保证

一 视距曲线

1. 概念

在道路的弯道设计中,除了要考虑诸如曲线半径R、参数A、超高、加宽等因素外,还必须注意路线内侧是否有树林、房屋、边坡等阻碍驾驶员的视线,这种处于隐蔽地段的弯道简称为"暗弯"。凡属"暗弯"都应该进行视距检查,若不能保证该级公路或城市道路的最短视距,则应该将阻碍视线的障碍物清除。如果是因曲线内侧及中间带设置护栏及其他人工构造物等而不能保证视距时,可采取加宽中间带、加宽路肩或将构造物后移等措施予以处理;如果是因挖方边坡妨碍了视线,则应按所需净距绘制包络线(或称"视距曲线")开挖视距台,如图4-40、图4-41所示。

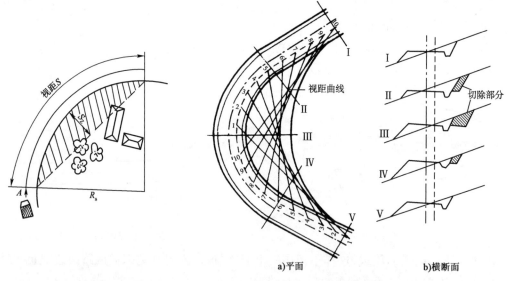

图4-40 横净距平面图　　图4-41 图解法确定视距切除范围

可根据各种情况按公式计算横净距S_z,若横净距S_z小于行车轨迹至障碍物的距离(即$S_z<S_{z0}$),视距能够得到保证,反之,视距不能得到保证。

图4-40中阴影部分阻碍驾驶员视线的范围,范围以内的障碍物都应加以清除。S_z为内侧车道上车辆应保证的横净距。所谓横净距,即道路曲线范围最内侧的车道中心线行车轨迹距视距曲线(即包络线)的距离。

2. 图解法确定视距切除范围

按公式计算的 S_z 值是弯道上需清除的最大横净距,它在曲线中点或中点附近。曲线上任意位置的横净距是随行车位置的改变而变化的,如果曲线全长上按最大横净距值切除,则会造成工程上的浪费。当需要清除的是重要建筑物或岩石边坡时,多用图解法来确定清除范围,如图 4-41 所示。其方法如下:

(1)按一定比例绘制弯道平面图,并示出行车轨迹线位置。
(2)在轨迹线上从弯道两端相连直线上距曲线起点(或终点)S 的地方开始,按 S 距离定出多组视线 1-1、2-2、3-3……10-10 等。
(3)绘出这些视线的包络线(内切曲线)即为视距曲线。
(4)量出相应断面位置的横净距,即可按上面的方法确定相应断面上的视距切除范围。

必须指出,除平曲线上考虑视距外,在竖曲线上也有保证视距的问题,其保证措施在选择竖曲线半径时考虑。《公路工程技术标准》(JTG B01—2014)对竖曲线最小半径的规定值也考虑了视距的保证因素。

二 横净距计算

平曲线内最大横净距计算公式见表 4-21。公式中符号如图 4-42 ~ 图 4-44 所示。

最大横净距计算公式　　　表 4-21

平曲线类型	计算公式	
不设回旋线	$L>S$,如图 4-42a)所示, $h = R_S\left(1 - \cos\dfrac{\gamma}{2}\right)$	$\gamma = \dfrac{180°S}{\pi R_S}$
	$L<S$,如图 4-42b)所示, $h = R_S\left(1 - \cos\dfrac{\alpha}{2}\right) + \dfrac{1}{2}(S - L_S)\sin\dfrac{\alpha}{2}$	$L_S = \dfrac{\pi}{180°}\alpha R_S$
设回旋线	$L' > S$, $h = R_S\left(1 - \cos\dfrac{\beta}{2}\right)$	$\beta = \dfrac{180°S}{\pi R_S}$
	$L > S > L'$,如图 4-43 所示, $h = R_S\left[1 - \cos\dfrac{(\alpha - 2\beta)}{2}\right] + \sin\left(\dfrac{\alpha}{2} - \delta\right)(l - l')$	$\delta = \arctan\left\{\dfrac{l}{6R_S}\left[1 + \dfrac{l'}{l} + \left(\dfrac{l'}{l}\right)^2\right]\right\}$, $l' = \dfrac{1}{2}(L_S - S)$
	$L < S$,如图 4-44 所示, $h = R_S\left(1 - \cos\dfrac{\alpha - 2\beta}{2}\right) + \sin\left(\dfrac{\alpha}{2} - \delta\right)l + \sin\dfrac{\alpha}{2}\dfrac{(S - L_S)}{2}$	$\delta = \arctan\dfrac{l}{6R_S}$

注:h-最大横净距(m);S-视距(m);L-平曲线长度(m);L'-圆曲线长度(m);l-回旋线长度(m);R_S-曲线内侧行驶轨迹的半径(m),其值为未加宽前路面内缘的半径加 1/2 车道宽;L_S-曲线内侧行驶轨迹的长度(m);α-公路转角(°);γ-视距线所对的圆心角(°);β-回旋曲线角(°)。

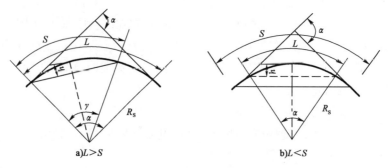

图 4-42 不设回旋线时横净距计算图

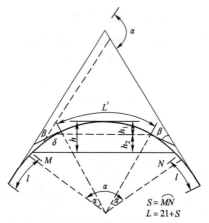

图 4-43 设回旋线时横净距计算图($L > S > L'$)

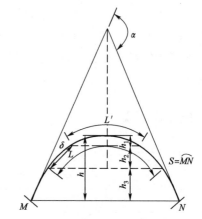

图 4-44 设回旋线时横净距计算图($L < S$)

三 横断面视距台切除

平曲线内侧、中间带设护栏及其他人工构造物等而不能保证视距时，可加宽中间带、路肩或将构造物后移；当挖方边坡妨碍视线，处于凸形竖曲线或采用停车视距时，则应按横净距绘制的包络线即视距曲线，用以清除边坡，如图 4-45a)所示；当采用会车视距时，则应按横净距绘制的包络线即视距曲线，开挖视距台，如图 4-45b)所示。

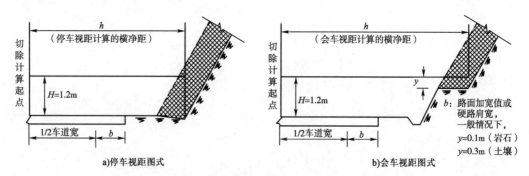

图 4-45 边坡清除断面与开挖视距台断面

第六节 横断面设计

一 横断面设计的基本要求

横断面设计,应使道路横断面布置及几何尺寸满足交通环境、用地经济、城市面貌等要求。路基是支承路面,形成连续行车道的带状土、石结构物。它既要承受路面传来的车辆荷载,还要经受各种大自然因素的考验。因此,路基横断面设计必须满足以下基本要求:

(1)路基的结构设计应根据使用要求和当地自然条件(包括地质、水文和材料情况),并结合施工条件进行设计,既应有足够的强度和稳定性,又要经济合理。

(2)山岭、重丘区的路基设计,应根据当地自然条件,特别是地形及工程地质条件,选择适当的路基横断面形式和边坡坡度。在地形陡峻和不良地质地段,不宜破坏天然植被和山体平衡;在狭窄的河谷地段不宜侵占河床,可视具体情况设置其他结构物和防护工程。陡坡上的半填半挖路基,可根据地形、地质条件,采用护肩、砌石或挡土墙;当山坡高陡或稳定性差,不宜多挖时,可采用旱桥、悬出路台等构造物;在悬崖陡壁地段,如山体岩石整体性好,可采用半山洞。在平原微丘区应注意最小填土高度,并设置必要的排水设施。沿河路基应根据冲刷情况,设置必要的防护设施。

(3)路基的断面形式和尺寸应根据道路的等级、设计标准和设计任务书的规定以及道路的使用要求,结合具体条件确定。一般路基可参照典型横断面设计,特殊路基则应单独设计。

(4)路基设计应兼顾当地农田基本建设的需要,在取土、弃土、取土坑设置、排水设计等方面与农田改土、农田水利、灌溉沟渠等配合,尽量减少废土占地,防止水土流失和淤塞河道。

二 道路横断面布置

1. 公路横断面布置

公路横断面布置一般不做单独计算,其断面形式可结合当地地形、地质、水文、填挖等情况,参照典型横断面(图4-46)进行布置,而路幅的宽度和路幅内各部分尺寸应根据公路等级、交通量、技术标准和具体情况,按图中的规定进行布置。

选用典型横断面应注意的问题简述如下。

(1)一般路堤:指填土高度小于20m的路堤,如图4-46a)所示。当填土高度小于0.5m时,为满足最小填土高度和排除路面、路肩和边坡地面水的需要,应设置边沟;当填土高度大于2m时,可将排水沟扩大成取土坑以满足填土需要,但此时为保证边坡的稳定,应在坡脚与取土坑间设宽度不小于1m的护坡道;当填土高度大时,为保证边坡稳定,应采用折线形边坡。

(2)挖方路基:指挖方深度小于30m、一般地质条件下的路堑,如图4-46b)所示。路堑路段均应设置边沟;为拦截和排除上侧地面水以保证边坡的稳定,应在坡顶5m处设置截水沟;开挖路堑所废弃的土石方,应弃置于下侧坡顶外并做成规则形状的弃土堆;当挖方高度较大或土质变化处,边坡应随之做成折线形或台阶式边坡以保证稳定。

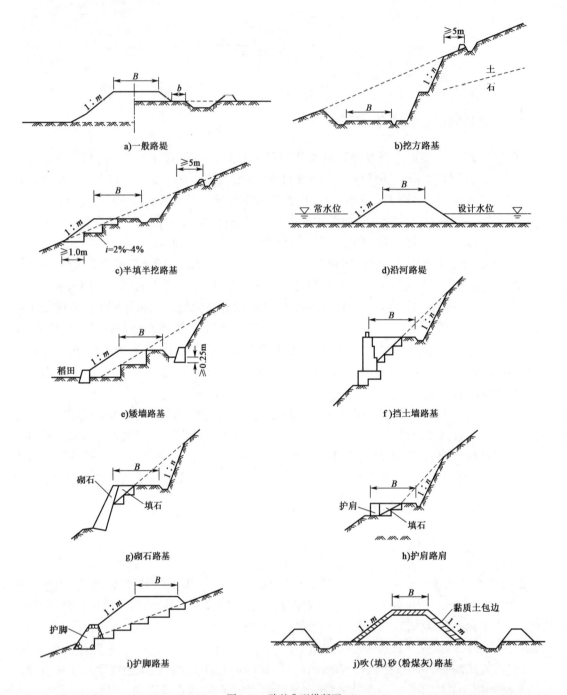

图 4-46 路基典型横断面

(3) 半填半挖路基:指一般山坡路段的路基,如图 4-46c)所示,当地面横坡大于 1:5 时(包括一般路堤在内),为保证填土的稳定,应将原地面挖成台阶,台阶的高度应视填料性质和施工方法而定;挖方部分与一般路堑相同。

(4) 陡坡路基:指山区陡坡路段的路基形式,如图 4-46e)~图 4-46i)所示。填土高度虽不大,但地面横坡较陡,坡脚太远且不易填筑时,可采用如图 4-46h)所示的护肩路基;填土高度较大难以填筑,或地面横坡太陡以致坡脚落空不能填筑时,可采用如图4-46g)所示的砌石路基或图4-46f)所示的挡土墙路基,前者是干砌或浆砌片石,能支持填方的稳定,片石与路基为一个整体,而挡土墙是不依靠路基也能独立稳定的支挡结构物;当填方坡脚太远,为避免多占用耕地或拆迁其他建筑时,可采用如图4-46i)所示的护脚路基;当挖方边坡土质松软易碎落时,可采用如图4-46e)所示的矮墙路基;水田地段的路堤,填方坡脚可依据实地情况设置矮墙或护坡,矮墙可用浆砌片石,高度不宜超过1.5m;当挖方地质不良可能产生滑坍时,可采用如图4-46f)所示的挡土墙路基。这里所提到的支挡结构物,其结构设计请参见《路基路面工程》等相关教材。

(5)沿河路堤:指桥头引道和河滩路堤,如图4-46d)所示。路堤浸水部分边坡,除应采用较缓和坡度外,还应视水流情况采用相应的加固防护措施。

(6)吹(填)砂(粉煤灰)路基:为了保护边坡的稳定和植物的生长,边坡表层1~2m应用黏质土填筑,路床顶面可采用0.3~0.5m粗粒土封闭,如图4-46j)所示。

2. 城市道路横断面布置

1)布置原则

(1)横断面应与道路交通特性相协调。城市道路具有多功能性,但它的主要功能就是要为城市交通创造良好的服务条件。因此,应保证车辆和行人的交通安全与畅通。

(2)应与道路交通特性相协调。对于不同的道路性质,各自的特点和要求是不一样的。因此,在横断面综合布置上也应有所不同,不同功能的道路应有不同的面貌与建筑。

(3)应与沿线自然条件和建筑物相互配合协调布置。应充分利用城市的天然湖泊、河流、海面,设计成风景优美的海滨或湖滨道路,沿线大型建筑物的高度与路宽应有适当的比例,使之协调美观。

(4)应充分发挥绿化带的作用。植树造林和布置绿化带既能美化城市、美化街道,同时又能起到保障交通安全的作用。在布置绿化带时,它既可与分隔带结合,又可与人行道结合;既可作为不同平面上横断面的衔接部分,又可作为横断面改扩建的备用地。

(5)应有利于排水。在选择路拱形式和横坡度时,应确保雨水(雪化水)的迅速排出,同时,还要注意与街坊内部的排水取得协调。

(6)应满足地上与地下管线的埋设和人防工程的要求。道路总宽度应满足地下管线安排,因为不同管线间需保持一定的距离。

(7)应考虑近、远期结合。在城市道路设计中,应注意节约工程费用和节省城市用地,各组成部分的布置既要紧凑,又要留有余地。在城市发展初期,交通量不大,可先选用较为经济的断面形式,以后逐步过渡到更为完善的道路断面。为了避免或减少道路构造物、绿化及管线的迁改,必须处理好近、远期过渡的问题。

常见的横断面形式都是对称布置的,如受到地形、河流或建筑物等限制时,也可做成不对称布置。同一道路上,一般应采用同一种断面形式。

2)四种基本形式的特点及适用情况

(1)交通安全

三幅路及四幅路比单、双幅路都安全,因为排除了机动车和非机动车的相互干扰,同时分隔带起了行人过街的安全岛作用。但三、四幅路对公交车辆停靠站上下的乘客穿越非机动车道较为不便。双幅路由于机动车与非机动车混合行驶,事故较多,已较少采用。

(2)行车速度

单、双幅路由于机动车和非机动车混合行驶、相互干扰，所以车速较低。三、四幅路车速一般较高，而四幅路分隔对向车流，能保证按要求的车速行驶。

(3)照明

三幅路比单幅路容易布置，能较好地处理绿化与照明的矛盾，照度均匀，可提高夜间行车速度，并减少了因照度不良引起的事故。

(4)绿化遮阴

三幅路布置多排绿化带，遮阴效果好，有利于夏季行车及行人交通。

(5)噪声减少

三幅路的机动道在中间，两侧绿化带起到隔离作用，噪声对行人和沿街居民干扰较小。

(6)造价

单幅路占地小、投资少，各类城市道路都可以采用。三、四幅路用地多、造价高，但有利于地下管线分期敷设以及非机动车道采用较薄的路面。此外，三幅路便于分期修建，即近期做成单幅路，待增长的交通量较大时再扩建为三幅路。

综上所述，可知三幅路优点居多，在条件具备的城市道路宜优先考虑采用三幅路断面。四幅路因造价高、占地多，一般只是在交通量较大的快速干道或主干道，当条件允许时才采用。

三 横断面设计的步骤与主要成果

1. 设计步骤

道路横断面的布置及几何尺寸，应能满足交通、环境、用地经济、城市面貌等要求，并应保证路基的稳定性。

(1)绘制地面线与土石分界线：点绘各横断面的地面线，并示出土石分界线。

(2)确定路基宽度及坡度：根据《公路工程技术标准》(JTG B01—2014)，按照土质特性、水文条件以及路基填挖高度拟定路基宽度及边坡坡度。按照排水要求拟定边沟、截水沟等排水设施的尺寸。

(3)计算超高与加宽值：按弯道半径大小分别拟定超高与加宽值。

(4)完成路基设计表计算与填写：根据平、纵断面设计资料，对路基设计表进行逐桩计算，填写路基宽度、坡度、填挖高度等各项数据。

(5)绘制横断面设计线与特殊处理措施：按路基设计表数据，绘出横断面设计线。地面线较陡断面，应绘出挖台阶；水田(塘)段，应绘出挖淤；陡峻山坡需设挡土墙等支挡和防护工程时，应绘于横断面图上，并将挡土墙设计成果另行绘图。

(6)检查视距与障碍物处理：检查弯道路段横断面内侧视距是否足够，是否需要清除障碍及设置视距台。

(7)计算横断面面积与绘制成果并标注：分别按填土、填石、砌石、挖土石、挖淤泥计算，挡土墙面积不计算。横断面的绘制，一般在方格纸上按桩号由下向上绘制，并在每个横断面上写出必要的数据(包括里程、填挖高、填挖面积等)。

2. 设计成果

根据《公路工程基本建设项目设计文件编制办法》规定,公路路基横断面的主要成果及要求如下。

(1)路基设计表:列出平曲线要素、纵坡(坡度、坡长、变坡点桩号及高程)、竖曲线要素、桩号、地面高程、设计高程、填挖高度、路基宽度(原宽、加宽、加宽后总宽)、缓和长度、超高值(左、右)、路基边缘与设计高程之差(左、右)等。边沟(排水沟)需特殊设计时还应列出沟底纵坡设计资料、形状及尺寸、沟底高程(左、右)。

高速公路、一级公路应列出平曲线要素、纵坡(坡度、坡长、变坡点桩号及高程)、竖曲线要素、桩号、地面高程、设计高程、填挖高度、路基宽度(中央分隔带、左右幅分别按行车带及路缘带、硬路肩、土路肩计列)各点与设计高程之差(左右幅分别按左侧路缘外缘、硬路肩外缘、土路肩外缘各点填列),并说明加宽、超高情况。

(2)路基标准横断面图:绘出路中心线、行车道、拦水缘石、土路肩、路拱横坡、边坡、护坡道、边沟、碎落石、截水沟、用地界碑等各部分组成及其尺寸、路面宽度及概略厚度。高速公路、一级公路按整体式路基、分离式路基分别绘制,还应绘出中央分隔带、缘石、左侧路缘带、硬路肩(含右侧路缘带)、护栏、隔离栅、预埋管道等设置位置。比例尺用1:200~1:100。

(3)路基一般设计图:绘出一般路堤、路堑、半填半挖路基、高填方路堤、深挖路基、水田内路堤及沿河(江)及水塘(库)等不同形式的代表性路基设计图,并应分别绘出路基、边沟、碎落台、截水沟、护坡道、排水沟、坡度、护脚墙、护肩、护坡、挡土墙等防护加固结构形式和标注主要尺寸。比例尺用1:200。

(4)路基横断面设计图:绘出所有整桩、加桩的横断面图,绘出加宽、超高、边坡、边沟、截水沟、碎落台、护坡道、路侧取土坑、开挖台阶及视距台等,注明用地界。挡土墙、护面墙、护脚、护肩、护岸、边坡加固、边沟(排水沟)及截水沟加固等均绘在本图上,并注明起讫桩号、圬工种类及断面尺寸(另绘有防护工程设计图的只绘出示意图,注明起讫桩号和设计图编号)。高速公路、一级公路还应标出设计高程、路基边缘高程、边沟(排水沟)底设计高程。比例尺用1:200。

(5)路基土石方数量表:列出桩号、断面积、平均断面积、挖方(总体积、土类、石类)、填方(总体积、填土及填石,分压实方和自然方)、本桩利用方、余方、欠方、远运利用方、调配示意、运量、借方(分土类、石类、运距、运量)、弃方(土、石、运距、运量)等。

3. 城市道路横断面图绘制

(1)绘制路段上的远期规划横断面、近期设计横断面图,即远期和近期的标准断面图。一般采用1:100或1:200的比例尺。在图上应绘出红线宽度、行车道、人行道、绿化带、照明、新建或改建的地上、地下杆线、管线各组成部分的位置和宽度,以及排水方向、横坡等。

(2)绘制各个中线桩处的现状横断面图。图中包括横向地形、地物、中心桩地面高程、路基路面、横坡、行车道、人行道、边沟等。一般采用1:100或1:200的比例尺,直接在厘米纸上绘制,横距表示水平距离,纵距表示高程。纵、横坐标通常都采用相同的比例尺,这样绘制横断面图和计算土石方数量都方便。但在某些情况下,例如横断面很宽,地面又较平坦时,如水平距离和高程仍采用相同的比例尺,则显示不出地形的变化。此时,应根据高程变化的程度,横断面图的纵、横坐标可以选用不同的比例尺,以能显示地形的起伏变化为原则。先在米厘纸上定出中心线的位置,然后将中心桩的地面高程和中心桩左右各地形点的高程点出来,连接各点即得现状横断面的地面线,注上桩号和高程。在一张米厘纸上可以绘制若干个断面,一般是依桩号为序自下而上和自左而右地布置。

(3)最后在绘出的各个桩号的现状横断面图上,点出中心线的设计高程,以相同的比例尺,把设计横断面图(即标准横断面图)画上去。土石方工程量的计算和施工放样,就是以此图作为依据,故称为施工横断面图。

4. 道路设计软件

使用道路设计软件进行道路横断面设计通常遵循以下步骤:

(1)项目设置与数据准备

项目创建与参数设定:在软件中新建横断面设计项目,设置道路等级、设计标准、路幅宽度车道数、人行道宽度、绿化带等基本参数。

地形数据导入:导入沿线的地形数据,如数字高程模型(DEM)。

中线数据导入:将中线数据导入软件中,横断面设计将以中线上各个桩号为基准。

(2)横断面地面线生成

桩号选定与地面线提取:根据设计需要,选择要设计横断面的桩号。软件会基于地形数据或现场实测数据自动生成对应桩号的横断面地面线。

人工修正地面线:如地形数据不准确或需考虑特殊地形因素,可手动编辑地面线,确保其真实反映实际情况。

(3)横断面设计与配置

路基设计:设定路基宽度、填挖边界、边坡坡度等参数。软件会自动绘制路基轮廓线,包括填方区、挖方区以及可能的挡土墙位置。

路面结构设计:选择或定义路面结构层(如基层、面层),设定各层厚度、材料属性等。软件将根据设定生成路面横断面。

附属设施设计:添加并配置道路两侧的附属设施,如人行道、自行车道、绿化带、排水系统(边沟、排水管)、防护栏、照明设施等。

(4)特殊处理与调整

超高与加宽设计:对于弯道处的横断面,根据道路设计规范设置超高值和加宽值,软件将自动计算并绘制具有超高的路肩边缘线和加宽后的路基轮廓。

特殊地形处理:如遇到陡峭地形或特殊地质条件,可能需要设计台阶、护坡、挡土墙等结构。按照软件提供的工具进行设计并调整横断面。

(5)土方量计算与分析

土方计算:软件根据设计的横断面与原始地面线,自动计算每个桩号处的填方量、挖方量,以及总体的土方平衡情况。

土方调配建议:软件可提供土方调配功能,帮助设计人员优化土方运输方案,减少运量,实现土方平衡。

(6)设计成果输出

横断面图绘制:生成详细的横断面设计图,包括地面线、路基轮廓、路面结构、附属设施、土方边界、超高与加宽示意等,按照规定比例、标注样式输出。

土方量报表:导出土方量统计表,包括分桩号数据、总填挖方量、土方平衡分析结果等。

第七节　路基土石方计算与调配

路基土石方工程是公路工程的主体工程之一,在公路工程量中占有很大比重。土石方工程数量又是公路方案评价和比选的主要技术经济指标之一。

土石方计算与调配的主要任务是,计算路基土石方工程数量,合理进行土石方调配,并计算土石方的运量。路基土石方设计与调配可以为编制公路概(预)算、公路施工组织、施工计量支付提供依据。

一　基本公式

路基土石方计算工作量较大,加之路基填挖变化的不规则性,要精确计算土石方体积是十分困难的。在工程上通常多采用近似计算,即平均断面法。该方法假定两相邻断面间为一棱柱体,如图4-47所示。按平均断面计算,其公式为:

$$V = \frac{1}{2}(A_1 + A_2)L \tag{4-41}$$

式中:A_1、A_2——两相邻断面的断面面积(m^2);

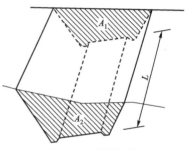

图4-47　平均断面法

　　　L——两相邻断面的间距(m),即两相邻断面的桩号差。

平均断面法计算简便、实用,是公路上目前常采用的方法。但其精度较差,该法只有当两相邻断面面积A_1、A_2相差不大时才较准确。当A_1、A_2相差较大时,则按棱台体公式则更为接近,其公式如下:

$$V = \frac{1}{3}(A_1 + A_2)L\left(1 + \frac{\sqrt{m}}{1 + m}\right) \tag{4-42}$$

式中,$m = \dfrac{A_1}{A_2}$,其中$A_2 > A_1$。

由式(4-42)可知,当$A_1 = A_2$时,$V = \dfrac{1}{2}(A_1 + A_2)L$;若$A_1 = 0$,则$V = \dfrac{1}{3}A_2 L$。

由此可知,平均断面法的计算结果是偏大的。

二　横断面面积计算

路基横断面面积为不规则的几何图形,手工设计时,计算方法有积距法、几何图形法、方格法和求积仪法等。专业道路设计软件中,可利用基于坐标数据的计算机编程、图像处理与机器学习技术以及数值积分法等手段来计算横断面面积。这些方法不仅适用于单一横断面的精确计算,而且能够应对大规模工程项目中成千上万个横断面的批量处理需求,极大地提升了设计与施工的效率与准确性。

1. 积距法

如图4-48所示,积距法的原理是:按单位宽度b,把断面积切割成若干梯形与三角形条块,则每一小块面积为其平均高度h_i与b的乘积,即$A_1=bh_1,A_2=bh_2,\cdots,A_n=bh_n$,总面积为:

$$A = A_1 + A_2 + \cdots + A_n = bh_1 + bh_2 + \cdots + bh_n = b\sum_{i=1}^{n} h_i \qquad (4\text{-}43)$$

通常横断面图都是绘在方格米厘纸上的,直接可以用米厘格子5mm宽(等于1m)来划分横断面。平均高度总和$\sum h_i$用卡规法或用纸条法来求积距。其中纸条法多适用于求较大面积的积距。

2. 坐标法

如图4-49所示,由解析几何公式很容易推出面积计算公式,如下:

$$A = \frac{1}{2}\sum_{i=1}^{n}(x_i y_{i+1} - x_{i+1} y_i) \qquad (4\text{-}44)$$

式中:x、y——设计线和地面线围成面积的各折点的坐标(m)。

坐标法计算面积精度较高,但方法较烦琐,适用于计算机计算。路基土石方多采用表格计算。

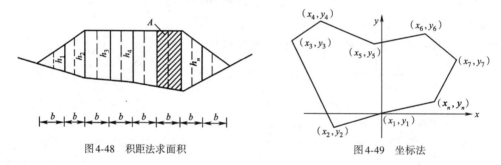

图4-48 积距法求面积　　　　　图4-49 坐标法

三 路基土石方调配

土石方调配是指路基挖方合理采用填筑路堤,以及适当地布置取土坑及弃土堆的土石方调运量计算的工作。通过土石调配,合理地解决各种路段土石方平衡与利用问题,达到填方有所"用",挖方有所"用",避免不必要的路外借土和弃土,尽量少占用耕地。

1. 调配要求

(1)土石方调配应按先横向后纵向的次序进行。横向调运是指将本桩位内的挖方直接横向调运作本桩填方,达到横向平衡。纵向调运则是将本桩多余的挖方(称挖余)纵向运至其他桩号填筑或将其他桩号的挖余土石方运至本桩不足的填方(称填缺)进行填筑。由于横向调运就近填挖,运量小,先横向后纵向调运可减少总的运输量。

(2)纵向调运的最远距离一般应小于经济运距。路基填方的土石方来源,一是路上的纵向调运,二是就近在路基外借土。一般情况下,距离较近时纵向调运是比较经济的,但是如果调运的距离过长,以至于运价超过了在附近借方的费用时,纵向移挖作填就不如借方经济了。因此,是"调"还是"借"有一个限度问题,按费用经济计算的纵向调运的最大限度距离叫作经济运距。计算的公式如下:

$$L_j = \frac{C}{C'} + L_m \tag{4-45}$$

式中：L_j——经济运距(km)；

C——借方单价(元/m³)；

C'——远运运费单价[元/(m³·km)]；

L_m——免费运距(km)。

《公路工程预算定额(上、下册)》(JTG/T 3832—2018)规定土方作业包括挖、装、运、卸、回等五项工序,在规定的距离内(一般人工运输为20m,铲运机铲运为100m)只按方量计价,不另计运费,这一规定不单独计价的基本运距叫作免费运距。在纵向调运计算运距时应扣除免费运距L_m。

在调配时,应综合考虑不同的施工方法、运输条件、施工机械化程度及地形情况,选择合理的经济运距。在取土和弃土不受限制的路段,纵向调运运距应小于经济运距。

(3)土石方调运的方向应考虑桥涵位置和路线纵坡对施工运输的影响。一般情况下,不跨越深沟和少做上坡调运。

(4)借方、弃方应与借土还田、整地建田相结合。尽量少占田地,减少对农业的影响。对于取土和弃土地点应事先同地方相关部门商量。

(5)不同性质的土方应分别调配。调运时可以石代土,但不能以土代石,以保证路基填方质量。调运时还要注意与人工构造物材料供应相结合。

(6)回头曲线路段的土石调运,要优先考虑上下线的竖向调运。

2. 调配方法

土石方调配方法有多种,如累积曲线法、调配图法及土石方计算表调配法等。土石方计算表调配法是公路设计文件中推荐的调配方法,可直接在土石方表上进行调配,其优点是方法简单,调配清晰,精度符合要求。该表也可由计算机自动完成。具体调配步骤是：

(1)土石方调配是在土石方数量计算与复核完毕的基础上进行的,调配前应将可能影响运输调配的桥涵位置、陡坡、大沟以及可借方和弃方的地点等注在土石方表旁,供调配时参考。

(2)首先进行横向调配,满足本桩号利用方的需要,然后计算挖余和填缺的数量。

(3)纵向调配前,应根据施工方法及可能采取的运输方式定出合理的经济运距,供土石方调配时参考。

(4)根据填缺挖余分布情况,结合路线纵坡和自然条件,按照调配要求,具体拟定调配方案。方法是逐桩逐段地将毗邻路段的挖余就近纵向调运到填缺内加以利用,并把具体调运方向和数量用箭头标明在纵向利用调配栏中。

(5)经过纵向调配,如果仍有填缺或挖余,结合调查确定的借土或弃土地点,将借土或弃土的数量和运距分别填注到借方或废方栏内。

(6)调配的结果示于土石方数量表上,可按下式复核：

$$横向调运 + 纵向调运 + 借方 = 填方$$
$$横向调运 + 纵向调运 + 弃方 = 挖方$$
$$挖方 + 借方 = 填方 + 弃方$$

(7)经复核无误后,即可分别计算计价土石方数量、运量和运距等,为编制施工图预算提供土石方工程数量。最后计算得计价土石方数量,即：

$$计价土石方数量 = 挖方数量 + 借方数量$$

第八节 平、纵、横综合设计

公路是由平面、纵断面、横断面组成的工程实体。平、纵面设计的内容是线形几何设计,应满足在一定车速条件下车辆动力学的要求;横断面设计的内容是路幅、路型及路侧设计,应包括:路幅布置及通行能力需求分析、各项主体工程设计、安全设施设计、主体工程与路侧环境的配合设计等内容。平、纵、横三者之间有着密切的内在联系,任何一项都不应是单独的设计,而应是相互影响、相互补充、综合设计。

一 平、纵、横综合设计的原则

1. 一般规定

(1)平、纵、横设计应满足各自规定值的要求,避免最不利值的组合设计。

(2)平、纵、横组合设计应保持线形在视觉上的连续性,自然诱导驾驶员的视线。

(3)平、纵面指标的选用及其组合应注意均衡性,保持线形在视觉上、心理上的平衡。平、纵组合设计的技术指标除保持相对均衡、连续外,还应考虑与相邻路段技术指标的均衡、连续。

(4)平、纵组合设计应根据路面排水和车辆动力学要求,选择组合得当的合成坡度。

(5)具体路段平、纵面技术指标的选用及其组合设计,应考虑对车辆实际运行速度的影响,同一车辆相邻路段的运行速度与设计速度之差不应超过±20km/h。

(6)平、纵、横综合设计除考虑各自技术指标满足要求且组合得当外,还应结合地形、地质、水文等建设条件,充分考虑工程设置条件及工程规模,做到技术可行、经济合理。

(7)平、纵、横综合设计应注意与沿线社会、人文、自然等环境的配合,做到与周围环境相和谐。

2. 设计原则

设计速度大于或等于60km/h的公路,应注意按以下原则做好平、纵、横综合设计。设计速度小于或等于40km/h的公路可参照执行。

(1)平、纵面应力求避免两者直线过长,线形单调,不得已时,应设置必要的标志、振动标线等交通工程设施。同时宜采用植树等措施改善路侧环境,利用自然或人文景观等调节视线的单调性。

(2)平面直线与凹形竖曲线的组合应具有较好的视觉效果。凹形曲线的长度不宜过短,避免产生折感;长直线内设置两个凹形曲线时,两曲线之间的直坡段不能太短,避免产生"虚设凸形曲线"的感觉;长直线的末端应尽量避免插入凹形曲线中。

(3)平面直线与凸形曲线的组合,在视距条件差而线形显得单调时,应予避免。不得已时,应争取较大的凸形曲线半径,保证纵面视距。

(4)长直线不宜与陡坡或半径小且长度短的竖曲线组合。

(5)平曲线与直坡段的组合应特别注意出现暗弯,宜力求增大平曲线半径,合理设计挖方边坡,保证视距。应避免急弯平曲线与陡坡的组合。

(6)一个平曲线与一个竖曲线组合时,平、竖曲线宜相互对应,且平曲线稍长于竖曲线,形成"平包竖"。高速公路、一级公路,当平曲线半径小于2000m、竖曲线半径小于15000m时,平、竖曲线的组合应予慎重;当平曲线半径大于6000m、竖曲线半径大于25000m时,可不强调平、竖曲线的对应关系。

(7)平、竖曲线难以对应时,宜将两者拉开适当距离,使平曲线位于直坡上或竖曲线位于直线上。

(8)接近平曲线最小长度的平曲线不宜与短的竖曲线相组合。

(9)长的平曲线内不宜包含两个以上短的竖曲线;长的竖曲线内不宜包含两个以上平曲线。不得已时应注意平、竖曲线半径的搭配。

(10)路线视距不宜过远或视野过宽,尽可能避免驾驶员一眼能看到路线方向转折两次以上或纵坡起伏三次以上。不得已时,宜采用植树等办法予以遮挡。

(11)半径小的圆曲线起、讫点,不宜接近或设在凸形竖曲线的顶部或凹形竖曲线的底部。

(12)长的竖曲线内不宜设置半径小的平曲线。

(13)凸形竖曲线的顶部或凹形竖曲线的底部不宜与反向平曲线的拐点重合。

(14)在坡差较大时,平、竖曲线的组合应注意平曲线明弯、暗弯与凹形、凸形竖曲线的搭配,一般明弯宜配凹形曲线,暗弯宜配凸形曲线,"明凹暗凸"可获得合理、悦目的效果。

(15)复曲线、S形曲线不设超高时,应采用运行速度对其安全性进行检验,设置合理的路拱横坡值。

(16)平、纵、横综合设计应注意选择恰当的合成坡度,保证行车安全,利于路面排水,合理考虑纵坡值及变坡点位置与超高值及超高过渡段之间的关系。

(17)平、纵、横综合设计除按照上述原则进行设计外,还应考虑与工程设置的技术条件及工程规模的关系。

(18)平、纵、横综合设计应考虑线形与桥梁工程的配合,满足其设置的基本要求。

①桥梁及其引道的位置、线形应与路线线形相协调,使之视野开阔,视线诱导良好。各项技术指标应符合路线布设与总体设计的相关规定。

②高速公路、一级公路上的桥梁线形应与路线线形相协调,且连续、流畅。

③桥梁、涵洞等人工构造物同路基的衔接,其平、纵线形应符合路线布设的有关规定。

④桥梁、涵洞等人工构造物上设置防撞护栏时,桥(涵)路衔接处的外侧护栏在平面上应为同一直线或曲线。

(19)平、纵、横综合设计应考虑线形与隧道工程的配合。

①隧道的位置与隧道洞口连接线应与路线线形相协调,保证行车安全与舒适。各项技术指标应符合路线布设与总体设计的相关规定。

②隧道洞口连接线应与隧道洞口内线形相协调,隧道洞口外侧不小于3s设计速度行程长度与洞口内侧不小于3s设计速度行程长度范围内的平面线形不应有急骤的方向改变。

③高速公路、一级公路上的隧道分为上、下行分离的双洞时,其洞口连接线的布设应与路线整体线形相协调,并就近在适宜位置设置联络车道。

④隧道洞口同路基的衔接应符合路线布设的有关规定;隧道洞口同路基衔接处的宽度不一致时,在隧道洞口外连接线内应设置过渡段。

(20)平、纵、横综合设计应考虑与沿线设施的配合,满足主线收费站、匝道收费站、服务区、停车区等的布设要求。

①线形设计应考虑主线收费站、匝道收费站、服务区、停车区等沿线设施布设的要求。

②主线收费站范围内路线线形应与互通式立交的主线线形标准一致,不应将收费站设置在凹形竖曲线的底部。

③服务区、停车区及公交停靠站等区段内,主线的主要技术指标可参照互通式立体交叉的有关设计规定。

④路线设计时应考虑标志、标线的设置,并与交通安全设施设计相互配合;标志、标线的设计应准确,充分体现路线设计意图;路侧设计受限的路段,应合理设置相互防护设施,保证安全。

(21)平、纵、横综合设计应注意与沿线环境的协调,最大限度地满足当地居民的用路需求,消除公路建设对当地居民的生产、生活带来负面影响;应充分利用地形条件,保护自然及人文景观;应采取合理的工程措施与生态保护措施,恢复自然生态环境,防止水土流失。

二 平、纵、横综合设计的步骤

平、纵、横综合设计应在初步设计时进行,应本着理论与实践相结合、室内与室外相结合的工作思路,综合考虑涉及的所有因素。一般情况下,宜采取以下的工作步骤。

1. 设计控制资料的收集与分析

(1)测绘大比例地形图,应用计算机建立三维数字地面模型;

(2)地质综合勘察成果的分析,不良地质地段分布及可能采取的处治措施;

(3)水文调查资料及计算成果的分析;

(4)自然环境状况及自然景观小区划分;

(5)沿线居民点及其他设施的分布;

(6)土地资源分布;

(7)取土、弃土条件;

(8)综合排水条件;

(9)桥、隧构造物分布;

(10)交叉形式及分布;

(11)沿线管理、养护及服务设施布局;

(12)其他相关资料。

2. 初步定线

按照规定的设计标准及技术指标,根据主要的设计控制因素,进行概略的布线设计,初步拟定路线平、纵面设计指标,对典型路段的横断面进行概略布置。这个过程应重点掌握平曲线半径值、纵坡值、变坡点位置合理的取值范围,分析其与主要设计控制因素之间的关系。

3. 综合分析与比较

对初步拟定的路线设计方案按主要设计控制要素将其划分为若干个设计单元,综合分析设计单元内平纵指标选用的均衡性,平、纵组合的合理性,工程设计的技术可行性及工程规模的大小等,在做出定性、定量的结果后,进而研究设计单元之间的相互关系,分析、研究各单元之间设计方案的协调性,抓住和解决主要矛盾,防止出现避重就轻的现象。

4. 详细定线

详细计算平、纵、横设计要素,进行小范围的调整优化,使平、纵、横组合设计达到最佳。

三 平、纵、横综合设计的检验

平、纵、横综合设计检验应包括公路运营安全性和工程设计合理性两个方面。公路运营安全性宜采用运行速度进行检验,工程设计合理性宜采用三维虚拟数字仿真技术进行检验。

1. 采用运行速度进行安全性检验

采用运行速度检验公路运营安全性应通过实地观测或数字模型计算运行速度,当与设计速度相差在±20km/h之内时,表明平、纵、横设计配合良好;反之,宜调整线形设计参数,或采取必要的交通安全措施。检验内容如下:

(1)平面设计:平曲线半径、平曲线长度、直线长度、曲线间直线长度;
(2)纵断面设计:纵坡坡度及坡长、长大纵坡路段、竖曲线半径;
(3)横断面设计:断面组成、紧急停车带宽度、路侧安全净空区;
(4)平纵横综合设计:最大超高值、合成坡度、弯坡组合检验;
(5)视距检验:设计视距、运行视距、空间视距。

城市道路设计
动画

公路设计视觉
动态分析

2. 采用三维虚拟数字仿真技术进行工程设计合理性检验

采用三维虚拟数字仿真技术检验工程设计合理性的工作步骤如下:
(1)构建三维数字地面模型

通过航空摄影测量或实地测量获得地面点坐标、高程数据和地面特征线信息,一般宜采用随意三角形数字地面模型技术予以构建。

(2)构建三维工程实体数字模型

通过公路工程计算机辅助设计获得工程设计三维数字信息,采用虚拟仿真技术构建工程实体数字模型。

(3)工程设计合理性检验

将数字地面模型与工程实体数字模型准确叠加,得到公路建成后真实的虚拟空间环境,可以直观地检验路线布设与周围建设环境的协调性,路基、防护与排水、桥涵、隧道等工程布设的合理性,并可随机获取设计数字信息,进行必要的优化修改。

复习思考题及习题

[4-1] 试述行车道宽度确定的基本原理。
[4-2] 公路路肩和城市道路人行道的组成及作用是什么?
[4-3] 路拱的作用是什么?路拱有哪些基本形式?
[4-4] 什么叫路缘带?其作用是什么?在什么情况下公路需设置路缘带?

[4-5] 城市道路横断面布置有哪些基本形式？综述各基本形式的特点及适用情况。
[4-6] 公路的超高设置有哪些方式？试述城市道路与公路的超高方式有何不同。
[4-7] 道路设置加宽的作用是什么？怎样设置？制定加宽值标准的原理是什么？
[4-8] 简述道路土石方计算的基本原理和方法。怎样对土石方计算进行校核？
[4-9] 简述中间带的作用及宽度构成。
[4-10] 简述视距曲线的图解方法及步骤。
[4-11] 平、纵、横综合设计的原则有哪些？
[4-12] 名词解释：
(1)中间带;(2)路侧带;(3)右侧路缘带;(4)超高;(5)加宽;(6)分离式断面;(7)视距曲线;(8)横净距;(9)视距三角形;(10)避险车道;(11)爬坡车道;(12)计价土石方;(13)平均断面法;(14)经济运距;(15)"三块板";(16)"四块板"。

第四章测试题及答案

第五章　道路选线与总体设计

第一节　道路选线概要

公路选线是指根据路线基本走向和技术标准,结合地形、地质、地物条件和施工条件等因素,通过全面比较,选择公路中线的全过程。选线的全过程包括确定路线基本走向、路线走廊带、路线方案至选定线位。

一　选线原则

公路路线的优劣直接关系到公路本身功能的发挥和在路网中是否能起到应有的作用。公路选线面对的是复杂的自然条件和社会经济环境,需要综合考虑多种因素,妥善处理好各方面关系。其基本原则如下:

(1)确定路线走廊带应考虑走廊带内各种运输体系及不同层次路网间的分工与配合,按照其功能统筹规划、近远期结合、合理布局。

(2)必须由面到带、由带到线,在对地形地貌、地质水文、气候气象、环境敏感区等调查与勘察的基础上论证、确定路线方案。同一起、终点的路段内有多个可行路线方案时,应对各设计方案进行综合比选。

(3)应考虑同农田与水利建设、矿产资源开发和城市发展等规划的配合。

(4)应充分利用建设用地,严格保护农用耕地;应保护生态环境,并同当地景观相协调。

(5)应尽可能避让文物、水源地和自然保护区。

(6)应保持与易燃、易爆等危险源及污染源间的安全距离。

(7)公路改扩建工程应注重节约资源,坚持利用与改扩建相结合的原则,充分利用原有工程。

二　选线的一般要求

(1)对路线所经区域、走廊带及其沿线的工程地质和水文地质应进行深入调查、勘察,查清其对公路工程的影响程度。遇有不良工程地质的地段应视其对路线的影响程度,分别对绕、避、穿等方案进行比选论证。

(2)调查沿线各类敏感点及矿产资源,并研究其对路线方案的影响,合理选择线位。

(3)高速公路和一级公路与沿线主要交通源衔接,应利用区域路网或新建连接道路。

(4)二级公路、三级公路在遵循项目总体功能和走向的基础上,应尽量避免穿越城镇。

(5)应协调桥梁、隧道、互通式立体交叉、服务区等构造物的位置和高程等关系。

(6)应综合考虑与相关公路、铁路、输电线路、油气管道等的平行或交叉关系,合理利用走廊带资源,节约占地。

(7)平原区选线宜采用较高的技术指标,尽量避免采用长直线或小偏角平曲线。

(8)山岭区选线应充分利用地形条件,合理确定垭口位置,应尽量避免高填深挖等。

(9)沿河(溪)线选线时,应根据设计洪水位,结合地形、地质合理确定线位高程,必要时应对桥梁与路基方案进行比选论证。

三 选线的方法与步骤

1. 选线方法

公路选线应在广泛搜集与路线方案有关的规划、计划、统计资料,相关部门的各种地形图、地质、气象等资料的基础上,深入调查、勘察,并运用遥感、航测、卫星定位、数字技术等技术,确保其勘察工作的广度、深度和质量,不应遗漏有价值的路线方案。公路选线可采用纸上定线或现场定线的方法。

1)现场定线

现场定线是由选线人员根据设计任务书的要求,在现场实地进行勘察测量,经过反复比较,直接选定路线的方法。这是我国传统的选线方法。

实地定线适用于一般等级较低、地形与地物简单的路线,二级公路、三级公路、四级公路可采用现场定线。

实地定线的特点是方法简便,切合实际。实地选线容易掌握地质、地形、地物情况,做出的方案比较可靠,定线时一般不需要大比例尺地形图。但是,这种方法野外工作量很大,体力劳动强度大,野外测设工作受气候的影响大。同时,由于实地视野的限制,地形、地貌、地物的局限性很大,使路线的整体布局有一定的片面性和局限性。

2)纸上定线

纸上定线是在已经测得的地形图上进行路线布局、方案比选,从而在纸上确定路线,将此路线再放到实地的选线方法。目前广泛使用的计算机辅助设计(CAD)技术从原理上可理解为是对纸上定线方法的拓展。

纸上定线适用于各等级、各类地形条件的路线,对技术标准高,地形、地物复杂的路线必须采用纸上定线以提高定线质量。高速公路、一级公路采用纸上定线时,必须现场核定。二级公路、三级公路、四级公路在有条件或地形条件受限制时,可采用纸上定线或纸上移线并现场核定的方法。

纸上定线的特点是野外工作量较小,定线不受自然因素干扰,能在室内纵观全局,结合地形、地物、地质条件,较容易地找出控制点,可以反复修改,能够彻底利用地形,优化平、纵组合,选定的路线更为合理。但纸上定线必须要有大比例尺地形图,地形图的测设需花费较大的工作量和具备一定设备。纸上选线的地形图若用航空摄影成图可大大缩短成图时间。

2. 选线步骤

一条公路路线的选定是经过由浅入深、由轮廓到局部、由总体到具体、由面到带进而到线的过程来实现的。选线一般要经过以下三个步骤:

1)全面布局

全面布局是解决路线基本走向的全局性工作,就是在起讫点及中间必须通过的据点间寻找可能通行的路线带,并确定一些大的控制点,连接起来即形成路线的基本走向。

全面布局主要包括路线布局走向和走廊带的选择两个内容。

(1)路线布局走向选择

路线走向选择主要是解决起、终点间路线基本走向问题。此项工作通常是先在小比例尺(1:50000～1:10000)地形图上从较大面积范围内找出各种可能的方案,收集各种可能走向方案的有关资料,进行初步评选,确定几条有进一步比较价值的方案。然后进行现场勘察,通过多方案的比选得出一个最佳走向。当没有地形图时,可采用调查或踏勘方法现场收集资料,进行方案比选。当地形复杂或地区范围很大时,可以通过航空视察或用遥感与航摄资料进行选线。路线起、终点,必须连接的城镇、重要园区、工矿企业、综合交通枢纽,以及特定的特大桥、特长隧道等的位置,应为路线基本走向的控制点。

(2)路线走廊带选择

在路线基本方向选定的基础上,按地形、地质、水文等自然条件选定出一些较大的控制点,连接这些控制点,即构成路线走廊带。这些细部控制点的取舍,自然仍是通过比选的办法来确定的,路线布置一般应该在1:10000～1:2000比例尺的地形图上进行。只有在地形简单、方案明确的路段,才可以现场直接选定。

路线布局是关系到公路"命运"的根本问题。总体布局如果不当,即使局部路线选得再好,技术指标确定得再恰当,仍然是一条质量很差的路线。因此,在选线中,首先应着眼于总体布局工作,解决好基本走向问题。全面布局是通过路线视察、经过方案比较来解决的。

2)逐段安排

逐段安排是在路线基本走向已经确定的基础上,进一步加密控制点,解决路线局部方案的工作。即是在较大控制点间,结合地形、地质、水文、气候等条件,逐段定出小控制点。例如,翻越同一山岭垭口后是从左侧展线下山,还是从右侧展线下山,沿一条河是仅走一岸还是多次跨河两岸布线等都是属于局部方案问题。逐段安排路线是通过踏勘测量或详测前的查看路线来解决的。

3)具体定线

具体定线是在逐段安排的小控制点间,根据技术标准结合自然条件,综合考虑平、纵、横三方面因素,反复穿线插点,具体定出路线位置的工作。这一步更深入、更细致、更具体。具体定线由详测时的选线人员来完成。

四 选线的主要内容及工作方法

公路选线工作应贯穿于公路工程初步设计、技术设计和施工图设计各个阶段,并随着设计阶段的进展由面到带、由带到线、由线到点,逐步加深。

1. 初步设计阶段

应根据批复的可行性研究报告、测设合同的要求,收集有关基础资料,拟定选线原则,确定路线设计方案。

(1)需收集的基础资料:

①各种比例尺的地形图、卫星相片、航摄相片及已有勘测设计资料。

②工程可行性研究阶段的地质、环境等评估报告。

③路线经过地区的地质、水文、气候等有关资料。
④路线经过地区的城镇、工矿、公路、铁路、航空、水利建设和规划资料。
⑤村镇、建筑、管线等分布资料。
⑥环境分区和环境敏感区(点)及动、植物保护区的分布资料。
⑦动物迁徙路径和日常穿行的通道资料。
⑧文化、文物遗迹资料。
⑨土地资源及自然风景点分布资料。
⑩料场分布资料。

(2)对工程可行性研究阶段的推荐走廊带进行研究,提出推荐的路线方案。

(3)基本确定路线起、终点的平面位置和纵断面衔接关系。

(4)基本确定一般路段的平面和纵断面设计方案。

(5)基本确定特殊路段的平面和纵断面设计方案。

(6)基本确定大型构造物路段的路线平面和纵断面设计方案。

2. 技术设计阶段

技术设计阶段应根据初步设计批复意见、测设合同的要求,进一步修改完善选线原则,重点解决初步设计中未解决的重大、复杂技术问题,并完成以下工作内容:

(1)根据路线方案分析比较结果,对初步设计推荐的路线方案进行优化调整,确定路线方案。

(2)对于关系到路线方案的重大技术问题路段,应反复比较,按照施工图要求的深度进行放线,确定路线的具体位置。

3. 施工图设计阶段

施工图设计阶段,应根据初步设计或技术设计的批复意见、测设合同的要求,审定选线原则,确定路线方案。

(1)对初步设计阶段或技术设计阶段推荐的路线方案进行核查、审定,确定路线方案,并对局部路段进行优化。

(2)确定路线起、终点的平面位置和纵断面衔接关系。

(3)完成一般路段的平面和纵断面设计。

(4)完成特殊路段的平面和纵断面设计。

(5)完成大型构造物路段平面和纵断面设计。

4. 不同设计阶段采用的工作方法

(1)初步设计阶段,应将所收集资料进行归纳整理,展布在选线所需的不同比例尺地形图上,并根据公路等级选用现场定线、纸上定线。

(2)技术设计阶段,应在初步设计收集资料的基础上补充收集技术设计所需的基础资料,测量影响路线线位的控制点和控制断面,采用纸上定线并进行现场核对。

(3)施工图设计阶段,应进一步补充收集基础资料,测量影响路线线位的控制点和控制断面,根据控制要素进行纸上定线并现场核对、测量放线,同时根据需要进行动态调整。

第二节 路线方案比较

方案比较是对有比较价值的路线方案进行技术指标、工程造价、自然与社会环境等重要影响因素进行同等深度的技术经济论证及效益分析,通过调查、分析、比较和选择,提出合理的推荐方案。方案比较是选线中确定路线总体布局的有效方法,从可行性研究到初步设计,再到施工图设计,它贯穿于公路设计各个阶段。

方案是否合理,不仅直接关系到道路本身的工程投资和运输效率,更重要的是影响到路线在道路网中的作用,直接关系到是否满足国家政治、经济及国防的要求和长远利益。

根据方案比较深度不同,可分为原则性方案比较和详细方案比较两种。

一 原则性方案比较

从形式上看,方案比较可分为质和量的比较。对于原则性方案比较,主要是质的比较,多采用综合评价的方法。这种方法不是通过详细计算经济和技术指标进行比较,而是综合各方面因素进行评比。所要考虑的综合因素有:

(1)路线在政治、经济、国防上的意义,国家或地方建设对路线使用任务、性质的要求,以及战备、支农、综合利用等重要方针的贯彻和体现程度。

(2)路线在铁路、公路、航道等网系中的作用,与沿线工矿、城镇等规划关系以及与沿线农田水利建设的配合及用地情况。

(3)沿线地形、地质、水文、气象、地震等自然条件对道路的影响,要求的路线等级与实际可能达到的技术标准及其对路线使用任务、性质的影响,路线长度、筑路材料来源、施工条件以及工程量、三材(钢材、木材、水泥)用量、造价、工期、劳动力等情况及其对运营、施工、养护的影响,以及施工期限长短等。

(4)工程费用和技术标准情况。

(5)其他,如与沿线历史文物、革命史迹、旅游风景区的联系。

影响路线方案选择的因素是多方面的,而各种因素又多是互相联系和互相影响的,比选时应在满足使用任务和性质要求的前提下,综合考虑自然条件、技术标准和技术指标、工程投资、施工期限和施工设备等因素,精心选择,反复比较,才能提出合理的推荐方案。

原则性方案比较,主要通过定性分析来进行比选,一般多用于区域性大走廊带的主要论证和比选。

二 详细方案比较

详细方案比较是在原则性方案比较之后进行,它包括技术和经济指标的详细计算,一般多用于路段的方案分析比较。详细方案比较应是同精度的,且选择的方案应是具有可比性的。

1. 技术指标

(1)路线长度及其延长系数:

$$路线延长系数 = \frac{路线方案实际长度}{路线方案起点间的直线距离}$$

有时在初步比选时,可计算路线方案各大控制点间直线距离之和,可不计算路线方案实际长度。这时计算的系数叫路线延长系数。其值一般在1.05~1.20之间,视地形条件而异。

(2)转角数:包括全线的转角数和每千米的转角数。

(3)转角和转角平均度数:转角是体现路线顺直的一种技术指标。转角平均度数按下式计算:

$$\theta = \frac{\sum_{i=1}^{n} \theta_i}{n} \tag{5-1}$$

式中:θ——转角平均度数(°);

θ_i——任意转角的度数(°)。

(4)最小曲线半径值与最小曲线半径个数。

(5)回头曲线个数。

(6)与既有道路及铁路的交叉数(包括平面交叉和立体交叉)。

(7)限制车速的路段长度(指居住区、小半径转弯处、交叉点、陡坡路段等)。

2. 经济指标的比选

(1)土石方工程数量。

(2)桥涵工程数量(大桥、中桥、小桥涵的座数、类型及长度)。

(3)隧道工程数量。

(4)挡土墙工程数量。

(5)征地数量及费用。

(6)拆迁建筑物及管线设施的数量。

(7)主要材料数量。

(8)主要机械、劳动力数量。

(9)工程总造价。

(10)投资成本—效益比。

(11)投资利润率。

(12)投资回收期。

三 路线方案的拟定

一条路线的起、终点及中间必须经过的重要城镇或地点,通常是由公路网规划所确定或政府和交通主管部门根据国家或地方经济建设需要而指定的。这些指定的点称为据点,把据点连接成线,就是路线的总方向(或称大走向)。两个据点之间常有若干可供选择的走向,有的可能沿某河流、翻越某山岭;也可能沿数条河,翻多个山岭;有的则可能走某河的这一岸,靠近某城镇;也可能走对岸,避开城镇等。图5-1中的 A、C 为规划路线的起、终点,B 为必须经过的经济据点。若将线路起、终点和必须经过的经济据点直接连接,路线虽短捷,但多次跨越大河,直穿较高的山岭和不良地质地段,不仅投资多,而且工程隐患大。为了降低工程造价,消除隐患,可根据自然条件选择有利地点通过,如特大桥或复杂大桥的合适桥址 D、E,绕避不良地质的 F、G,垭口 H、I,这些点称为控制点。这样,据点 A、B 之间就有 $ADFB$ 和 $AGEB$ 两个可能走法,而据点 BC 之间也有 BHC 和 BIC 两个可能走法,每一种可能的走法就是一个大的路线方案。作为选线工作的第一步就是要在各种可能的方案中,在深入调查的基础上,通过方案的比选,选择最合理的路线方案作为进一步设计的依据。

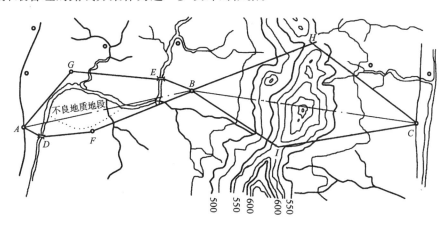

图5-1 路线方案拟定

路线方案是否合理,不但直接关系到公路本身的工程投资和运输效率,更重要的是影响到路线在公路网中能否起到应有作用,即是否满足国家政治、经济、国防的要求和长远利益。长的干线公路尤其如此,所以,路线方案的选择要从大面着手。

四 路线方案选择的步骤和作法

(1)收集资料。为了做好公路选线工作,必须尽可能收集现有资料,以减少勘测调查的工作量。要收集的主要资料有:

①各种比例尺的地形图、卫星相片、航摄相片和以往的勘测设计资料。
②交通量及交通组成等交通调查资料。
③相邻道路的主要技术标准、平面与纵断面图、交通量以及设计、施工和运营资料。
④路线行经地区的地质、水文、气候等自然条件方面的有关资料。
⑤路线行经地区的城镇、工矿、铁路、航空、水利建设和规划资料。
⑥与路线方案有关的统计资料。

(2)根据确定的路线总方向和公路等级,先在小比例尺(1:50000 或 1:100000)的地形图上,结合收集的资料,初步研究各种可能的路线走向。研究重点应放在地形、地质、地物复杂、外界干扰多和牵涉面大的段落。比如可能沿哪些溪沟,越哪些垭口,路线经城镇或工矿区时,是穿过、靠近还是避开而以支线连接等。要进行多种方案的比选,提出哪些方案应进行实地踏勘。

(3)按室内初步研究提出的方案进行实地调查,连同在野外调查中发现的新方案,都必须坚持跑到、看到、调查到,不遗漏一个可能的方案。野外调查要求做到以下几点:

①初步落实各据点的具体位置,若路网规划所指定的控制点因干扰或技术上存在很大困难或发现原有规划不合理,应及时反映,并经过分析论证提出变动的理由,报相关部门审定。

②对路线、大桥、隧道均应提出推荐方案。对于因调查条件限制暂时无法取舍的比较方案,应提出进一步勘测比较的范围和方法。

③分段提出采用的技术标准和主要技术指标的建议。

④在深入调查的基础上,通过比较,选定路线必经的控制点,如越岭的垭口、跨较大河流的桥位、与铁路或其他公路的交叉点,以及应绕避的城镇及大型的不良地质地段等。对于地形、地质、地物情况复杂的地区,应提出布局具体路线意见。

⑤分段估算各种工程量。如路基土石方数量,路面工程量,桥梁、涵洞、隧道、挡土墙等的长度、类型、式样和工程数量等。

⑥进行筑路材料调查。调查当地出产材料如砂石材料、石灰等的质量、数量及运距等情况,同时调查外购材料如钢筋、水泥、木材等的规格、价格、运距、运输方式、供应数量等情况。

⑦此外,如沿线民族习惯、居住、生活供应、水源、运输条件、气候特征、沿线林木覆盖、地形险阻等情况也应进行调查,为下一步的勘测工作提供资料。

五 路线方案比选示例

图 5-2 为某干线公路,根据公路网规划要求按二级、三级公路标准进行比选,共比选了四个方案。各方案的主要技术经济指标见表 5-1。

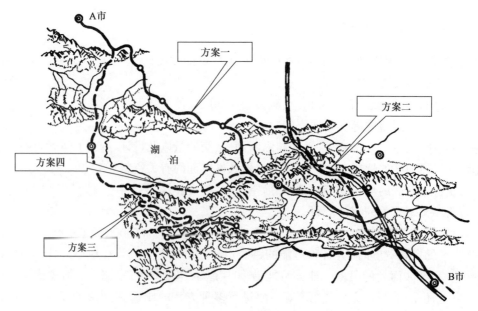

图 5-2 路线方案比选平面图

某路各方案主要技术经济指标比较　　　　　表 5-1

指标		单位	方案一	方案二	方案三	方案四
通过县(市)		个	29	29	32	31
路线长度		km	1360	1347	1510	1476
其中:新建		km	133	200	187	193
改建		km	1227	1147	1323	1283
地形:平原、微丘		km	567	677	512	615
山岭、重丘		km	793	670	998	861
用地		亩	1525	1913	2092	1928
工程数量	土方	万 m^3	382	492	528	547
	石方	万 m^3	123	75	82	121
	次高级路面	千 m^2	5303	5582	5440	5645
	大、中桥	m/座	1542/16	1820/20	1057/13	1207/15
	小桥	m/座	1084/57	846/54	980/52	1566/82
	涵洞	道	977	959	1091	1278
	挡墙	m^3	73530	53330	99770	111960
	隧道	m/处	300/1	—	290/1	—
材料	钢材	t	1539	1963	1341	1469
	木材	m^3	18237	19052	18226	19710
	水泥	t	30609	39159	31288	33638
劳动力		万工日	1617	1773	1750	1920
总造价		万元	119680	120100	118400	131200
比较结果			推荐			

比选结果,方案三、四路线过于偏离总方向,较方案一、二长 100~150km,虽能多联系两三个县、市,但对发展地区经济所起的作用不大。而且方案三线形指标较低,将来改建难以提高;方案四又与现有高压电缆线连续干扰,不易解决,因而方案三、四不宜采用。方案二虽然路线最短,但与铁路严重干扰,且用地较多。最后推荐路线较短、线形标准较高、用地最省、造价也较低的方案一。

图 5-3 为某高速公路,K线走廊段落依次设置有中隧道、长隧道、特长隧道,考虑到偏向西南侧布线可将长隧道化整为零,缩减隧道规模,有利隧道通风与施工,故提出 B7 方案进行比较。从路线实际布设结果来看,线位越向南偏,桥梁规模越大,隧道规模越小。

对 K 和 B7 从平纵指标、建设条件、主要工程规模、征地拆迁、环境影响、施工条件、运营条件、工程造价等方面进行综合比较。

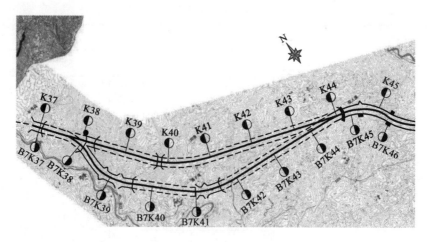

图 5-3　K 和 B7 路线方案比较图

(1)平纵指标

①平面指标

K 线长 9.095km，最小圆曲线半径为 820m，设超高平曲线 2 处，平曲线长度占路线里程的 33.44%，超高段落占路线里程的 17.21%。

B7 线长 9.715km，最小圆曲线半径为 1080m，设超高平曲线 5 处，平曲线长度占路线里程的 55.56%，超高段落占路线里程的 55.56%。

K 线比 B7 线里程短 0.620km，路线较为顺捷，同时大部分段落都不需要设置超高，整体线形指标比 B7 线高。

②纵面指标

K 线和 B7 线纵断面均满足规范要求及地方指导意见，无长大纵坡。相比较而言，K 线纵断面更加平缓，指标更高。

(2)建设条件

①地貌：K 线与 B7 线均为构造剥蚀中低山地貌，微地貌为斜坡陡坡地貌，B7 线南偏移，沿永乐河北岸布线，地面横向坡度较大，隧道进出洞口条件不如 K 线，桥梁墩台基础开挖可能在斜坡内侧形成较高的边坡。地貌方面对 B7 线影响较大。

②地层：K 线出露地层主要为清水江组第一~二段变余凝灰岩(较硬岩)，B7 线出露地层主要为清水江组第一~二段变余凝灰岩(较硬岩)、绢云母板岩(较软岩~软岩)。相比较而言，B7 线岩层种类较多，地层岩性相对较复杂。

③地质构造：K 线隧道分别与南里断层主断层及次生断层相交，影响总宽度约 200m。B7 线隧道主要与南里断层主断裂相交，影响总宽度约 130m，断层对 K 和 B7 隧道的影响基本相当。

综合考虑，K 线建设条件优于 B7 线。

(3)主要工程规模

本工程从桥梁、隧道、桥隧比及路基路面、陡坡桥(单侧)等五个方面对主要工程规模进行比选，比选结果显示 K 线优于 B 线。

①桥梁：K 线比 B7 线少布设桥梁 1080m/4 座。

②隧道:K线比B7线隧道长度增加1079.5m,隧道数量不变。
③桥隧比:K线与B7线桥隧总长8864.5m,基本相当。由于路线里程不同,K线桥隧比为97.76%,B7线桥隧比为91.25%。
④路基路面:K线比B7线在挖方、填方、防护排水圬工及高填方路段及深挖段都有减少。
⑤陡坡桥(单侧):K线比B7线陡坡桥段落长度短1650m,陡坡桥墩数量减少98个。

(4)征地拆迁

K线比B7线新增用地减少192.13亩,用地规模为B7线的47%;拆迁建筑物总面积比B7线减少1237.7m²,K线优于B7线。

(5)环境影响

①生态环境:K线用地规模小,隧道较长,但高填深挖段落少,弃方较少。B7线用地规模大,隧道较短,但高填深挖段落多,总弃方反而多。
②社会环境:K线明线较少,且均远离村庄,噪声对沿线居民基本无影响;B7线明线距离村庄较近,需要采取相应的隔音措施避免噪声污染。综合以上分析,K线对生态环境及社会环境的影响均比B7线小。

(6)施工条件

由于K线常规结构桥梁多,高边坡段落少,且与省道距离远,施工期间对其无影响,故K线在桥梁和路基施工方面有利,但是B7线在进场条件和隧道施工方面有利。总体来说,两条线施工条件相当。

(7)运营条件

由于K线明线较少,驾驶员行车体验一般;路桥后期养护费用少,隧道后期运营费用较高。B7线明线较多,驾驶员行车体验优于K线,隧道后期养护费用比K线少,但B7线高边坡及陡坡桥的线外防护需要产生一定的费用。

(8)工程造价

K线比B7线建安费少7.5%,总造价少8.00%,K线较优。

综上所述,K线线形指标高,路线里程较短,虽然隧道规模较大,但总造价较B7线有明显优势,且节约大量用地,对生态环境影响较小,综合优势大,拟推荐K线方案。

第三节　不同地形条件下的道路选线

一　平原区选线

1. 平原区基本特征

1)自然特征

平原主要是指一般平原、山间盆地、高原等地形平坦地区,其地形特征是地形无明显起伏,地面自然坡度小于或等于3°。其地物特征是:除泥沼、盐渍土、河谷漫滩、草原、戈壁、沙漠等以外,一般多为耕地,且分布有较多的各种建筑设施,居民点较密,交通网系较密。在农业区农田水系渠网纵横交错;在城镇区则建筑、管网密布;在天然河网或湖区,还密布有湖泊、水塘和河岔。

从地质和水文条件来看,平原区不良地质现象较少,但有时会遇到软土和沼泽地段。另外,平原区地面平坦,往往排水较困难,地面积水较多,地下水位较高;平原区河流较宽阔,比降平缓,泥沙淤积,河床低浅,洪水泛滥较宽。

2) 路线特征

平原地区地形对路线的约束限制不大,路线平、纵、横三方面的几何条件很容易达到标准,路线布置主要考虑地物障碍问题。其路线特征是:平面线形顺直,以直线为主体线形,弯道转角一般较小,平曲线半径较大;在纵面上,坡度平缓,以低路堤为主。路线布设除考虑地物障碍外,一般没有太大困难。

2. 平原区选线要点

综合平原区自然和路线特征,布线时应着重考虑以下几点。

(1) 以平面为主安排路线

选线时,首先在起讫点间把经过的城镇、厂矿、农场及风景文物点作为大的控制点,在控制点间通过实地视察进一步根据地形条件和水文条件选择中间控制点,除一般较大的建筑群、水电设施、跨河桥位、洪水泛滥线范围以外以及其他必须绕过的障碍物外均可作为中间控制点。在中间控制点之间,无充分理由一般不设转角点。在安排平面线形时,既要使路线短捷顺直,又要注意避免过长的直线,可能条件下多采用转角小、半径大的长缓平曲线线形。纵面线形应综合考虑桥涵、通道、交叉等结构物的要求,合理确定路基设计高度。注意避免纵坡起伏过于频繁,但也不应过于平缓,而造成排水不良。

(2) 正确处理路线与农业的关系

处理好公路与农田规划、农业灌溉、水利设施的关系,是平原区选线的重要问题,主要注意以下几点:

① 在决定占用田地时,应综合考虑路线的性质、等级、作用,以及对支农运输的效果、工程造价、运营费用等多方面因素进行全面分析比较。既不能片面求路线直顺而占用大量良田,也不能片面为不占某块田,使路线绕行过长,造成行车条件差。

② 注意处理好路线与农田水利的关系。路线布置要尽可能与农业灌溉系统配合,除特殊情况外,一般不要破坏灌溉系统。布线要注意尽量与干渠平行,减少路线与渠道相交,最好把路线布置在渠道的非灌溉区一侧或渠道的尾部。如图5-4所示,布线时应优先考虑Ⅰ方案,Ⅱ方案次之,Ⅲ方案则应避免。当路线与渠道方向基本一致时,应考虑沿渠道布线,注意堤路结合、桥闸结合,以减少占田和便利灌溉。

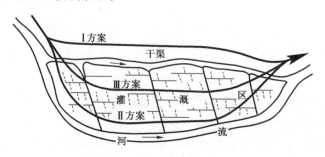

图5-4 灌溉区路线布设

③注意筑路与造田、护田结合。在可能的条件下,布线要有利于造田、护田。路线通过河曲地带,当水文条件许可时,可考虑路线直穿,裁弯取直,改河造田,缩短路线里程(或减少桥涵数量),同时还要注意考虑对生态的影响。布线方式如图5-5所示。

当路线靠近河边低洼村庄或从农田通过时,可考虑靠河岸布线,围滩造田、护村。如图5-6所示为围滩筑路造田实例:某公路采用沿河布置路线,借石填筑路堤,使一百多亩河滩地变为良田,并保护了村庄。

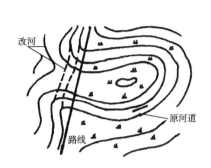
图5-5 河曲地带改河造田

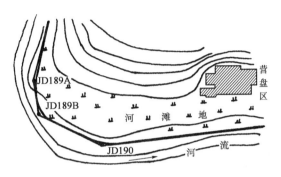
图5-6 围滩筑路造田实例

④路线布置要尽可能考虑为农业服务。布线时要注意与农村公路和机耕道的连接以及与土地规划相结合。较多地靠近一些居民点,并考虑地方交通工具的行驶,以方便群众,支援农业。

(3)处理好公路与城镇的关系

平原区有较多的城镇、村庄、工业区及其他公用设施,路线布置应正确处理好服务与干扰、穿越与绕避、拆迁与保留的关系问题。

①高等级干线公路,应尽量避免直穿城镇、工矿区和居民密集区,以减少相互干扰。但考虑到公路对这些地区的服务性能,路线又不宜相离太远,必要时还应考虑支线联系。做到近村不进村,利民不干扰,既方便运输,又保证安全,布线时注意与地区规划相结合。

②一般连接县、区、村直接为农业运输服务的公路,经地方同意可穿越城镇,但要注意有足够的视距和行车道宽度(应考虑行人的需要)及必要的交通设施,以保证行人和行车的安全。

③路线布设应尽量避开重要电力、通信及其他重要的管线设施。当必须靠近或交叉时,应遵守有关净空和安全距离的规定,尽量少拆或不拆各种电力、通信和建筑设施。

④注意与铁路、航道、机场、港口、已有公路等交通运输配合,以发挥交通运输的综合效益。

(4)处理好路线和桥位的关系

①大、中桥位往往是路线的控制点,应在遵循路线总体走向的原则下,综合考虑路、桥布置,选择有利桥位,布设路线。既要防止只顾路线顺直,而不管桥位条件,导致桥梁设计困难,又要防止片面强调桥位,使路线绕线过长,降低了标准。一般情况下,桥位中线应尽可能与洪水主流向正交,桥梁和引道都在直线上。桥位应选在水文、地质及跨河条件较好的河段。

②小桥涵位置原则上应服从路线走向,但遇到斜交过大(夹角小于45°时)或河沟过于弯曲时,可考虑采取改沟或改移路线的办法,调整交角,布线时应通过比选确定。

③路线采用渡口跨河时,应在路线基本走向确定后选定渡口位置,渡口位置要注意避开浅滩、暗礁等不良河段,两岸地形要适于修建码头。

(5)注意土壤水文条件,确保路基稳定

①在低洼地区布线时,应尽可能在接近分水岭地势较高处布线,以使路基具有较好的水文条件。

②路线通过排水不良的低洼地带,布线时要注意保证路基最小填土高度,低填及个别挖方地段要注意排水处理。

③路线要避免穿过较大湖塘、水库、泥沼地带,不得已时应选择最窄、最浅和基底坡面较平缓的地方通过,并采取保证路基稳定的措施。

④沿河布线时,应注意洪水泛滥对路线的影响,一般应布线于洪水泛滥线以外,必须通过泛滥区时,桥梁、路基应有足够的高度,以免洪水淹没,并应对路基边坡进行防护加固,避免冲毁。

(6)平原区高等级公路选线应注意的问题

①纵面线形应综合考虑桥涵、通道、交叉等构造物,合理确定路基设计高度,以避免纵坡起伏频繁,但也不应过于平缓,造成排水不畅且增大工程量。

②平原区地势平坦,地表没有形成天然的排水系统,雨后积水严重,路线应尽可能选择高地或微丘地形通过,并与桥涵、通道等配合建立有效的地面排水系统。

③平原区高速公路的填方工程量一般都很大,除设法尽可能降低设计高度以减少土方工程外,路线应以靠近筑路材料产地为宜。

④平原区高等级公路存在的一个最大难题,就是为了满足农村生产和生活需要,需要修建大量的通道,这往往导致高路堤的问题。高路堤不仅使得填方大、占地多、施工压实难度大,还可能破坏自然景观中的生态平衡等。根据已建成的平原区高等级公路情况来看,降低填土高度仅靠公路本身采用一些技术措施,难以改变高路堤的现状。最为有效的办法是改造地方现有交通路线,同时辅以其他一些措施,如:

a. 与高等级公路沿线地方政府及有关部门协商,重新区划或局部调整土地归属,以减少两侧农业耕作上的往来,减少通道个数。

b. 在高速公路一侧或两侧修建必要的辅道,归并穿越高等级公路的通道。

c. 根据地形和农田规划,适当分段集中布置大型农用车辆通道,一般路段内只考虑布设净高最小的通道,供行人或有限制装载高度的小型车通过,尽可能降低填土高度。

d. 根据水文地质地下水位高低,以及地面排水条件等,采取必要的技术措施,探索降低通道底高程的有效方法,同时应尽量降低构造物上部结构的建筑高度。

二 山岭区选线

1. 山岭区基本特征

1)自然特征

独库公路

山岭地区包括分水岭、起伏较大的山脊、陡峻的山坡,一般地面自然坡度大于20°,相对高差在200m以上。其主要自然特征有:

(1)山高谷深,地形复杂,山脉水系分明。由于山区高差大,加之陡峻的山坡和曲折幽深的河谷,形成了错综复杂的地形,这就使得山区公路弯急、坡陡、线形很差,给工程带来困难。但另一方面清晰的山脉水系也给山区公路走向提供了依据。因此,在选线中摸清山脉水系的走向和变化规律,对于正确确定路线的基本走向,选择大的控制点是十分重要的。

(2)石多、土薄、地质复杂。由于山区的地质层理和地壳性质在短距离内变化很大,地质构造复杂,加之气候、水文及其他因素变化急剧,引起强烈的风化、侵蚀和分割作用,不良地质现象(如岩堆、滑坡、碎石、泥石流等)较多。这些不良地质现象直接影响着路线的位置和路基的稳定。因此,在山区选线工作中,认真做好地质调查,掌握区域地貌和地质情况,摸清不良地质现象的规律,处理好路线与地质的关系,并在选线设计中采取必要的防护措施,对于确保路线质量和路基稳定具有十分重要的意义。另外,山区石多、土薄给公路建设提供了丰富的石料。

(3)水文条件复杂。山区河流曲折迂回,河岸陡峻,比降大、水流急,一般多处于河流的发源地和上游河段。雨季暴雨集中,洪水历时短暂,猛涨猛落,流速快,流量大,冲刷和破坏力很大,这样复杂的水文条件,要求在选线中正确处理好路线和河流的关系,选择好桥位并对路基和排水构造物采取必要的加固措施,确保路基稳定。

(4)变化的山区地形和地貌,引起多变的气候。一般山区气温较低,冬季多冰雪(特别是海拔较高的山区),一年四季气温起伏大,昼夜温差大,山高雾大,空气较稀薄,气压较低。这些气象特征对于车辆行驶的效率、安全和通行能力都有很大的影响,这些在选线时应充分考虑。

2)路线特征

由于自然条件复杂,地形变化很大,使得路线在平、纵、横三方面受到很大限制,因而技术指标一般多采用低限。在所有自然因素中,高差急变是主导因素,因此,在山区公路路线布设时,一般多以纵断面线形为主安排路线,其次是横断面和平面。在选线时要注意分析平、纵、横三方面的因素,结合影响路线的主要自然因素,综合考虑,力求协调合理。山区按地形布线可分为沿溪线、越岭线、山脊线等,如图5-7所示。

(1)沿溪线

沿溪线是指公路沿河流(或溪谷)方向布设路线,如图5-7中的AB路段,其基本特征是路线总的走向与河谷方向一致。

沿溪线主要有利条件是:

①路线走向明确。由于沿溪线路线遵循河流(或溪谷)方向布线,因此除个别冗长河渠外,一般无重大路线方案问题。如图5-8所示为路线走向沿河流方向布置情况。

②线形较好。除个别悬崖陡壁的峡谷地段和河曲地带外,一般的开阔河谷均有台地可利用,因而线形标准较易达到,线形较好。同时,由于河床纵坡一般都较路线纵坡为小(个别纵坡陡峻、跌水河段除外),因而路线纵坡不受限制,很少有展线的情况,平面受纵面线形的约束较小。

③施工、养护、运营条件较好。沿溪线海拔低,气候条件较好,对施工、养护、运营有利,特别在高寒地区更为有利。另外,沿溪线傍山临河,一般砂、石、木材都比较丰富,取水方便,为施工、养护提供了就地取材的条件。

④服务性能好。山区城镇和居民点大多傍山近水,沿河分布,特别是在河口三角地区,更是人口密集的地方。路线走沿溪方案,能更好地为沿线居民点服务,发挥公路的社会

效益。

⑤傍山隐蔽,利于国防。沿溪线线位低,比山脊线和越岭线的隐蔽性好,战时不易被破坏。

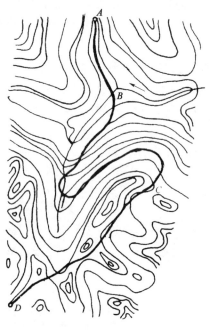

图5-7 山区按地形布线的方式

图5-8 沿溪线

沿溪线也有一些不利的条件,有时不利因素突出时,往往成为否定沿溪线方案的理由,其主要不利条件是:

①受洪水威胁较大。洪水是沿溪线的主要威胁,沿溪线的线位高低、工程造价、防护工程量等直接受洪水的影响。处理好路与水的关系是沿溪线的重要问题。

②布线活动范围小。由于河谷限制(特别是峡谷河段),路线线位左右摆动余地很小。当路线遇到河岸条件差时(如悬崖陡壁、不良地质地段等),绕过比较困难。如果冒险直穿,不是遗留后患,就是防护工程很大,从而增加工程造价。

③陡岩河段,工程艰巨。在路线通过陡岩河段时,工程艰巨,难点很多,给公路测设和施工带来很大困难。同时,由于工程量集中,工作面狭窄,使工期加长,对于一些任务较紧的国防公路,往往因此而不得不放弃良好的沿溪线方案。

④桥涵及防护工程较多。沿溪线线位低,往往要跨过较多的支沟,使桥涵工程增加。同时,为了防御洪水的侵袭和破坏,防护工程必然很多。这些都较大地增加了工程造价。

⑤路线布置与耕地的矛盾较大。河谷两岸台地虽是布线的良好场地,但在山区这些地方多是农田耕作地,对于耕地困难的山区,这些良田尤为宝贵。因而,在这些路段与占地的矛盾比较突出。

⑥河谷工程地质情况复杂。通常河谷两岸多处于路基病害如滑坡、岩堆、坍塌、泥石流的下部,路线通过容易破坏山体平衡,带来后患。另外,在寒冷地区的峡谷段,日照少,常有积雪、雪崩和流冰现象。这些都给公路的设计、施工、养护、运营带来困难。

(2)越岭线

越岭线是指公路走向与河谷及分水岭方向横交所布设的路线,如图5-7中的*BC*段,路线连续升坡,由一个河谷进入另一个河谷的布线方式。

越岭线的主要有利条件是:

①布线不受河谷限制,活动余地大。越岭线无河谷限制,布线时可能的方案较多,布线时遇不良地质、艰巨工程及重要地物限制时,要避让比较容易,布线灵活性大。

②不受洪水威胁和影响。由于无洪水问题,一般路基较稳定,桥涵及防护工程较沿溪线少。

③当采用隧道方案时,路线短捷且隐蔽,有利于运营和国防。

越岭线主要有下列不利条件:

①里程较长、线形差、指标低。路线受高差限制,升坡展线导致路线增长,纵断面线形较差。特别在地形复杂情况下,如"鸡爪"地形、陡峻迂回的山坡等,路线弯度大,坡度陡,工程数量也很大。

②施工、养护、运营条件差,服务性差。越岭线由于线位高且远离河谷,使得施工用水和砂石材料的运输等都不方便。在回头展线地段,由于上下线路重叠,施工较困难。

③路线隐蔽性差,不利于国防。

(3)山脊线

山脊线是指公路沿分水岭方向所布设的路线,如图5-7中的*CD*段。实际上一般连续而又平顺的山脊往往很少,所以较长的山脊线一般很少见,一般多与山坡线结合,作为越岭线垭口两侧路线的过渡段。若采用部分山脊线,则必须有适宜的山脊,一般应服从路线走向。分水线平顺直缓,起伏不大,岭肥厚,垭口间山坡的地形、地质情况较好的山脊具备较好的布线条件。

山脊线的有利条件是:

①当山脊条件好时,山脊线一般里程短,土石方工程量小。

②水文、地质条件好,路基病害少、稳定,地面排水条件好。

③山脊线河谷少且小,桥涵人工构造物少。

山脊线的不利条件是:

①线位高,远离居民点,服务性能差。

②山势高、海拔高、空气稀薄、冬季云雾、积雪、结冰较大,对行车和养护都不利。

③远离河谷,砂石材料及施工用水运输不便。

2. 沿溪线选线要点

路线选线布设的首要任务就是利用有利条件,避让不利条件。沿溪线选线布局的决定因素是水的问题。由于路线与河流紧密,因此,解决好路线与水的关系是沿溪线布局的关键。路线与河流基本关系主要是指平面关系和纵断面关系,平面关系主要是解决择岸问题,而纵断面关系则主要是解决线位的高低问题。当沿溪线需跨河时,还需解决跨河桥位问题。

1)河岸选择

河岸选择主要是解决路线是否跨河(是一岸布线还是两岸布线)和选择走哪一岸两个问题。

(1)跨河问题

任何一条沿溪线公路,除了起讫两点在同一岸且相距很近、工程量不大,不考虑跨河外,一般情况下都有跨河问题。对于较大的河流通常因跨河桥梁工程过大而不宜跨河,除非是为了满足中间控制点的需要。但是,对于中、小河谷,虽然跨河较易,但也应慎重考虑是否跨河,以充分利用地形,避免不必要的跨河设计。

路线往返跨河主要有以下几种原因:

①中间主要控制点的需要,当路线起讫点在河岸两侧,至少必须跨河一次。有时,起讫点虽在河流同一岸,控制点在对岸(图5-9),这时,可有两种布线方式:一种是两次跨河方案,如图5-9所示的虚线;另一种是一次跨河方案,如图5-9所示的实线,用支线与中间控制点连接。一般情况下,后一方案可省一座桥,且干线直达快速,路线短捷,是应优先考虑的方案。

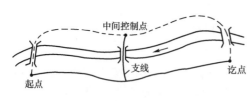

图5-9 连接中间点的跨河方案

②由于需要避让严重不良地质地段,当遇到无法穿越或处理的严重地质病害时,可考虑跨河绕避方案。

③避让艰巨工程跨河。在峡谷地带,河谷两岸地形的好坏变化常是交替出现的,为了利用有利地形,避开艰巨工程,常采用两岸交替布线。

④避让其他地物障碍,如铁路、农田、大型水利工程、重要建筑设施等。

⑤由于线形标准的需要。这种情况一般是公路等级较高,河沟较小时出现。

(2)择岸问题

由于河谷两岸情况各有利弊,选线时应比较两岸的地形、地质、水文等条件以及农田水利规划等因素,避难就易,充分利用有利的一岸。当建桥工程不复杂时,为了避开不利地形和不良地质地带,或为了争取缩短里程,提高线形标准,可考虑跨河换岸设线;但河流越大,建桥工程也越大,跨河换岸就越要慎重考虑。河岸的选择一般应结合下列主要因素,并经过技术经济比较后确定:

①地形、地质条件。路线应选在地形宽坦,有台地可利用,支沟较少、较小,水文及地质条件良好的一岸。这些有利的条件常交错出现在河流的两岸,选线时应深入调查,综合比较,全面权衡,决定取舍。如图5-10所示,乙方案为避让河左岸的两处断续陡崖,跨河利用右岸的较好地形,但过夏村后,右岸出现更陡、更长的悬崖,路线又须跨回左岸,在3km内,两次跨河,须建中桥两座。甲方案一直走左岸,虽要集中开挖一段石方,但较建两座中桥经济得多,因此不宜跨河换岸。

图5-10 跨河换岸比较线

②积雪和冰冻地区。积雪和冰冻地区的阳坡和阴坡,迎风面和背风面的气候差异很大,在不影响路线整体布局的前提下,尽可能选择阳坡和迎风的一岸,以减少积雪、涎流冰等病害。有时即使阳坡工程大些,也应当从通车时间和行车安全角度考虑,选择阳坡方案。

③考虑城镇及居民点的分布。除国防公路外,一般路线应尽可能选择村镇较多、人口较密的一岸。其他如对革命史迹、历史文物、风景区等要创造便于联系的条件。

2)线位高低的确定

线位高低是路线纵断面线形布局的问题。路线沿岸走多高,首先应考虑洪水的威胁。不管是高线位还是低线位,均应在设计洪水位以上一定安全高度。在选线中应认真做好洪水位调查工作,以确保路线必需的最低线位高度。

(1)低线位方案

低线位方案指路基高出设计洪水位不多,路基上侧临水很近的布线方案。其主要优点是:一般情况有台地可以利用;地形较好,平面线较顺适,纵断面切割不大,容易达到标准;路线低,填方边坡低,土石方数量少,边坡较稳定,路线活动余地稍大,跨河利用条件和避让不利条件较容易;养护、施工用水、取材较方便;从国防来看,路基破坏后因线位低抢修也很快。

低线位的主要缺点是:线位低,受洪水威胁大,通常防护工程较多;低线位多在沟口附近跨越支沟,桥涵孔径较大,基础工程也较困难;路线与农田矛盾较大,处理废方比较困难。

(2)高线位方案

高线位方案指路线高出洪水位较多,完全不受洪水威胁的布线方案。其路线特征与山坡线相近。其主要优点是:无洪水影响,防护工程较少。当采用台口路基时,路基比较稳定。

高线位的主要缺点是:路基多用台口路基,挖方大,废方较多;由于线位高,路线势必随山形走势绕进绕出,特别是"鸡爪"地形地段,线形差,土石方大,跨支沟的桥涵构造物较多,工程费用较高;路基边坡常出现缺口,因而挡土墙和加固工程较多;线位高需要跨河时比较困难;施工、养护取料、用水也不如低线位方便。

综上所述,高线位一般害多利少,在洪水允许的条件下,无特殊问题时,一般以低线位为主,结合路线具体条件,局部路段采用高线位。

如图5-11所示,原线位为避让沿河1.7km的断续陡崖,采用了高线方案。由低线过渡到高线的升坡段很长,且弯急坡陡,行车不安全。经局部改线,坡度虽有所改善,但增加了小半径曲线,线形更加弯曲。最后改走低线直穿陡崖,路线平、纵标准显著改善,还缩短760m,行车顺畅,说明不应当采用高线。

3)跨河桥位选择

按路线与河流的关系,有跨支流和跨主流两类桥位。跨支流的桥位选择,一般属于局部方案问题,而跨主河的桥位选择多属于路线布局的问题。跨主河的桥位往往是确定路线走向的控制点,它与河岸选择相互依存,互相影响。当路线由于地形、地质原因需要换岸布线时,如果桥位选择不好,勉强跨河,不是造成桥头线形差,就是增大桥梁工程。因此在选择河岸的同时,要研究处理好桥位及桥头路线的布设问题。

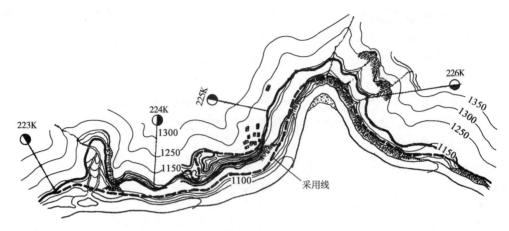

图5-11 峡谷路线的低线和高线

路线跨越主河,由于路线与河流接近平行,桥头布线一般比较困难,因此,在选择桥位时除应考虑桥位本身水文、地质条件外,还要注意桥头路线的舒顺,处理好桥位与路线的关系。常见的情况有以下几种:

(1)如图5-12所示,在S形河段腰部跨河,以争取桥轴线与河流成较大交角。本例是个中小桥,采用斜桥方案,则更有利于路桥配合。

(2)如图5-13所示,在河弯附近选择有利位置跨越。但应注意河弯水流对桥的影响,采取防护措施。

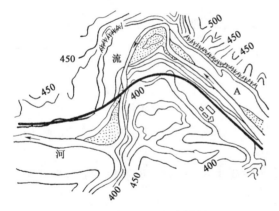
图5-12 在S形河段的腰部跨河

图5-13 在河弯附近用斜桥跨河

(3)在与路线接近平行的顺直河段上跨河,桥头引道难以舒顺。如图5-14a)所示桥位尽量避免。当必须在这种河段跨越时,中、小桥可考虑设置斜桥以改善桥头线形;如为大桥,当不宜设斜桥时,宜把桥头路线设计成勾形或布置一段弯引桥,如图5-14b)所示,或两者兼用。总之,桥头曲线要争取较大半径,以利行车。

路线跨支流的桥位,有从支河(沟)口直跨和绕进支沟上游跨越两种方案,如图5-15所示。采用何者为宜,要根据路线等级和桥位处的地质、地形条件,经技术经济比较确定,不可不加比较而轻率决定。

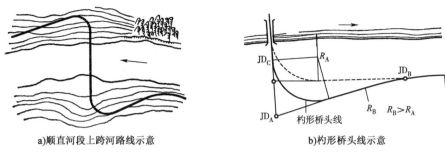

a)顺直河段上跨河路线示意　　　　b)杓形桥头线示意

图5-14　桥头线形处理

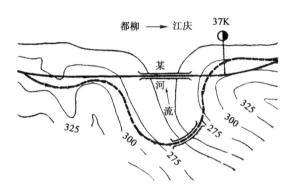

图5-15　跨支流桥位

4)各种河谷段的布线

(1)开阔河谷段布线

如图5-16所示,这种河谷谷底地形简单、平缓,河岸与山坡之间有较宽的台地,且多为农田。这类地形的路线有三种走法。

①沿河岸,如图5-16a)中虚线所示,坡度均匀平缓,线形好,临河一侧受洪水威胁,须做防护工程。

②靠山脚,如图5-16a)中实线所示,路线略有增长,纵面会有起伏,但可不占或少占良田,是常采用的一种布线方案。

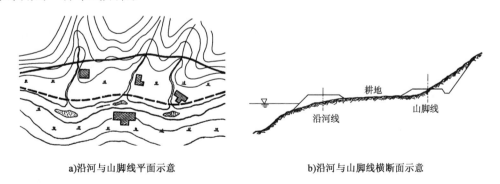

a)沿河与山脚线平面示意　　　　b)沿河与山脚线横断面示意

图5-16　开阔河谷路线方案

③直穿田间,线形标准高,但占田最多,在稻田地区,为使路基稳定,有时还需换土,一般不宜采用。

(2)河道弯曲、狭窄的河谷段布线

这种河谷一般凹岸陡峭,而凸岸则多有一定宽度的浅滩,有时也有突出的山嘴,间或出现迂回的深切河曲。河曲段主要有两种布线方式:

①沿河岸自然地形,绕山嘴、河弯布线。

②取直路线。遇河弯,则两次跨河或改移河道,如图5-17所示;遇山嘴,采用隧道或深路堑通过。

究竟采用哪种方案,应通过技术经济比较决定。一般来讲,技术等级高、交通量大的路线宜取直,等级低的道路则采用工程量较小的方案为宜。

对于个别有宽浅河滩的大河弯,为了提高路线标准,可在河滩布线。只要处理得当,还可起护田、造田的作用,但要注意路基防护和加固,防止水流对路基的冲刷破坏。

对于个别突出的山嘴,可用切嘴填弯(即削减山嘴并填补弯曲部分)的办法处理。布线时,应注意纵向填挖平衡,避免大量废方被弃置河中,堵塞河道,如图5-18所示。

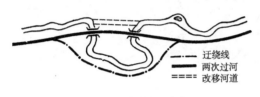

图5-17 河弯路线示意图

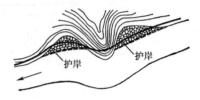

图5-18 切山嘴填河弯的路线布置

(3)陡崖峭壁河段布线

山区河谷常有陡崖峭壁错综地交替出现,两岸都是陡崖峭壁的河段,即为峡谷。峡谷一般河床狭窄,水流湍急。路线通过这种地段不外乎绕避和穿过两种方案。应根据峡谷的水文、地质条件和路线性质任务、路线标准、工程大小、施工条件等因素综合比较确定。

绕避的方法有两种:一是翻上峡谷陡崖顶部择有利地带通过;一是另找越岭路线。前者需要崖顶有可供布线的合适地形,后者需要附近有基本符合路线走向的低垭口。两种绕避方法的共同点是纵断面需要上下起伏,都需要适合布设过渡段的地段。过渡段的纵坡应缓于该路等级所允许的最大纵坡,这就往往需要一个相当长的过渡段,上下线位高差越大,所需的过渡段就越长,而且过渡段工程一般比较集中。因此,崖顶过高,就不宜翻崖顶绕避;峡谷不长,只要不是无法通过,两种绕避方法(翻越崖顶和越岭绕避)均不宜采用。但当峡谷较长,且地形困难,工程艰巨,有条件绕避时,则应予考虑。如图5-19所示,河谷曲折迂回,且有近5km长的陡崖,布线困难;而越岭线的瓦窑垭口,方向很顺,且两侧地形、地质条件较好,越岭绕避则是一可取的方案。

直穿陡崖峭壁河段和峡谷的路线,其平面和纵断面受岸壁形状和洪水位限制,活动余地不大。路线的线位主要根据河床泄洪情况而拟定的合理的横断面而定。路线一般以低线为宜,如洪水位过高或有严重积雪的情况,则不宜采用这种方案。

直穿峡谷的路线,可根据河床宽窄、水文状况、岸壁陡缓等不同因素采用以下方法通过:

①占用部分河床以拓宽路基。当河床较宽,水流不深,压缩部分河床不致引起洪水位抬高过多时,路线可在崖脚下按低线设计通过。根据河床可能压缩的程度,有以下两种情况:

a. 河床宽阔,压缩后洪水位抬高不多,路基可全部或大部分设在紧靠崖脚的水中或滩地上,借石或开小部分石崖填筑,路基临水一侧应做防护工程。

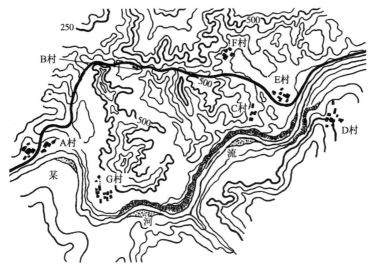

图 5-19　越岭绕避峡谷的路线

b. 河床狭窄,压缩后,将使洪水位有较大的抬高时,采取筑路与沿河相结合的办法,路基也可部分占用河床,开和砌结合,以砌为主。开的是本岸突出的山嘴,砌的材料主要取自清理河床的漂石及削除对岸突出山嘴的石料。这样就使路基占用河床的泄水面积能从清理河床中得到补偿,如图 5-20 所示。

② 硬开石壁。当两岸峭壁逼近,河床很窄,不能容纳并行的河与路时,可硬开石壁通过,措施如下:

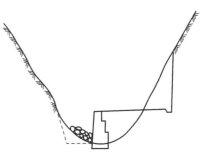

图 5-20　路基部分占用河床

a. 在石壁上硬开路基,造成大量废方影响水位,适当提高线位。

b. 岸壁石质良好,可开凿半隧道,以减少石方和废方,如图 5-21a)所示。

a) 半山洞;

b) 隧道;

c) 悬出路台;

d) 半山桥。

c. 硬开石壁的路基,对个别缺口或不够宽的路段,可用悬出路台或半山桥处理,如图 5-21c)、d)所示。

d. 当两岸石壁十分逼近(有时仅几米宽),不宜硬开路基时,可建顺水桥通过。

e. 当两岩石壁十分陡峻,无法硬开时,可用隧道通过,如图 5-21b)所示。

(4) 河床纵坡陡峻河段的布线

急流、跌水河段河床纵断面在短距离内突然下落几米以至几十米,形成急流或跌水。路线由急流、跌水的上游延伸到其下游时,线位就高出谷底很多,为了尽快降低线位,避免继续走陡峻的山腰线,可利用急流,跌水下游支沟或平缓的山坡展线下降,如图 5-22 所示。

河床纵坡连续陡峻的河段。这类河面多出现在山区河流的上游,是沿溪线和越岭线之间的过渡段。河床纵坡是越上溯越陡,当陡到路线技术标准不允许的程度时,就需要进行展线。选线要点详见越岭线。

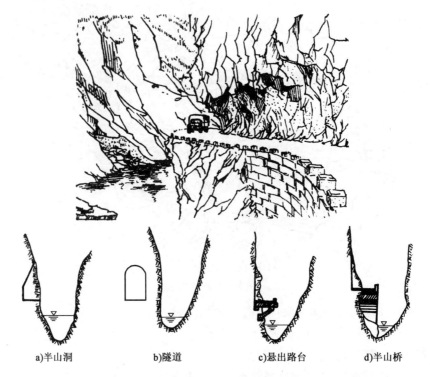

a) 半山洞　　　　b) 隧道　　　　c) 悬出路台　　　　d) 半山桥

图 5-21　石壁上硬开路基或设构造物

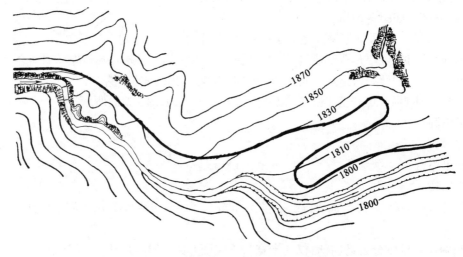

图 5-22　急流河段展线

3. 越岭线选线要点

克服高差是越岭线的关键。因此，在选线时，应以纵断面为主导安排路线，结合平面线形和路基的横向布置进行。

越岭线选线要点有垭口选择、过岭高程选择、穿岭隧道选择和展线布局四个方面。

1) 垭口选择

垭口是分水岭山脊上的凹形地带（又叫鞍部），由于高程低，常常是越岭线的重要控制点。

垭口选择应在符合路线总方向的前提下,综合各方面因素,从可能通过的垭口中根据其高程、位置、两侧地形、地质条件及气候条件反复比较确定。

(1)垭口的高程。垭口海拔的高程及其与山下控制点的高差,直接影响路线展线长度、工程量和运营条件。在展线条件相同时,垭口降低的高度 Δh 和缩短的里程 Δl 有如下关系:

$$\Delta l = 2\Delta h \frac{1}{i_p} \tag{5-2}$$

式中:i_p——展线的平均坡度,一般为 5% ~ 5.5%。

由式(5-2)可知,若垭口低 50m,可缩短里程 2km(平均坡度采用 5%)。在地形困难的山区,减少 2km 公路里程,可以显著节省建设成本,并降低运营成本。

另外,在高山地区,低垭口对于行车和养护都是有利的。有时为了获得较好的行车和养护条件,即使路线较偏,也可绕线通过低垭口。

(2)垭口的位置。垭口高程不仅要低,而且垭口的位置要符合路线的基本走向,即路线通过垭口时不需要无效延长路线就能和前后控制点相接,如图 5-23 中 A、B 控制点间有 C、D 两个垭口,从平面位置看,C 垭口在 AB 直线上,D 垭口偏离直线较远,但从符合路线基本走向来看,穿 D 垭口比穿 C 垭口反而展线短些,平面线形还要好些,因此,D 垭口比 C 垭口更合乎路线走向。

(3)垭口两侧地形和地质条件。山坡线是越岭线的重要组成部分,而山坡坡面的曲折与陡缓、地质的好坏等情况,直

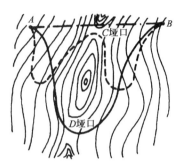

图 5-23 垭口位置选择

接关系到路线的标准和工程量的大小。因此,垭口的选择要与侧坡展线条件结合考虑。选择时,遇有地质稳定及地形平缓有利于展线的侧坡,即使垭口位置略偏或垭口较高,也应进行方案比较,不要轻易放弃。

(4)垭口的地质条件。垭口的地质病害往往会在运营过程中成为车辆通行的障碍,选择垭口时要重视垭口的地质问题。

垭口地质构造一般较薄弱,地质条件较复杂,常有不良地质存在,选择时应深入调查研究其地层构造、性质对公路的影响,如图 5-24 所示。对软弱层型、构造型和松软土侵蚀型的垭口,如果注意到岩层产状及水的影响,路线通过一般问题不大。对断层破碎带型及断层陷落型垭口,一般应尽量避开;必须通过时,应查清破碎带的大小及程度,选择有利部位通过,并采取可靠的工程措施(如设置挡土墙、明洞)以保证路基稳定。对地质条件恶劣的垭口,局部移动路线或采取工程措施亦不解决问题时,应予以放弃。

2)过岭高程选择

路线过岭,不外乎采用路堑或隧道两种方式通过。过岭高程越低,路线就越短,同时路堑或隧道就越深、越长,工程量也越大。因此,过岭高程应结合路线等级、越岭地段的地形、地质以及两侧展线方案、过岭方式等因素经过技术经济比较来选定。这些因素是互相影响的,必须全面分析研究各种可能的比较方案,以作出合理的选择。过岭方式主要有如下几种:

(1)浅挖低填

遇到过岭地段山坡平缓,垭口宽而厚(有的达到 1~2km,有的还有沼泽出现)的地形,展线容易,只宜采用浅挖低填的方式过岭。过岭高程基本上就是垭口高程。

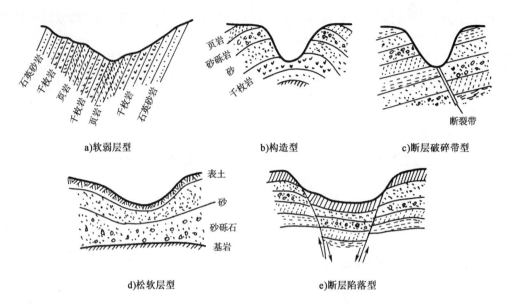

图 5-24 垭口的地层构造

(2)深挖垭口

当垭口比较瘦薄时,常用深挖的方式过岭。深挖垭口,虽土石方工程较集中,但由于降低了过岭高程,相应缩短了展线长度,总工程量并不一定增加。即使有所增加,也可从改善行车条件,节约运营费中得到补偿。至于深挖至什么深度,应视地形、地质、气象条件以及展线对垭口高程的要求等因素而定。现有资料,一般挖深在20m以内,地质情况良好时,还可深些。垭口越瘦薄,越宜深挖。但垭口通常地质条件较差,挖深应以不致危及路基稳定为宜。否则应采取有效措施,以防止遗留病害。有条件时,可采用隧道通过。为了加强环境保护,减少自然地面的破坏,一般垭口深挖不宜超过20m。

过岭高程是越岭线布局的重要控制因素,不同的过岭高程就有不同的展线方案。如图5-25所示,路线通过垭口,由于选用不同的挖深出现了三个可能方案。甲方案挖深9m,需要设两个回头弯;乙方案挖深13m,需要一个回头弯;丙方案挖深20m,即可顺山势布线,不需回头弯。丙方案线形好,路线最短,有利于行车和节约运营费用。

锡崖沟挂壁公路

深挖垭口,工程量集中,往往要处理大量废方,施工条件差,影响施工期限。这些都应在选定过岭高程时充分考虑。

3)穿岭隧道选择

采用隧道穿越山脊,可以减少爬升高度,缩短路线长度,提高路线指标,减轻或消除风雪、冰冻等对道路的不良影响,改善行车和养护条件,减少对自然环境的破坏,减少水土流失。随着高速公路的发展,公路隧道已越来越多。然而,修建隧道要求地质条件好,且工期长,施工技术亦较复杂。因此,在采用隧道方案时,应与明线方案进行比较。

(1)越岭隧道位置选择

根据地形条件初步选定越岭垭口之后,由于地质条件的不同,隧道的具体位置会有许多可能的方案。从地形角度看,应选择路线顺、隧道长度最短的方案。然而,这些方案是否可行,还取决于地质和水文地质条件。因此,选择隧道位置时,必须查明垭口附近较大范围内的岩层走向、褶皱、断层、错落、裂隙等地质构造，同时调查岩层的厚度、岩石的种类以及地下水的流量、流向和侵蚀性等地质水文条件，拟定几个有代表性的方案，进行全面比选。

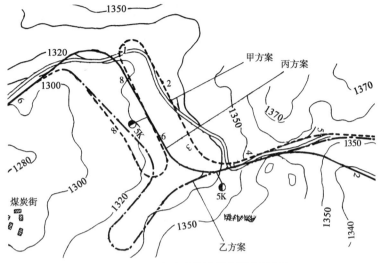

图5-25　垭口采用不同挖深的展线布局方案

一般来讲，隧道路线应尽可能选择在稳固的岩层中，尽量避开断层、崩塌、流沙、溶洞、陷穴、有害气体、地下水发育等不良地带。当绕避有困难时，应尽量满足下列要求，并采取必要的工程措施。

①如图5-26所示，隧道通过单斜构造岩层时，路线与岩层走向正交最为有利。如图5-27所示，当与岩层走向平行时，应尽量避开不同岩层接触带和软弱构造面，最好选择厚层和块状岩层中。在倾斜岩层中，当路线走向平行于岩层走向时，隧道会出现较大的不对称压力（围岩性质均一者除外）。如岩层倾角较大，施工中易产生顺层滑动和塌方，应予以注意。

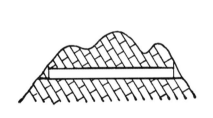 

图5-26　横穿岩层的隧道　　图5-27　顺岩层走向的隧道

②当隧道穿过水平岩层或平行于竖直岩层走向时，宜选在岩性较好的地层作为隧道位置，尽量避开岩性差异较大的不同岩层接触带。如图5-28所示，在中薄层水平状和直立状的岩层中修建隧道时，洞顶岩石容易崩落或坍塌。如图5-29所示，当隧道在厚层竖直岩层中穿过时，情况会有很大的改善，但仍不如隧道与竖直岩层走向正交时的情况。

③如图5-30所示，隧道必须通过断层带时，应尽量使路线与断层走向正交，同时应注意避开严重破碎带，并使通过断层的范围最小。如图5-31所示，当路线与断层走向平行时，要远离断层破碎带，避免沿断层走向定线。

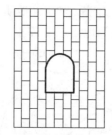

图5-28 中薄层竖直岩层中的隧道
（平行岩层走向）

图5-29 厚层竖直岩层中的隧道
（平行岩层走向）

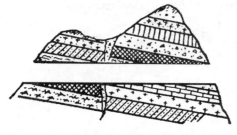

图5-30 穿过断层的隧道

图5-31 与断层走向平行的隧道

④若隧道需平行通过褶皱构造时，应避免将隧道放在背斜或向斜的轴部位置，如图5-32所示的①、③、④、⑥，而应将隧道置于翼部的合适位置，如图5-32所示的②或⑤。因背斜或向斜的轴部岩层相较于翼部更为破碎，存在很多裂隙，施工时存在坠石危险。如隧道处于向斜轴部，特别是处在含水层中时，如图5-32所示的⑥，涌水及坍塌将非常严重。

隧道垂直穿过背斜或向斜构造，沿隧道纵向的围岩压力及地下水活动情况如图5-33所示，仍常有坠石及地下水问题。背斜较向斜略好，但必须衬砌，排水设备也不能少，施工要防止地下水涌入和洞顶坍塌。

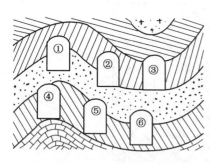
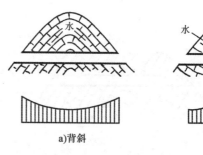

图5-32 平行通过褶皱构造的隧道

图5-33 垂直通过褶皱构造的隧道地下水活动及纵向围岩压力分布情况

⑤地下水发育地段容易产生渗漏、坍塌及较大的地层压力，隧道位置宜选择在地形有利且岩性较好或透水性差的岩层，以保证施工安全和养护便利。

⑥必须通过滑坡地段时，应将隧道洞身埋藏在滑坡面以下稳固的地层中，并有一定的埋藏厚度，保证隧道不受山体移动影响。

⑦在通过岩堆地段时，隧道应设置于一定覆盖厚度下的基岩中，避免直穿岩堆体，以免造成施工困难。

还应注意:不能为了缩短隧道的长度,而将路线置于垭口中心。因垭口地势低洼,是地面水和地下水的汇集区,其地质构造复杂,常为断层、褶皱、古老堆积土层等,岩层风化破碎,会给施工带来很大困难。故宜将隧道路线设置于地质条件较好的垭口一侧。

隧道穿过山嘴时,应将隧道设置于稳定的岩层里,外侧要有足够的覆盖厚度,使隧道结构免受不对称山体的压力作用。最小覆盖厚度按围岩类别而定,其值可参考有关规定选取。

(2)越岭隧道高程选择

一个垭口可以选择几个不同的隧道高程与长度方案。一般来说,隧道高程越低,展线越短,技术指标也越容易提高,对运营也越有利。但隧道高程低,会导致隧道长度增加,进而使得造价就高,工期延长。因此,隧道高程的选定通常根据越岭地段的地质条件,并以临界高程作为研究的基础。临界高程是指隧道造价和路线造价总和最小的过岭高程。如设计高程高于临界高程,则路线展线费用将多于隧道缩短的费用;反之,如设计高程低于临界高程,则隧道加长费用将多于路线缩短的费用。降低设计高程虽然可节约运营费用,但仅对于交通量大的路线意义更大,应作为比选的因素之一。

但隧道高程的选定不能单纯着眼于经济,还应考虑以下因素:

①地质和水文地质条件是选择高程时有决定意义的因素,要尽可能把隧道设置于较好的地层中。

②隧道高程应设置于常年冰冻线和常年积雪线以下,以保证施工和行车安全。

③隧道长度要考虑施工期限和施工技术条件等。

④在不过多增加工程造价的情况下,要适当考虑远景发展的需要,尽可能把隧道高程降低一些。

(3)越岭隧道洞口位置的选择

隧道洞口,覆盖较薄,地质复杂,一般多位于松散堆积体或风化破碎的岩层中,容易坍塌。隧道洞口位置应根据洞口地段的地形、地质条件确定,要使洞口边坡、仰坡都稳定可靠,确保行车安全,并在此基础上,考虑隧道与路堑的经济比较。

为了保证洞口边坡、仰坡稳定,应按地质情况选用开挖值。一般情况下,洞口边坡、仰坡的高度不宜超过20m。此外,还应考虑有无地下水作用。

为保证洞口边坡、仰坡稳定,还应尽量使隧道中心线在洞口与地面等高线接近正交,以免洞口两侧边坡、仰坡相差悬殊,使洞口发生侧压力,引起塌方。如斜交不可避免,为了不使一侧边、仰坡切得很高,还可考虑设计成斜交洞门如图5-34所示。

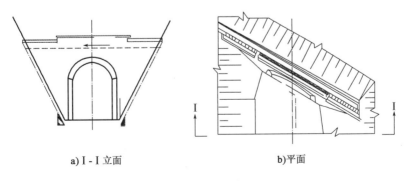

a) I-I 立面   b) 平面

图5-34 斜交洞门

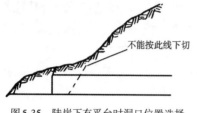

图5-35 陡崖下有平台时洞口位置选择

如洞口在陡崖的坡上,且有自然台阶时,洞口位置应放在台阶前,如图5-35所示,而不应沿山坡下切,挖去台阶。否则,常会破坏其平衡而导致塌方。

要尽量避免将洞口设在滑坡、岩堆、崩塌、泥石流等不良地质段;也不要将洞口设在沟谷中心,而宜设在地质较好的沟谷一侧。

4)展线布局

(1)展线形式

展线就是采用延长路线的办法,逐渐升坡克服高差。展线的基本形式有三种,如图5-36所示。

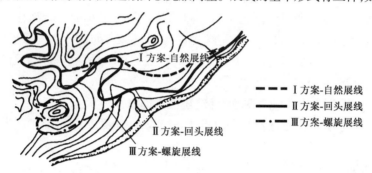

图5-36 越岭展线形式

①自然展线,如图5-36中Ⅰ方案,当山坡平缓、地质稳定时,路线利用有利地形以小于或等于平均纵坡(5%~5.5%)均匀升坡展线至垭口。这种方式的特点是平面线形较好,里程短,纵坡均匀。但由于路线较早地离开河谷,对沿河地区的居民出行服务性差,且在避让艰巨工程和不良地质方面自由度不大。

国道318怒江七十二拐

②回头展线,如图5-36中Ⅱ方案。路线先沿溪至岭脚,然后利用平缓山坡用回头曲线展线升坡至垭口。其特点是平曲线半径小,同一坡面上下线重叠,对施工、行车和养护都不利。然而,回头展线能在短距离内克服较大的高差,并且布线灵活,利用有利地形避让艰巨工程和地质不良地段比较容易。图5-37为利用有利地形布局回头展线的实例。

③螺旋展线,如图5-36中Ⅲ方案。这种展线实际就是一种路线转角大于360°的回头展线形式。其特点是路线利用有利的山包或山谷,在很短的平面距离内就能克服较大的高差。它的线形虽较回头曲线好,避免了路线的重叠,但因需要建桥或隧道,将使工程造价增大。

螺旋展线有地面螺旋展线布局和地下螺旋展线布局两种形式:

a. 地面螺旋展线。按照路线跨越方式不同,地面螺旋展线可有上线桥跨和下穿地道(或隧道)两种形式,如图5-38a)、b)所示。

b. 地下螺旋展线。当地面横坡陡峻,高差急剧,加之泥石流、滑坡等不良地质影响,无法在地面布设线路时,可考虑将路线螺旋展线,布置在地下,用地下螺旋展线克服高差。图5-39为雅安至泸沽高速公路拖乌山北坡栗子坪至铁寨子段采用双螺旋隧道展线的示意图。路段起、终点跨度仅11.82km,高差达713m,地面展线平均纵坡达5.8%,完全不能满足规范要求。

最后采用在V形峡谷里通过长1755m(干海子隧道)和2931m(铁寨子1号隧道)的两座双螺旋小半径(600m)展线,解决了路线爬升和避开地质不良地段的技术难题。

图5-37 回头展线的实例

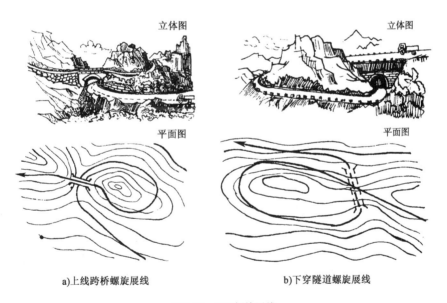

a)上线跨桥螺旋展线　　　　　b)下穿隧道螺旋展线

图5-38 地面螺旋展线

以上三种展线形式中,一般应首先考虑采用自然展线。在必要情况下可采用回头展线。当地形条件十分复杂且又有适宜的山谷或山包时,为在短距离内克服较大的高差,可考虑采用螺旋展线。但具体采用何种展线方案,还需要进行详细的比选和论证。

(2)展线的步骤

如果采用实地选线时,展线的步骤为:

①全面视察,拟定路线走向。在任务书规定的控制点间,进行广泛勘察,重点调查地形及地质情况,并以带角手水准初放的坡度作指引,拟定出路线可能的展线方案和大致走法。

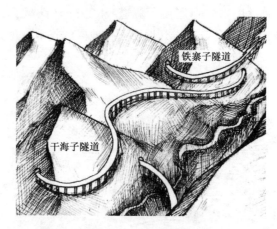

图5-39 雅泸高速公路双螺旋隧道展线示意图

②试坡布线。试坡的目的是进一步落实初拟方案的可行性,并进一步确定和加密中间控制点,拟定路线局部方案。

试坡用带角手水准或用经纬仪,从垭口自上而下进行,试坡方法与定线时放坡相近,详见第五章第五节纵坡受限时定线要点部分。

③分析、落实控制点,决定路线布局。经试坡确定的控制点,有固定和活动之分:第一种是位置和高程都不能改变,如工程特别艰巨地点、某些受限制很严的回头地点;第二种是必须利用的但高程可以活动,如垭口、重要桥位等;第三种是位置和高程都可有活动余地,如侧沟跨越地点、宽阔平缓山坡的回头地点等。

第一种情况较少,第二、三种居多。落实时先调整那些活动范围小的,把高程和位置确定下来,然后再研究活动范围大的,以达到既不增大工程数量,又使线形合理的目的。

④详细放坡试定路线。

如果结合道路专业设计软件及数字化手段采用纸上选线,展线的步骤为:

①地形勘测与数据收集。使用无人机、激光雷达等先进设备进行地形勘测,获取高分辨率的地形数据。结合地质勘探资料,了解山区的地质结构、岩层走向、断层分布等信息。收集当地的气候、水文、生态等环境数据,以便综合考虑道路建设对环境的影响。

②数据导入与处理。将收集到的地形、地质、环境等数据导入勘测设计软件中;利用软件的数据处理功能,对原始数据进行滤波、平滑、插值等操作,以提高数据的质量;根据需要,生成数字高程模型(DEM)、地质三维模型等,以便进行后续的分析和设计。

③路线初步设计。在软件中创建道路中心线的初步方案,考虑山区的地形起伏、地质条件以及环境要求;利用软件的自动优化功能,对初步方案进行初步优化,以减小填挖方量、避开不良地质区域等。

④山区特性分析与处理。利用软件的山区特性分析功能,对道路展线经过的山区进行坡度、坡向、地形稳定性等分析;根据分析结果,调整道路展线的位置和形状,以适应山区的地形特点;对于可能存在的滑坡、泥石流等地质灾害风险区域,进行专门的评估和处理。

⑤横断面与纵断面设计。根据山区地形和道路等级,设计合适的横断面形式和参数;考虑山区的排水要求,设计合理的纵坡和排水设施;利用软件的自动化设计功能,生成道路的横断面和纵断面模板,并应用到整个路线中。

⑥数字化模拟与评估。利用建筑信息模型(BIM)技术,建立道路的三维模型,进行数字化模拟和可视化展示;通过模拟不同设计方案下的道路施工、运营情况,评估其对环境的影响、安全性以及经济效益。根据模拟和评估结果,对设计方案进行进一步优化和调整。

⑦方案比较与选择。生成多个可能的山区道路展线方案,并利用软件的比较工具进行方案比较;比较指标包括工程造价、施工难度、环境影响、安全性等;综合考虑各项指标,选择最优的山区道路展线方案。

(3)展线的应用

①利用山谷展线

图5-40是反复跨主沟的山谷展线,图中③、⑤、⑦处是试坡定下来的较合适的回头地点,可视为固定控制点;②、④、⑥是由①、③、⑤、⑦分别由两端放坡交会交出来的跨沟地点。

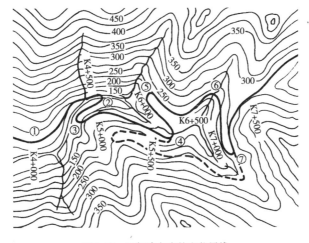

图5-40 反复跨主沟的山谷展线

图5-41是利用侧沟的山谷展线,图中③、④、⑤为山嘴,受限制较严,可视为固定控制点,②、⑥及④北面侧坡,有较大活动范围,布线时可分别由两端放坡交会而定。

图5-41 利用侧沟的山谷展线

②利用山脊展线

图5-42是利用支脉山脊展线。经试坡分析,①受高程控制较严,③、⑤下方横坡陡峻,路线不宜再低,视为固定控制点,②、④能稍许活动,布线时分别由①、③、⑤分别由两端放坡交会出来。采用这种方式布线,要求选择宽肥的山脊或山嘴,否则路线重叠次数很多。有条件时,应选择适当地点突破右侧山沟,将路线引向其他坡面去布设。

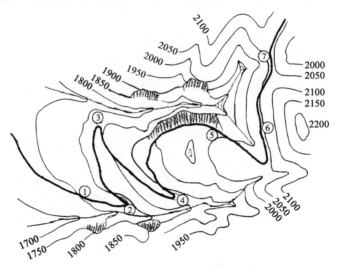

图5-42 利用支脉山脊展线

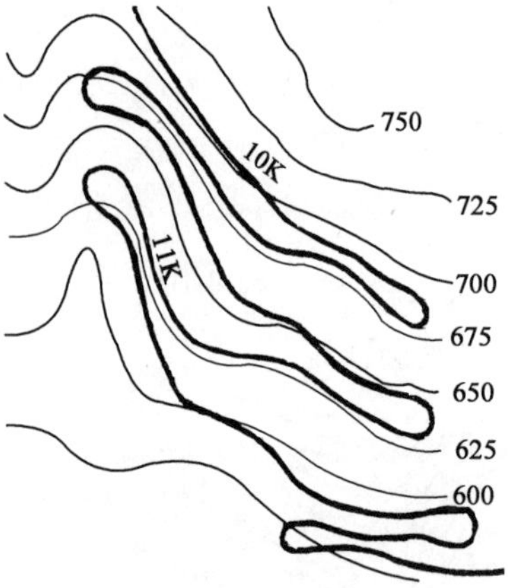

③利用山坡展线

利用一面山坡往返盘绕,往往叠线过多,应尽量避免。然而,在受地形限制且无其他方案时,可选择横坡平缓、地质条件好且布线范围较大的山坡设线。布线时注意尽扩大布线范围和避免上、下两个回头曲线并头。图5-43是一个路线布局不佳的例子。该布线方案未充分利用地形尽量拉长回头曲线间的距离,致使叠线多达5~6次,并多次出现上、下线并头的现象。

一条较长的越岭线,由于地形的变化,常常是各种展线方式的综合运用。布线时要抓住地形特点因地制宜地选用展线方式,充分发挥其优点,把路线布局工作做好。

图5-43 山坡展线

④有利回头地点的选择

回头地点的选择与回头曲线工程规模大小和使用质量有很大关系,应慎重选择。回头曲线的形状取决于回头地点的地形。一般利用以下三种地形进行设置:

a. 直径较大、横坡较缓、相邻有较低鞍部的山包或平坦的山脊,如图5-44a)、b)所示。

b. 地质、水文地质良好的平缓山坡,如图5-44c)所示。

c. 地形开阔,横坡较缓的山沟或山坳,如图5-44d)、e)所示。

为了尽可能消除或减轻回头展线对于行车、施工、养护造成的不利影响,要尽量把回头曲线间的距离拉长,以分散回头曲线、减少回头个数。回头展线对不良地形、地质的避让有较大的自由度。但不要一遇见难点工程,就不分困难大小和能否克服就轻易选择回头曲线,致使路线在小范围内频繁重叠盘绕。对障碍要进行具体分析,当发现通过局部工程措施能够突破一点而有利于全局时,就要做些工程突破它。

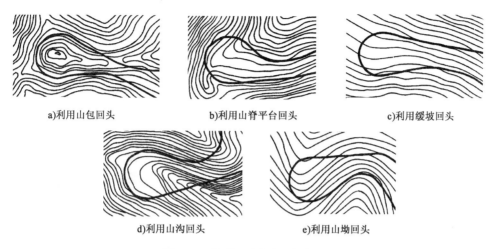

图 5-44　适宜设回头曲线的有利地形

4. 山脊线选线要点

沿分水岭布设的路线,称为山脊线。分水岭顺直平缓,起伏不大。岭脊肥厚的分水岭是布设山脊线的理想地形,路线可大部分或全部设在分水岭上。高山地区的分水岭常常是峰峦、垭口相间排列,有时相对高差很大。这种地形的山脊线,则为一些较低垭口所控制,路线须沿分水岭的侧坡在垭口之间穿行,线位大部分设在山腰上。山脊线线形大多起伏、曲折,其起伏和曲折程度则视分水岭的形状、控制垭口间的高差和具体地形而异。

山脊线一般具有土石方工程小,水文和地质情况好,桥涵构造物较少等优点。然而,是否采用山脊线方案主要应考虑以下条件:

①分水岭的方向不能偏离路线总方向过远。

②分水岭平面不能过于迂回曲折,纵面上各垭口间的高差不能过于悬殊。

③控制垭口间山坡的地质情况较好,地形不过于陡峻凌乱。

④上下山脊的引线要有合适的地形可以利用,这是能否采用山脊线的主要条件之一,往往山脊本身条件很好,但上下引线条件差就不得不放弃山脊线。

由于完全具备上述条件的分水岭并不多,所以很长的山脊线比较少见,往往是作为沿河线或山腰线的局部比较线及越岭线两侧路线的连接段出现。

山脊线线位较高,一般远离居民点,不便于为沿线工农业生产服务;山脊线常常面临筑路材料及水源缺乏的问题,这增加了施工难度。此外,由于地势较高,空气稀薄,有云雾、积雪、结冰等现象,这些都对行车和养护造成不利影响。这些都应在与其他路线方案作比较时予以充分考虑。

当决定采用山脊线方案以后,剩下要解决的是山脊线的布设问题。由于山脊线基本沿分水岭而行,大的走向已经明确,选线主要解决以下三个问题:选定控制垭口,决定路线走分水岭的哪一侧,决定路线的具体布设(包括选择中间控制点)。这三者是互相依存,互为条件,紧密联系的。

1)控制垭口选择

在山脊上,连绵布置着很多垭口,每一个控制垭口代表着一个可能方案。因此,选择控制垭口是山脊布线的关键。一般当分水岭顺直,起伏不大时,几乎每个垭口均可暂作控制点。如地形复杂,山脊起伏较大且频繁,各垭口间高低悬殊时,则低垭口为路线控制点,而突出的高垭口可被舍去。在有支脉的情况下,若存在相距不远的并排垭口,则选择那些前后与路线联系较好的、路线较短的垭口为控制点。选择垭口时,还应与两侧布线条件结合起来考虑。

2)侧坡选择

分水岭侧坡是山脊线的主要布线地带。选择哪一侧山坡进行布线,要综合分析比较确定。一般情况下,坡面平缓、顺直,路线短捷,地质稳定,横隔支脉较少,且向阳的山坡是较为理想的布线选择。

如图5-45所示,A、D两垭口为前后路线走向基本确定的控制点,其间有B、E、C三个垭口,由此可有Ⅰ、Ⅱ、Ⅲ三种走法。经比较,显然C垭口比B、E垭口高35m,使Ⅲ线起伏较大,不予考虑。Ⅰ线走左侧山坡,路线短捷,平面顺直,但其横坡较陡,需穿过一陡岩和跨越一较深的山谷。Ⅱ线走右侧山坡,路线绕线较长,平面线形稍差,但纵面平缓,横坡也较平缓,工程量较小。Ⅰ、Ⅱ两线各有利弊,需进一步放坡试线,结合其他因素综合比较确定。

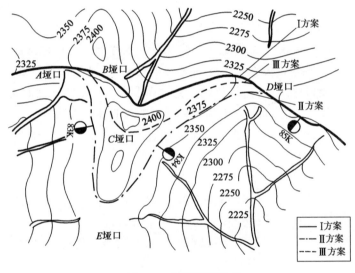

图5-45 山脊线侧坡选择

3)试坡布线

山脊线有时因两垭口控制点间高差较大,需要展线;有时为避免路线过于迂回要采用起伏纵坡,以缩短里程。因此常常需要试坡布线。常见的情况有三种。

(1)垭口间平均纵坡不超过规定

一般情况如中间无太大的障碍,应以均匀坡度沿侧坡布线。若中间遇障碍,则可以加设中间控制点,调整坡度,按均匀坡度布线。如图5-45所示的Ⅰ方案就是以中间支脉垭口B为中间控制点向两端试坡布线。

(2)垭口间有支脉相隔

垭口间有支脉相隔时应在支脉上选择合适的垭口作为中间控制点。如图5-45所示支脉上的 C、E 两垭口，C 垭口因高度过高而舍弃。为了进一步比较 Ⅰ、Ⅱ 两线，从低垭口 D 以 5%～5.5% 的坡度向垭口 E 试坡，定出 E 控制点，其工程量小，施工较易。当交通量不大时宜采用。

(3) 垭口间平均纵坡超过规定时

当垭口间平均纵坡超过规定时需进行展线，山脊展线的布线是十分灵活的。选线时，应按地形、地质条件，采用填挖、旱桥、隧道等工程措施来提高低垭口，降低高垭口；也可利用侧坡、山脊有利地形作回头展线或螺旋展线，其具体做法见越岭线选线。

三 丘陵区选线

1. 丘陵区基本特征

1）自然特征

丘陵是介于平原和山岭区之间的地形，包括微丘和重丘两类地形。

微丘是指起伏不大的丘陵。地面自然坡度在 3°～20°，相对高差在 200m 以内，设线一般不受地形太大限制。

重丘是指连绵起伏的山丘，具有较深的沟谷和较高的分水岭，地面自然坡度大于 20°，相对高差在 200m 以上，路线平、纵面受地形的限制。

丘陵地区的地形特征是：山势平缓起伏，山形迂回曲折，山丘连绵，岗坳交错，高差不太大，横坡不太陡，山脉和水系不如山岭区明显，具有多变的地形、地貌特征。

丘陵区变化的地形，使地物情况变化也较大。一般丘陵区农业都比较发达，土地种植面积广，种类繁多，低地为水稻田，坡地多为旱地或经济林，小型水利设施也较多。居民点、建筑群、风景、文物点及其他设施在平坦地区时有出现。这些地点都是布线应考虑的控制点。

2）路线特征

丘陵复杂多变的地面形态，决定了通过丘陵地区路线的基本特征是平面以平曲线为主体、纵断面线形起伏而构成与地形相适应的空间线形。丘陵区的路线如图 5-46 所示。丘陵地区线形的主要特点是：

(1) 局部方案多，布线的可能情况多样。

(2) 路线平面、纵断面、横断面关系密切，相互之间的约束和影响很大。

(3) 丘陵地区线形指标一般较好，但线形指标运用时变化幅度较大，既不像平原区一般多用高限指标，也不像山岭区多用接近低限指标。

2. 选线要点

丘陵区选线主要是解决平、纵、横三方面与错综复杂地形之间的矛盾。结合地形合理选用指标，使平面适当曲折，纵断面略有起伏，横断面稳定经济，达到平、纵、横与地形协调一致。这是丘陵区选线的根本任务。

根据经验，丘陵地区布线，一般按三类地形地带分段布线。其要点是：

1）平坦地带——走直线

在平坦地带，应充分利用地形，处理好平、纵线形的组合，不应迁就微小地形，造成线形迂回曲折；也不宜采用长直线，造成纵断面线形起伏。一般平坦地带布线按平原区以方向为主导的方式布线。如无地物、地质障碍或需考虑的风景、文物、城镇居民点，一般应按直线布线。

如遇有障碍等,则应增设中间控制点,以小转折、长缓的曲线为主。

图5-46 丘陵区的路线

2) 斜坡地带——走匀坡线

如图5-47所示,匀坡线是指两点之间沿自然地形,以均匀坡度确定的地面点的连线。匀坡线是通过多次试坡求得的。当两控制点之间无障碍等因素影响时,可直接按匀坡线布设。若遇到障碍等,则在障碍处增设中间控制点,分段按匀坡线控制。

3) 起伏地带——走中间

起伏地带是指地形比较复杂,具有高低起伏变化的地带,可视为多个不同坡向的斜坡地带的组合,只不过其地面坡度较缓,匀坡段较曲折。所谓的"走中间"策略,就是在设计路线时,在匀坡线和直线之间选择平面顺适、纵断面均衡的合理路线。

当路线需要在两控制点间通过起伏地带时,意味着路线要穿过系列交替的丘陵和坳谷。其中可能有一组或多组起伏地带。对一组或多组起伏,只需在中间梁顶(或谷底)加设中间控制点即可。因此,下面着重研究在两已知控制点间,如何通过一组起伏地带的情况。如图5-48所示,A、B为两相邻梁顶,中间为一坳谷,他们共同构成一组起伏地带。如果路线直接由A至B拉直线,路线虽然最短,但纵断面起伏大,线形差,势必会导致出现高填深挖工程,从而增大工程量。如果路线沿匀坡线走,则纵断面的坡度平缓、均匀,但路线里程较长,若路线过于弯曲也可能带来其他问题。因此,设计路线时,应避免"硬拉直线"和"弯曲求匀"的极端做法。

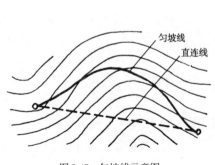

图5-47 匀坡线示意图

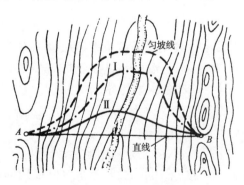

图5-48 起伏地带路线方案

如果路线布设于匀坡与直线之间,如图5-48中的Ⅰ方案或Ⅱ方案所示,这样的路线方案比直线的起伏小,比匀坡线的距离短,而且使用质量会有所提升,工程造价也会有所降低。因此,这种布线方案是较合理的。路线在直线与匀坡线之间的最终位置,根据公路等级及地形特点作具体分析,使平面、纵断面、横断面协调。

对于起伏较小地带,在保持坡度平缓的前提下,需要综合考虑平面和横断面的关系。通常,对于低等级公路,为降低工程造价,平面上可迂回一些,即路线离直线稍远些;而对于较高等级的公路,为了尽可能缩短距离,可以选择多做些工程,使路线位置离直线近一些。

对于较大的起伏地带,由于高差大且两侧高差常不相同,高差大的一侧的坡度常常成为布线的决定因素。这种情况下,一般以高差大的一侧为主,结合梁顶的挖深或谷底的填高来确定路线的平面位置。

总之,丘陵地区选线时,可能面临多个方案和地面因素,方案之间差异有时不太明显。这就要求选线人员要加强踏勘和调查,采用分段布线、逐步逼近的办法,详细分析和比较,最后选定一条合理的路线。

第四节　特殊地区和不良地质地段选线

公路选线时,通常会遇见一些特殊地区和不良地质地段,它们对线路的安全稳定性、经济合理性具有极大影响。如果线路方案选择不当,不仅可能在公路建设过程中引发工程事故,而且在建成后也可能导致结构物遭受破坏,甚至造成交通中断的严重后果。因此,选线时应深入调查研究,收集详细的气候、水文、地质等资料,查明特殊地区和不良地质地段的分布范围、类型、规模和严重程度,及其发生、发展的原因和规律。根据具体情况,提出多种可行的绕避或通过的方案,确保决策有依据,治理有方法,使道路工程安全稳定、系统最优。

一　软土和泥沼地区选线

1. 软土和泥沼对道路的危害

软土是一种天然含水率高、孔隙比大、压缩性高、抗剪强度低的细粒土,主要包括软黏土、淤泥质土、淤泥、泥炭质土、泥炭等软弱土。由于软土的成因复杂、类型多样且分布规律性差,给道路建设带来诸多困难。例如,路基填筑速度受限,路基填筑后常有下沉;软基桥梁基础埋深大,工后沉降较大;软基处理既困难又影响工期,技术复杂且造价高。

2. 软土和泥沼地区选线要点

(1)路线经过软土地区时,应首先采用绕避方案。若软土范围较小,且工程处理方案可靠,工程投资较小,则可考虑直接通过。

(2)当路线必须通过软土地区时,应选择在软土范围最窄,软土厚度小、埋藏浅,地势较高及取土条件较好的地段通过。

(3)路线通过软土地区以修建路堤为宜,且路堤高度不宜超过极限高度。利用路堤自重加载处理软土层时,填土高度也不宜大于极限高度。在淤泥和泥炭较厚、沼底横坡较陡、路基处理工程困难地段,应考虑建桥的方案并进行比较。

(4)对位于河谷或盆地中央部位的软土地带,路线宜选择在土质强度差异不大的边缘地区通过。

(5)在低缓丘陵区,应尽量靠山丘通过,宜避开有软土分布的封闭或半封闭洼地,并避免在硬底横坡较陡处通过。

(6)当路线通过大范围软土地区时,应避免沿排水管道边缘或湖塘边缘通过。

二 黄土地区选线

1. 黄土对道路的危害

黄土指的是在干燥气候条件下形成的多孔性具有柱状节理的黄色粉性土。黄土具有松散、大孔隙、垂直节理发育、各向异性、渗透性、失水干裂性、遇水崩解性、湿陷性、易溶蚀、易冲刷、承载力低等特性。此外,黄土在动、静荷载和浸水作用下,土体结构会迅速破坏,并产生显著下沉,导致路基等结构产生过大沉降、变形、开裂,从而影响工程的正常使用和行车安全。

2. 黄土地区选线要点

(1)路线应尽量布设在黄土塬、宽谷阶地、平缓斜坡以及地质条件比较稳定的沟谷地带,以避开陷穴与冲沟发育的塬边和斜坡地带。

(2)当路线通过湿陷性黄土地区时,应尽量选择湿陷性轻微、地表排水条件较好的地区。

(3)当路线跨越黄土深沟时,应结合地形,降低填土高度。当沟谷宽敞且沟坡稳定平缓时,可沿沟坡绕向沟谷上游以降低填高;当沟谷深窄、沟坡陡峻且不稳定,绕线困难,同时沟谷不长、沟底纵坡较陡时,可将线位移向沟谷上游附近以附近降低填高。

(4)选线时应尽量避免在地质情况不佳的地段,如黄土滑坡、崩塌、陷洞、人为坑洞等地段。

(5)选线时应对高填方与高架桥方案进行综合比较,当工程造价相近时,应尽量采用高架桥方案,墩台应选在地基较好的地段。

(6)选线时应对深挖方与隧道方案进行综合比较,当工程造价相近时,应采用隧道方案。黄土隧道应绕避不良地质地段,宜设在土质较好的老黄土层中,并避免产生偏压情况。

三 盐渍土地区选线

1. 盐渍土对道路的危害

盐渍土是盐土和碱土以及各种不同程度盐渍化土壤的总称。在公路工程中,一般指地表下1.0m内土中易溶盐含量平均大于0.3%的土。盐渍土中含有的大量盐与碱,具有易变性、各向异性以及吸湿性、盐胀性、溶陷性、腐蚀性、有害毛细作用等工程特性。这些特性会促使道路工程在盐渍土地区非常容易产生路基病害问题,进而大大降低道路使用寿命。盐渍土对道路的主要危害包括盐胀、溶陷、变形、翻浆和侵蚀等。这些病害造成的破坏常常是不可恢复的。因此,从源头上防治盐渍土造成的病害非常重要。

2. 盐渍土地区选线要点

(1)路线应选择在排水条件良好、地下水位低、含盐量小、盐渍土地段短、地势较高等有利地段通过。内陆盐渍土地区的路线宜在砾石带、沙土灌木丛林带通过。冲积平原盐渍土地区的路线宜从地下水位较低的干燥地带通过。

(2)路线应尽量绕避湿盐渍土地区,必须通过时,应将路线设置在地势较高和工程地质条件较好的地段。对含盐量较低的一般盐渍土或干盐渍土地区,可以采用路堤通过。

(3)当降低地下水位有困难时,宜采用抬高路堤的方式通过。路肩高程设计时应考虑冻前地下水位、毛细水上升高度、临界冻结深度和一定的安全值。

四 膨胀土地区选线

1. 膨胀土对道路的危害

含亲水性矿物并具有明显的吸水膨胀与失水收缩特性的高塑性黏土称为膨胀土。它的显著特征就是吸水后体积急剧膨胀,失水后体积严重干缩,其工程力学性质极不稳定。膨胀土对公路路基有较强的潜在破坏力,且这种破坏力作用是长期和反复的。膨胀土地区的路堤会出现沉陷、局部坍塌等破坏;路堑会出现剥落、冲蚀、溜塌和滑坡等破坏;路面则会出现隆起或开裂等变形破坏。这些情况会导致道路结构物的破坏。

2. 膨胀土地区选线要点

(1)路线应绕避中等及强膨胀土地区,无法绕避时应选择最短距离通过。
(2)路线经过膨胀土地区时,宜采用少挖多填的方式通过,尽量避免形成深长路堑。
(3)路线遇到垄岗时,应垂直于垄岗方向,并选择垭口较低、较薄的地段通过。
(4)路线跨越沟谷时,宜采用桥梁方式通过。应避免在垄岗处修建浅埋式隧道;无法避免必须修建隧道时,应采用加固措施以确保隧道的安全稳定。

五 冻土地区选线

1. 冻土对道路的危害

冻土是指零摄氏度以下,并含有冰的各种岩石和土壤,一般可分为短时冻土、季节冻土以及多年冻土。路基病害主要表现为冻胀与地基融沉,桥涵构造物的冻害主要为基础凸起和下沉。特别是多年冻土地区的冰丘、冰锥等不良地质现象对公路的破坏力极强,常使路基变形或被淹没,堵塞桥涵,使构造物严重变形。在厚层地下冰地区修筑公路时,由于开挖路堑,将地下冰层暴露在大气中或减少了融冰层的厚度,其热平衡被破坏而引起冰层融化,这会产生一系列路基病害问题,如热融、翻浆、边坡滑塌、路基沉陷等,给道路造成危害。因此,路线选线时应贯彻保护冻土的理念,将"保护冻土、不扰动冻土"作为选线的指导思想。

2. 冻土地区选线要点

(1)路线应绕避富冰冻土、饱冰冻土、含土冰层地段、冰丘、冰锥、多年冻土沼泽、热融湖

(塘)等危害严重的多年冻土区,若难以绕避,应选择分布薄弱、病害较轻、里程短的地带通过,并采取有效的防治措施。

(2)路线通过山坡时,应选择平缓、干燥、向阳地带,但在山坡较陡、节理发达、风化严重的阳坡选线时,应绕避不良地质地段。

(3)路线通过丘陵、山岭地区时,宜在融冻坡积层缓坡上部通过。沿河谷定线时,宜在高台地上多年冻土边缘地带通过,应避免沿融区附近的多年冻土边缘地带布线。

(4)路线宜选择在岩石、卵石土、砾石土、砂和含水率小的黏土、黏砂土、砂粒土等少冰冻土地带通过;在多冰冻土的地层布线时,应避免在腐植土、黏砂土、砂黏土、粉砂地段通过;路线应避免在饱冰、富冰冻土的含冰土层中通过;应绕避厚层地下冰、热融滑坍、热融湖(塘)、冰锥、冰丘、沼泽等不良地质地段。

(5)路基应采用填方断面,避免挖方、零断面或低填浅挖断面,若条件受限时,尽量缩短零断面、半填半挖及低填浅挖段的长度,在饱冰冻土和厚层地下冰地段,应避免以挖方通过。

(6)大、中桥宜选在河流的融区地段或基底为少冰冻土的河段,应避免将同一座桥设在融区和冻土两种不同地基上。

(7)隧道应避免穿过地下水发育的地层,洞口位置应绕避热融滑坍、冰锥、冰丘及厚层地下冰等不良地质地段。

六 高烈度地震区选线

1. 地震对道路的危害

地震是地壳快速释放能量过程中造成的振动,期间会产生地震波的一种自然现象。地震会导致道路破坏,交通工具停运,交通瘫痪,造成人员和货物滞留等。对于平原区道路,主要震害有:路基错断、路基开裂、边坡滑动、路堤塌陷、路堤下沉、纵向波浪变形等。对于山岭区道路,主要震害有:路堑边坡的滑塌与崩塌,半填半挖路基的上塌与下陷,挡墙出现坍塌、外倾、侧移、墙面鼓胀、基础脱空等现象。对于桥梁,主要震害有:地基塌陷、墩台沉降、倾斜、断裂,上部结构变形或坠落,支座会发生变形和位移等。对于隧道,主要震害有:衬砌开裂或剪切移位、隧道结构破坏、边墙破坏、隧道洞口塌方等。对结构物的抗震能力,涵洞比桥梁好,隧道比深路堑好。在高烈度地震区,选线需考虑构造物及路基的抗震要求,对于困难地段宜采用深埋隧道穿越,减少高墩桥梁和高填路基的运用。

2. 高烈度地震区选线要点

(1)干线公路应绕避高烈度核心区,难以避开时,路线应选择在最窄处通过。

(2)路线通过高烈度地震区时,应避开悬崖陡壁、地形复杂和不良地质地段,避免地震诱发的滑坡、塌方、泥石流等次生灾害,路线应选择设置于地基稳定和地下水埋藏较深地区,或地形开阔平缓、稳定的山坡地段。

(3)路线应绕避活动断层和两个构造线的交汇点。穿过构造带时,应选择在构造带最窄处以正交通过。

(4)当路线通过土质和岩层风化破碎的陡峻山坡时,应以隧道形式通过,其洞口应避免设置在岩层松软、崩塌、滑坡等不良地质地段,避免设置傍河隧道及浅埋隧道。

(5)路线布设应避免出现高填深挖或半填半挖路基,在土质松软地区应采用全填全挖断面。

(6)桥位应选择在地基良好和河岸稳定地段,若在易液化砂土、黏砂土及软土或稳定性较差的河岸地段通过时,桥梁应与河流正交。

七 采空区选线

1. 采空区对道路的危害

地下固体矿床开采后的空间及其围岩失稳而产生位移、开裂、破碎垮落,直到上覆岩层整体下沉、弯曲所引起的地表变形和破坏的地区或范围,统称为采空区。公路下伏采空区路段,由于采空区地表的移动变形,会使公路路基受到相应的影响,产生多种病害,如路基沉陷、路基压缩或拉伸形变,路面局部开裂,桥梁和隧道的沉陷、变形与结构断裂等。这些病害直接破坏了道路的强度、稳定性、耐久性。

2. 采空区选线要点

(1)路线应绕避采空率高、分布范围广、沉陷严重的采空区,应绕避地下采空加剧或引发斜坡失稳、山体开裂和崩坍滑坡等地质灾害发育的危险区域,宜绕避工程处治困难的大型、重要矿区或规划矿区;无法绕避时,应选择在易于治理、分布范围窄的地方通过。

(2)路线通过采空区时应避免设置大型构造物,宜以低填或浅挖路基形式通过。

(3)总体设计时应避免在路线附近设置取土场或弃土场。

八 滑坡地段选线

1. 滑坡对道路的危害

滑坡是斜坡上的岩体或土体在自然或人为因素影响下沿带或面滑动的地质现象。滑坡对道路的危害严重,治理费用昂贵,一个中小型滑坡治理费用可能达数百万元至千余万元,大型和特大型滑坡治理常需数千万元,甚至上亿元。滑坡对道路的主要危害有:引发施工安全事故、延长施工工期,滑坡直接掩埋公路、砸坏路基及桥梁、中断交通,造成行车事故、引起人身伤亡。

2. 滑坡地段选线要点

(1)路线应绕避地质条件复杂、治理工程量大、整治困难的大型滑坡地段,在河谷地段可移至滑坡对岸通过,或在滑动面下适当位置以隧道方式通过。

(2)对中小型滑坡,应采用安全可靠方式进行治理,路线可在滑坡下部以低填方或其上部以浅挖方通过。

(3)路线无法绕避滑坡地段(包括有可能产生滑坡的地段)时,应采用安全可靠的工程治理措施,确保施工和运营安全。

九 泥石流地段选线

1. 泥石流对道路的危害

泥石流是挟带大量泥沙、石块的间歇性洪流,主要发生在地质不良、地形陡峻的山区。泥石流常常具有暴发突然、来势凶猛、迅速的特点,其危害程度比单一的崩塌、滑坡和洪水的危害更为广泛和严重。泥石流可直接埋没道路,摧毁路基、桥涵等设施,局部淤堵或全部堵塞桥涵孔径,致使交通中断,还可引起正在运行车辆的颠覆,造成重大的人身伤亡事故。有时泥石流汇入河道,还会引起河道大幅度变迁,间接毁坏道路及其构造物,甚至迫使道路改线,造成巨大的经济损失。

2. 泥石流地段选线要点

(1)路线应绕避大型和集中的泥石流地段,当沿河两岸均为泥石流区时,应选择泥石流较小的一岸通过,也可多次跨河绕避;若路线无法绕避时,应从流通区或沟床比较稳定、冲淤变化不大的洪积扇顶部以高架桥方式跨越,二级或二级以上公路应选择较大的桥梁孔径并留有足够净高;如受高程限制不能设桥时,可考虑设置明洞或隧道方案,明洞、隧道应有足够的埋藏深度,洞口应设于泥石流影响之外。

(2)对于小型泥石流地段,在采用安全可靠的治理措施后,可在沉积区布设线位,且宜采用分散设桥方式通过,不宜采用改沟合并设桥方式。

十 崩塌、岩堆地段选线

1. 崩塌、岩堆对道路的危害

崩塌是高陡斜坡上岩体或土体在重力作用下坍塌、倾倒或坠落的地质现象。岩堆是陡峻斜坡上,岩体崩塌物质经重力搬运,在山坡坡脚或平缓山坡上堆积的松散堆积体。小型的崩塌一般对行车安全及路基养护工作影响较大,雨季中的小型崩塌会堵塞边沟,引起水流冲毁路面、路基;大型崩塌不仅会损坏路面、路基,阻断交通,甚至会迫使放弃已建成道路的使用。经常发生崩塌的山坡坡脚,由于崩落物的不断堆积,就会形成岩堆。在岩堆地区,岩堆常沿山坡或河谷谷坡呈条带状分布。在不稳定的岩堆上修筑路基,容易发生边坡坍塌、路基沉陷及滑移等现象。

2. 崩塌、岩堆地段选线要点

(1)线路应绕避山高坡陡、岩层受节理切割严重、危岩密集分布的地段或发生大型崩塌概率较高的地段。

(2)线路可通过经工程处理后能够确保山体稳定的地段,或有通过经采用支挡结构等工程措施可保证运营安全的地段,且这些地段经过技术、经济的比较,选择较为合理的。

(3)用隧道绕避崩塌时,要注意使隧道进出口避免受崩塌的危害,可考虑在洞口接长明洞或者增加棚洞等预防措施。

(4)当岩堆处于发展阶段,且上方山坡有大、中型崩塌发生的可能时,应尽量绕开。当岩堆相对稳定时,路线以低路堤或浅路堑通过,应避免高填深挖,以免破坏岩堆的稳定性。

第五节 定 线

一 定线的一般概念

1. 任务

公路定线是公路选线的第三个步骤,就是具体落实公路中线确切位置的工作。其任务是:在路线总体布局和逐段安排的基础上,按照已定的技术标准,结合地形、地质及其他沿线条件,综合考虑平、纵、横三方面因素,合理安排,定出道路中线位置。其内容包括确定交点和曲线定线两项工作。

2. 方法

公路定线在具体做法上主要有现场定线和纸上定线两种。另外,在路线规划方案的研究阶段或复杂地形条件下,还可采用航测定线。现场定线是指直接在实地钉桩确定路线线位的方法;纸上定线则是在大比例地形图上确定路线位置后再放线到实地的方法,地形图可人工实测获得,也可利用航测获取。随着无人机航空摄影测量技术的发展,可利用无人机进行低空摄影,将控制点文件、航摄像片、无人机在飞行过程中采集的位置和姿态数据(POS数据)经过数据处理软件处理,再利用成图软件可生成大比例数字地形图或DWG格式地形图。航测定线是利用航测相片、航测影像地形图等航空测量资料,借助航测仪器建立与实体完全相似的光学模型,在模型上进行定线的方法。航测定线可以把大量的野外工作搬到室内来做,可提高选线质量。这种方法对技术和设备的要求高,目前仍处于研究、发展阶段。

3. 应注意的问题

(1)路线定线应正确掌握和运用技术标准。定线工作应做好总体布局,在各类地形、地质、水文条件复杂,工程艰巨的路段,应拟定出可能的比较方案,进行反复推敲比较后确定采用方案。

(2)定线是公路设计过程中很关键的一步。它不仅要解决工程、经济方面的问题,而且要充分考虑公路与周围环境配合,以及公路本身线形美观等问题。

(3)公路定线除受地形、地质及地物等有形的制约外,还受技术标准、国家政策、社会影响、道路美学(构成优美线形的所有规则)以及其他因素的制约,这就要求设计人员必须具有广博的知识和熟练的定线技巧。最好的设计者也不可能一次试线就能选出最好的线位。复杂条件下的定线可能需要好几个设计方案供定线组全体人员研究比选。因为每一个方案都将是众多相互制约因素的一种折中方案,理想的路线只能通过比较的方法找出。

(4)定线应有桥梁、水文、地质等专业人员参加,还应听取园林建筑方面的设计人员的意见,发挥各种专业人员的才能和智慧,使定线成为专业组协作的共同目标。

二 现场定线

1. 纵坡不受限时定线要点

以平、纵面为主体确定路线，其要点是：以点定线，以线交点。以点定线，就是在全面布局和逐段安排确定的控制点间，结合各方面因素进一步确定影响公路中线位置的小控制点；然后，按照这些小控制点，大致穿出道路直线的方法。以线交点，就是在已定小控制点的基础上，结合路线标准和前后路线条件，穿出直线，并通过延长相交得出交点。

1) 控制点的加密

两控制点之间，一般不可能作直线（特别是地形困难、等级较低的公路），常常需要设置交点，使线转向，从而避开障碍物，利用有利地形，以达到技术经济的目的。加密控制点，就是在实地寻找控制和影响路中线位置的具体点位。

一般小控制点有经济性和控制性两种控制点。

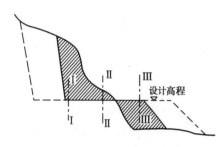

图5-49 横断面经济位置

（1）经济性控制点：这类控制点，主要在路线穿过斜坡地带，考虑横向填挖平衡或横向施工经济（有挡土墙及其他加固边坡时）因素而确定的小控制点。如图5-49所示Ⅱ-Ⅱ中线位置，使挖方面积和填方面积大致相等，这时的线位即为经济控制点。由于这类点仅从横向施工经济出发控制线位，它只能作为穿线定点的参考位置。

（2）控制性控制点：这类控制点是受艰巨工程、不良地质、地物障碍、路基边坡稳定等因素限制所确定的路中线位置。控制线位的主要因素如图5-50所示。从图5-50中各种因素对线位影响的示意可看出，控制点的位置还与路基的形状尺寸、加固方式、通过不良地质地段的工程措施、地表形状、路基设计高程等因素有关。定线时应综合考虑这些因素，合理确定小控制点的位置。

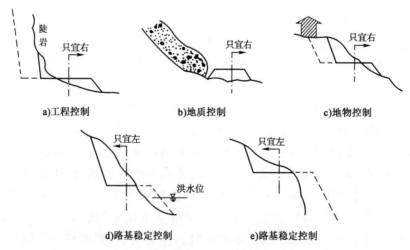

图5-50 控制线位的主要因素

2) 穿线定点

一方面受各种因素限制的平面位置控制点比较多，而且这些点在平面上的分布又没有一定的规律,另一方面路线受技术标准和平面线形组合的限制,不可能照顾到每一个控制点。因此,穿线定点,就是根据技术标准和线形组合的要求,满足控制点和照顾多数经济点。经前后考虑,采用穿线的办法延长直线,交出转角点。

在进行穿线定点时,除要满足技术指标的要求外,还应注意以下几方面问题:

(1)平曲线间必须有足够的直线长度。

(2)同向平曲线间应避免"断臂曲线"(图2-10)。

在满足控制点要求的前提下,调整交点位置使路线偏角较小,交点间距较长,以争取较好的线形。

(3)注意保证行车视距。确定交点位置时,应尽量避免交点正对山嘴或其他障碍物。

(4)注意力求平面线指标均衡,保持线形的连续性,长直线尽头应尽量避免设小半径曲线。路线绕避障碍物时,要及早转向,以使线形舒顺均衡。

(5)路线平面弯曲要与纵面起伏相协调。在定线中既要防止由于路线平面过直使纵面起伏很大,造成大填大挖现象,又要避免只求纵面平缓,使平面随弯就弯而线形很差的现象。在复杂地形地段,可结合纸上移线来求得平、纵面协调的线形。

(6)长下坡尽头应避免急弯,以利行车安全。

(7)定线应同时考虑纵面线形指标,尽量少用或不用极限纵坡,越岭线要避免反坡。

(8)注意平、纵面组合线形的要求。

(9)要考虑多数经济控制点的要求,使所穿直线横向填挖基本平衡。所定线形应保证路基横向稳定性和经济性。根据经验,一般要注意暗弯勿多挖。这样,既可以减少土石方,又可以保证路基的稳定性。

(10)定线时应注意横向地形、地质、地物控制的要求,做到定的是一条线,考虑的是一条带,从整个路带范围来布置路线。

(11)在横坡较陡的路段,应注意结合路基边坡加固措施来安排路线,尽量避免高边坡和长深的路堑。

(12)注意路线与桥涵和其他特殊构造物的配合。

2. 纵坡受限时定线要点

1)放坡

依据要求的设计纵坡(或平均坡度)在实地中对照找出地面坡度线的工作叫放坡。

在山岭重丘区路段,天然地面坡度角均在20°以上,而设计纵坡(或平均纵坡)有一定要求。如图5-51所示,路线由A点到B点,如果沿最大地面自然坡度方向AB(垂直于等高线的方向)前进,设计纵坡太大,显然不可能实施。如果路线沿等高线走(即AC方向),虽然纵坡平缓,但方向偏离,达不到上山的目的。因此,就需要在AB和AC方向间找到AD方向线,使其地面坡度正好等于设计坡度(或平均坡度)i_p。这样既使路线纵坡平缓,又使填挖数量最小,寻求这条地面坡度等于设计坡度(或平均纵坡)i_p的工作就是放坡的任务。

2)放坡定线要点

所谓放坡定线,就是在现场用仪具实地先确定出按设计纵坡(或平均坡度)升坡的路线大致位置(导向线)。然后,以此为导向,结合平面线形标准要求,确定出交点位置,从而定出路线的折线位置。

图 5-51 放坡原理示意图

3)曲线定线

确定了路线的交点位置后,还需要根据标准结合地形、地物等因素选择适宜的平曲线半径,控制曲线线位。

(1)单交点法

单交点是实地定线最常采用的方法之一。它是用一个交点来设置弯道曲线的方法。该方法简单,适用于转角不大,能直接实地钉设交点的情况。

如图 5-52 所示,半径 R 的大小,直接影响曲线线位。当转角较大时,不同半径的选择可能导致曲线线位相差几米甚至几十米。线位的变动将直接影响线形、工程数量及路基稳定。因此,在确定半径时,常常按以下控制条件计算半径,同时还要综合考虑标准规定、地形条件和其他因素来选择。

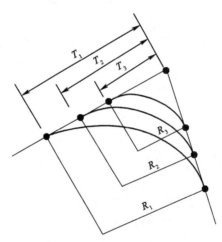

图 5-52 半径对线位的影响

①外距控制(即曲线中点控制):如图 5-53 所示,根据弯道内侧的固定建筑物,确定不与其发生干扰的曲线中点 A 作为控制点。通过量取控制的外距值 E 来反算出曲线半径。

②切线控制(即曲线起、终点控制):在路线设计中,为了控制起点或终点位置,要求曲线的切线长达到特定值。这常见于相邻的反向曲线间要保持一定的直线长度,或者要求桥头或隧道洞口在直线上等的情况。这时曲线半径就由控制的切线长来选定。

③曲线长控制:当路线转角较小时,为使曲线长度满足最短曲线长度 $L_{\min}$,则曲线半径最小值可经反算后确定。

④曲线上任意点控制：如图5-54所示，当路线由于桥涵人工构造物位置或原路改建的要求，要求曲线必须从任意点A通过时，可用试算法选择半径。其方法是：先量出JD至B点的距离l和要求的支距y(即BA)，初选半径R，用试算法确定。

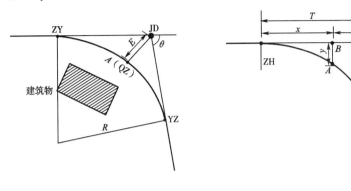

图5-53　外距控制曲线半径　　　　图5-54　曲线上任意点控制

⑤按纵坡控制：当路线纵坡紧迫时，为使弯道上合成纵坡不因曲线半径太小而超过规定值，这时，应根据已定的纵坡和合成纵坡标准值来反算出超高横坡，再按控制的超高横坡求得最小控制半径。

(2)双交点法(虚交点法)

当路线偏角很大及交点受地形或地物障碍限制，无法钉设交点时，如图5-55所示，可在前后直线上选择两个辅助交点JD_A、JD_B来代替交点JD，敷设曲线选择半径。JD_A～JD_B直线叫作基线。具体做法有以下两种：

①切基线法：当选择基线可以控制曲线位置，能使所定曲线与基线相切时，这种方法叫作切基线法。如图5-55所示，GQ为公切点，量出转角θ_A、θ_B和基线长度AB后可反算半径。

选择半径后，必须检查它是否满足相关标准的要求。切基线法作为一种简便易行的方法，不仅容易控制线位，而且计算容易，是生产中较常用的方法。

②不切基线法：当选择基线不能控制曲线线位或切基线计算的半径不能满足标准要求时，则所设曲线不能与基线相切，只能按不切基线法来选择半径，如图5-56所示。其方法是：根据标准要求初选半径R，测量θ_A、θ_B，即可依据半径R、转角θ_A和θ_B、基线AB计算出T_A、T_B，通过从交点JD_A和JD_B出发，沿基线AB量取相应距离T_A、T_B，从而确定曲线的起点ZH和终点HZ，并用切线支距x、y[见式(2-54)、式(2-55)]检查曲线上任一点的线位，如与实际情况相符，则所选半径合适，反之则应再调整、计算。

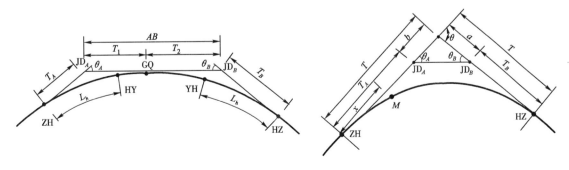

图5-55　切基线的双交点法　　　　图5-56　不切基线的双交点法

三 纸上定线

1. 纸上定线的步骤

1）收集资料与准备工作

需要收集的资料主要有：初拟路线方案及所确定的控制点，沿线地质情况，不良地质地段，城市规划，地下电缆，文物古迹，自然保护区以及气候、气象等。

准备工作包括：在地形图上标绘各个控制点、应避让的地段和区域。

2）根据地形和地物初定路线的位置

在相邻控制点之间，根据所经过的不同地形和地物分布情况，参照准备工作所标绘应避让的地段和区域，按照一定标准和要求，选择合适的路线位置，沿着前进方向加密中间控制点或采用徒手滑顺地勾绘曲线。

（1）平原微丘地区

在两控制点之间主要是地物障碍，合理解决哪些可穿越，哪些该绕避，哪些应迁就的问题，从而建立起一系列中间控制点。路线一般应由一个控制点直达另一个控制点。

选择线位时，应注意在保证标准的前提下，尽量做到少占和不占高产田和经济林，少拆或不拆迁各种电力、通信设施，沿高地布线，避免斜穿水田和直穿大的池塘和沼泽地，减少对自然景观的破坏。

（2）山岭重丘地区

在两控制点之间主要是地形或高差的限制，对受高差限制的路段必须通过放坡得到一系列坡度控制点，沿着自然地形，参照坡度控制点和地形、地物控制点，徒手勾绘出与地形基本吻合且线形舒顺、平缓的路线概略位置。

在山区选择路线位置时，要注意线位的高低，考虑平、纵协调配合，尽量避免大砍大伐和大填大挖，注意环境保护问题。

纸上放坡：根据等高线间距 h 及平均纵坡 i_p，计算相邻等高线间距 $a=h/i_p$，将卡规开度放到 a，进行纸上放坡，如图 5-57 所示。

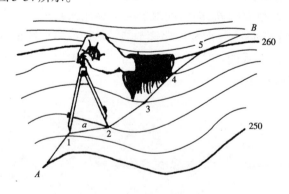

图 5-57 纸上放坡示意图

3）定线

定线必须满足技术标准的有关规定，同时又要参照初拟的路线位置进行。根据不同地形特点，定线方法一般有两种：一种是传统的直线形定线法，另一种是曲线形定线法。

(1)直线形定线法

直线形定线法是先定出与地形相适应的一系列直线,然后用适当的曲线把相邻的直线连接起来的传统定线方法。

对平原微丘区,就是在沿着前进方向加密的控制点之间用直线连接;对山岭重丘区,在放坡得到的一系列坡度控制点的基础上,根据保证重点、照顾多数的原则,按照高速公路的技术标准,用直线尺试穿出与较大地形相适应的一系列直线。然后用适当的曲线把上述相邻的直线连接起来。当地形复杂而多变或转弯处控制较严时,也可以根据地形变化先定出曲线,然后用直线把相邻曲线顺滑地连接起来。

(2)曲线形定线法

曲线形定线法是一种根据导向线和地形条件及相应技术标准,先试定出合适的圆曲线单元,然后将这些圆曲线用适当的直线和缓和曲线连接的定线方法。

在定圆曲线时,设计者应注意掌握技术标准与地形弯曲的大趋势,以定出平顺和缓的高标准平面线形,不要过多迁就地形上的次要不规则性或一些小的障碍物。

实际上,直线形和曲线形定线方法并无本质上的区别,只是所适应的地形不同而已。具体做法详见后文。按上述方法定平面线形,是一个反复试定、检查和调整的过程,直到找出符合标准的最佳路线后,再进行下一步纵断面设计与调整工作。

4)纵断面设计

路线的平面线形确定以后,可按照规定要求设置中桩。除起终点桩、曲线主点桩、百米桩、公里桩、大中桥位桩、隧道起终点桩以及通道和立体交叉中心桩等外,还有地形和地物加桩。平原微丘区直线段的桩距应不大于50m,山岭重丘区直线段的桩距应不大于25m。当位于曲线段时,平曲线半径$R \geq R_p$(不设超高最小半径),桩距应不大于25m;$60m \leq R \leq R_p$,桩距应不大于20m;$30m \leq R < 60m$,桩距应不大于10m;$R < 30m$,桩距应不大于5m。在地形图上读取各桩位的地面高程。

(1)绘制路线纵断面线图

根据各桩桩号和地面高程绘制纵断面地面线图。纵断图采用直角坐标,横坐标表示距离,纵坐标表示高程。比例尺:通常平原微丘区横坐标取1:5000或1:2000,纵坐标取1:500或1:200;山岭重丘区横坐标取1:2000或1:1000,纵坐标取1:200或1:100。

(2)标注竖向控制高程及平面线形

根据收集调查的资料,在纵断面图上分别用不同符号高程桥涵控制高程,通道和立体交叉控制高程、隧道出、入口控制高程,经过水田等不良地质路段的最小控制高程,以及其他人工构造物的纵向控制高程等。在纵断面图上绘出平面线形示意图。以上标注内容主要供试定纵坡设计线时参考。

(3)试定纵坡设计线

仔细分析研究纵向控制高程的重要程度和可活动范围,结合地形起伏变化情况和平曲线位置,试定出满足纵断面线形设计标准的纵坡设计线。定纵坡设计线可以采用先定直坡线,后用竖曲线连接的方法,也可以先定竖曲线,后用直坡线连接。

检查上述试定纵坡设计线是否经济合理,线形是否舒顺,技术指标掌握是否适度,平、纵面线形是否协调,竖曲线与平曲线组合是否得当,有无脱离实际或考虑不周等,如发现问题应及时调整修正,具体操作是修改平面线形还是纵断面线形,或二者都修改,要通过认真分析,找出问题的关键,权衡利弊,以定取舍。

5)最佳横断面修正

经过上述检查与修正,应该说路线的平面和纵断面均已基本成型,但横断面是否适当也应检查。如公路经过的地形比较平缓,最佳横断面一般不是控制平、纵线形的主要因素,但当公路位于山区,且地面横坡较陡时,如果不考虑最佳横断面,会导致填、挖方边坡很高,防护支挡工程量大,很不经济。因此,在路线的平面和纵断面基本确定以后,应绘制出地面横坡较陡地段以及其他可能涉及高填深挖处的横断面,找出最佳横断面位置,由此修正平面或纵断面设计线形。

6)现场核对

在室内利用地形图进行纸上定线后的平、纵、横面的成果,应再到现场进行实地核对检查。当核查无误后,方可最后确定方案,并征求相关部门的意见后,进行详细的水文、地质勘探调查工作。

纸上定线工作完成之后是否需要去现场全部实地放线,各地做法不一,有的是局部或重点地段放线,也有的全部实地放线,主要按地形图的准确程度,以便在实地进行核对检查经定线后的平、纵、横面的成果,以及便于实地进行水文、地质勘探调查工作。具体实施时,若在新测地形图或在已经现场检查补测的早期地形图上进行纸上定线,可以对局部或重点地段,或大型构造物所在地段进行实地放线。而对于测设年限过早且地物变化较大的地形图,一般不应直接用于纸上定线,必须经现场补测核实后才能使用。

从上述纸上定线的步骤可以看出,纸上定线实质上是一个反复调整和修正的过程,在一定限度内,修改次数越多,最后的设计成果越好,直到无论采取什么措施都不能再显著地增进美感或节省工程时,才可认为纸上定线工作完成。这也正是纸上定线的优越性之一,它可以做到尽善尽美,集中各专业设计人员的智慧,定出理想的路线。

2. 纸上定线的方法

公路的平面线形,依据直线、曲线的使用情况可分为:长直线—短曲线、长曲线—短直线、连续曲线三种线形,如图5-58所示。

传统的定线方法是根据地形条件,先设置一系列直线,然后在两直线的转折处用圆曲线予以连接,为了避免直线到圆弧曲率从0到1/R的突变,其间用缓和曲线来过渡。这种方法称为以直线为主的直线形定线法,如图5-59a)所示。

图5-58的后两种线形,是根据地形条件选与实际尽可能贴近的曲线半径来确定圆弧,再把这些圆弧用缓和曲线或直线连接起来。此法将圆弧和缓和曲线作为基本的线形要素,而不只是用来完成方向转折和曲率过渡。这种方法称为以曲线为主的曲线形定线法,如图5-59b)所示。

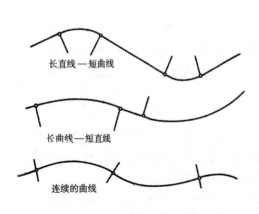

图5-58 线形的构成(曲线越连续,越增大平顺性)

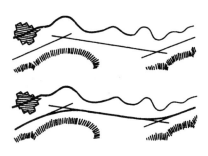
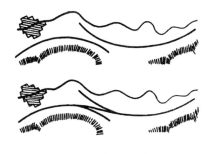

a)直线形定线法　　　　　　　　b)曲线形定线法

图5-59　直线形与曲线形定线法

注：a)传统描绘线形的方法，在平面图上描绘出适当的切线，然后用曲线连接这些切线；b)描绘平顺线形的方法，在平面图上描绘出适当的圆弧，再在其间插入缓和曲线。

1) 直线形定线法

直线形定线法也就是传统惯用的穿线交点定线方法，关于试穿直线的原则和要求，在纸上定线的步骤中已有介绍，此处不再赘述。

定线时，在穿直线定出交点后，必须采集交点的坐标，并由此计算转角 θ 和交点间距离 D；确定圆曲线半径 R 和缓和曲线长度 L_h；计算平曲线要素和推算主点桩号；最后计算逐桩坐标。

2) 曲线形定线法

与传统的先定直线再用圆曲线连接的直线形定线法相反，曲线形定线法首先要根据地形条件及地物限制设置尽可能缓的圆曲线，然后把这些圆曲线用适当的缓和曲线连接起来。当两圆曲线之间的距离较长时，也可以根据需要设置适当的直线，然后用缓和曲线将直线与圆曲线连接起来，从而形成以曲线为主的连续线形。

(1) 定线步骤

①徒手画出线形顺适、平缓并与地形相适应的路线概略位置。

②选用直尺和不同半径的圆曲线弯尺拟合徒手画线，把该画线分解成规则的数学单元——圆弧和直线。

③在每一被分解后的圆弧或直线上各采集两个点的坐标，从而将直线和圆固定下来。通过试定或试算，用合适的缓和曲线将固定的线形单元顺滑地连接，形成一条以曲线为主的连续面线形。

(2) 确定回旋线参数

曲线型定线法的缓和曲线仍然采用回旋线，确定回旋线参数 A 值是采用曲线型定线法的关键。过去多采用回旋曲线尺或表法，即用不同整数的回旋线参数 A 值做回旋线长度与曲率半径对应关系的尺或表，供使用时查对。随着计算工具的发展，目前常用近似计算法或解析法确定 A 值。

①直线与圆曲线间用缓和曲线连接

$$A = \sqrt[4]{24DR^3} \tag{5-3}$$

式中：D——圆弧与直线或圆弧与圆弧之间距离；

R——换算半径。

②S 形、卵形曲线(公式同上)

S 形曲线

$$R = \frac{R_1 R_2}{R_1 + R_2} \tag{5-4a}$$

卵形曲线

$$R = \frac{R_1 R_2}{R_1 - R_2} \tag{5-4b}$$

式中：R_1——大圆半径；

R_2——小圆半径。

检验：$\frac{R}{3} \leqslant A \leqslant R$，不满足，调整圆弧的位置，用新的 D 重新计算。

3. 直线形定线坐标计算

坐标计算是公路定线过程的重要工作，也是纸上定线的最后一步，在上述纸上定线的基础上，计算出路线的逐桩坐标。由于直线形定线法与曲线形定线法的定线过程和表达成果方式不同，应用不同方法计算坐标。

直线形定线法经纸上定线确定了交点的坐标、圆曲线半径 R 以及缓和曲线长度 L_s 以后，应先计算出路线转角、交点间距、平曲线要素以及主点桩桩号。按直线、单曲线和复曲线三种情况推算逐桩坐标计算公式。

1）路线转角、交点间距、平曲线要素与主点桩计算

（1）转角与交点间距计算

设起点坐标为 $\mathrm{JD}_0(X_{J0}, Y_{J0})$，第 i 个交点的坐标为 $\mathrm{JD}_i(X_{Ji}, Y_{Ji})$，$i=1,2,\cdots,n$，则：

坐标增量：

$$\begin{cases} DX = X_{Ji} - X_{J(i-1)} \\ DY = Y_{Ji} - Y_{J(i-1)} \end{cases} \tag{5-5a}$$

交点间距：

$$s = \sqrt{(DX)^2 + (DY)^2} \tag{5-5b}$$

象限角：

$$\beta = \arctan \left| \frac{DY}{DX} \right| \tag{5-5c}$$

象限角 β 所在象限根据坐标增量 DX 和 DY 的正负号确定，如图 5-60a) 所示。

计算方位角：方位角 A 是由象限角 β 推算的，它们的关系如图 5-60b) 和表 5-2 所示。

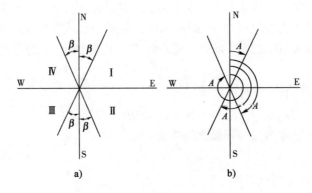

图 5-60 象限角和方位角

象限角 β 与方位角 A 的关系　　　　　　　　　　　　　表5-2

象限	坐标增量		方位角 A
	DX	DY	
Ⅰ	+	+	$A=\beta$
Ⅱ	−	+	$A=180°-\beta$
Ⅲ	−	−	$A=180°+\beta$
Ⅳ	+	−	$A=360°-\beta$

转角：

$$\theta_i = A_i - A_{i-1} \tag{5-6}$$

θ_i 为"+"时，路线为右偏；θ_i 为"−"时，表示路线为左偏。

如某山区高速公路，设计速度为80km/h，采集起点 F、JD_1、JD_2、JD_3 和 E 点的坐标，根据公式(5-5)、公式(5-6)即可以计算出交点间距及转角，见表5-3。

交点间距及转角计算法　　　　　　　　　　　　　　　　　　表5-3

点名	坐标		坐标增量		交点间距	方位角	路线转角
	X_i(m)	Y_i(m)	DX(m)	DY(m)			
F	5900.000	1450.000	−270.000	250.000	367.967	137°12′09″	
JD_1	5630.000	1700.000	−72.727	552.725	557.489	97°29′45″	左39°42′24″
JD_2	5557.273	2252.725	−301.987	301.988	427.075	135°00′00″	右37°30′15″
JD_3	5255.286	2554.713	109.714	370.287	386.199	73°29′45″	左61°30′15″
E	5365.000	2925.000					

(2)曲线要素与主点桩计算

曲线要素计算公式以及主点桩推算方法都与传统使用公式相同。由于线形指标和精度要求，在使用传统计算公式时，必须注意取舍误差，否则会影响计算精度。比如 p、q、x 和 y 均为级数展开式，应增加项数。

根据表5-3的结果，根据式(2-85)~式(2-98)即可计算得各曲线要素和主点桩桩号(只列出ZH和HZ桩号，其余未列)见表5-4。

曲线表　　　　　　　　　　　　　　　　　　　　　　　　　表5-4

交点	交点桩号	θ	R(m)	L_s(m)	T(m)	E(m)	L(m)	ZH	HZ
JD_1	K0+367.967	左39°42′24″	400	80	184.657	25.985	357.205	K0+183.310	K0+540.515
JD_2	K0+913.347	右37°30′15″	400	80	176.011	23.127	341.828	K0+737.336	K1+079.165
JD_3	K1+330.228	左61°30′15″	300	80	219.001	50.119	402.035	K1+111.227	K1+513.262

2)直线上中桩坐标计算

直线上中桩坐标计算包括ZH和HZ(或ZY或YZ)点坐标计算以及直线上任意点加桩坐标计算。如图5-61所示，设交点坐标为$JD(X_J, Y_J)$，交点相邻直线的方位角分别为 A_1 和 A_2。

(1)ZH和HZ点坐标计算

ZH(或ZY)点坐标：

$$\begin{cases} X_{\text{ZH}} = X_J + T\cos(A_1 + 180°) \\ Y_{\text{ZH}} = Y_J + T\sin(A_1 + 180°) \end{cases} \tag{5-7}$$

HZ(或YZ)点坐标：

$$\begin{cases} X_{\text{HZ}} = X_J + T\cos A_2 \\ Y_{\text{HZ}} = Y_J + T\sin A_2 \end{cases} \tag{5-8}$$

(2)直线上加桩坐标计算

设直线上加桩里程为L,ZH点和HZ点里程用ZH和HZ表示,则：

第一直线上任意点坐标(L小于ZH)：

$$\begin{cases} X = X_J + (T + \text{ZH} - L)\cos(A_1 + 180°) \\ Y = Y_J + (T + \text{ZH} - L)\sin(A_1 + 180°) \end{cases} \tag{5-9}$$

第二直线上任意点坐标(L大于HZ)：

$$\begin{cases} X = X_J + (T + L - \text{HZ})\cos A_2 \\ Y = Y_J + (T + L - \text{HZ})\sin A_2 \end{cases} \tag{5-10}$$

3)单曲线坐标计算

(1)不设缓和曲线的单曲线

不设缓和曲线单曲线的ZY点和YZ点坐标分别按式(5-7)、式(5-8)计算,设其坐标分别为ZY($X_{\text{ZY}}, Y_{\text{ZY}}$)和YZ($X_{\text{YZ}}, Y_{\text{YZ}}$),则圆曲线上任意点坐标按下式计算：

$$\begin{cases} X = X_{\text{ZY}} + 2R\sin\left(\dfrac{90l}{\pi R}\right)\cos\left(A_1 + \xi\dfrac{90l}{\pi R}\right) \\ Y = Y_{\text{ZY}} + 2R\sin\left(\dfrac{90l}{\pi R}\right)\sin\left(A_1 + \xi\dfrac{90l}{\pi R}\right) \end{cases} \tag{5-11}$$

式中：l——圆曲线内任意点至ZY点的曲线长；

R——圆曲线半径；

ξ——右转角为"+1",左转角为"-1"。

(2)设缓和曲线的单曲线

如图5-61所示,设有缓和曲线单曲线的ZH和HZ点坐标分别按式(5-7)、式(5-8)计算。在计算缓和曲线内任意点坐标时,应先计算出切线横距x。

$$x = l - \dfrac{l^5}{40R^2 L_s^2} + \dfrac{l^9}{3456R^4 L_s^4} - \dfrac{l^{13}}{599040R^6 L_s^6} + \cdots \tag{5-12}$$

式中：l——回旋线上任意点至ZH点或HZ点的曲线长；

L_s——缓和曲线长度。

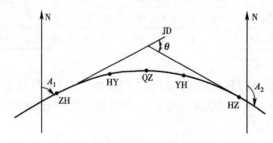

图5-61 中桩坐标计算示意图

①第一回旋线(ZH 至 HY)内任意点坐标。

$$\begin{cases} X = X_{ZH} + \dfrac{x}{\cos\left(\dfrac{30l^2}{\pi RL_s}\right)}\cos\left(A_1 + \xi\dfrac{30l^2}{\pi RL_s}\right) \\ Y = X_{ZH} + \dfrac{x}{\cos\left(\dfrac{30l^2}{\pi RL_s}\right)}\sin\left(A_1 + \xi\dfrac{30l^2}{\pi RL_s}\right) \end{cases} \quad (5\text{-}13)$$

②圆曲线段内点的坐标。

由 HY 点计算至 YH 点时：

$$\begin{cases} X = X_{HY} + 2R\sin\left(\dfrac{90l}{\pi R}\right)\cos\left[A_1 + \xi\dfrac{90(l+L_s)}{\pi R}\right] \\ Y = Y_{HY} + 2R\sin\left(\dfrac{90l}{\pi R}\right)\sin\left[A_1 + \xi\dfrac{90(l+L_s)}{\pi R}\right] \end{cases} \quad (5\text{-}14)$$

式中：l——圆曲线内任意点至 HY 的曲线长；

X_{HY}、Y_{HY}——HY 点坐标，由式(5-13)计算。

由 YH 点算至 HY 点时：

$$\begin{cases} X = X_{YH} + 2R\sin\left(\dfrac{90l}{\pi R}\right)\cos\left[A_2 + 180° - \xi\dfrac{90(l+L_s)}{\pi R}\right] \\ Y = Y_{YH} + 2R\sin\left(\dfrac{90l}{\pi R}\right)\sin\left[A_2 + 180° - \xi\dfrac{90(l+L_s)}{\pi R}\right] \end{cases} \quad (5\text{-}15)$$

式中：l——圆曲线内任意点至 YH 点曲线长；

ξ——右转角为"+1"，左转角为"-1"。

③第二回旋线(YH 至 HZ)。

$$\begin{cases} X = X_{HZ} + \dfrac{x}{\cos\left(\dfrac{30l^2}{\pi RL_s}\right)}\cos\left(A_2 + 180° - \xi\dfrac{30l^2}{\pi RL_s}\right) \\ Y = Y_{HZ} + \dfrac{x}{\cos\left(\dfrac{30l^2}{\pi RL_s}\right)}\sin\left(A_2 + 180° - \xi\dfrac{30l^2}{\pi RL_s}\right) \end{cases} \quad (5\text{-}16)$$

式中：l——第二回旋线内任意点至 HZ 点的曲线长。

4)复曲线坐标计算

(1)复曲线中间缓和曲线 L_F 上任意点坐标计算。

复曲线中间有设缓和曲线和不设缓和曲线两种情况。设缓和曲线时，该缓和曲线仍然采用回旋曲线，但这不是从曲率为零开始的回旋曲线，而是截取了曲率由 $1/R_1$ 到 $1/R_2$ 这一段作为缓和曲线。

如图 5-62 所示，缓和曲线 AB 在 A 点的曲率半径为 R_1，在 B 点为 R_2，缓和曲线 AB 的长度为 L_F。为计算 L_F 上任意点的坐标，应先找出该段缓和曲线上曲率为零的点 M，使其变成一个曲率由 0～$1/R_2(R_1>R_2)$，或 0～$1/R_1(R_1<R_2)$ 的完整回旋曲线，从 M 点推算 $1/R_1$～$1/R_2$ 这一段任意点的坐标。

217

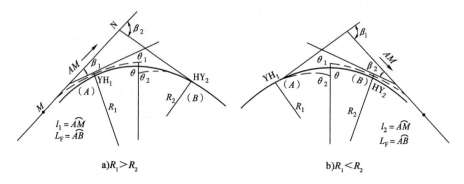

图 5-62 复曲线坐标计算示意图

根据回旋线几何关系：

$$L_F = \sqrt{\frac{24 R_1 R_2 P_F}{R_1 - R_2}} \tag{5-17}$$

而

$$P_F = P_2 - P_1 = \frac{L_{s2}^2}{24 R_2} - \frac{L_{s1}^2}{24 R_1} \tag{5-18}$$

故

$$L_F = \sqrt{\frac{|R_2 L_{s1}^2 - R_1 L_{s2}^2|}{|R_1 - R_2|}} \tag{5-19}$$

式中：L_F——中间回旋线长度；

L_{s1}——第一回旋线长度；

L_{s2}——第二回旋线长度；

P_F——中间回旋线内移值；

P_2、P_1——第二、第一回旋线内移值。

① 当 $R_1 > R_2$ 时。

如图 5-61a) 所示，设 A 点 (YH_1) 的坐标为 (X_A, Y_A)，切线方位角为 A_A。其中 A 点坐标由式(5-13)计算，切线方位角 A_A 用下式计算：

$$A_A = A_1 + \xi \left[\frac{90(L_{s1} + 2l)}{\pi R_1}\right] \tag{5-20}$$

式中：l——半径为 R_1 的平曲线 HY_1 至 YH_1 的曲线长。

则 M 点的坐标 (X_M, Y_M) 为：

$$\begin{cases} X_M = X_A + \dfrac{l_1 - \dfrac{l^3}{40 R_1^2}}{\cos\left(\dfrac{30 l_1}{\pi R_1}\right)} \cos\left(A_A + 180° - \xi \dfrac{2}{3} \beta_1\right) \\[2ex] Y_M = Y_A + \dfrac{l_1 - \dfrac{l_1^3}{40 R_1^2}}{\cos\left(\dfrac{30 l_1}{\pi R_1}\right)} \sin\left(A_A + 180° - \xi \dfrac{2}{3} \beta_1\right) \end{cases} \tag{5-21}$$

式中：

$$l_1 = \frac{R_2 - L_F}{R_1 - R_2} \quad (5\text{-}22)$$

$$\beta_1 = \frac{90l_1}{\pi R_1} \quad (5\text{-}23)$$

M 点的切线方位角 $A_M = A_A - \xi\beta_1$。

②当 $R_1 < R_2$ 时。

如图 5-61b)所示，M 点的坐标为：

$$\begin{cases} X_M = X_A + \dfrac{l_2 - \dfrac{l_2^3}{40R_1^2}}{\cos\left(\dfrac{30l_2}{\pi R_1}\right)} \cos\left(A_A + \xi\dfrac{2}{3}\beta_1\right) \\ Y_M = Y_A + \dfrac{l_2 - \dfrac{l_2^3}{40R_1^2}}{\cos\left(\dfrac{30l_2}{\pi R_1}\right)} \sin\left(A_A + \xi\dfrac{2}{3}\beta_1\right) \end{cases} \quad (5\text{-}24)$$

式中：

$$l_2 = \frac{R_2 - L_F}{R_2 - R_1} \quad (5\text{-}25)$$

$$\beta_1 = \frac{90l_2}{\pi R_1} \quad (5\text{-}26)$$

M 点的切线方位角 $A_M = A_A + \xi\beta_1$。

③L_F 任意点坐标计算。

在计算出 M 点的坐标和切线方位角后，当 $R_1 > R_2$ 时，利用第一回旋曲线内任意点坐标计算公式(5-13)计算 L_F 上任意点坐标；当 $R_1 < R_2$ 时，用第二回旋曲线计算公式(5-16)计算。应注意的是，式中的 l 为中间缓和曲线上任意点至 M 点的曲线长，A_1、A_2 应换算成 A_M。

(2)复曲线 L_F 以外任意点坐标计算。

复曲线除中间设缓和曲线时的 L_F 段外，其他部位任意点坐标计算公式与单曲线相同。

5)示例

计算 JD_1 和 JD_2 平曲线主点桩的坐标。

由表 5-3 和表 5-4 的结果，按单曲线坐标计算公式，可以算出 JD_1 和 JD_2 平曲线主点桩的坐标，列入表 5-5 中。

主点坐标计算结果 表5-5

主点	JD_1			JD_2		
	桩号	X(m)	Y(m)	桩号	X(m)	Y(m)
ZH	K0+183.310	5765.500	1574.548	K0+737.336	5580.263	2078.231
HY	K0+263.310	5708.671	1630.805	K0+817.336	5567.199	2157.121
QZ	K0+361.913	5635.092	1711.949	K0+908.250	5536.567	2242.513
YH	K0+460.515	5618.095	1864.202	K0+999.165	5487.482	2318.807
HZ	K0+540.515	5605.930	1883.092	K1+079.165	5432.858	2377.204

4. 曲线形定线坐标计算

1)单曲线计算

由两段缓和曲线把圆曲线与两条直线连接起来。设圆心坐标为 $M(x_m, y_m)$，圆曲线前直线上两点的坐标为 (x_1, y_1) 和 (x_2, y_2)，后直线上两点的坐标为 (x_3, y_3) 和 (x_4, y_4)。单曲线计算图如图5-63所示。

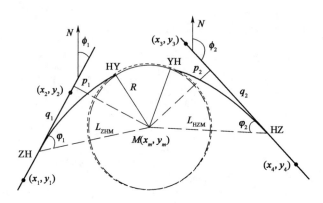

图5-63　单曲线计算图

前直线方位角：$\phi_1 = \arctan \dfrac{y_2 - y_1}{x_2 - x_1}$，若 $x_2 < x_1$，则 $\phi_1 = \phi_1 + 180$；

后直线方位角：$\phi_2 = \arctan \dfrac{y_4 - y_3}{x_4 - x_3}$，若 $x_4 < x_3$，则 $\phi_2 = \phi_2 + 180$。

经计算得两缓和曲线长度分别为 Ls_1 和 Ls_2，内移值分别为 p_1, p_2，且 $p_1 = D_1, p_2 = D_2$（D_1、D_2 分别为两直线边到圆曲线的距离）。

则曲线要素为：

$$q_1 = \frac{Ls_1}{2} - \frac{Ls_1^3}{240R^2}, \beta_1 = \frac{Ls_1}{2R}$$

$$q_2 = \frac{Ls_2}{2} - \frac{Ls_2^3}{240R^2}, \beta_2 = \frac{Ls_2}{2R}$$

ZH、HZ点到圆心 M 的方位角为：

$$\alpha_{ZM} = \varphi_1 + \xi\varphi_1, \alpha_{HM} = \varphi_2 + 180 - \xi\varphi_2$$

式中：$\varphi_1 = \mathrm{arctg}\dfrac{R + p_1}{q_1}$；$\varphi_2 = \mathrm{arctg}\dfrac{R + p_2}{q_2}$；$\xi = \mathrm{SGN}(R)$，$R$ 的符号，曲线右转取正号，左转取负号。

ZH、HZ点坐标：

$$\begin{cases} X_{ZH} = X_M + L_{ZHM} \cos(\alpha_{ZM} + 180) \\ Y_{ZH} = Y_M + L_{ZHM} \sin(\alpha_{ZM} + 180) \end{cases}$$

$$\begin{cases} X_{HZ} = X_M + L_{HZM} \cos(\alpha_{HM} + 180) \\ Y_{HZ} = Y_M + L_{HZM} \sin(\alpha_{HM} + 180) \end{cases}$$

式中：$L_{ZHM} = \sqrt{q_1^2 + (R+p_1)^2}$；$L_{HZM} = \sqrt{q_2^2 + (R+p_2)^2}$。

圆心 M 到 HY、YH 的方位角：

$$\alpha_{MHY} = \varphi_1 - \xi(90 - \beta_1), \alpha_{MYH} = \varphi_2 - \xi(90 + \beta_2)$$

$$\begin{cases} X_{HY} = X_M + R\cos\alpha_{MHY} \\ Y_{HY} = Y_M + R\sin\alpha_{MHY} \end{cases} 或 \begin{array}{l} X_{HY} = X_{ZH} + x\cos\varphi_1 - \xi y\sin\varphi_1 \\ Y_{HY} = Y_{ZH} + x\sin\varphi_1 + \xi y\cos\varphi_1 \end{array}$$

$$\begin{cases} X_{YH} = X_M + R\cos\alpha_{MYH} \\ Y_{YH} = Y_M + R\sin\alpha_{MYH} \end{cases} 或 \begin{array}{l} X_{YH} = X_{HZ} - x\cos\varphi_2 - \xi y\sin\varphi_2 \\ Y_{YH} = Y_{HZ} - x\sin\varphi_2 + \xi y\cos\varphi_2 \end{array}$$

设前直线上点 (x_1, y_1) 的里程桩号为 Lcz，则

$$ZH = Lcz + \sqrt{(x_1 - X_{ZH})^2 + (y_1 - Y_{ZH})^2}$$

平曲线长度 $L = (|\varphi_2 - \varphi_1| - \beta_1 - \beta_2)R\dfrac{180}{\pi} + Ls_1 + Ls_2$

$HY = ZH + Ls_1$，$HZ = ZH + L$，$YH = HZ - Ls_2$。

2）S 形曲线计算

已知两圆心坐标为 $M_1(x_{m1}, y_{m1})$，$M_2(x_{m2}, y_{m2})$，半径 R_1，R_2（反向），计算确定缓和曲线长度 Ls_1、Ls_2。S 形曲线计算图如图 5-64 所示。

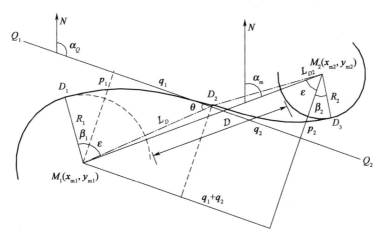

图 5-64　S 形曲线计算图

(1) 线形元素连接点坐标计算

$$D = |M_1M_2 - R_1 - R_2| = \sqrt{(x_{m2} - x_{m1})^2 + (y_{m2} - y_{m1})^2} - R_1 - R_2$$

缓和曲线参数：

$$A = \sqrt[4]{24DR^3} = \sqrt[4]{\dfrac{24DR_1^3R_2^3}{(R_1+R_2)^3}}（近似计算）$$

缓和曲线长度：

$$Ls_1 = \dfrac{A^2}{R_1}, Ls_2 = \dfrac{A^2}{R_2}$$

$$\tan\varepsilon = \dfrac{q_1 + q_2}{R_1 + R_2 + p_1 + p_2}$$

则公切线 Q_1Q_2 的方位角为 $\alpha_Q = \alpha_M + \xi(90 - \varepsilon), \alpha_M = \mathrm{arctg}\dfrac{y_{m2} - y_{m1}}{x_{m2} - x_{m1}}$

衔接点 D_1、D_2、D_3 坐标计算：

圆心 M_1 到公切点 D_2 的方位角位为 $\alpha_{M_1D_2} = \alpha_Q - \xi\theta, \theta = \mathrm{arctg}\dfrac{R_1 + p_1}{q_1}$

D_2 点的坐标：
$$\begin{cases} X_{D_2} = X_{M_1} + L_D \cos\alpha_{M_1D_2} \\ Y_{D_2} = Y_{M_1} + L_D \sin\alpha_{M_1D_2} \end{cases}$$

式中：$L_D = \sqrt{q_1^2 + (R_1 + p_1)^2}$。

当然也可由 M_2 坐标计算公切点 D_2 的坐标。由 M_2 坐标计算 D_2 坐标时：
$$X_{D_2} = X_{M_2} + L_{D_2}\cos\alpha_{M_2D_2}, Y_{D_2} = Y_{M_2} + L_{D_2}\sin\alpha_{M_2D_2}$$

式中：$L_{D_2} = \sqrt{q_2^2 + (R_2 + p_2)^2}, \alpha_{M_2D_2} = \alpha_Q + 180 - \xi\theta_2, \theta_2 = \mathrm{arctg}\dfrac{R_2 + p_2}{q_2}$。

如果回旋线参数 A 计算不准确，则由 M_1 和 M_2 计算出的 D_2 坐标不相等，即 D_2 不是公切点。可通过两种方式解决：设定 D_2 为公切点，①移动 M_2 的位置；②调整 Ls_2 的参数 A_2。

移动圆心时，
$$\begin{cases} X_{M_2} = X_{D_2} - L_{D_2}\cos\alpha_{M_2D_2} \\ Y_{M_2} = Y_{D_2} - L_{D_2}\sin\alpha_{M_2D_2} \end{cases}$$

D_1、D_3 的坐标可用前面公式计算出来。

(2) S 形曲线与两边线的连接计算

从两条直线上分别选取两个点，采集坐标，标定两直线。同时必须确定第一条边上一点的里程桩号，作为推算该路段里程桩号的基点。

按前面介绍的圆曲线与直线连接的方法分别计算 S 形曲线连接两直线的缓和曲线长度即参数。再计算出两段缓和曲线的 p_i、q_i、β_i 值，计算曲线元素 T、L、E、J。然后分别计算第一平曲线的 ZH 点坐标，第二平曲线的 HZ 点坐标。则 ZH 里程桩号由已知里程桩号的导线点（坐标 x_1, y_1）推算。

3) 卵形曲线计算

已知两圆心坐标为 $M_1(x_{m1}, y_{m1})$，$M_2(x_{m2}, y_{m2})$，半径 R_1, R_2（同向），计算确定缓和曲线长度 Ls_1、Ls_2 及中间缓和曲线长度 L_F。卵形曲线计算图如图 5-65 所示。

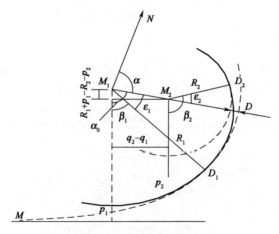

图 5-65　卵形曲线计算图

(1)线形元素连接点坐标计算

圆心M_1、M_2连线的方位角:

$$\tan\alpha = \frac{y_{M_2} - y_{M_1}}{x_{M_2} - x_{M_1}}$$

如果$\alpha<0$,$\alpha=\alpha+180$。

圆心M_1、M_2连线与缓和曲线的切线夹角:

$$\tan\alpha_0 = \frac{q_2 - q_1}{R_1 + p_1 - R_2 - p_2}$$

$$\varepsilon_1 = \alpha_0 - \beta_1, \varepsilon_2 = \alpha_0 - \beta_2$$

从大圆过渡到小圆时方位角: $\alpha_{M_1D_1} = \alpha - \xi\varepsilon_1$

$$\alpha_{M_2D_2} = \alpha - \xi\varepsilon_2$$

从小圆过渡到大圆时方位角: $\alpha_{M_1D_1} = \alpha + 180 - \xi\varepsilon_1$

$$\alpha_{M_2D_2} = \alpha + 180 - \xi\varepsilon_2$$

则衔接点D_1和D_2坐标计算公式为($i=1,2$)

$$\begin{cases} x_{D_i} = x_{M_i\alpha} + R_i\cos\alpha_{M_iD_i} \\ y_{D_i} = y_{M_i\alpha} + R_i\sin\alpha_{M_iD_i} \end{cases}$$

(2)中间缓和曲线坐标计算

按近似计算公式回旋线参数$A = \sqrt[4]{\dfrac{24DR_1^3R_2^3}{(R_1-R_2)^3}}$

必须检查参数A是否在规定范围$R_2/2<A<R_2$。

中间缓和曲线段长度L_F计算:

衔接点D_1处缓和曲线长度为L_{D_1},D_2点缓和曲线长度为L_{D_2}

$$l_{D_1} = \frac{A^2}{R_1} \quad l_{D_2} = \frac{A^2}{R_2}$$

$$L_F = l_{D_2} - l_{D_1} = \frac{A^2}{R_2} - \frac{A^2}{R_1} = \frac{R_1 - R_2}{R_1R_2}A^2$$

中间缓和曲线起点M坐标计算:

①当$R_1>R_2$时,如图5-66:

D_1点切线方位角: $\alpha_{D_1} = \alpha_{M_1D_1} + \xi \cdot 90$

由D_1坐标推算M坐标:

M点切线方位角:$\alpha_M = \alpha_{D_1} - \xi\beta_{D_1} = \alpha_{D_1} - \xi\dfrac{90l_{D_1}}{\pi R_1}$

$$\beta_{D_1} = \frac{l_{D_1}}{2R_1}\frac{180}{\pi}$$

M点坐标: $x_M = x_{D_1} + x/\cos\delta \cdot \cos(\alpha_M + 180 + \xi\delta)$

$\quad\quad\quad\quad y_M = y_{D_1} + x/\cos\delta \cdot \sin(\alpha_M + 180 + \xi\delta)$

式中:x、y——缓和曲线终点切线支距值;

$\quad\quad\delta$——缓和曲线终点弦角,$\delta = \arctan\dfrac{y}{x}$。

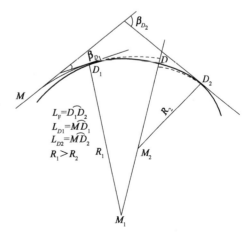

图5-66 同向圆曲线之间的回旋线上点坐标计算

②当 $R_1<R_2$ 时：回旋线起点 M 位于 D_2 点前方。

由 D_1 坐标推算 M 坐标：

M 点切线方位角：
$$\alpha_M = \alpha_{D_1} + \xi\beta_{D_1} = \alpha_{D_1} + \xi\frac{90l_{D_1}}{\pi R_1}$$

M 点坐标：
$$x_M = x_{D_1} + x/\cos\delta \cdot \cos(\alpha_M + 180 - \xi\delta)$$
$$y_M = y_{D_1} + x/\cos\delta \cdot \sin(\alpha_M + 180 - \xi\delta)$$

当计算出之间缓和曲线起点坐标及方位角后，即可据此计算缓和曲线上任意点坐标。

（3）卵型曲线与两边线的连接计算

从两条直线上分别选取两个点，采集坐标，标定两直线。同时必须确定第一条边上一点的里程桩号，作为推算该路段里程桩号的基点。

①分别计算卵型曲线连接两直线的缓和曲线长度及参数；

②计算出两段缓和曲线的 p_i、q_i、β_i 值；

③分别计算第一圆曲线 R_1 的 ZH、HY 点坐标，第二圆曲线 R_2 的 YH、HZ 点坐标。

5. 实地放线

根据测量控制点和纸上定线计算成果，可采用极坐标法、拨角法、支距法、直接定点法等方法进行放线。

第六节 总 体 设 计

一 总体设计的任务、内容

总体设计是在综合考虑建设规模、设计标准的前提下，运用先进的科学技术理论和方法，对全线总体布局以及各专业设计的配套协调方面做出的综合设计。总体设计是道路具体设计的依据和基础。总体设计的好坏直接影响道路的设计、施工、营运的质量，是道路设计重要的前期工作。总体设计是道路设计文件的重要组成部分之一。

各级公路应做好总体设计，正确处理公路与相关路网、交通节点的关系。合理设置各类出入口、交叉和构造物。各类构造物的造型与布置应合理、适用、经济。

城市道路快速路、主干路、大桥和特大桥、隧道、交通枢纽应进行总体设计，其他道路可根据相关因素、重要程度进行总体设计。快速路（如采用高架、隧道、路堑、地面等道路形式）、主干路（如采用主辅路断面布置、快捷路交通管理等形式）、大桥及特大桥、隧道、交通枢纽等项目，系统性强、设计面广、协调量大、工程较复杂，项目与各专业及旁邻工程的关联性较强。该类工程应进行总体设计，做好总体布置方案，并要在设计文件中，以一定形式表达出来。其他道路若涉及与轨道交通、地下空间、大型地下管线、城市景观等的协调，以及需要分段、分期设计的道路，可按相关因素进行总体设计。

1. 总体设计的任务

道路是一种带状的三维构造物，是铺设于大自然中的工程实体，因此道路设计不仅要满足其自身的功能需求,还要着重研究大自然中的各种相关的复杂因素。道路总体设计的内容涵盖了道路自身的功能要素和其他各种因素,设计也就是对这些要素、因素进行综合分析,使其系统化、有机化的过程,最终使建造的道路达到既能满足其自身功能要求,又能与大自然相融合,与所关联内部与外部条件相协调。

总体设计的任务可归纳为实现"三个协调",即通过总体设计实现道路与各自然因素的协调;公路与周围环境的协调;公路自身各工程的协调。

具体任务主要解决以下两个问题:

(1)总体设计应论证确定道路功能、技术标准、建设规模及建设方案。

(2)总体设计应统一协调路线、路基、桥涵、隧道、路线交叉、交通工程与沿线设施等各专业内、外部的关系,明确相关设计界面和接口,使之成为完整的系统工程,符合安全、环保、可持续发展的总体目标。

2. 公路总体设计的主要内容

1)可行性研究阶段总体设计的主要工作内容

(1)根据总体设计应考虑的主要因素,结合项目建设条件和特点,提出总体设计指导思想,有针对性地制定项目总体设计原则。

(2)根据预测交通量和建设条件综合确定项目的技术标准、道路等级及建设规模。

(3)根据项目区域的地形、地质、水文、气象等自然条件,确定路线走向和走廊带方案,拟定重大工程方案。

(4)根据公路在区域路网中的作用,确定路线起终点、主要控制点及与其他相交公路的连接关系。

(5)提出设计阶段应进一步深化研究的总体设计问题。

2)设计阶段总体设计的主要工作内容

(1)在充分研究可行性研究报告批复意见的基础上,根据总体设计的主要影响因素,结合项目建设条件和特点,有针对性地制订总体设计原则;分析项目的重点、难点,提出相应的可行性对策。

(2)路线起、终点及与其他公路(含规划公路)的衔接方式,应符合路网规划的要求;起、终点位置及建设方案应考虑为后续项目接线和具体工程实施预留足够的长度,至少应延伸至路线两个平曲线,并达到初步设计的工作深度。

(3)应根据公路功能、设计交通量、沿线地形、地质条件等论证并确定公路等级、设计速度、设计路段;不同设计路段的衔接位置应适应衔接路段的过渡及前后一定长度范围内的线形设计;不同设计路段的衔接点宜选择在平面交叉或互通式立体交叉的交通量变化处,也可选择在平纵线形良好、视野开阔的路段;高速公路、一级公路应分别对左、右路幅进行线形设计,通过渐变中央分隔带宽度完成过渡。

(4)总体设计应对路线方案进行综合比选。不同地形条件路线方案比选要点如下:

①平原微丘区路线方案比选,应考虑项目与区域路网的关系,路线控制点应以交通源及交通枢纽为基础,路线宜尽可能便捷,同时应考虑占地、拆迁、噪声及景观等因素。

②山岭重丘区路线方案比选,应考虑路线与地形、地质、水文、生态水资源等自然条件的关系,路线控制点的选择应以安全和环境保护为原则,对整体式与分离式路基、高路堤与高架

桥、深路堑与隧道等典型工程方案,根据其特点、适用性和内在联系,及其对路线方案和平纵面布置、路基土石方数量、环境保护、道路景观、工程可靠度、工程造价等的影响,从定性、定量两个方面综合比选。

(5)公路路线平、纵、横面设计的合理性应采用运行速度进行检验;公路安全设施应根据运行速度的检验结果有针对性地设置;工程设计方案应根据建设条件合理确定,应采取必要的工程措施,确保工程设计的可靠度。

(6)一般路段和特殊路段的横断面,应根据交通量和交通组成合理确定,其要点如下:

①高速公路、一级公路应根据设计交通量论证并确定车道数;具有集散功能的一级公路、二级公路应根据混合交通量及其交通组成论证设置慢车道的条件,并确定设置方式、横断面形式和宽度。

②高速公路、一级公路一般情况下应按照减小工程量、节省占地并方便交通运营管理等原则采用整体式路基,位于丘陵、山区时,应结合地形、地质、生态等自然条件和桥梁、隧道方案的布设及考虑降低工程造价、保护自然环境的因素,论证采用分离式路基的可行性。

③对于设置爬坡车道、避险车道等特殊路段,应从路线平纵面布设、交通量及交通组成、通行能力及工程设置合理性等方面综合论证其设置位置和横断面宽度及组成参数。

(7)大型桥梁、隧道、交叉、管理养护等设施的位置、间距及其设计方案应根据其功能合理确定,其要点如下:

①大型设施的间距应满足相关要求,各个设施之间的过渡应顺畅,必要时应采取切实可行的措施,确保交通安全。

②大型设施的设计方案应考虑与其他设施之间的相互联系,做到全面协调、总体可行。

③大型桥梁、隧道工程应做好两端接线设计;平面交叉、互通式立体交叉设施应做好连接线设计;管理养护及服务设施的设置位置及规模应与区域路网中的服务设施相匹配。

④交叉工程应根据沿线居民的生产、生活方式现状及其发展趋势论证确定实施和预留方案,并正确处理沿线交叉工程与其他运输方式的关系。

⑤路线布设及平面交叉、互通式立体交叉的设置应有利于与其他运输方式形成综合运输网络;与铁路、水路、管道等运输方式的交叉工程应满足相关设施正常运营和发展规划的要求。

(8)平原区公路应尽量降低路基高度,采用低路堤设计方案,减小取土数量,节省公路占地,合理确定工程取土、弃土方案;山岭区公路不宜采用高填深挖路基,应结合路线布设合理确定工程设施,取、弃土场和植被恢复设计方案,防止发生水土流失等次生灾害。

(9)路线平纵面设计及工程方案的确定,应以节省占地为原则,基本农田区的路段应采取必要的工程措施节约耕地;山岭、丘陵区的路段宜根据弃土情况提出造地还田方案。

(10)路线平纵面设计,应充分考虑沿线环境及景观因素,合理确定路基、防护、排水、取土、弃土等设计方案,防止水土流失,保护自然环境。

(11)收费公路应充分论证收费制式,合理确定收费方式、主线收费站位置及其与被交公路的交叉方式等;高速公路的收费方案应考虑与区域路网收费体系的配合。

(12)分期修建的公路工程,必须按远期规划的技术标准做出总体设计,制订分期修建方案,做出相应设计。

3. 城市道路总体设计的主要内容

总体设计应贯穿于城市道路设计的全过程。总体设计强调项目的系统性、全面性。协调本项目与外部项目、社会、环境之间的内外关系，处理道路与桥梁、隧道、管线、交通设施、照明、绿化景观等各专业之间的关系，合理确定本项目的工程范围、技术标准、建设规模、主要技术指标、横断面布置，落实外部关联工程的衔接条件、设置要求、设计界面、配套接口、会签认可等内容，以便形成合理、可行的设计方案。

(1) 制定设计原则

设计原则作为完成工程建设项目的指导思想以及对总体设计方案的评判标准，应从以下几方面加以阐述：

① 对工程项目功能性品质追求的理念，如交通功能完善，满足应有的（或各种）交通方式的需求；坚持功能性技术标准，使工程项目具有高效合理的使用性能；

② 满足规划思想，符合规划要求，使工程项目具有充分的规划依据；

③ 坚持工程设计"以人为本"的理念，最大程度满足各层次使用者的需求；

④ 注重环境保护，体现资源节约、环境友好的工程项目设计；

⑤ 坚持科学态度，积极采用新技术、新材料、新工艺、新设备，达到技术先进、经济合理、资源节省、安全可靠；

⑥ 根据需求逐渐增长的特点，采用近远期分步实施的方法，达到既满足使用要求、又减少近期投资、使项目具有最大的性价比的目的；

⑦ 注重道路景观协调，符合生态文明建设要求；

⑧ 工程设计方案在征地拆迁、维持交通、施工方案等方面具有可实施性。

(2) 明确道路性质、功能定位、服务对象

道路的功能定位、服务对象与道路等级、道路在路网中的地位和作用有关，可根据其所处的区位、交通特性、区域环境来确定。服务功能可分为交通性道路、生活性道路、商业性道路和景观性道路，服务对象可分为客运交通、货运交通、客货运交通等。

(3) 确定技术标准、建设规模、主要技术指标

技术标准包括设计道路及相交道路的等级、设计速度、道路净高、铁路限界、航道等级与限界、设计荷载、结构设计使用年限、抗震设防标准、安全等级等，主要排水技术标准包括雨水设计重现期、径流系数、污水量等，并列出采用的规范及标准。建设规模应根据预测交通量和建设条件综合确定，满足交通发展需求。在确定工程技术指标时，应注意地区特性与差异，精心做好路线设计；必要时宜进行安全性评价，以保障行人和行车安全。因条件受限而采用规范的极限值或对快速路线形组合设计有难度的路段，可采用运行速度进行检验，并采取相应技术对策。

(4) 确定工程范围、总体方案和道路用地，并协调与相邻工程的衔接

总体设计应进行多方案比选，经技术经济综合论证，提出推荐方案，设计方案内容包括路线走向、道路形式、横断面布置、路段和重要节点的设计方案等。路线设计应根据沿线地形地貌、主要建筑物、环境敏感点的处理，沿线相关的铁路、城市轨道交通、隧道、水系、河道、航空、管道、高压线的布局，自然资源状况等，确定路线走向、主要控制点和竖向控制要素；并根据相邻工程衔接，确定项目的起终点、工程范围和道路用地。道路工程建成后主要为所在片区内

的居民出行服务,道路工程设计应考虑与两侧小区的衔接。在建或规划小区应收集小区的总平面设计图并将其反映到道路总平面图中,道路平面设计应在小区出入口处设置开口,纵断面设计应与小区场坪高程衔接,以便于道路两侧小区内的居民出行。现状小区应严格控制道路竖向设计,确保道路与小区顺接,避免因修建道路导致小区出行困难。

(5)提出交通组织设计方案

交通组织设计是总体设计中的一个重要环节,有利于道路设计满足交通功能的要求。新建道路或改建道路应根据服务对象、交通需求和路网条件进行交通组织设计,满足各种交通方式安全、通畅、高效的使用要求。

(6)落实节能环保、风险控制措施

应在查明工程沿线设施、自然环境、地形、地质等建设条件的基础上,认真研究路线方案或工程建设同生态环境、资源利用的关系,采取环境保护和节能降耗等技术措施,减少对生态环境的影响程度,加强恢复力度,最大限度地保护环境。对涉及社会稳定风险、工程质量安全的项目应开展科学、系统的预测、分析和评估,制订风险预控措施和应急预案,优化设计方案,使工程设计方案在线位、用地、征地拆迁、结构形式、维持交通、施工方案等方面具有可实施性,使项目能顺利实施。

(7)处理好城市道路设计与规划的衔接

城市道路设计一般以城市总体规划、项目所在地的控制性详细规划及专项规划为依据,拟建道路的平面设计坐标、交叉口设计高程均应与规划坐标和竖向高程一致。设计过程中,经现场踏勘并收集到详细资料后,若发现按规划设计道路实施较困难或者有更好的设计方案时,应进行不同方案的比选;经比较分析后,推荐最优方案报规划部门审批。

(8)做好互通式立体交叉方案

城市道路交叉口是城市道路交通网络中的重要节点,应分析并选定交叉位置,并进行多方案、多形式的论证比选;应根据交通量与交通量分布组成及其地形特征,确定交通流线主次、匝道形式、匝道车道数及匝道连接方式,确保互通位置合理、选型得当、功能齐全、指标合理、经济美观,发挥互通式立交进行交通转换的作用。立体交叉口用地范围应依据规划进行控制。

(9)处理好城市道路工程总体设计内部各专业之间的协调

城市道路工程总体设计不仅要做好项目外部衔接,还要做好内部各专业之间的沟通协调。总体设计方案主要体现在道路专业的平面、纵断面、横断面设计中,总体方案设计和优化需要各专业共同配合完成。总体设计内部各专业之间的协调主要是道路与桥梁、管线、交通、照明、绿化等专业之间的协调。道路设计中的平面、纵断面、横断面设计对其他专业影响较大,三者中的每一处调整均引起其他专业做相应的调整,设计时应做好道路的平面、纵断面、横断面设计,受其他专业控制的地方还需与其他专业沟通,同时满足道路专业与其他专业的设计要求,从而使得总体设计方案更加合理。

一是要处理好道路与桥梁的协调。道路纵断面设计在设置桥梁处为满足泄洪或净高要求,首先需确定桥面的设计高程,桥面设计高程确定后再进行桥梁两端的道路纵断面设计。这就需要在进行总体方案设计时道路和桥梁专业及时沟通,确定出合理的纵断面。此外,特大桥、大桥的桥面纵坡要求对道路纵断面设计也有影响,设计时应综合考虑。桥梁对道路横断面设计的影响主要体现在地面辅道加高架道路的横断面设计中,高架道路桥梁设计所采用的桥墩型式及桥墩尺寸影响地面辅道横断面布置,在确定这类横断面布置方案时,道路专业应与桥梁专业协商确定。

二是要处理好道路与管线的协调。城市管线一般包括给水、污水、雨水、电力、通信、燃气、热力等。管线的平面位置和竖向位置均应采用城市统一的坐标系统和高程基准。工程管线一般敷设在道路下面,道路平面、纵断面、横断面设计影响着管线的平面位置和竖向设计。道路纵断面设计需满足排水和地下管线的敷设要求,不同的横断面布置形式对应不同的管线横向布置方案。因此道路总体方案设计时应做好与管线相关专业的协调。

三是要处理好道路与交通的协调。城市道路横断面设计中的行车道宽度依据设计速度、预测交通量及服务水平分析确定。通过交通量预测和服务水平分析,确定出道路所采用的车道数,再结合设计速度从而得出机动车道路面宽度。横断面设计在机动车道满足交通增长需求的情况下,与分隔带、非机动车道、人行道组成不同的断面型式。道路横断面设计应做好与交通的协调。

四是要处理好道路照明与绿化的协调。照明专业根据道路专业提供的平面图和横断面图及确定的道路等级、设计速度等主要技术标准进行道路照明工程设计。道路专业与绿化专业之间的协调主要为:道路专业将做好的平面和横断面布置图提供给绿化专业,将需要绿化的部分与绿化专业沟通协调,以达到较好的景观效果,在总体方案设计中体现绿化工程的内容。

二 公路功能与技术标准

1. 公路功能及技术标准确定的基本要求

(1)应根据国家和地区路网结构与规划、地区特点、交通特性和建设目标等综合分析公路在公路网中的地位和作用,论证确定公路功能。

(2)应根据公路功能,结合交通量及建设条件综合论证确定公路的技术等级。同一公路项目可根据功能和交通量变化,论证分段采用不同的技术等级。

(3)应根据公路功能、交通组成、车型比例,确定设计车辆。

(4)高速公路和一级公路应根据公路功能、设计交通量,确定公路基本路段的车道数,车道数增加时应按双数增加。

(5)各级公路可根据项目沿线地形、地质与自然条件变化,分段选用设计速度,并应符合下列规定:

①同一设计速度的路段长度不宜过短,同一公路中不同设计速度的变化不应频繁。

②不同技术等级、不同设计速度路段相互衔接的位置或地点,应选择在大型构造物、互通式立体交叉、平面交叉、沿线主要村镇节点的前后,或路侧环境条件明显变化处。

(6)应根据路段设计速度、沿线地形、地质、环境和交通需求等因素,合理确定路线平纵面、视距、超高、加宽等主要控制指标。

(7)应根据公路技术等级、设计交通量、沿线环境和横断面各组成部分的功能,综合确定公路路基横断面组成及宽度。

(8)改扩建公路应采用改扩建后的公路技术标准和指标,对于利用原有公路的路段,因提高设计速度可能诱发工程地质病害、增加工程造价或对环境保护、文物有不利影响时,经论证,该局部路段可维持原设计速度和指标,其长度在高速公路上不宜大于15km,而对于一级公路、二级公路则不宜大于10km,且不应降低技术等级。

技术标准的确定是一项科学性极强、涉及因素广泛的工作,是公路勘察设计的前提条件。技术标准主要依据公路网规划,从全局出发,按照公路的使用任务、功能和交通量综合确定。对于山区高速公路,除考虑这些重要因素外,还要着重从路线走廊的地形、地质、水文条件和环境保护的要求等方面入手,从实际出发,以实事求是的观点进行全面分析论证。

2. 确定技术标准的主要因素

1)路网规划及路网中道路的相互关系对技术标准的影响

公路在区域网中的地位和作用直接关系到公路的性质和功能,是影响公路技术标准的首要因素,公路的技术标准应以公路网规划为基本依据,就路网层次的重要性而言,国家级主骨架路网占主导地位,技术标准的定位往往要高。一般来讲,省级及区域级路网的技术标准要低于国家级路网,但有时由于区域城镇布局、经济组团布局等因素的影响,这些道路往往也是十分重要的。山区路网的密度较低,尤其是主骨架路网更为稀疏,技术标准的拟定应充分考虑这一因素。

2)公路的使用任务、功能对技术标准的影响

路网规划的层次性对技术标准的拟定有较大影响,但即使是位于同一路网层次的公路,其技术标准也不尽相同,因此应对拟建公路的使用任务及功能做进一步分析。对于高速公路按其使用任务、功能可分为四种:一是远离经济发展中心区域的公路,这类公路是为连接两个相距较远的重要经济中心而建设的,往往是国家主骨架路网的组成部分,但其技术标准定位是不高的。二是连接两条主骨架道路的高速公路,由于主骨架道路承担了主要方向的交通,拟建项目仅起到路网连接作用,因此这种公路的技术标准也不需过高。三是连接区域内经济组团或位于中心城市外围的进出口公路。这类公路是十分重要的,应选择较高的技术标准,即使在公路远景设计年限20年内所预测交通量不高的情况下,也应从城市远期总体布局发展和区域经济发展的角度进行综合考虑,一般不宜选择较低的技术标准。四是旅游或兼有旅游性质的高速公路,由于公路多位于风景名胜区,过高的技术标准会对自然景观产生不利影响,而较高的车速也不利于游客的观光感受,应选择适当的技术标准。

3)设计交通量对技术标准的影响

设计交通量是确定公路等级和技术标准的基本依据。在确定技术标准时,应根据拟建项目在某一拟定的技术标准条件下公路的技术参数和交通组成,分析拟建项目的通行能力,结合预测的远景交通量选择合理的技术标准,必要时应对交通量各特征年的预测值加以分析。由于同一技术标准所适应的交通量的变化范围的级差和相邻技术标准所适应的交通量也有一定的重叠范围,当交通量在重叠范围时,可分析在不同的等级和技术标准条件下,其通行能力孰更合理。

4)路线走廊的选择对技术标准的影响

路线走廊不同,交通吸引能力亦不同。因此,路线走廊的选择对技术标准的拟定会产生一定影响。在山区,由于路线所处的地理位置及所处路网的特殊性,一般情况下,不同路线走廊对交通吸引能力的差异不大,对技术标准拟定的波动性影响较弱,而路线走廊内复杂的自然条件是影响技术标准拟定的关键因素。因此,应充分了解和查明走廊内的地形、地质和水文条件,依据初拟的技术标准,按照相应的技术指标要求,对不同路线走廊进行布线,研究在不同技术标准条件下路线平、纵面指标的变化情况,典型工程的分布情况,定量分析拟定标准

的合理性。

5）环境保护对技术标准的影响

环境保护是评价技术标准运用是否合理的重要指标。因此,应首先研究在拟定的技术标准前提下,路线布设对环境的影响程度。在山区要重点分析生态环境和水环境,了解和掌握区域生态环境的特点和水资源的分布情况,结合路线布置情况,从定性和定量两方面综合论证技术标准的合理性。

6）工程造价对技术标准的影响

较高的技术标准必然带来较高的工程造价。有时采用不同的技术标准,其工程造价会有较大的波动,但有时技术标准的变化对工程造价影响不大。因此,应结合不同技术标准的工程造价,并考虑前述因素进行综合分析,根据建设项目资金筹措的方式和数量,从公路的建设需求和国家、地方的财政投放几方面综合考虑技术标准的合理性。

3. 技术指标的掌握

1）按区段交通量掌握

同一技术标准交通量的变化幅度较大,其低限和高限值相差也较大,这个差异主要考虑了预测的交通量组成、道路所能达到的技术指标两个因素。因此,在具体路线设计时,应充分考虑远景交通量的大小及其组成情况,据此将整个项目划分为若干个设计路段,当交通量处于低限、地形条件较复杂的路段,其技术指标不宜过高。

2）按地形条件掌握

在交通量变化不大的路段,地形、地质条件决定着技术指标的选用。因此,应首先对全线的地形、地质条件作出全面分析,将其划分为若干个设计单元,针对每个单元选用适当的技术指标。

3）技术指标的均衡

按照交通量、地形条件划分的不同设计路段所选用的技术指标,必然存在不均衡现象。这在公路设计中是难免的,但应注意不同设计路段之间连接段技术指标的均衡与连续,做到高、低指标的合理过渡,并注意不同设计路段过渡段的设置。

三 建设规模与建设方案

1. 基本要求

（1）应根据公路网规划和公路功能定位,综合考虑路线走廊带范围的铁路、水路、航空、管道等综合交通运输体系的布局与规划,城市、工矿企业的现状与发展规划,自然资源开发利用状况等,研究确定路线起终点、主要控制点、路线长度、交叉数量、管理与服务设施配置等,确定建设规模。

（2）应根据项目的总体建设规模、控制性工程施工条件、交通量发展需求和项目资金筹措情况等相关因素,论证确定项目的建设方式。采用分期修建方式时,应符合下列要求：

①必须在综合分析论证的基础上作出总体设计和分期实施计划,分期修建的项目应使前期工程在后期仍能充分利用,并为后期工程的修建留有余地和创造有利条件。

②在论证采用分期建设方式时,除考虑交通量发展需求和项目资金条件外,还应充分考

虑整个施工期内,项目建设对周边环境、沿线群众交通出行、交通组织、安全等的影响。

③高速公路根据路网规划、交通量等因素,可采用纵向分段或按工程项目分期修建的方式。高速公路整体式路基路段,不得采用分期分幅的建设方式;高速公路和一级公路分离式路基路段经论证可采用分期分幅的建设方式,先期建成的一幅按双向交通通行时,应按二级公路通车条件进行管理,且限制速度不应超过80km/h。

(3)公路路基横断面形式应符合下列规定:

①高速公路和一级公路应根据沿线地形、地质等条件,选用整体式路基断面形式或分离式路基断面形式。必要时,应对采用整体式与分离式路基、高低路堤、半桥半隧等方案进行比选论证。

②在戈壁、沙漠和草原等地区,高速公路和一级公路宜选择宽中央分隔带、低路基、缓边坡、宽浅边沟等形式。

③二级公路、三级公路和四级公路应选择整体式路基断面形式。

④一级公路、二级公路应根据功能、交通量及其交通组成论证设置慢车道,并确定其设置方式、横断面形式与宽度。

⑤公路不同断面形式及宽度变化应设置必要的过渡段,其位置宜选择在城镇、交叉等节点。

⑥公路路基横断面布置应满足交通工程和安全设施设置的需求。

(4)公路与邻近铁路、管线的相互布置关系,应在调查掌握铁路及各类管线设施的走向、位置的基础上合理确定,并应符合下列要求:

①应合理减少公路与铁路、管线等的交叉次数。必须交叉时,应论证确定交叉位置和方式,采用较大的交叉角度,同时确保铁路、管线及其附属设施不得侵入公路建筑限界、不得影响行车视距。

②当公路与铁路和管线设施平行相邻时,应保持必要的距离,且保证铁路、管线及其附属设施不得进入公路两侧建筑控制区范围。

(5)公路项目与沿线相关公路的交叉方式,应根据公路功能、等级及交通组织方式综合确定,并应符合下列要求:

①承担干线功能的公路,应充分结合既有路网条件,通过合并、分流、设置辅道等措施,减少各类交叉数量、加大交叉间距,提高公路通行能力和安全性。

②高速公路与其他等级公路交叉时,必须采用立体交叉方式。应视交通流转换需求论证采用互通式立体交叉或分离式立体交叉。

③一级公路与其他等级及一级以下公路交叉时,应根据其所承担的主要功能确定交叉方式。承担干线功能时,与交通量大的公路相交宜采用立体交叉方式;承担集散功能时,应控制平面交叉间距,减少平面交叉的数量。

④二级、三级、四级公路与其他二级及二级以下公路交叉时,可采用平面交叉方式。

⑤一级及一级以下公路穿越或靠近城镇路段,应根据沿线实际情况考虑设置必要的隔离设施。

(6)交通工程及沿线设施应与主体工程同步设计,并应根据公路功能及等级、交通组织方式及安全与运营管理等需要,合理确定公路收费站场、服务区、停车区等管理和服务设施的位置、形式、间距和配置规模。必要时,可根据交通量等发展需求,论证采用一次规划、分期建设的方案。

(7)路线方案应由面到带、由带到线考虑各类影响因素,通过综合论证确定,并应符合下列要求:

①应查明沿线地质、水文情况,重大自然灾害、地质病害的分布、范围、状态及其对工程的影响程度。对路线方案选择有重大影响的地质灾害,应进行综合评估,并对绕避、穿越及处治方案进行比选论证。

②应研究特大桥、特长隧道等布置方案对路线走廊带及线位布局的影响,并进行方案比选论证。一般桥梁和隧道,其布设宜服从路线总体走向和几何线形设计等要求。

③对于公路路基高填深挖的路段,应进行高坡路基与桥梁、深挖路堑与隧道方案的综合比选论证。

(8)改扩建公路应遵循利用与改造相结合的原则,应在原有公路交通安全性评价,以及原有路基、桥梁、隧道检测与评价的基础上,综合论证对既有路线和构造物等的利用原则和利用方案,合理、充分地利用原有工程,并应符合下列要求:

①对于改扩建期间维持交通的项目,应基于相关路网条件,分析提出项目建设期间交通流组织与疏导方案,最大限度地减少项目施工对既有交通出行的影响,保障交通出行安全。高速公路改扩建项目维持通车路段,服务水平可降低一级,设计速度不宜低于60km/h。

②沙漠、戈壁、草原等小交通量地区的高速公路分离式断面路段利用现有二级公路改建为一幅时,其设计洪水频率可维持原标准不变,并应根据需要设置区域交通出行的辅道。

③公路改扩建项目应充分利用公路废旧材料,节约工程建设资源。

2. 工程方案的比选

1)工程方案比选的重要性

由于自然条件极为复杂,总体设计工程方案不仅会受到地形、地质、水文条件的严重制约,而且也受到生态、水资源、人文、交通等环境的影响,这些因素使得路线总体设计的工程方案具有多样性。一般遇到的典型方案问题是:整体式路基、分离式路基、高路堤、高架桥、深路堑、隧道。这些典型方案相互联系、相互制约,每一个方案的变化,不仅仅只是表现在具体的工程方案上,也可能会导致较长路段总体方案的变化。因此,必须对不同总体设计方案在路线布置、工程设置、环境保护等方面作全面的分析与比较。

如某一工点,设计时拟采用高路堤方案,但由于高路堤所需土石方数量较大,占用优良农田较多,与自然景观配合较差,对基底地质条件要求较高,而且高路堤的稳定性对路堤高度变化较为敏感,使得路堤设计高度有限等原因,拟改用高架桥方案。这时不仅需要对两个方案在同一平、纵面设计条件下的各种因素进行综合比较,而且还要对高架桥和高路堤在设计高度上的变化加以分析。由于高架桥的结构特性,其设计高度有较大的变化空间。这种高度变化的灵活性,将直接影响本路段及前后路线纵面设计方案和工程设计方案,而且也可能使得整个路段的平面布线发生改变,从而打破原本拟定的总体设计方案。再如:路线穿越植被茂密区,为保护区域生态环境,无非是采用两种方式:一是直接穿越,采取必要的工程措施,最大限度地减小对植被的破坏;二是采用绕避方案,通过平面布线最大限度地减小对植被的影响。两个方案在路线平纵面设计、工程设置、对植被的影响程度上各不相同,需要对其进行定量地分析与比较。

2)整体式路基与分离式路基的比选

整体式路基就是上、下行车道并列在一起的路基,其路幅基本在一个平面上,施工时路基整体填筑或开挖。在平原区或自然条件较为良好的地区,整体式路基作为路幅设计的首选方案,它的优势在于工程集中,有利于施工组织管理,节省占地,便于沿线设施布置和道路的养护运营。但在山区,整体式路基的路幅较宽,且平、纵面设计的灵活性差,在路线布线的空间资源极其有限的情况下,会使得路线总体设计单调、死板,出现高填深挖、挤占河道、增加拆迁等现象,导致工程量增大,工程造价上升,且不利于环境保护。

高速公路及一级公路具有明显的分向分道行驶特征,特别在山区高速公路设计中,应根据地形、地质、环境保护等条件合理地利用各要素,对每个方向进行独立的线形设计。这样不仅可最大限度地利用路线布线走廊内的空间资源,还可以在较大范围内重新寻求路线单向布线的途径,从而最大限度地消除采用整体式路基所带来的不利因素。

(1)同一平面布线条件下的分离式路基

同一平面条件下的分离式路基是指左右路幅为一条线形设计;分离式路基的设计仅仅是在纵面设计方面。

①沿河(沟)地段布线

沿河(沟)布线是山区高速公路常用的布线方式,但由于受到河道泄洪、河道自然弯曲形态、临河一侧陡峻山体及其地质条件的限制,布线常常较为困难。尤其是在V形河谷布线时(图5-67),不可避免地会出现高边坡,在地质条件较差的路段,高边坡的治理费用是较为昂贵的,并且大量的开挖山体会使山体植被遭受破坏,不利于环境保护。因此,在对河道泄洪、山体横坡及工程地质条件等因素进行综合分析后,可采用分离式路基,提高临山体一侧的路幅设计高度。这种布线方式对于陡坡路基也是极为适用的。

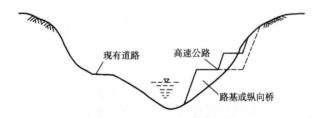

图5-67 位于V形河谷或陡坡布线的分离式路基

②斜坡地段布线

斜坡布线是山区或丘陵区十分常见的布线方式。如图5-68所示,地面横坡使得路线横向有一定的高差,按整体式断面设计时,斜坡下方的左半幅路基的填土高度较高,采用分离式路基可降低高度,减小土石方数量,节省占地。同时两车道之间的眺望可增强公路的美感,特别是在植被茂密、风景良好的地段,这种做法能更好地协调线形与地形的关系,减少对自然环境的破坏。另外,这种布线方式还可减轻或消除对方车灯的眩光,有利于行车安全。

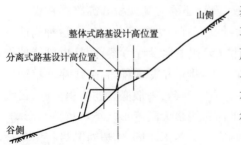

图5-68 斜坡地段布线的分离式路基

③地形起伏较大地段布线

起伏较大的地形条件对纵面设计来说是较为困

难的,存在着纵面指标与工程量的矛盾,要提高纵面指标,就必然会出现高填深挖的现象,有时即使采用较低的纵面指标,也不会获得良好的效果。在这种情况下,可考虑采用分离式路基的设计思想,在充分考虑了地形和构造物设置等条件后,上坡方向的纵坡可适当放缓,下坡方向的纵坡可适当放陡,这样可大大减小土石方数量,减轻废方处理的难度。

(2)不同平面布线条件下的分离式路基

①同一走廊带布线时的分离式路基

路线穿越峡谷或陡坡地段时,单侧布线一般较为困难,即使采用同一平面布线时的分离式路基也会存在高边坡、压缩河道等情况。此时可考虑将上、下行路基分开布置于两侧的山坡上(图5-69),独立进行平、纵面设计,这样可使路线平、纵面设计变得十分灵活,以最大限度地适应地形、地质等自然条件的变化,充分利用路线走廊内的空间资源。

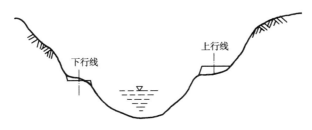

图5-69 同一走廊带布线时的分离式路基

②不同走廊带布线时的分离式路基

有时同一走廊带布置的分离式路基不仅会受到地形、地质条件的影响,也会受到既有公路、铁路或其他管线设施的制约。在这种情况下,可考虑寻求新的路线走廊,开辟另外一幅路基。如图5-70所示,上、下行路线环抱一个山丘,路线随山丘两侧地形的变化而变化,显得十分自然、优美。

图5-70 不同走廊带布线时的分离式路基

3)高路堤与高架桥的比选

(1)高路堤

高路堤是山区公路设计中经常碰到的问题,虽然在路线平面布置时充分考虑了纵面设计要素,但山区复杂的地形条件,特别是纵向高差起伏较大的特征决定了高路堤的出现。

《公路路基设计规范》(JTG D30—2015)中对于一般路基路堤的最大高度界定为:当地质条件良好时,采用细粒土、粗粒土、巨粒土填筑的路堤为20m。对边坡高度大于20m的高路堤,边坡形式宜采用阶梯形,边坡坡度应由稳定性分析计算确定,采取必要的防护加固措施。

在山区,高路堤一般在两种情况下出现:一是在斜坡上,受山体横坡的影响,路基一侧的路堤边坡伸出较远,形成高路堤;二是在路线通过V形谷地或U形山间平原易形成高路堤,特别是U形山间平原的高路堤一般较长,是高路堤设计的重点和难点。采用高路堤设计方案的最大优点是能充分利用前后路段的挖余废方,减小弃方困难,但应从以下几方面进行综合分析。

① 路线总体设计

虽然高路堤具有能充分利用挖余废方的优势,但其设计高度会受到基底地质条件、填料性质的影响,普遍认为其最大高度以30m为宜。其有限的高度,有时会导致前后路段路线线位偏低,反而会增加土石方数量,从而在填与挖的问题上产生矛盾。这种矛盾的激化,也会导致路线平面设计的变化,使得路线平、纵面指标降低,直接影响局部路段的总体设计方案,有时波及的范围会更大。

② 环境保护

高路堤土石方用量较大,经初步计算,如路基宽度为26m、高30m的高路堤每延米需填筑土石方约为2300m³,当前后路段的挖余废方不能满足填筑要求,且较远路段的挖余土石方受到地形条件限制不能加以利用时,势必要设置线外取土场。这样在一定路段内不仅使线内的植被遭到损坏,而且还损坏线外植被。

③ 自然景观

大面积的挖方不仅使区域的生态环境受到严重影响,同时也破坏了道路景观。而在U形山间平原采用的高路堤,其形状宛如一道生硬的堤坝,透视性极差,无空间美感,与山区特有的自然景观格格不入,在公路美学上显得不足。

④ 工程可靠度

影响高路堤稳定的因素很多,首先是基底的地质条件。山区高路堤往往位于山间凹地的冲洪积层上,这些地方可能会出现较厚的软弱层,造成路堤沉陷。当斜坡上的高路堤在地基条件良好时,高路堤会受到基底地面横坡的影响而产生横向滑移。当基底地质条件较差时,基底内部产生滑动面会使路堤变形。在填料性质方面,由于山区固有的地质地层特点,路堤填料往往复杂多样,在一定路段内单一性质的填料类型是不多的。填料类型的多样化使得路堤填筑的压实度受到影响,会产生不均匀沉降。为了避免上述不利情况,有时往往采用过渡路面的方法,因此,高路堤的工程可靠度是不强的。

⑤ 工程用地

山区的耕地资源比较贫乏,高路堤需占用大量的土地,尤其是位于U形山间平原地带的土地,往往是山区农民赖以生存的耕地资源,土地的失去必然会给农民生活带来一定的困难,而要开垦新耕地就会使得当地的生态环境遭受新的破坏。

⑥ 防洪抗灾

设置高路堤的路段往往是自然水源比较充足的地带,路堤的设置可能会对其造成影响,导致河道或河谷变形,不仅使公路本身的抗灾能力减弱,也会使区域的抗灾能力降低。

⑦ 工程造价

传统观点认为,采用高路堤方案的造价较低,但在山区,由于受上述因素的综合影响,其造价的高低需通过全面的分析和计算才能确定。如某项目采用高25m的高路堤时每延米的造价为7.86万元,而采用跨径为30m的高架桥时每延米的造价为7.67万元,两者造价相差不大,而且高架桥方案的造价还稍低些。

虽然山区高速公路高路堤设计方案受到上述因素的制约,但并非不能采用。关键的问题是要对其作全面的分析研究,要特别注意引入生态环境保护、自然景观、抗灾防灾、人文环境这些要素,从定量、定性两方面进行分析,理性地予以选择。

(2)高架桥

高架桥方案是对应于高路堤方案提出的。它的最大优势在于能与山区特有的地形、地貌特征相融合,减少对自然环境的干扰与破坏,使得高速公路能巧妙地融入自然环境中并与自然环境相协调。高架桥的设置应从以下几个方面进行综合分析。

①路线总体设计

由于高架桥自身结构的特点,其设计高度较高路堤有较大的灵活性,可迅速提升路线设计高度,不仅使自身的长度发生改变,也会使局部路段的平、纵面设计发生改变。因此,高架桥设计高度的波动直接影响到路线总体方案的构思和布局。

②路基土石方

采用高架桥方案势必大大减少对挖余废方的利用,它虽可提升路线高度以减少前后路段土石方的开挖数量,但有时纵面设计指标会限制高架桥的设计高度,从而出现挖余废方。因此,应考虑采用路堤和桥梁的路桥组合方案予以解决,使挖余废方尽量得到利用,同时必须考虑弃方的数量、位置及处理方式。

③施工方案

斜坡上的高架桥或部分位于斜坡上的高架桥,施工场地比较狭窄,施工期材料的运输较为困难,对此应全面考虑。在基础形式拟定及基础开挖时应考虑山坡的工程地质条件,避免发生工程事故。

④工程造价

一般认为桥梁的造价较高,但在对山区高速公路的高架桥进行造价分析时,不能只从桥梁本身的造价考虑,而要从设置高架桥后对整个路段路线总体设计方案影响的角度出发,并从环境保护、自然景观、抗灾防灾等方面综合考虑,进行定性和定量分析。

(3)高路堤与高架桥的比较

前面的阐述已经给出了高路堤、高架桥各自的特点及影响因素,对于某一路段是采用高路堤方案还是高架桥方案,应重点从以下几方面进行比选:

①路线总体设计

不管是采用高路堤方案还是高架桥方案,由于其设计高度的可变性,使得前后路段的纵面设计要素发生改变,甚至会影响到路线平面设计方案。因此,不仅要将两个方案置于同一平面布线,进行比较,还应拓宽思路,在充分发挥各自优势的前提下,将其布置于不同的路线走廊中,进而加以比较。

②环境保护、自然景观

高路堤方案可能导致前后路段的大面积挖方,也可能由于填料不足而设置线外取土场,而高架桥方案则会引起弃方。这些取、弃土场的设置均会对当地的自然环境,尤其是生态环境造成影响,不仅会造成水土流失,还会影响到自然景观。因此,合理选择取、弃土场,并将其纳入比较内容是方案比较的重点之一。至于高路堤和高架桥在景观方面的表现当然以高架桥为优。

③工程可靠度

高路堤的沉降和高架桥的结构安全性及斜坡上高架桥的施工方案均会影响到工程可靠度。因此,必须进行深入分析,综合各种因素提出提高工程可靠度的各种措施,以及这些措施的可操作性及成本。

④工程造价

工程造价计算时除考虑工程本身的造价外,还必须重点考虑取、弃土场的设置对造价的影响,计算取土后植被恢复和弃土后围田造地的费用,防止水土流失的工程费用,土地征用费用及还耕、还林的费用,提高工程可靠度的费用等。

综上所述,高路堤与高架桥方案的论证比选涉及面广,比选因素多,必须进行全方位分析。首先要从路线总体布局的角度审视方案的合理性,在具体比较时,不应只考虑造价因素,还要重点考虑环境保护、自然景观的内容,从定量、定性两方面进行论证。

4)深路堑与隧道的比选

(1)深路堑

深路堑一般是指土质挖方边坡高度大于20m或岩石挖方边坡高度大于30m的路堑,有全断面型,也有半填半挖型。采用深挖路堑设计方案具有以下优势:

①路线总体设计

路线平纵面设计技术指标的掌握和运用与一般路段基本相同,能与前后路段的平、纵面设计协调良好,有利于路线总体设计。

②路基土石方

开挖路堑的土石方是路堤填料的重要来源,在挖填土石方数量的均衡性掌握良好的情况下,可较大程度上省去设置线外取土场和弃土场,体现"移挖作填"的传统设计思想。

③路基施工

挖方路堑的工作面大,可采用点面结合的施工方式,有利于缩短施工周期。

虽然深路堑具有上述优势,但其劣势是极为明显的,表现在以下几个方面:

①路线总体设计。在路线总体设计方面,由于受路堑边坡高度的限制,会使得路线纵坡设计指标降低。

②路基土石方。路基土石方平衡是设计时期望达到的理想状态。在山区复杂的地形、地貌和地质条件下,会受到填方用量、运输路径、土石品质的限制,往往难以达到土石方平衡,经常出现挖方数量远远大于填方数量的情况。初步计算,当路基宽度为26m、边坡高度为30m的深挖路堑每延米的挖方数量在1700m^3左右,每公里的土石方达到170万m^3,要完全利用如此大开挖数量的土石方是较为困难的。因此,在山区高速公路设计时强求土石方平衡的观念是值得商榷的。深路堑产生的大量废方必然会给当地的环境带来较大影响。

③占地。据计算,当路基宽度为26m、地面横坡为零、边坡高度为30m的深挖路堑的占地宽度在80~100m之间,每公里占地在120~150亩(1亩=666.6m^2)之间,这样将大量毁坏当地的植被资源。

④路堑边坡。深路堑必然导致高边坡,特别是在地面横坡较陡时,边坡高度较之路基中心挖深将大大增加。高边坡的稳定取决于地质、水文条件。在条件不良时,高边坡的整治费用是巨大的,而岩土体结构的复杂多变性,也会降低防护工程的可靠度。更重要的是高边坡易诱发坍塌、滑坡灾害,对此应予以高度重视。

⑤自然景观。对整个项目来说,采用深路堑的设计指导思想会频繁出现高边坡,不仅严重影响道路自身景观,而且在道路与自然景观的协调性上显得呆板、生硬,在总体上缺乏美感。

然而,在山区高速公路设计中,出现深路堑是不可避免的,关键的问题是在采用了深路堑方案后,对总体设计方案所带来的质和量的变化有多大,在充分考虑上述不利因素的前提下,权衡各种利弊,抓住和解决主要矛盾,这样采用深路堑方案也是可行的。

(2)隧道

隧道方案是对于深路堑方案提出的。在深路堑方案的优势不能得到充分发挥,而其劣势表现突出时,采用隧道方案无疑是值得重点研究的。它的优势表现在以下几方面:

①路线总体设计。采用隧道方案可大大降低路线高度,改善路线纵面指标,同时也降低了前后路段的路线设计高度,便于工程方案的拟定。当路线总体布线为低线位时,采用隧道方案有利于工程方案的拟定。当路线总体布线为低线位时,采用隧道方案有利于设计单元内路线的总体布局。

②路基土石方、环境保护。采用隧道方案避免了对山体的大填大挖,极其有效地保护了当地的生态资源,使公路较好地与地形相协调,增进了公路美感。弃方数量大大减少,最大限度地减少了由于弃土场的设置对环境的影响,尤其是在地形狭窄、弃土困难的地段,采用隧道方案具有较强的优越性。

③路基病害。虽然地质条件对隧道工程的设置有较大影响,但由于其避免了高边坡,一般不会诱发新的地质病害。在山体横坡较陡且地质条件不良时,即使采用浅挖路堑也会产生高边坡,诱发地质病害,此时采用浅埋隧道或明洞隧道方案也不失为一个有效的工程措施。

隧道方案的劣势主要表现在以下几个方面:

①路线平、纵面指标限制严格,有时不便于路线总体方案的布局。

②在地质条件良好时,隧道方案的造价有时比深路堑要高。

③运营养护费用较高。

④隧道内空气污染,行车舒适性较差。

(3)深路堑与隧道的比较

深路堑与隧道各有优缺点,在环境保护方面隧道方案要优于深路堑方案。具体比较时,应重点考虑以下几个方面:

①路线总体设计

深路堑、隧道方案的选择直接影响路线纵断面设计要素,在山区复杂的地形、地质条件下,纵面设计要素的变化有时也会对路线平面布置产生影响,应重视这种变化,并将其全部纳入比较范畴。

②环境保护、自然景观

与隧道相比,深路堑对当地生态环境的影响显然要大,在比选时应充分了解区域生态环境的特点,从保护生态环境、道路景观两方面作出定量或定性的论证。

③路基土石方

深路堑的开挖提供了丰富的路堤填料,而隧道则相对较少,因此应从路段土石方总量,运输路径,取、弃土场的设置及对环境的影响几方面进行综合分析。

④工程造价

工程造价计算的内容与高路堤、高架桥相同。特别应指出的是在地质条件较差的路段,要重视深路堑高边坡的处治费用。

四 环境保护与资源节约

(1)应坚持预防为主、保护优先、防治结合、综合治理的原则,严格执行工程建设项目环境影响评价、水土保持方案编制和环境保护"三同时"制度,在总体设计中落实环境保护相关措施和意见,结合项目实际协调好公路建设与环境的关系,减少对环境的不利影响。

(2)应加强路线走廊带、路线方案的综合比选,将土地压占、矿产压覆等资源占用和高边坡开挖、压占河道等环境影响作为方案选择的重要指标,优先选择资源占用少、环境影响小的方案。

(3)应合理设置取土场,路侧取土不宜距离路基过近,取土场避免直接开挖路侧山坡坡体。当路基、隧道弃方或弃渣量大时,应结合项目施工组织设计最大限度利用弃方和弃渣;难以利用时,应合理设置弃土、弃渣场地,做好专项设计,保证其稳定,防止水土流失。

(4)应加强对路域施工范围及取(弃)土场地的表土收集与利用,做好对取(弃)土场、施工便道等临时用地的植被保护与恢复。

(5)应加强服务区、停车区等公路附属设施生产、生活污水处理能力,采用先进工艺,保证污水达标回用或集中收集存放,达到水资源循环利用;在公路运营、管理与服务设施设计中,应合理利用风能、太阳能、地热能等可再生能源。

(6)应加强对钢材、复合材料等的循环利用;推进粉煤灰、建筑废料等在公路路基铺筑及混凝土浇筑中的综合利用;倡导对沥青、水泥混凝土路面及结构物拆除构件等的再生利用。

五 设计检验与安全评价

(1)公路设计应运用运行速度方法,对路线设计、几何指标和线形组合设计进行分析检验,检验运行速度的协调性和一致性。

(2)高速公路、一级公路和二级干线公路应在设计时进行交通安全性评价,其他公路在有条件时也可进行交通安全性评价。应根据交通安全性评价结论,对线形设计、几何指标取用等进行调整优化,对交通安全设施及管理措施进行检查完善,并应符合下列要求:

①对连续长陡纵坡路段的上坡方向,应重点依据交通量、车型组成和运行速度变化,分析评价其上坡路段的通行能力和服务水平,提出交通组织与管理措施方案,必要时论证增设爬坡车道。

②对连续长陡纵坡路段的下坡方向,应重点依据交通量、车型组成和主要货车车型的综合性能条件,分析评价车辆连续下坡的交通安全性,对应完善和加强路段交通工程和路侧安全设施,提出路段交通组织管理、速度控制措施方案,必要时论证增设避险车道。

③对路侧临水、临崖、高填方等路段,应结合项目功能、设计速度和交通量等因素,根据安全设施设置方案分析路侧安全风险,完善路侧安全防护设计,必要时应提出交通安全管理措施或提高路侧安全防护等级。

六 城市道路总体设计要点

快速路、主干路、大桥和特大桥、隧道设施与其他等级道路相比,不但主体的平纵线形指标高,而且相应增加了立体交叉、复杂平面交叉口、出入口、交通工程及沿线设施、管线设施、城市道路与公路衔接、道路与相邻工程衔接等诸多工程项目。这些工程项目无论设计或施工都比一般道路的工程项目复杂得多,所以从技术上必须加强对这些工程的总体设计,以确保诸多工程作用连贯、相互协调、布局合理。总体设计应在统筹布局的指导下系统地做好各项设计工作,合理衔接路线位置与各控制点、路线平纵线形与地形及各种构造物、路线交叉位置、各项沿线设施的设置位置及间距等方面,协调线形与横断面之间的关系,以及道路工程对周边环境的保护和协调,对分期修建工程进行总体布局及实施方案等内容。

(1)路线走向应符合城市路网总体规划。确定工程起终点位置时,应有利于相邻工程及后续项目的衔接,或拟定具体实施设计方案。

当规划滞后或规划未确定而存在不同路线走向的可能时,应进行不同路线走向方案的比选,并将推荐方案报规划部门审批。

(2)设计速度应根据道路等级、功能定位和交通特性,并结合沿线地形、地质与自然条件等因素,经论证确定。当不同设计速度衔接时,路段前后的线形技术指标应协调与配合。

应根据规划的道路等级,论证道路功能定位,并结合服务对象和建设条件,合理选用设计速度和主要技术标准。

(3)快速路、主干路应根据预测交通量进行通行能力和服务水平评价,并结合定性分析,确定机动车车道数规模。非机动车车道数、人行道宽度也可根据预测交通量和使用要求,按通行能力论证确定。

应论证并确定机动车车道数规模和非机动车道、人行道宽度,定性分析主要根据道路性质及其在路网中的地位和使用要求确定;对于投资额巨大、交通条件复杂的工程项目,应对机动车道的通行能力进行深入论证,提出采用车道数的推荐意见。

(4)横断面布置应根据道路等级、红线宽度、交通组织和建设条件等,划分机动车道、非机动车道、人行道、分车带、设施带、绿化带等宽度,并应满足地下管线综合布置要求;特殊断面还应包括停车带、港湾式公交停靠站、路肩和排水沟的宽度。

横断面布置应进行多方案比选,论证并确定道路横断面布置形式,如采用单幅路、双幅路、三幅路、四幅路或其他特殊横断面设计,并应结合道路红线确定道路实施宽度。

(5)高架路或隧道的设置应根据道路等级、相交道路或铁路的间距、交通组织以及道路用地、地形地质、沿线环境等实施条件,经多方案比选和技术经济论证,确定总体设计方案以及布设长度、横断面布置、匝道和出入口布置、结构形式、衔接段设计等。

应结合交通组织设计进行多方案比选,论证并确定道路敷设方式,如采用高架路、隧道、地面、路堑、路堤或老桥拓宽等总体布置方案,并确定桥梁、隧道等结构设计方案,以达到减少工程投资、缓解社会矛盾、改善环境的目的。

(6)交叉口节点设置应根据相交道路等级、使用要求、交通流量流向、车流运行特征、控制条件以及社会经济效益、环境等因素,合理确定交叉口的位置、间距、分类、选型、交通组织和交叉口用地范围等;并应在交叉口范围内提出行人、非机动车系统和公交站点的布置方案。

应论证并确定各交叉点的布置位置、间距、交叉类别、交叉形式、各部分的基本尺寸和主要设计参数,确定交叉口用地范围;对于道路与铁路、城市轨道交通线路的交叉,应根据道路等级、轨道交通性质、交通量、地形条件、安全要求以及社会经济效益等因素,确定是否设置立交。

(7)跨江、跨河桥梁应结合航道或水利部门提出的通航、排洪等控制要求,进行总体布置以及环境景观、附属设施的配套设计。

应确定沿线间道桥梁的布置方案,满足航道及水利部门有关蓝线、桥下建筑限界的要求。

(8)人行过街设施应根据道路等级、横断面形式、车流量、行人过街流量和流线确定,可分别采用人行横道、人行天桥或人行地道的形式,并应提出设置行人过街设施的规模及配套要求。

应确定沿线人行过街设施设置方式,并提出信号灯配置等要求。

(9)公共交通设施应结合公交线网规划设计,提出公交专用道、公交站点的布置形式。

应确定沿线公交专用道布置形式,可采用路中专用道或路侧专用道;确定沿线公交站点位置、布置方式,可采用港湾式或路抛式的布置形式等。当有公交站点规划时,应按公交站点规划设置公交站点;当没有公交站点规划时,应根据道路沿线用地性质、公交换乘需要、站点距离适当的要求,以及道路条件,经征求公交部门意见后,提出公交站点设置方案及站点形式。

(10)道路设计应分别对路段、交叉口、出入口提出机动车、非机动车、行人以及客车、公交车、货车的交通组织设计方案。将交通组织设计纳入总体设计范畴,对路段、交叉口、出入口应分别进行交通组织设计方案。

针对路段上,需说明各种交通方式在横断面上的安排,如不同车种在道路上单向行驶或双向行驶,道路中间是否隔离行驶,机、非隔离行驶或画线分行,公交车与其他机动车混行或采用公交专用道,非机动车与行人分板或共板,非机动车在公交站点处与公交车交织或不交织,路段上横向车辆出口封闭与否、开口间距,或允许进入非机动车道而不允许直接进入机动车道,调头车间距,行人及非机动车横过道路的方式、间距、地点设置等。

针对交叉口处需说明各种交通方式通过交叉口的组织方式,如交叉口所有方向均允许通行或某些方向禁行,交叉口设信号灯组织交通或按通行优先权的不同组织交通;设信号灯组织交通时,需说明信号灯组和信号相位如何安排、非机动车随机动车过交叉口还是随行人过交叉口、公交车有无优先通行权、公交车站与交叉口展宽是否一体化设计等。

(11)交通安全和管理设施应按主体工程的技术标准、建设规模及项目交通特性,确定其相应的技术标准、设施等级、设置内容和设计方案,并应协调各设施间的衔接与配合。

应确定交通工程及沿线设施的建设规模、技术标准、设置内容和设计范围,并按交通设施布置要求进一步优化工程设计方案,满足功能、安全、服务的要求。

(12)分期修建的道路工程,应按远期规划的技术标准进行总体设计,在远期总体设计的基础上制订分期修建设计方案,做到近远期工程相结合,满足交通功能需求。

复习思考题及习题

[5-1] 公路选线的基本步骤是什么?简述各步骤的一般要求和要点。

[5-2] 综述公路选线的目的、任务和一般方法。

[5-3] 公路选线的一般原则有哪些?为什么说公路选线中重视环境保护工作是一条重要的原则?

[5-4] 试根据平原区的地形、地物特征简述平原区的路线特征,并简要回答平原区选线的

要点。

[5-5] 山区的主要自然特征有哪些？在这些自然特征影响下路线的一般特征是什么？根据不同的地形特征路线布置有哪些基本形式？

[5-6] 什么叫沿溪线？沿溪线布线的关键问题是什么？应掌握哪些要点？

[5-7] 什么叫越岭线？布线时应掌握哪些要点？

[5-8] 公路越岭展线有哪些基本形式？为什么说回头展线是不理想的展线形式？

[5-9] 简述纸上定线的一般步骤及要点。

[5-10] 综述公路及城市道路总体设计的主要内容。

[5-11] 在确定公路技术标准时主要应考虑哪些因素？

[5-12] 简述整体式路基与分离式路基，高路堤与高架桥比选的要点。

[5-13] 综述路线方案比选。

[5-14] 名词解释：
(1)纸上定线；(2)双交点法；(3)越岭线；(4)导向线；(5)实地放线；(6)沿溪线；(7)展线；(8)螺旋展线；(9)放坡；(10)曲线形定线法。

第五章测试题及答案

第六章　道路交叉设计

第一节　道路交叉概述

道路在延伸过程中,不可避免地与其他道路或带状工程物产生交叉,形成路线交叉。公路上将路线交叉分为公路与公路平面交叉、公路与公路立体交叉、公路与铁路交叉、公路与乡村道路交叉、公路与管线相交叉及动物通道六类;城市道路交叉一般分为道路与道路交叉、道路与轨道交通线路交叉。其中,道路与道路交叉是路网中的重要节点,很大程度上影响着整个路网的通行效率与交通安全。

根据相交道路的空间位置,道路与道路交叉可分为平面交叉与立体交叉。当道路与道路在同一平面上相互交叉且有共同构筑面时称为平面交叉,车辆只在交叉口处可变换行驶方向,提高了道路的交通灵活性和可达性,完善了路网的交通功能。道路立体交叉是指相交道路在不同平面上的交叉,它能保证相交道路上不同方向上的全部或部分车流连续不断地通过交叉口而不互相产生干扰。本章重点介绍公路(城市道路)平面交叉和立体交叉设计的相关内容。

一　道路交叉口的交通特征

道路交叉口是不同方向的多条道路相交或连接的地点。道路通过交叉时形成相交点,道路到交叉口时终止则形成连接点。不同方向上道路的车辆行驶至交叉口后,可能是直行通过,也可能改变行驶方向,车辆相互之间干扰很大,导致行车速度减小,通行能力和安全性降低。

1. 交叉口的交通特征

1)交通流产生的交错点

把车辆作为一个质点,车辆行驶时所形成的轨迹就叫交通流线(又叫行车路线)。在十字交叉口处,每条道路进口道上的交通流都将分成直行、左转、右转三个方向的交通流线。

交错点是指交通流线相互发生交错的连接点。按交通流线交错的不同形式,连接点又分为分流点(又叫分岔)、合流点(又叫汇合点)、冲突点(又叫交叉点)以及交织段四种情况,如图6-1所示。

分流点是指一条交通流线分为两条交通流线的地点。在分流点处,由于有的车辆要驶出原交通流线,改变行车方向,因而要减速,使通行能力降低,有可能产生尾随撞车。分流点主要产生在交叉口入口处的直行、右转、左转交通流线之间。

合流点主要是指来自不同方向的交通流线以较小的角度向同一方向汇合行驶的地点。由于几列不同方向的车流合成一列车流,车辆之间可能发生同向挤撞或尾随撞车,通行能力也会降低。合流点主要产生在交叉口出口处的直行、右转和左转交通流线之间。

冲突点是指来自不同方向的交通流线以较大角度或接近90°相互交叉的地点。冲突点处，由于交通流线角度很大，发生撞车的可能性最大，对交通干扰影响很大。冲突点主要产生在交叉口相交的公共区内的左转、直行交通流线之间。三路、四路、五路交叉口三种交错点的无信号控制和有信号控制分布分别如图6-2、图6-3所示。

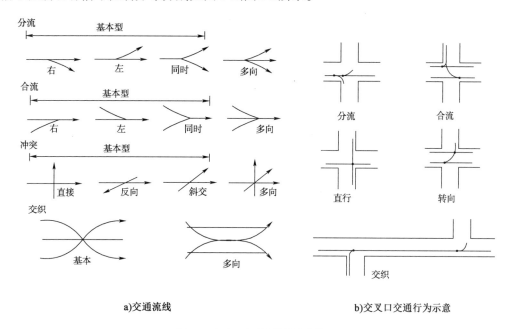

图6-1　交叉口交通流线的基本情况

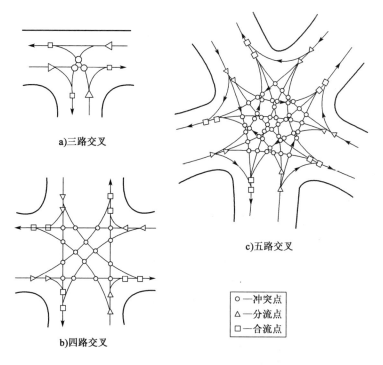

图6-2　无信号控制的交错点分布图

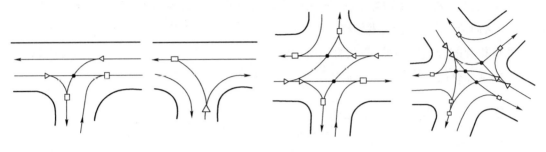

a)两相位控制三路交叉   b)两相位控制四路交叉   c)无直行冲突点五路交叉

图 6-3 有信号控制的交错点分布图

交织段是分流和合流的组合情况,当两方向的交通流线合流后,交换车道又分流则形成了交织段。交织段长度是交织的基本参数,当交织段长度为零时即形成了冲突。

交叉口的交错点数量与交叉口相交道路数、车道数以及有无信号控制有关,见表6-1。

交叉口的交错点数量一览表   表6-1

交错点类型	无信号控制			有信号控制		
	相交道路条数			相交道路条数		
	3条	4条	5条	3条	4条	5条
分流点	3	8	15	2或1	4	4
合流点	3	8	15	2或1	4	6
左转车流冲突点	3	12	45	1或0	2	4
直行车流冲突点	0	4	5	0	0	0
交错点总数	9	32	80	5或2	10	14

从以上图表可得到以下结论:

(1)在无信号控制的交叉口上,都存在着冲突点、合流点和分流点,并随相交道路条数的增加而显著地增加。交错点数量按式(6-1)计算。

$$\begin{cases} 分流点 = 合流点 = n(n-2) \\ 冲突点 = \dfrac{n^2(n-1)(n-2)}{6} \end{cases} \tag{6-1}$$

式中:n——各相交道路进入交叉口车道数的总和。

如无信号控制时,三路交叉的冲突点数量只有3个;四路交叉的冲突点数量就增加到16个,合流点数量为8个;五路交叉的冲突点数量猛增到50个。因此,在规划和设计交叉口时,应力求减少相交道路的条数,避免五条以上的道路相交,以减少交错点数量,使交通简化。

(2)产生冲突点最多的是左转弯车辆。在十字交叉口上如无左转弯车辆,则冲突点数量就可从16个减少到只有4个;五路交叉时,其冲突点数量可从50个减少到只有5个。因此,在交叉口设计中,如何正确处理和组织左转弯车辆,以保证交叉口的顺畅和安全,是设计交叉口的关键之一。

(3)为了控制和减少交叉口上的冲突点,保证行车安全,可设置信号灯,按顺序开放各条道路的交通。但也增加了交叉口的延误时间,影响了交叉口的通行能力。在设有信号灯控制的交叉口,其通行能力比路段上的通行能力降低,三条道路交叉的交叉口通行能力降低约为30%,四条道路交叉的交叉口通行能力降低约为50%,五条道路交叉的交叉口通行能力降低约为70%。

交叉口设计中,必须力求减少或消除冲突点,保障交通安全,同时又要尽量提高交叉口的通行能力,保证行车畅通。

2)交叉口交通复杂

交叉口处除交通流线相互干扰形成危险点外,就每辆车而言,在交叉口处行车状态也比一般路段复杂。车辆进入交叉口时一般需减速、制动,出交叉口时又需起步、加速。因此,车辆在交叉口为变速行驶,这不仅增加了行车的惯性阻力,还加大了车损及轮耗。此外,变速行驶产生的噪声和空气污染也分别对环境造成了较为严重的影响。

另外,交叉口一般多处于人口集中的繁华地区,行人、非机动车在交叉口转换方向使交通流线相互干扰更为复杂,给交通组织也带来了很大的困难。

2. 改善交叉口的基本途径

1)使交通流线在时间上分离

用交通组织和管理的办法,对交叉口的交通进行管控,在同一时间内,只允许某一方向的车流通过,这样交叉口的危险点就大大减少。通常采用在交叉口装置自动交通信号灯,或由交警指挥,或设置让路交叉路口,或定时不准左转车通行等管控方式。这些都是属于在时间上分离的措施。

公路交叉口安全隐患排查案例及优化

2)使交通流线在平面上分离

在交叉口采用各种交通设施或进行交通组织,使交通流线在平面上分离,这也是减少交叉口危险点的重要途径。通常采用的措施和方法有:

(1)在交叉口进口处设置专用车道,将不同方向车辆在过交叉口前分离在各专用车道上,减少行车干扰。

(2)合理组织交通路线,变左转车为右转车。如设置中央岛组织环行交通,规定交通路线,绕街坊组织大环行交通,设置远引交叉,都属于这一类型。

(3)组织渠化交通。在交叉口用画线、绿带、交通岛和各种交通标志等方法,限制交通路线,使交通流线在平面上分离的交通组织方法。

3)使交通流线在空间上分离

设置立体交叉,从根本上分离交通流线,解决交叉口的交通干扰问题。

二 道路平面交叉和立体交叉的设置条件

1. 公路平面交叉和立体交叉的设置条件

1)平面交叉与立体交叉的选择

设置立体交叉应符合下列规定:

(1)高速公路与各级公路交叉必须采用立体交叉。

(2)一级公路与交通量大的其他公路交叉应采用立体交叉。

(3)二级、三级、四级公路间的交叉,直行交通量大时或有条件的地点,宜采用立体交叉。

公路立体交叉的采用和类型选择,应根据节点在路网系统中的地位和功能确定,并应综合考虑交叉公路的等级、功能和接入控制要求等因素。

2)互通式立体交叉与分离式立体交叉的选择

(1)符合下列条件时应设置互通式立体交叉:

①高速公路间及其同一级公路相交处。

②高速公路、一级公路同通往县级以上城市、重要的政治或经济中心的主要公路相交处。

③高速公路、一级公路同通往重要工矿区、港口、机场、车站和游览胜地等的主要公路相交处。

④高速公路同通往重要交通源的公路相交而使该公路成为其支线。

⑤承担干线功能的一级公路间及其与其他干线公路和集散公路相交处。

⑥一级公路上,当平面交叉的通行能力不能满足需要或出现频繁的交通事故时。

⑦由于地形或场地条件等原因设置互通式立体交叉的综合效益大于设置平面交叉时。

(2)符合下列条件时应设置分离式立体交叉:

①高速公路同其他各级公路交叉,除因交通转换而设置互通式立体交叉外,均必须设置分离式立体交叉。

②承担干线功能的一级公路同其他各级公路的交叉,除因交通转换需要而设互通式立体交叉外,为减少平面交叉,且相交的公路又不能截断时,应采用分离式立体交叉。

③二级、三级、四级公路间的交叉,直行交通量很大或地形条件适宜,且不考虑交通转换时,可设置分离式立体交叉。

2. 城市道路平面交叉和立体交叉的设置条件

平面交叉与立体交叉的选择。

(1)道路与道路交叉可分为平面交叉和立体交叉。交叉形式应根据相交道路的等级和功能、交通流量和流向、地形和地质等要求,进行技术、经济及环境效益的综合分析,合理确定。

(2)立体交叉的设置应符合下列规定:

①快速路与所有道路相交时,必须采用立体交叉。

②主干路与主干路相交,当交通量较大,对平面交叉采取改善措施、调整交通组织仍不能满足通行能力要求时,宜设置立体交叉,并应妥善解决设置立体交叉后对邻近平面交叉口的影响。

③当道路与高速铁路、客运专线、铁路车站、铁路编组站、全封闭运行的城市轨道交通线路交叉时,必须设置立体交叉;行驶轨或无轨电车的道路与铁路交叉时,必须设置立体交叉。

当通过主—主交叉口的预测总交通量不超过12000pcu/h时,不宜采用立体交叉形式。

三 道路交叉设计的主要内容

1. 平面交叉设计

(1)正确选择交叉口类型。

(2)合理布设交叉口各种交通设施(包括交通信号、标志、标线、导流岛、方向岛等),进行交通组织设计(包括车辆交通和行人交通)。

(3)交叉口几何设计,确定交叉口各部分的几何尺寸。

(4)交叉口立面设计及排水设计。

2. 互通式立体交叉设计

(1)立体交叉类型选择及方案设计。

(2)立体交叉线形设计,包括主线和匝道的线形设计。

(3)立体交叉桥跨构造物设计。

(4)立体交叉加(减)速车道设计。

(5)立体交叉附属设施设计。

第二节 平 面 交 叉

一 平交交叉的类型及适用条件

1)按交叉口岔数及形式划分

交叉口分类的方式很多,通常多按交叉口岔数及形式划分。主要类型有:

(1)十字形交叉口:四路交叉口中两条路与另外两条路的延长线方向一致,交角为90°时是正交路口。若交角为90°±15°,亦可按类似正交设计,如图6-4a)所示。

(2)T形交叉口:交叉口形状如英文字母的T形,即三路交叉的一条路与另一条路的延长线方向一致。此延长线与第三条路的交角大致垂直。如交角为90°±15°的交叉口亦按类似正交处理,如图6-4b)所示。

(3)斜交叉口:十字交叉路口中其交角大于105°,小于75°时,亦称X形路口,如图6-4c)所示。

(4)Y形交叉口:三路交叉口,其交角小于75°或大于105°,如图6-4d)所示。

(5)交错T形交叉口:两个相错开的T形交叉口相距很近,如图6-4e)所示。

(6)折角交叉口:十字交叉路口中有一条路与相交路的交角小于75°的交叉口,如图6-4f)所示。

(7)漏斗形(加宽路口)交叉口:用增设转弯车道和加(减)速车道等措施来加宽交叉路口,借以提高平面交叉的通行能力,如图6-4g)所示。

(8)环形交叉口:在交叉口中心设计圆形或椭圆形的交通岛,车辆绕其周围环道单向行驶,如图6-4h)所示。

(9)斜交Y形交叉口:四条路错位交叉成两个Y形交叉,且交叉点相距很近,如图6-4i)所示。

(10)多路交叉口:五条及其以上的道路相交于一点时所形成的交叉口,如图6-4j)所示。此种形式的交叉口,给交通组织及管理带来很大困难,采用时必须慎重考虑,应尽量避免。

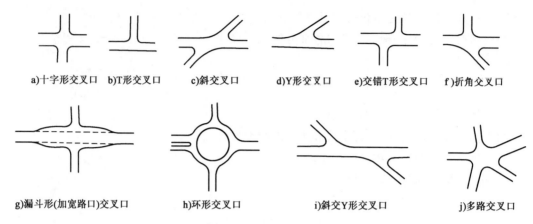

图 6-4 平面交叉口的类型

2)按渠化方式划分

平面交叉口渠化设计可采用加铺转角、设置转弯车道、加宽路口和设置交通岛等方式。

(1)加铺转角方式。交叉口用适当半径的单圆曲线或复曲线平顺连接相交道路的路基和路面,如图 6-5 所示。加铺转角方式适用于车速低,交通量小,转弯车辆少的三级、四级公路或地方道路。若斜交不大时,也可用于转弯交通量较小的主要道路与次要道路交叉。

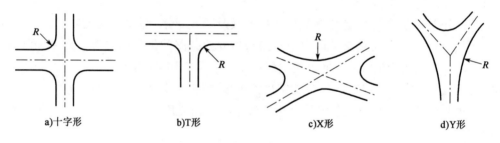

图 6-5 加铺转角方式

(2)设置转弯车道方式。通过设置导流岛、分隔岛及划分车道等措施,使单向右转或双向左、右转车流以较大半径分道行驶的平面交叉,如图 6-6 所示。此类交叉口转弯车辆,尤其是右转弯车辆行驶速度和通行能力都较高,适用于车速较高,转弯车辆较多的一般道路。

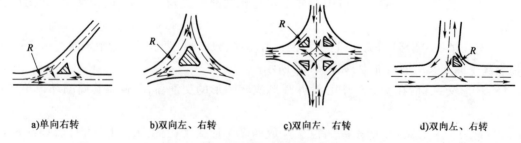

图 6-6 设置转弯车道方式

(3)加宽路口方式。为使转弯车辆不影响其他车辆的正常行驶,在交叉口连接部增设加(减)速车道和转弯车道的平面交叉。这种交叉可以单增右转或左转车道,也可以同时增设左、右转弯车道,如图 6-7 所示。此类交叉口可减少转弯交通对直行交通的干扰,车速较高,事故率低,通行能力大,但占地多,投资较大;适用于交通量较大、转弯车辆较多的一级、二级公路和城市主干路。设计时主要解决扩宽的车道数和位置,同时也要满足视距和转角曲线半径的要求。

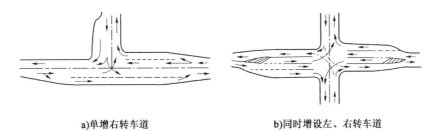

a)单增右转车道　　　　b)同时增设左、右转车道

图6-7　加宽路口与设置转弯车道方式

(4)设置交通岛方式。如在交叉口中央设置中心岛,用环道组织渠化交通,使进入环道的所有车辆一律按逆时针方向绕岛单向行驶,直至所要去的路口离岛驶出的平面交叉,俗称转盘,如图6-8所示,适用于多条道路相交或转弯交通量较大,且地形较平坦的交叉口。在快速道路和交通量大的干线道路、有大量非机动车和行人交通的道路、位于斜坡较大地形的道路以及桥头引道上均不宜采用该种方式。

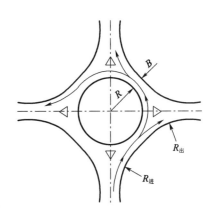

图6-8　设置交通岛方式

3)按交通管理方式划分

交通管理方式决定了交叉的几何构造。即交叉设计中首先应根据相交公路的功能、地位和交通特性来确定其交通管理方式,继而确定相应的交叉类型和几何细节设计。当然,在某些情况下,受场地条件限制时也有反过来决定交叉管理方式的。由此可见,交通管理方式是交叉设计的先决条件。

公路平面交叉根据相交公路的功能、等级、交通量等可分别采用主路优先交叉、无优先交叉或信号交叉三种不同的交通管理方式。

(1)公路功能、等级、交通量有明显差别的两条公路相交,或交通量较大的T形交叉,应采用主路优先交叉的交通管理方式。

(2)相交两条公路的等级均低且交通量较小时,应采用无优先交叉的交通管理方式。

(3)下述交叉应采用信号交叉交通管理方式:

①两条交通量均大,且功能、等级相同的公路相交,难以用"主路优先"的规则管理时。

②两相交公路虽有主次之别,但交通量均较大(主要公路双向交通量大于或等于750pcu/h,次要公路单向交通量大于或等于300pcu/h),采用"主路优先"交通管理方式会出现较频繁的交通事故和过分的交通延误时。

③主要公路交通量相当大(主要公路双向交通量大于或等于900pcu/h),而次要公路尽管交通量不大,但采用"主路优先"的交通管理方式,次要公路上的车辆由于难以遇到可供驶入的主流间隙而引起不可接受的交通延误,或出现冒险驶入长度不足的主流间隙而危及安全时。

④两相交公路的交通量虽未达到上述程度,但由于有相当数量的行人和非机动车穿越交叉而引起交通延误,甚至造成阻塞或交通事故时。

⑤环形交叉的入口因交通量大而出现过多的交通延误时。

⑥位于城镇路段的平面交叉。

4)城市道路交叉口按交通组织方式划分

①按交通组织分类

根据《城市道路交叉口设计规程》(CJJ 152—2010)平面交叉口应按交通组织方式分类,并应符合下列要求:

a. A类:信号控制交叉口

平A_1类:交通信号控制,进出口道展宽交叉口。

平A_2类:交通信号控制,进出口道不展宽交叉口。

b. B类:无信号控制交叉口

平B_1类:支路只准右转通行的交叉口(简称右转交叉口)。

平B_2类:减速让行或停车让行标志管制交叉口(简称让行交叉口)。

平B_3类:全无管制交叉口。

c. C类:环形交叉口

平C类:环形交叉口。

②城市道路平面交叉口选型

平面交叉口的选用类型,应符合表6-2的规定。

城市道路平面交叉口选型　　　　　　　　　　表6-2

平面交叉口类型	选型	
	推荐形式	可选形式
主干路—主干路	平A_1类	—
主干路—次干路	平A_1类	—
主干路—支路	平B_1类	平A_1类
次干路—次干路	平A_1类	—
次干路—支路	平B_2类	平A_1类或平B_1类
支路—支路	平B_2类或平B_3类	平C类或平A_2类

注:1. 人口在50万以上的大城市,主干路与主干路相交,经交通预测分析,需要设置立体交叉时,宜按立交选型规定选用;

2. 人口在50万以上的大城市,次干路与次干路相交,因景观需要,采用环形交叉口时,应充分论证。

二 平面交叉设计的一般规定

1. 设计原则

交叉口的行车安全和通行能力,在很大程度上取决于交叉口的形式和交通组织方式。因此,在设计交叉口时,必须首先考虑交叉口形式的选择和交通组织问题。为此,设计时应遵循下列原则:

(1)平面交叉选型应综合考虑相交道路功能、技术等级、交通量、交通管理方式、用地条件和工程造价等因素,选用主要道路或主要交通流畅通、冲突点少、冲突区小的形式。

(2)平面交叉岔数不应多于四条;岔数多于四条时应采用环形交叉。新建道路不应直接与已建的四岔或四岔以上的平面交叉相连接。环形交叉的岔数不宜多于五条,有条件实行"入口让路"规则管理时,应采用"入口让路"环形交叉。

(3)平面交叉的交角宜为直角。斜交时,其锐角应不小于70°;受地形条件或其他特殊情况限制时,应大于45°,并避免错位交叉、多路交叉和畸形交叉。新建道路与等级较低的既有道路交角小于70°时,应对次要道路在交叉前后一定范围实施局部改线。

(4)平面交叉设计应以预测的交通量为基本依据。设计所采用的交通量应为设计小时交通量。当缺乏交通量预测资料(特别是与次要公路有关部分)时,其交通量参考附近类似功能的交叉的交通量进行推算。交叉口设计年限应与道路的设计年限一致。组成交叉口的各条道路等级不同时,以等级较高道路的设计年限为准。

(5)平面交叉范围内必须通视,有碍视线的障碍物应予以清除。应保证必要的停车视距及信号(或标志)的识别距离。当条件受限制时,必须采取设置限速标志等措施。

(6)二级及二级以上公路的平面交叉必须进行渠化设计;三级公路的平面交叉应进行渠化设计;四级公路的平面交叉宜进行渠化设计。为保证行车通畅和提高路口通行能力,可采取压缩进口车道、分隔带和路侧带宽度,增加车道条数等措施。

(7)在交叉口的设计中应做好交通组织设计,正确组织不同流向的车流、人流,布设必要的转弯车道、交通岛、交通标志与标线等。平面交叉应优先保证主要公路或交通量大的一方的通畅,其几何设计应结合交通管理方式考虑。

(8)城市道路平面交叉口设计时,应使进出口道通行能力与其上游段通行能力相匹配,并注意与相邻交叉口之间的协调。立体交叉口的通行能力应与相交道路断面通行能力相匹配。

(9)交叉口范围内的平面与竖向线形设计应尽量平缓,满足行车安全通畅,排水迅速、环境美观的要求。

(10)既有平面交叉改建设计时,除应收集交通量以外,还应调查分析包括交通延误以及交通事故的数量、程度和原因等现有交叉的使用状况。

(11)拟分期建设的互通式立体交叉,当近期先建平面交叉时,应对首期平面交叉和最终的互通式立体交叉两者作统筹构思,并对互通式立体交叉进行足够深度的设计(简单情况下的方案设计至复杂情况下的初步设计),以保证分期建设方案在技术处理、占地和投资安排上的合理性。

2. 平面交叉间距

1)公路平面交叉间距

平面交叉口是各类公路交通事故相对集中的区域。平面交叉口越多、间距越小,对主线运行速度和安全的影响越大。平面交叉的间距应根据公路功能、技术等级及其对行车安全、通行能力和交通延误的影响确定。

一级公路、二级公路的平面交叉最小间距应符合表6-3的规定。

公路平面交叉最小间距　　　　　　　表6-3

公路等级	一级公路			二级公路	
公路功能	干线公路		集散公路	干线公路	集散公路
	一般值	最小值			
间距(m)	2000	1000	500	500	300

一级公路、二级公路作为干线公路时,应优先保证干线公路的畅通,采取排除纵、横向干扰的措施,平面交叉应保持足够大的间距,必要时可设置立体交叉。一级公路、二级公路作为集散公路时,应合理设置平面交叉,通过支路合并、加设辅道、合并部分平交口等措施,减少平面交叉的数量。

对公路沿线开发程度高的路段,应将街道或小区用户道路布置在与公路相交的支路上,或与公路平行而与公路间只提供有限出、入口的次要公路上。

2)城市道路平面交叉间距

城市道路平面交叉口的间距应根据城市规模、路网规划、道路等级、设计速度、设计交通量及高峰期间最大阻车长度等确定。干路交叉口间距宜大致相等;各类交叉口最小间距应能满足转向车辆变换车道所需最短长度、满足红灯期车辆最大排队长度,以及满足进出口道总长度的要求,且不宜小于150m。

城市道路平面交叉口的间距是由规划部门制定城市道路网时确定的,例如方格形的道路网,每隔800~1000m设置接近平行的主干路。主干路之间再布置次干路、支路,并将用地分为大小适当的街坊。平面交叉口间距不宜太短,以交通功能为主的新建道路,进出口需要采取部分控制时,则可适当封闭一些支路的交叉口,以加大交叉口的间距,提高道路的行驶速度,增加通行能力。当遇到旧城区道路间距较短,如小于200m时,可采取单向交通组织,以提高交叉口的通行能力。

同一条道路上的平面交叉口,应注意交通组织方式尽量一致。相邻交叉口的功能区不宜相互重叠。主次干路相交,其间距大致相等时,最有利于交通控制与管理。

3. 设计速度

1)公路设计速度

交叉口的交通岛、附加车道和转角曲线等各部分几何尺寸均取决于设计速度。交叉口的设计速度与路段设计速度密切相关。二者速度差较大时,会因减速过大而影响行车安全,速度差小而路段车速又高时仍有行车危险,而且对于环形交叉还存在用地过大和左转绕行过长等问题。

(1)平面交叉范围内主要公路的设计速度,宜与路段设计速度相同。

(2)两相交公路的功能、等级相同或交通量相近时,平面交叉范围内的直行车道的设计速度可适当降低,但不应低于路段的70%。

(3)次要公路因交角等原因改线,或因条件受限采用较低的线形指标时,可适当降低设计速度。

(4)平面交叉转弯车道的设计速度应根据路段设计速度、交通量、交叉类型、交通管理方式和用地情况等因素综合确定。右转弯车道的设计速度不宜大于40km/h;左转弯车道的设计速度不宜大于20km/h。

设置分隔的右转弯车道时,其转弯设计速度不宜大于40km/h;当主要公路设计速度小于或等于60km/h时,其右转弯设计速度不宜低于其50%。

2)城市道路设计速度

城市道路中的平面交叉口多受信号控制及人行、非机动车的干扰,为保证行车安全,考虑降速行驶。平面交叉口内的设计速度宜为路段的0.5~0.7倍,直行车可取大值,转弯车可取小值。

直行机动车在绿灯信号期间除受左转车(机动车、非机动车)干扰外,较为通畅,可取高值。左转机动车受转弯半径及对向直行机动车与非机动车的干扰,车速降低较多,可取低值。右转机动车受交叉口缘石半径的控制。另外,无论是否设右转专用车道,都受非机动车及行人过街等干扰,需要降速,甚至停车,可取低值。

交叉口范围内平纵线形设计和视距三角形验算,仍应采用路段的设计速度作为控制要素。

4. 设计车辆

1)公路设计车辆

公路平面交叉转弯曲线所采用的设计车辆及设计速度应符合下列规定:

(1)各级公路应根据对应设计车辆的行迹进行转弯设计,必要时应对弯道的路面加宽、转向净空等进行检验。

在平面交叉的转弯设计时,仍采用载重车辆的行迹进行设计控制(转弯曲线的内缘半径);必要时,应根据铰接列车等设计车辆的行迹对转弯路面的加宽、转向净空等进行检验。

(2)左转弯曲线应采用载重车辆的行迹控制设计,转弯设计速度宜采用5~15km/h(图6-9)。大型车比例很少或条件受限的公路,可采用5km/h速度时载重车辆的行迹控制设计,但左转弯内缘曲线的最小半径不应小于12.5m。

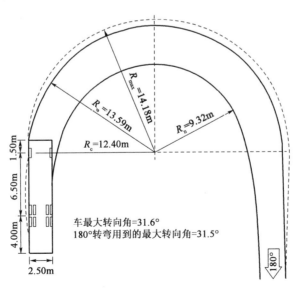

图6-9 载重车辆最小转弯半径

R_c-车轴中心转弯半径;R_w-车外轮转弯半径;R_n-车内轮转弯半径;R_{max}-车身最外侧转弯半径

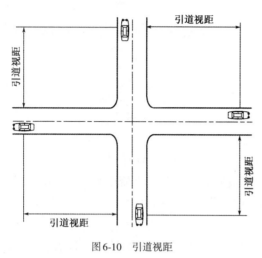

图6-10 引道视距

2)城市道路设计车辆

城市道路平面交叉口设计车辆与城市道路设计车辆一致。根据《城市道路工程设计规范》(CJJ-37—2012),城市道路机动车设计车辆包括小客车、大型车和铰接车三种类型。

5. 平交范围内的视距

1)引道视距

引道视距是使驾驶员在看到路面上的停车标线后能将车辆停下来所需的视距。平面交叉每条岔路上都应提供与行驶速度相适应的引道视距,如图6-10所示。

引道视距在数值上等于停车视距,但量取标准为:视点高1.2m,物高0m。各种设计速度所对应的引道视距及凸形竖曲线的最小半径应符合表6-4的规定。

引道视距及相应的凸形竖曲线最小半径　　　　表6-4

设计速度(km/h)	100	80	60	40	30	20
引道视距(m)	160	110	75	40	30	20
引道凸形竖曲线的最小半径(m)	10700	5100	2400	700	400	200

2)通视三角区

为了保证交叉口上行的行车安全,驾驶员在进入交叉口前的一段距离内,应能看到相交道路上的行车情况,以便能及时采取措施顺利通过或安全停车。这段必要的距离应该大于或等于停车视距s_T。由相交道路上的停车视距所构成的三角形构成通视三角区,在其范围内不能有任何阻挡驾驶员视线的障碍物,如图6-11所示。

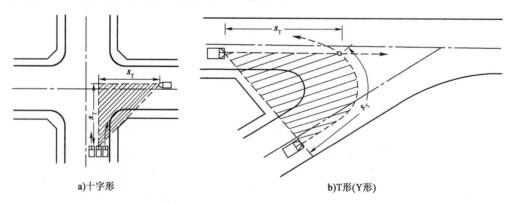

a)十字形　　　　b)T形(Y形)

图6-11 视距三角形

通视三角区应以最不利情况绘制。绘制的方法和步骤如下:

(1)确定停车视距s_T。可用前述停车视距计算公式计算或根据相交道路的设计速度按表6-5确定。当受地形或其他情况限制时,停车视距可采用表中低限值,但必须采取设置限速标志等措施。

停车视距与识别距离 表6-5

设计速度(km/h)		100	80	60	40	30	20
停车视距(m)	一般值	160	110	75	40	30	20
	低限值	120	75	55	30	25	15
信号控制的识别距离(m)		—	350	240	140	100	60
停车标志控制的识别距离(m)		—	—	105	55	35	20

（2）找出行车最危险的冲突点。不同形式的交叉口的危险冲突点的找法不尽相同。对常见的十字形交叉和T形交叉(或Y形交叉)的最危险冲突点可按下述方法寻找：

①对十字形交叉口如图6-11a)所示，最靠右侧的第一条直行机动车道的轴线与相交道路最靠中心线的第一条直行车道的轴线所构成的交叉点为最危险冲突点。

②对T形(Y形)交叉口如图6-11b)所示，直行道路最靠右侧第一条直行车道的轴线与相交道路最靠中心线的一条左转车道的轴线所构成的交叉点为最危险的冲突点。

（3）从最危险的冲突点向后沿行车轨迹线各量取停车视距s_T。

（4）连接末端构成视距三角形。

3）公路安全交叉停车视距

条件受限不能保证由停车视距构成的通视三角区时，应保证主要公路的安全交叉停车视距和次要公路至主要公路边车道中心线5~7m所组成的通视三角区。安全交叉停车视距通视三角区如图6-12所示。交叉停车视距值的规定见表6-6。

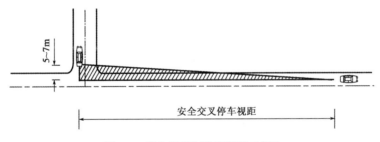

图6-12 安全交叉停车视距通视三角区

公路交叉停车视距 表6-6

设计速度(km/h)	100	80	60	40	30	20
停车视距(m)	160	110	75	40	30	20
安全交叉停车视距(m)	250	175	115	70	55	35

4）识别距离

为了保证车辆安全顺利通过交叉口，应使驾驶员在交叉口之前的一定距离能识别交叉口的存在及交通信号和交通标志等。这一距离称为识别距离。该识别距离随交通管制条件而异。

（1）无信号控制的交叉口

对无任何信号控制的交叉口，通常都是等级低、交通量小及车速不高的次要交叉口，识别距离应满足安全要求，可采用各相交道路的停车视距。

(2)有信号控制的交叉口

对有信号控制的交叉口,在车辆正常行驶条件下,识别距离应使驾驶员能看清交通信号和显示内容,能有足够时间制动减速直至停车,但这种制动停车并非紧急制动。因此,有信号控制的交叉口识别距离可用式(6-2)计算。

$$s_s = \frac{V}{3.6}t + \frac{V^2}{26a} \tag{6-2}$$

式中:s_s——交叉口的识别距离(m);
V——路段设计速度(km/h);
a——减速度(m/s²),取$a=2$m/s²;
t——识别时间(s)。

识别时间t包括驾驶员的反应时间和制动生效时间。在公路上识别时间可取10s;在城市道路上因交叉口较多,驾驶员对其存在已有思想准备,识别时间可取6s。

(3)停车标志控制的交叉口

对停车标志控制的交叉口,一般为主要道路与次要道路交叉,主次关系明确,而且对标志的识别要比对信号容易。因此,识别距离可采用式(6-2)计算,识别时间取为2s。

6. 道路与铁路平面交叉的规定

1)公路与铁路平面交叉

(1)公路与铁路平面交叉时,以正交为宜。当必须斜交时,交叉角应大于45°。

(2)道口应设在瞭望条件良好的地点,不得设在铁路站场、道岔、桥头、隧道洞口、有调车作业的范围内,并严禁设在道岔尖轨处。当受条件限制,在距铁路轨道外侧5m处停车,应能看到表6-7规定的距离以外的火车;否则,必须设置标志,并设看守。

公路车辆瞭望视距 表6-7

路段旅客列车设计速度(km/h)	120	100	80
车辆瞭望视距(m)	400	340	270

(3)道口处的铁路路线以直线为宜,公路路线应为直线。道口两侧公路的直线长度,从铁路钢轨外侧算起,不得小于50m,并应有不小于16m的水平段(不包括竖曲线),乡村道路不应小于10m。紧接水平路段的公路纵坡,不应大于3%;当受地形条件及其他特殊情况限制时,不得大于5%。对于重车驶向道口一侧的公路下坡路段,紧邻道口水平路段的纵坡不应大于3%。

(4)道口铺砌长度,应延伸至钢轨外侧以外2.0m处;道口铺砌采用坚固、耐用、平稳且易于翻修的材料;道口铺砌宽度与路基宽度相同(人口稀少区可与路面宽度相同)。

(5)当公路与铁路(单股与多股)交叉时,应在车辆驶向道口方向的右侧或上方,设置铁路道口标志。

铁路道口标志或多股铁路道口标志至道口冲突点的距离规定见表6-8。设置道口标志处至道口之间路段范围内,不得另有平面交叉。

公路道口标志至道口的距离 表6-8

设计速度(km/h)	100	80	60	≤40
道口标志至道口冲突点的距离(m)	200	150	100	60

(6)当道口两侧公路为路堤时,应设置护栏。电气铁路在距钢轨外侧30m处,应设置限界架,其净高为该路等级规定的净高。

2)城市道路与轨道交通线路平面交叉

(1)当次干路、支路与铁路支线、地方铁路、工业企业铁路交叉时,可设置平面交叉道口。但车站内、桥梁、隧道两端及进站信号机外100m范围内不应设置平面交叉道口,铁路曲线地段以及通视不良路段不宜设置平面交叉道口。

(2)交叉角度与瞭望视距的要求与公路相同。

(3)通过道口的道路平面线形应为直线。从最外侧钢轨外缘算起的道路直线段最小长度不应小于50m,困难条件下不得小于30m。

(4)道口两侧应设平台,并应符合下列规定:

①自最外侧钢轨外至最近竖曲线切点间的平台长度,通行铰接车和拖挂车的道口不应小于20m,通行普通车辆的道口不应小于16m。

②平台纵坡度不应大于0.5%。

③紧接道口平台两端的道路,为机动车与非机动车混合车道时,纵坡一般值为2.5%、极限值为3.5%;为机动车道时,纵坡一般值为3%、极限值为5%。

(5)道口铺面。

①铺面高程。道口处有两股或两股以上铁路线时,不宜有轨面高程差。困难条件下两线轨面高程差不应大于10cm;线间距大于5m的并肩道口中,相邻两线轨面高程形成的道路纵坡度不应大于2%。

②铺面宽度。道口铺面宽度不应小于相交道路行车道和人行道宽度之和。困难条件下,人行道部分铺面宽度可按高峰小时人流量确定。但每侧宽度不得小于1.5m。

③铺面材料。道路铺面应选用钢筋混凝土预制板或料石等坚固耐用、平整、稳定且易于翻修的材料。道口范围的道路路面设计标准应与交叉道路路段标准相同。

7. 道路与管线交叉的规定

1)公路与管线交叉

(1)公路与架空输电线路相交,以正交为宜。必须斜交时,其交叉的锐角应大于45°。

(2)公路从架空输电线路下穿过时,应从导线最大弧垂点与杆塔间通过,并使输电线路导线与公路交叉处距路面垂直距离不小于表6-9的规定值。

架空输电线路导线距路面的最小垂直距离表　　　　表6-9

架空输电线路 标称电压(kV)	35~110	154~220	330	500	750	1000		±800 直流
						单回路	双回路 逆相序	
距路面最小垂直距离(m)	7.0	8.0	9.0	14.0	19.5	27.0	25.0	21.5

(3)架空输电线路导线与路面的垂直距离,应根据导线运行温度情况或覆冰无风情况下求得的最大弧垂,以及根据最大风速情况或覆冰情况下求得的最大风偏进行计算确定。

(4)架空输电线路与公路交叉或平行时,杆(塔)内缘距离公路边沟的最小水平距离应符合表6-10的规定。

架空输电线路杆(塔)内缘距公路边沟外侧的最小水平距离　　表6-10

标称电压(kV)		35~110	220	330	500	750	1000	±800直流
交叉(m)		8				10	15	15
平行	开阔地区(m)	最高杆(塔)高度						
	受限制地区(m)	5	5	6	8 高速15	10 高速20	单回路15 双回路13	12

注：标称电压1000kV、±800kV直流输电线路与公路平行的数值为边导线至公路边沟外侧的水平距离。

(5)公路与油气输送管道相交时，以正交为宜。必须斜交时，其交叉的锐角不宜小于30°。

(6)油气输送管道与各级公路相交叉且采用下穿方式时，应设置地下通道(涵)或套管。

(7)穿越公路的地下专用通道(涵)的埋置深度，除应符合石油天然气行业标准的荷载相关规定外，尚应符合现行《公路桥涵设计通用规范》(JTG D60—2015)的有关规定，并按所穿越公路的车辆荷载等级进行验算。穿越公路的保护套管其顶面距路面底基层的地面应不小于1.0m。

(8)油气管道采用开挖埋设方式从公路桥下穿越时，管顶距桥下自然地面不应小于1m，管顶上方应铺设宽度大于管径的钢筋混凝土保护盖板，盖板长度不应小于规划公路用地范围宽度以外3m，并设置地面标识标明管道位置。

(9)严禁有毒有害、易燃易爆、高压等管线设施利用公路桥梁跨越河流。输送有害、易燃易爆物质的管线穿(跨)越河流时：管线距特大桥、大桥、中桥的距离不小于100m；距小桥的距离，应不小于50m。

(10)严禁有毒有害、易燃易爆、高温高压等管线设施通过公路隧道。

(11)各种管线跨越公路的设施，不得侵入公路建筑限界，不得妨碍公路交通安全，损害公路设施，也不得对公路及其设施形成潜在危险。

2)城市道路与管线交叉

(1)工程管线与铁路、公路交叉时宜采用垂直交叉方式布置；受条件限制时，其交叉角宜大于60°。

(2)工程管线应根据道路的规划横断面布置在人行道或非机动车道下面。位置受限制时，可布置在机动车道或绿化带下面。

(3)工程管线的最小覆土深度应符合表6-11的规定。当受条件限制不能满足要求时，可采取安全措施减少其最小覆土深度。

工程管线的最小覆土深度(m)　　表6-11

管线名称		给水管线	排水管线	再生水管线	电力管线		通信管线		直埋热力管线	燃气管线	管沟
					直埋	保护管	直埋及塑料、混凝土保护管	钢保护管			
最小覆土深度	非机动车道(含人行道)	0.60	0.60	0.60	0.70	0.70	0.60	0.50	0.70	0.60	—
	机动车道	0.70	0.70	0.70	1.00	0.50	0.90	0.60	1.00	0.90	0.50

注：聚乙烯给水管线机动车道下的覆土深度不宜小于1.00m。

(4)干线综合管廊宜设置在机动车道、道路绿化带下,支线综合管廊宜设置在绿化带、人行道或非机动车道下。综合管廊覆土深度应根据道路施工、行车荷载、其他地下管线、绿化种植以及设计冰冻深度等因素综合确定。

(5)架空管线与公路、电车道(路面)之间的最小垂直净距应符合表6-12的规定。

架空管线与公路、电车道(路面)之间的最小垂直净距(m)　　　表6-12

名称	电力线									通信线	燃气管道 $P \leqslant 1.6\mathrm{MPa}$	其他管道
	3kV以下	3~10kV	35kV	66kV	110kV	220kV	330kV	500kV	750kV			
公路	6.0	7.0	7.0	7.0	7.0	8.0	9.0	14.0	19.5	5.5(3.0)	5.5	4.5
电车道(路面)	9.0	9.0	10.0	10.0	10.0	11.0	12.0	16.0	21.5	9.0	9.0	9.0

注:1. 最小垂直净距为最大计算弧垂情况下的净距。
　　2. 括号内为特指与道路平行,但不跨越道路时的高度。

三　平面交叉的设计要点

1. 主线平纵线形

1)平面线形

平面线形设计应符合下列规定:

(1)平面交叉范围内两相交公路应正交或接近正交,平面线形宜为直线或大半径圆曲线,不宜采用需设超高的圆曲线。

(2)新建公路与等级较低的既有公路交角小于70°时,应对次要公路在交叉前后一定范围实施局部改线。

交角小于70°时,应进行平面交叉的扭正设计,图6-13列出了五种斜交的扭正方法。

图6-13a)和b)是对一条交叉道路的扭正改线。一般对等级较低的道路进行改造,使其垂直交叉。该方法的缺点是次要道路的重新定线所增加的几个曲线段会成为危险路段,应与减速措施和前置警告标志相结合。

图6-13c)和d)是将斜交改为错位交叉。错位交叉是指两个相距很近的反向T形交叉相连接的交叉形式。其中,图6-13c)为逆错位交叉,其中次要道路的改线,提供了右连续进入,而穿越的车辆离开主路时,必须左转弯重新进入次路,对主路的干扰较大,只用于与中、小交通量的次要道路交叉。图6-13d)为顺错位交叉口,次路线形的连续性比图6-13c)好,因为穿越的车辆等待主路直行车辆的间隙安全左转进入主路后,只需右转弯重新进入次路,对主路上的直行交通干扰较小。若次路交通量较大时,需要的交织段较长,设计中应尽量避免采用错位交叉。

图6-13e)为道路曲线斜交的处理措施。该交叉口是曲线与其一条切线相交而成的。这种改线能改善交叉处的视线,但给转弯车辆带来的反向超高影响了车辆行驶的平顺性(尤其当圆曲线超高较大时),因此,应设置足够的超高过渡段,最彻底的解决方法是避免在具有超高的曲线设置交叉口。

图 6-13 平面交叉斜交扭正示意图

2)纵面线形

纵面线形设计应符合下列规定：

(1)平面交叉范围内,两相交公路的纵面宜平缓。纵面线形应满足停车视距的要求。

(2)主要公路在交叉范围内的纵坡应在 0.15%~3% 的范围内;次要公路紧接交叉的引道部分应以 0.5%~2% 的上坡通往交叉(图6-14)。

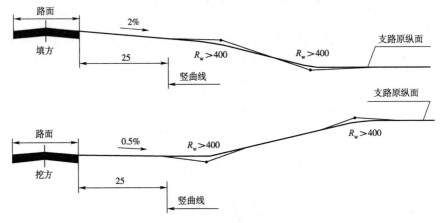

图 6-14 次要公路引道纵坡(尺寸单位：m)

(3)主要公路在交叉范围内的圆曲线设置超高时,次要公路的纵坡应服从主要公路的横坡(图6-15)。若次要公路在交叉前后相当长的范围内纵坡的趋势与主要公路的横坡相反,则次要公路在引道的一定范围内应设置 S 形竖曲线,如图 6-15b)所示。

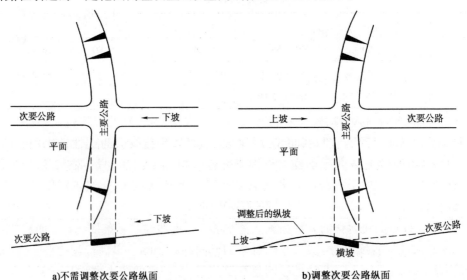

图 6-15 主要公路设超高时次要公路引道纵坡

2. 交叉口转弯半径

1)公路交叉口转弯半径

(1)载重车辆在各种转弯速度情况下,路面内缘的最小圆曲线半径见表6-13。

路面内缘的最小半径 表6-13

转弯速度(km/h)	≤15	20	25	30	40	50	60	70
最小半径(m)	15	20(15)	25(20)	30	45	60	75	90
最小超高(%)	2	2	2	2	3	4	5	6
最大超高(%)	一般值为6;极限值为8							

(2)转弯路面的边缘,其线形应符合车辆转弯时的行迹。简单的非渠化交叉中,在半挂车比例很小(小于10%)的情况下,可在相交的路面边缘设一半径为15m的圆曲线或在圆弧两端设缓和曲线。以铰接列车控制设计时,相交路面的边缘应采用图6-16所示的复曲线。半径取值可参照表6-14采用。

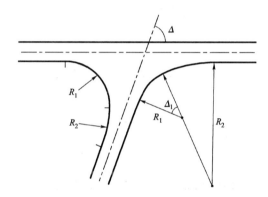

图6-16 转弯边缘路面的复曲线

转弯边缘复曲线半径值 表6-14

Δ(°)	R_1(m)	R_2(m)	Δ_1	Δ(°)	R_1(m)	R_2(m)	Δ_1
70~74	18	80	53°30′~58°50′	92~99	15	80	76°00′~83°00′
75~84	17	80	58°55′~68°00′	100~110	15	90	84°00′~95°00′
85~91	16	80	69°00′~75°00′				

2)城市道路交叉口转弯半径

平面交叉口转角处缘石宜为圆曲线或复曲线,其转弯半径应满足机动车和非机动车的行驶要求,可按表6-15选定。当平面交叉口为非机动车专用路交叉口时,路缘石转弯半径可取5m~10m。

路缘石转弯半径 表6-15

右转弯速度(km/h)	30	25	20	15
无非机动车道路缘石推荐半径(m)	25	20	15	10

注:有非机动车道时,推荐转弯半径可减去非机动车道及机非分隔带的宽度。

3. 附加车道布设

平面交叉范围内设置的附加车道有加(减)速车道和转弯车道两种。

1)加(减)速车道

平面交叉在需要加速合流和减速分流处,应设置加速或减速的加(减)速车道(图6-17)。加(减)速车道的线形应满足车辆在合流、分流和变速行驶过程中,各处对车速的要求。加(减)速车道的宽度为3.0~3.5m。

变速车道长度,应根据公路等级、使用性质、速度变化范围、车辆特性和纵坡等因素经计算确定,一般情况下可采用表6-16所列值,加(减)速车道渐变段长度见表6-17。

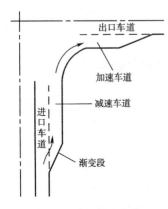

图6-17 加(减)速车道

公路加(减)速车道长度　　　　表6-16

公路类别	设计速度(km/h)	减速车道长度(m) ($a=-2.5m/s^2$)			加速车道长度(m) ($a=1.0m/s^2$)		
		至0	至20	至40	从0	从20	从40
		(km/h)					
主要公路	100	100	95	70	250	230	190
	80	60	50	32	140	120	80
	60	40	30	20	100	80	40
	40	20	10	—	40	20	—
次要公路	80	45	40	25	90	80	50
	60	30	20	10	65	55	25
	40	15	10	—	25	15	—
	30	10	—	—	10	—	—

注:表中所列加(减)速车道长度包括渐变段的长度。

公路渐变段长度　　　　表6-17

设计速度(km/h)	100	80	60	40
渐变段长度(m)	60	50	40	30

注:当整个加(减)速车道为一渐变段时,其长度可按减速时为1.0m/s和加速时为0.6m/s的车辆变换车道的侧移率进行计算。

2)转弯车道

(1)平面交叉符合下列情况时,应设置右转弯车道:

①斜交角接近于70°的锐角象限。

②交通量较大,右转弯交通会引起不合理的交通延误。

③右转弯车流中大型车比例较大。

④右转弯行驶速度大于30km/h。

⑤互通式立体交叉连接线中的平面交叉右转弯交通量较大。

(2)平面交叉符合下列情况时,应设置左转弯车道:

①四车道公路除左转交通量很小且对直行交通不造成阻碍或延误外,均应在平面交叉范围内设置左转弯车道。

②二级公路与高速公路或一级公路互通式立体交叉连接线相交的平面交叉。

③二级公路中,非机动车较多且未设置慢车道的平面交叉。

④二级公路中,左转弯交通会引起交通拥堵或交通事故。

(3)转弯车道设置方法:

转弯车道的设置方法是指交叉口的进口道上增加转弯车道的方法。

①右转车道设置方法

右转车道设置方法比较简单,而且方法固定。就是在进口道的右侧或同时在出口道的右侧拓宽右转车道。

②左转车道的设置方法

a. 宽型中间带

当设有较宽中间带(一般不小于4.5m)时,将进口道一定长度的中间带压缩,由此增设出左转车道,如图6-18a)所示。

b. 窄型中间带

当设有较窄中间带(宽度小于4.5m)时,利用中间带宽度不够,可将道口单向或双向车道线向外侧偏移,增加不足部分宽度。向外侧偏移车道线后,在路幅总宽度不变的情况下,视具体条件可压缩人行道、两侧带或进口道车道宽度,如图6-18b)所示。

c. 无中间带

当相交道路不设中间带时,可通过两种途径增设左转车道。一是向进口道的一侧或两侧扩宽,增加进口道路幅总宽度,在进口道路中心线附近辟出左转车道,如图6-18c)所示;二是不扩宽进口道,占用靠近中心线的对向车道作为左转车道。左转弯车道的宽度见表6-18。

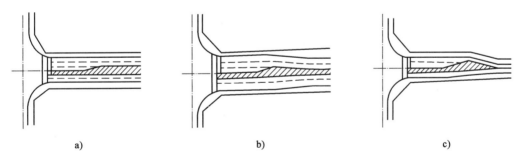

图6-18 拓宽左转车道

左转弯车道的宽度 表6-18

剩余分隔带类型	车道分划线	宽度大于0.5m的标线带	实体岛	
左转弯车道宽度(m)	3.5①	3.25	3.0	3.25
左路缘带宽度(m)	0	0	0.5	0.3

注:既有公路增设左转弯车道时,若直行车道右侧有非分隔的并且宽度不小于2.5m的非机动车道时,可采用3.25m或3.0m(公路设计速度≤60km/h时),并同时将其右侧直行车道的宽度减为3.5m。

4. 平面交叉竖向设计

1) 竖向设计的目的和要求

交叉口竖向设计的目的是要统一解决相交道路之间，以及交叉口和周围建筑物之间在立面位置上的行车、排水和建筑艺术三方面的要求，以确保相交道路在交叉口内能形成一个平顺的共同面，从而方便车辆和行人通行，使交叉口范围内的地面水能迅速排出，并使行车道和人行道的各点高程能与建筑物的地面高程相协调而具有良好的空间感。

交叉口的竖向设计，在很大程度上取决于相交道路的等级、交通量、横断面形状、纵坡的方向和大小，以及所处位置的地形情况。设计时首先应照顾主要道路上的行车，在不影响主要道路行车方便的前提下，也可适当改变主要道路的纵、横坡，以照顾次要道路上的行车。

2) 竖向设计的原则

交叉口竖向设计的一般原则如下：

(1) 主、次道路相交，主要道路的纵、横坡度一般均保持不变（非机动车道纵坡、横坡可变），次要道路的纵、横坡度可适当改变。

(2) 同级道路相交，纵坡一般不变，横坡可变。

(3) 路口设计纵坡不宜太大，一般不大于2.5%，困难情况下不大于3%。

(4) 交叉口竖向设计高程应与四周建筑物地坪高程相协调。

(5) 为了保证交叉口排水通畅，设计时至少应有一条道路的纵坡离开交叉口。如遇困难地形，例如交叉口设在盆状的地形，所有道路纵坡都向着交叉口时，必须预先考虑修筑地下排水管道和设置进水口。

(6) 合理确定变坡点和布置雨水口。在交叉口布置进水口，应不使地面水流过交叉口的人行横道，也不应使地面水在交叉口内积聚或流入另一条道路。为此，进水口应设在交叉口人行横道的前面和竖向设计的低洼处。

3) 竖向设计的几种基本形式

交叉口竖向设计的形式在很大程度上取决于地形，以及相交道路的纵、横断面。以十字形交叉口为例，根据相交道路纵坡方向的不同，竖向设计有以下6种基本形式：

(1) 相交道路的纵坡全由交叉口中心向外倾斜（图6-19）。设计时把交叉口上的坡度做成与相交道路同样的坡度，往往只需调整一下接近交叉口时的道路横坡即可，不需设置雨水口。

(2) 相交道路的纵坡全向交叉口中心倾斜（图6-20）。在这种情况下，地面水都向交叉口集中。因此，必须设置地下排水管排泄地面水。为避免雨水积聚在交叉口，除应尽可能抬高交叉口高程外，还应在交叉口四个角上的低洼处设置雨水口。此种设计对行车和排水都不利，应尽量避免，如无法避免，最好能争取一条主要道路的纵坡由交叉口向外倾斜，把其纵坡的转折点设在远离交叉口的地方。

(3) 三条道路纵坡由交叉口向外倾斜，而另一条道路纵坡向交叉口内倾斜（图6-21）。设计时应将纵坡向着交叉口的道路脊线在交叉口处分三个方向，相交道路的横断面均不变。同时在纵坡向着交叉口的道路两侧设置雨水口拦截地面水，以免影响交通。

(4) 三条道路的纵坡向交叉口倾斜，而另一条道路的纵坡由交叉口向外倾斜（图6-22）。在纵坡向着交叉口倾斜的道路两侧设置雨水口拦截地面水，以免影响交通。

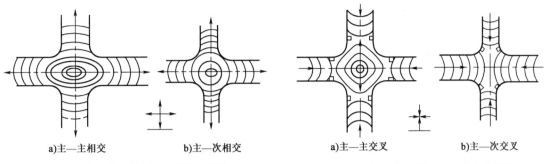

　　a) 主—主相交　　　　b) 主—次相交　　　　　　　a) 主—主交叉　　　　b) 主—次交叉

图 6-19　在凸形地形处交叉口的竖向设计　　　　图 6-20　在凹形地形处交叉口的竖向设计

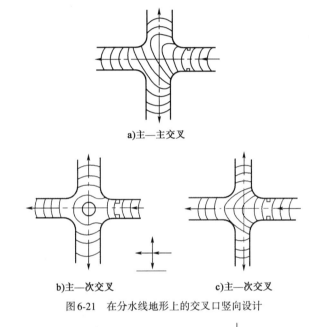

a) 主—主交叉

b) 主—次交叉　　　　c) 主—次交叉

图 6-21　在分水线地形上的交叉口竖向设计

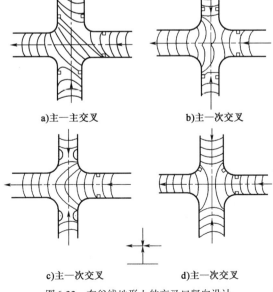

a) 主—主交叉　　　　b) 主—次交叉

c) 主—次交叉　　　　d) 主—次交叉

图 6-22　在谷线地形上的交叉口竖向设计

(5)相邻两条道路纵坡向交叉口倾斜,而另外两条道路纵坡由交叉口向外倾斜(图6-23)。交叉口位于斜坡地形上就形成这种形式。设计时,相交道路的纵坡均不变。依照天然地形,将两道路的横坡在进入交叉口前逐渐向相交道路的纵坡方向倾斜,而在交叉口上形成一个单向倾斜的斜面。在进入交叉口的道路两侧设置雨水口。

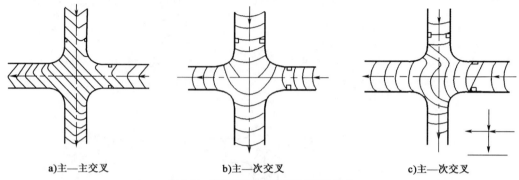

图6-23 在斜坡地形上的交叉口竖向设计

(6)相对两条道路纵坡向交叉口倾斜,而另外两条道路纵坡由交叉口向外倾斜(图6-24)。位于马鞍地形上交叉口就是这种形式。

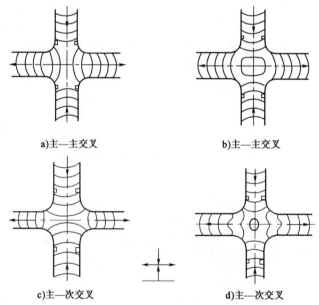

图6-24 在马鞍地形上的交叉口竖向设计

4)竖向设计方法步骤

(1)收集资料。

①测量资料。一般常用1:500或1:200的地形图。

②交通资料。交通量和交通组成(直行、左转、右转的比例)。

③排水资料。已建或拟建的排水管道位置。

④道路资料。道路等级、宽度、纵坡、横坡、交叉口控制高程和四周建筑物高程。

(2)绘出交叉口平面图:包括路中心线、行车道和人行道的宽度、缘石半径。

(3)确定交叉口的设计范围:设计范围一般为缘石半径的切点以外5~10m(即相当于一个

方格)。这是考虑到自双向横坡逐渐过渡到单向横坡需要一定的距离,并应与相交道路的路面高程完全衔接。

(4)确定竖向设计图式:根据相交道路的等级、纵坡方向和地形,确定采用的竖向设计等高线形式,如图6-19~图6-24所示,并选定相邻等高线的高差h(一般为0.02~0.10m,取偶数便于计算)。

(5)路段设计等高线的绘制:绘制交叉口范围的设计等高线(图6-25),应先根据道路的脊线和控制高程,按需要的设计等高线间距计算相邻等高线之间的水平距离,结合地形采用适宜的交叉口竖向图式,再计算与绘制交叉口等高线。

交叉口竖向设计的关键是选定合宜的路脊线和高程计算(辅助)线网。

道路的纵坡、横断面形式及路拱横坡确定后,可按需要的设计等高线间距,计算出行车道、街沟及人行道设计等高线的水平距离。

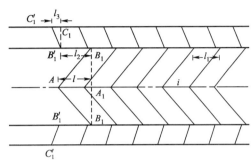

图6-25 路段上设计等高线的绘制

对于路脊线:
$$l = \frac{Bi_g}{2i} \qquad (6-3)$$

对于街沟:
$$l_1 = \frac{h}{i} \qquad (6-4)$$

对于缘石:
$$l_2 = \frac{h_1}{i} \qquad (6-5)$$

对于人行道:
$$l_3 = \frac{bi_1}{i} \qquad (6-6)$$

式中:l——行车道上同一等高线与两侧街沟的交点到路脊上该等高线顶点的水平距离;

l_1——路脊线或街沟处相邻两等高线之间的水平距离;

l_2——同一等高线在街沟边到缘石顶面的水平距离;

l_3——同一等高线与缘石顶面和人行道外缘的交点,沿道路纵向的水平距离;

h——设计等高线间距;

h_1——缘石高度;

i——行车道、人行道和街沟的纵坡;

i_g——行车道的路拱横坡度;

i_1——人行道横坡;

B——行车道宽度;

b——每侧人行道宽度。

根据上述计算,便可绘制出图6-25所示路段的设计等高线图。首先绘制道路的平面中线、缘石线和人行道边缘线。然后根据控制高程和设计等高线间距在中线上找一相应点A,由A点顺道路上坡方向量距离 $AA_1=l$，过 A_1 点作道路中线的垂直线与两侧缘石线相交于 B_1 点，连接 AB_1，即可得行车道上的设计等高线。再过 B_1 点在缘石上沿道路下坡方向量 $B_1B_1'=l_2$，再过 B_1' 点作缘石线的垂直线与人行道外缘相交于 C_1 点，由 C_1 点在人行道外边缘线上沿道路下坡方向量 $C_1C_1'=l_3$，由此便可绘出同一等高线在行车道、缘石和人行道的位置，即为 C_1'、B_1'、B_1、AB_1、B_1'、C_1'。

(6) 交叉口设计等高线绘制：借助于高程计算（辅助）线网，根据相交道路纵横坡和交叉口控制高程，便可求出交叉口的设计高程。参照等高线的基本形式即可勾画等高线。对于沥青路面可勾画成曲线；对于水泥混凝土路面，在已确定的路口分块图上勾画等高线。由于每块混凝土板为平面，此时的等高线应勾绘成直线或折线。

路口道牙切点以外路段亦应按纵、横断面高程勾绘 10～20m，以检查路口范围的等高线是否协调。

(7) 根据行车舒适、排水通畅及与附近建筑物协调、外形美观的条件，对所画成的等高线线形及间距进行调整。

(8) 对于沥青路面可按与干道中线平行及垂直方向绘方格线（间距一般 5m），根据所调整后的设计等高线，填写各方格网点处的设计高程（图 6-26）。对于水泥混凝土路面，可在各设计的水泥混凝土板角上填写设计高程（图 6-27）。

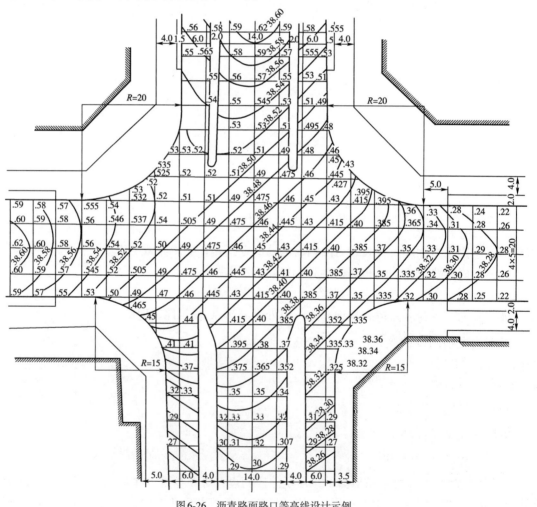

图 6-26　沥青路面路口等高线设计示例

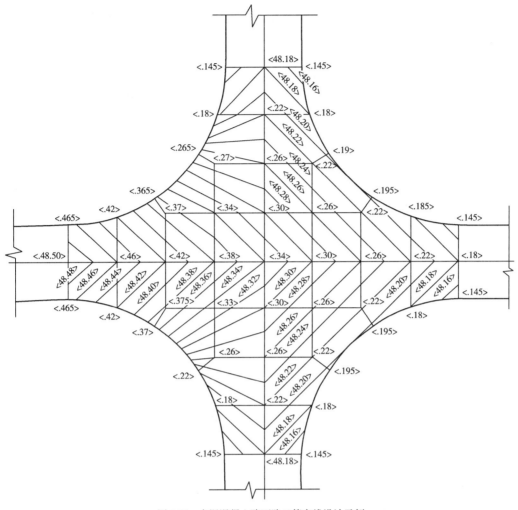

图6-27 水泥混凝土路面路口等高线设计示例

(9)支路与干道相交时,一般以干道纵断面为控制高程;同级道路相交时,路口部分中线高程不一定以干道作为控制高程,可视整个路口等高线协调情况予以调整。尤其如纵断线形在路口处为低点时,必须调整使路口不积水。

(10)根据等高线的高程,用补插法求出方格点上的设计高程,最后可以求出施工高度(它等于设计高程减去地面高程),以符合施工要求。

以上为方格网设计等高线法,适用于大型、复杂的交叉口和广场竖向设计。对于一般简单的交叉口,也可采用特征高程点(如在纵、横坡方向选点)表示。路宽的、复杂的则点数可多些,路窄的、简单的则点数可少些。

5)竖向设计应注意问题

根据设计经验,在平面交叉口竖向设计中,应注意以下几项要点:

(1)在交叉口相交道路中的纵坡差不宜太大,尽可能使相交道路的纵坡大致相等。

(2)为了便于排水,行车道两侧的平石边沟的纵坡不宜小于0.3%,缘石(侧石)高度控制在0.10~0.20m。

(3)在一般平坦地形的城市交叉口,其竖向设计的形状宜采用伞形形式,即把交叉口的中心高程设计稍高一些向四周倾斜,这种形式的竖向设计,对排水、行车、美观和衔接处理均有利。

(4)在交叉口范围内的横坡要求平缓,一般情况下,其横坡不大于路段设计横断面的横坡。

(5)交叉口对角线上的横坡宜控制在1%左右。如果定得太大,则其他方向的横坡就更大,对交通不利。

(6)新建道路与现有道路相交时路口等高线设计。

新建道路与现有道路相接,在不刨除或尽量少刨除现有路面的原则下,竖向设计方法如下:

①根据测量的旧路的方格点高程,勾画现有路面等高线。

②根据设计高程勾画新建道路与现有路面相接部分的设计等高线,使其与现有路面等高线衔接。

③调整勾画成的等高线的线形及间距,使其遵循行车舒适、排水通畅及与建筑物协调、外形美观的原则。

④根据现有路面高程与设计高程,确定现有路面与新建路面重合部分的现有路面是加铺还是刨除,并勾画出其厚度范围。

5. 环形交叉口设计

1)环形交叉口的组成

环形交叉口的组成如图6-28所示。

2)中心岛的形状

中心岛的形状应根据交通流的特性、相交道路的等级和地形、地物等条件确定。原则上应保证车辆能以一定速度顺利完成交织运行,有利于主要道路方向车辆行驶,应满足交叉所在地的地形、地物和用地条件的限制。

中心岛的形状一般多用圆形,有时也可用圆角方形和菱形;主次道路相交时宜采用椭圆形;交角不等的畸形交叉可采用复合曲线形。此外,结合地形、地物和交角等也可采用其他规则或不规则几何形状的中心岛。

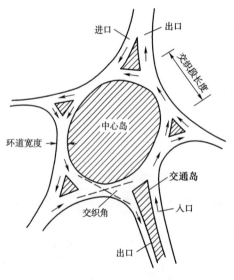

图6-28 环形交叉口的组成

3)中心岛的半径

中心岛的半径首先应满足设计速度的要求,然后按相交道路的条数和宽度,验算相邻道口之间的距离是否符合车辆交织行驶的要求。下面以圆心为例,介绍中心岛半径的计算方法。

(1)按设计速度的要求

按设计速度要求的中心岛半径R_d仍然用平曲线半径计算公式计算,但绕岛车辆是在紧靠中心岛、宽度为B的车道中间行驶,距中心岛边缘$B/2$,故实际采用的中心岛半径按式(6-7)

计算:

$$R_d = \frac{V^2}{127(\mu \pm i_h)} - \frac{B}{2} \qquad (6-7)$$

式中:R_d——中心岛半径(m);

　　B——紧靠中心岛的车道宽度(m);

　　μ——横向摩阻力系数,取值范围为 0.14 ~ 0.18;

　　i_h——环道横坡度(%),取值范围为 1.5% ~ 2%;

　　V——环道设计速度(km/h),按相交道路中最大设计速度的 50% ~ 70% 计取,车速较大的,宜取较小的系数。

(2)按交织段长度要求

所谓交织就是两条车流汇合交换位置后又分离的过程。进环和出环的两辆车,在环道行驶时相互交织,交换一次车道位置所行驶的距离,称为交织段长度。交织段长度的大小主要取决于车辆在环道上行驶的速度。当相邻路口之间有足够的距离,使进环和出环的车辆在环道上均可在合适的机会相互交织连续行驶,该段距离称为交织段长度。其位置大致可取相邻道路机动车道外侧边缘延长线与环道中心线交叉点之间的弧长,如图 6-29 所示。

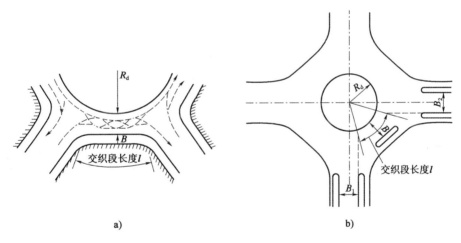

图 6-29　交织段长度

中心岛半径必须满足两个路口之间最小交织段长度的要求。否则,在环道上行驶中需要相互交织的车辆,就要停车等候,不符合环形交叉连续行驶的交通特征。环道上不同车速所需要的最小交织段长度见表 6-19。

表 6-19　最小交织段长度

环道设计速度(km/h)	40	35	30	25	20
最小交织段长度(m)	45	40	35	30	25

按交织段长度所要求的中心岛半径 R_d,近似地按交织段长度所围成的圆周大小来控制。当各中心线夹角近似相同时,计算公式为:

$$R_d = \frac{n(l + B_p)}{2\pi} - \frac{B}{2} \qquad (6-8)$$

式中：n——相交道路的条数；
  l——相邻路口之间的交织段长度(m)；
  B——环道宽度(m)；
  B_p——相交道路的平均路宽(m)，中心岛为圆形，交会道路为十字正交时，$B_p=(B_1+B_2)/2$，其中 B_1 和 B_2 分别为相邻行车道宽度。

由式(6-8)可知，为保证最小交织段长度的要求，交叉口相交的道路条数越多，则中心岛的半径就越大。这将会增加交叉口的用地面积和车辆在环道上的绕行距离，既不经济也不合理。因此，环形交叉口的相交道路以不多于6条为宜。

对四路相交的环形交叉口，可以用式(6-7)和式(6-8)分别计算中心岛半径，然后选取较大者。对中心线夹角差别大或多路交叉口，也可以先按式(6-7)确定中心岛的半径 R_d，然后再按式(6-9)验算其交织长度是否符合要求。

$$\begin{cases} l = \dfrac{2\pi}{n}\left(R_d + \dfrac{B}{2}\right) - B_p \\ l = \dfrac{\pi\alpha}{180}\left(R_d + \dfrac{B}{2}\right) - B_p \end{cases} \quad (6-9)$$

式中：α——相交道路中心线的夹角(°)，当夹角不等时，用最小夹角验算。

当用式(6-9)计算的值大于最小交织段长度时，符合要求；否则，应增大 R_d 重新验算，直至符合要求为止。根据实践经验，中心岛最小半径见表6-20，可供参考。

中心岛最小半径　　　　　　　　　　表6-20

环道设计速度(km/h)	40	35	30	25	20
中心岛最小半径(m)	65	50	35	25	20

4)环道的宽度

环道即环绕中心岛的单向行车带。其宽度取决于相交道路的交通量和交通组织。

靠近中心岛的一条车道作绕行之用，最靠外侧的一条车道供右转弯之用，中间的一至两条供交织之用，这样环道上一般设计三至四条车道。实践证明，车道过多，不仅难以利用，而且易使行车混乱，导致不安全。据观测，当环道车道数从两条增加至三条时，通行能力提高得最为显著；而当车道数增加到四条以上时，通行能力提高得很少。由于车辆在绕岛行驶时需要交织，而当交织段长度小于两个路口的最小交织段长度时，车辆只能顺序行驶，不可能出现大于两辆车交织行驶的情况。因此，车道数一般宜采用三条；如交织段长度较长时，环道车道数可布置四条；若相交道路的行车道较窄，也可设两条车道。

如果采用三条车道，每条车道宽3.50~3.75m，并采用《城市道路交叉口设计规程》(CJJ 152—2010)中环道上车道的加宽值。当中心岛半径为20~40m时，则环道机动车道的宽度一般为15~16m。

为保证交通安全，减少相互干扰，非机动车交通与机动车交通可用分隔带(或墩)或标线等分隔。

5)交织角

交织角是进环车辆轨迹与出环车辆轨迹的平均相交角度。它以距右转机动车道的外缘1.5m和中心岛边缘1.5m的两条切线交角来表示，如图6-30所示。

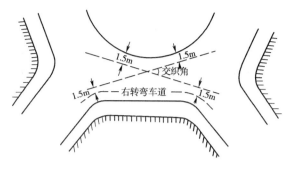

图 6-30 交织角

交织角的大小取决于环道的宽度和交织段长度。环道宽度越窄,交织段长度越大,则交织角越小,行车越安全。但交织段越长,则会使中心岛半径增大,占地也要增加。根据经验,交织角宜控制在 20°~30°。通常在交织段长度已有保证的条件下,交织角多能满足要求。

6) 环岛外缘线形及进、出口半径

从满足交通需要和工程节约考虑,环道外缘平面线形不宜设计成反向曲线形状,如图 6-31 中实线。据观测,这种形状在环道的外侧约有 20% 的路面(图 6-31 中的实线与虚线之间部分)无车行驶,这既不合理也不经济。实践证明,环道外缘平面线形宜采用直线圆角形或复曲线形状,如图 6-31 中虚线所示。

综上所述,进行环形交叉环道设计时,一般应满足以下各点要求:

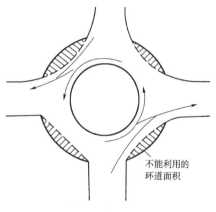

图 6-31 环道外缘线形

(1) 环道的行车道可根据交通流的情况,采用机动车与非机动车混行或分行布置。分行时分隔带宽度应大于或等于 1.0m。

(2) 机动车道数一般采用三条。车道宽度应考虑车道加宽,非机动车道宽度不应小于相交道路中最大非机动车道宽度,也不宜超过 6m。

(3) 环岛上不宜布置人行道,以免行人穿过环道。如有特殊要求允许行人到环岛上时,应设人行道,环道外侧的人行道宽度,不宜小于各交会道路的最大人行道宽度。

(4) 环道外缘的平面线形不宜设计成反向曲线。进口缘石半径应满足右转车速的要求。出口缘石半径应大于或等于进口缘石半径。

(5) 环道纵坡不宜大于 2%,横坡宜采用两面坡。为保证行车安全,在环道上应满足绕行车辆的停车视距要求。

(6) 环岛进出口的曲线半径取决于环道的设计速度。为了使环道上的车速较为均匀,对于驶入环道上的车辆的车速应加以限制,环道出口半径可大于入口半径,以使车辆迅速驶出环道;同时,各入口曲线半径不应相差太大,以保证驶入环道车辆速度相差较小,从而使得环道车辆近于等速行驶。环道入口的曲线半径常采用接近或小于中心岛的半径。

(7) 环道的横断面。环道的横断面形状对行车的平稳和路面的排水有很大影响,而横断面的形状又取决于路脊线的选择。通常,环道横断面的路脊线设在交织岛的中间。若机动车

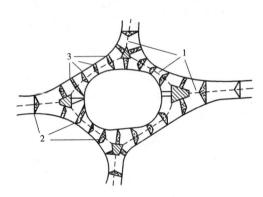

图 6-32　环道路脊线
1-路拱脊线；2-水平线；3-环道路面断面形状

与非机动车之间设有分隔带时，其路脊线也可设在分隔带上。环道路脊线通过设于进、出口之间的三角形方向岛或直接与交会道路的路脊线相连，如图 6-32 所示。图 6-32 中虚线为路脊线，根据图中环道路拱横坡的方向。显然，应在中心岛的周边设置雨水口，以保证环道内不产生积水。另外，进、出环道处横坡宜缓一些。

6. 平面交叉口的渠化设计

渠化设计是指运用标线、标志和实体设施以及局部展宽进口端等措施对交通流作分流和导向设计，以消除交叉口各向交通流间的相互干扰。

1) 渠化设计的原则

平面交叉处交通量大时，应作渠化交通设计，即采用交通岛、路面标线等设施疏导车流。其设计原则是：

(1) 渠化设计的路线应简单明了，过于复杂的设计容易使车辆误行，反而降低其使用效果。

(2) 应避免交通流的分流、合流集中于一点。

(3) 导流车道的宽度应适当，过宽会引起车辆并行，容易引起碰撞事故。

(4) 驾驶员驶近导流设施前能醒目地觉察到导流设施的存在。交通岛的端部应视情况设置标志、标线和照明等设施。

2) 交通岛设计

(1) 交通岛的类型

交通岛是组织渠化交通的主要设施，其构造可以缘石围砌或画线形成隐形结构。根据《城市道路交叉口设计规程》(CJJ 152—2010)，交通岛可分为导流岛和安全岛。导流岛是指设置在交叉口进出口处的异形小岛，用来将车流引向规定的行进方向。安全岛是指设置在交叉口行车道中间，供行人横穿道路暂时避车的小岛。

(2) 交通岛尺寸

导流岛一般采用缘石围成高出路面的实体岛。当岛面窄小时，可采用路面标线表示的隐形岛。导流岛端部应醒目，并在外形上能诱导车辆前进方向，必要时可兼作行人过街安全岛。导流岛的偏移距、内移距及端部圆曲线半径 (图 6-33) 的最小值可按表 6-21 取用。

当导流岛很大时，端部内移距在主要道路一侧按 1/20~1/10 过渡，次要道路一侧按 1/10~1/5 过渡。

导流岛除分隔交通流外，还可兼作安全岛或设置交通设施。其各部分要素 (图 6-34) 的最小值可按表 6-22 取用。

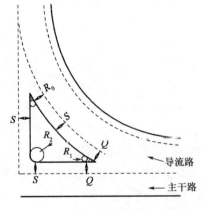

图 6-33　导流岛

导流岛偏移距、内移距、端部圆曲线半径最小值　　　　　　表6-21

设计速度(km/h)	偏移距S(m)	内移距Q(m)	R_0(m)	R_1(m)	R_2(m)
≥50	0.50	0.75	0.5	0.5~1.0	0.5~1.5
<50	0.25	0.50			

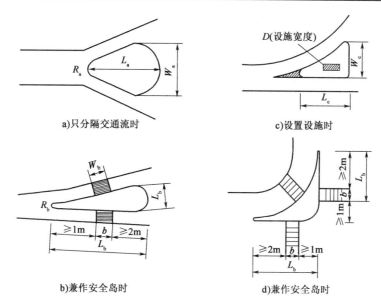

图6-34　导流岛各部分要素

导流岛各要素的最小值　　　　　　表6-22

图示	(a)			(b)			(c)	
要素	W_a	L_a	R_a	W_b	L_b	R_b	W_c	L_c
最小值(m)	3.0	5.0	0.5	3.0	(b+3)	1.0	(D+3)	5.0

(3)交通岛的一般要求

a. 各种交通岛的面积不宜小于7m²面积窄小时,可用路面标线表示。转角交通岛兼作行人过街安全岛时,面积(包括岛端尖角标线部分)不宜小于20m²。

b. 交通岛可根据其大小、位置和用途采用不同方式标示边界。一般采用下列方式:用缘石标界,交通岛高出路面;用路面标线标界,岛的全部或部分面积上标以斑马线。

c. 交通岛端部的处理。交通岛端部应醒目明了,并在外形上能引导车辆前进。楔形端应做成圆形。行车道到楔形端的内移距,应根据交通岛的大小和位置确定。

3)交叉口交通组织设计

交叉口交通组织设计包括车辆交通组织和行人交通组织。其基本任务是:保证相交道路车辆及行人的安全,提高交叉口的通行能力,使各方向车流安全、快速地通过交叉口。

(1)车辆交通组织

①设置专用车道

组织不同车型和不同行驶方向的车辆在各自的车道上分道行驶。根据行车道的宽度和不同行驶方向的车辆流量及组成,可划分左转车道、直行车道和右转车道。

②合理地组织左转弯车辆的交通

组织左转车辆交通,常采用下列几种方法:

a. 实施信号灯管制,设置专用车道。在交叉口设置信号灯,使左转弯车辆从直行车流中分出来。这些左转车辆在路口进口道停车线后的专用车道上排队等候。当信号灯转变为绿灯时,左转车辆通行。这样可以减少左转对直行、右转车辆行驶的干扰阻滞。为了使驶入交叉口的各向行驶车辆更好地分道行驶,应尽可能设置专用的左转和右转车道。

b. 变左转为右转行驶。在交叉口中央设置圆形或椭圆形的交通岛,使车辆进出交叉口一律绕岛作逆时针单向行驶。它的特点是不须设置信号灯,车辆正常情况下无须停顿、等候,可连续行驶。左转车流变右转的另一方法是,使左转车绕邻近交叉口的街坊道路右转行驶。然而,由于该这种方法绕越距离增大,通常仅用于左转车比例不大,旧城道路路口拓宽困难或在桥头引道坡度大的十字形路口,以减少交通拥塞或确保下坡安全。

此外,在大、中城市路幅宽40~45m以上的干道中,还可让左转车辆在交叉口上先右转,离开交叉口一定距离后,再做180°的回转。该方法通常称之为远引交叉。然而,由于在交叉口中央需要设置较宽的带形交通岛,且绕行距离较长,加上车辆调头时仍会影响靠中线附近行驶的车辆,因而一般很少采用。

③组织渠化交通

渠化交通,是指在道路上通过标线、交通岛来分隔车道,使不同方向、类型、速度的车流能像渠道内的水流一样,沿一定方向,互不干扰地通行。

在交叉口进行渠化交通组织可以达到以下目的:

a. 分离冲突点。

b. 控制冲突时的交通流线角度。

c. 压缩交叉口内不必要的路面铺装。

d. 控制交通路径,指示交叉地点。

e. 为主要交通流向提供优先通行条件。

f. 保证过街行人安全。

g. 提供设置交通标志的场所。

h. 阻止车辆驶入禁行方向。

i. 控制车速等。

(2)行人交通组织

在城市道路中,尤其在交叉口处,行人在此汇集、转向和过街,因此需考虑行人交通组织。行人交通组织的主要任务包括两个方面:一是确保行人在人行道上安全行走;二是确保行人在人行横道线上安全过街,从而使人、车分离,减少相互之间的干扰。

人行道通常对称布置在行车道两侧。交叉口内相邻道路的人行道互相连接,并将转角处人行道进行加宽,以适应人流集中和转向的需要。在人行道上除必要的道路标志、交通信号、照明及栏杆等设施外,不允许布置其他设施,以保证人行道的有效宽度。

为使行人安全、有序地横穿行车道,应在交叉路口设置人行横道。交叉范围内的人行道和人行横道相互连接,共同组成连接各个方向的步行道网,并且应尽量避免在交叉口设置吸引大量人流的公共建筑出入口。

人行横道的设置应考虑以下几个方面的要求:

①人行横道的设置应符合行人的自然流动方向,否则将导致行人在人行横道以外的地方横穿行车道。这将不利于交通安全。

②人行横道应尽量与行车道垂直,以缩短行人过街距离,使行人能快速通过交叉口,从而满足行人过街的心理要求。

③人行横道应尽量靠近交叉口,以减少车辆在交叉口内的通行时间。

④人行横道应设置在驾驶员容易看清的位置,标线应醒目。

如图6-35a)所示,在设置信号灯控制或设置停车标志的交叉口,应在路面上标绘停车线,指明停车位置。此时人行横道一般可布置在停车线之前1~3m;单向两条及以上车道的道路,停止线距人行横道线宜采用3m。当交叉口转角半径较大时,可将人行横道设在圆弧段内,如图6-35b)所示。道路斜交时,人行横道可与相交道路平行设置,如图6-35c)所示。T形、Y形交叉口处的人行横道可按图6-35d)、图6-35e)所示设置。

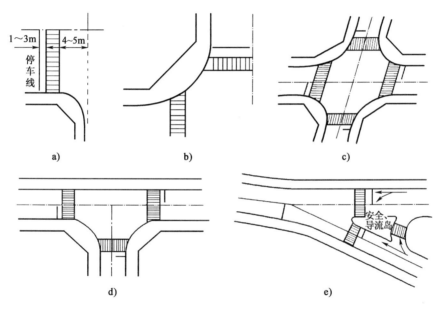

图6-35 交叉口人行横道的布置

人行横道的宽度与过街行人流量和行人过街时的信号显示时间有关,所以应结合每个交叉口的实际情况设置。主干路的人行横道宽度不宜小于5m,其他等级道路的人行横道宽度不宜小于3m,宜采用1m为单位增减。

当行车道较宽时,行人一次横穿过长的街道会引起行人思想紧张,尤其对行走迟缓的老、弱、妇、孺等,会感到很不安。当机动车道数大于或等于6条或人行横道长度大于30m时应设置安全岛,安全岛的宽度不宜小于2m,困难情况下不应小于1.5m。

当交叉口宽阔、人流量大、车流量大且车速高时,如快速路上的交叉口,设置人行天桥或人行地道可以作为一种行人交通组织的有效办法。为了使人行天桥(地道)的功能能够得到充分发挥,并让过街行人从心理上能够接受,在规划人行天桥(地道)位置时应充分考虑行人流向。同时,在结构选型方面真正做到以人为本。由于人行天桥(地道)选址、选型不当,而弃之不用或基本不用的例子并不少见,这点值得注意。

4)公路平面交叉的渠化布置

相交道路等级较高或交通量较大的平面交叉,可通过设置隔岛、导流岛来进行各向车流的渠化。

(1)如图6-36a)所示,主要公路为二级公路的T形交叉,当直行交通量不大,而与次要公路间的转弯交通量占相当比例时,可采用在次要公路上设分隔岛的渠化T形交叉。如图6-36b)所示,当主要公路的直行交通量较大时,则采用在主要公路和次要公路上均设分隔岛的渠化T形交叉。

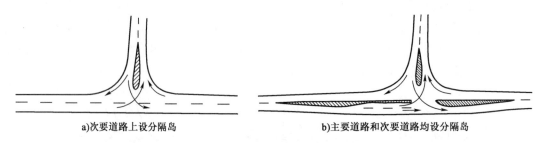

a)次要道路上设分隔岛　　　　　　　b)主要道路和次要道路均设分隔岛

图6-36　只设分隔岛的T形交叉

(2)主要公路为四车道公路,或设计速度大于等于60km/h且有相当比例转弯交通量的二级公路,或是与互通式立交直接连接的双车道公路的T形交叉应采用设置导流岛的渠化T形交叉。如图6-37c)所示。

如图6-37a)、b)、c)所示,当主要公路为双车道公路时,应根据左、右转弯交通量的平衡与否而选用某种渠化布置方式。主要公路上的分隔岛宜为隐形岛。

当主要公路为四车道时,应采用图6-37d)所示的渠化布置方式。次要公路上的导流岛可根据左、右转弯交通量情况作图6-37a)、b)所示的变通处理。主要公路上的分隔岛应为实体岛。

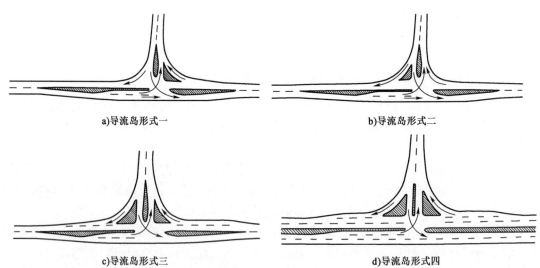

a)导流岛形式一　　　　　　　　　　b)导流岛形式二

c)导流岛形式三　　　　　　　　　　d)导流岛形式四

图6-37　设导流岛的T形交叉

(3)主要公路为四车道公路以及设计速度为80km/h的双车道公路,或虽然设计速度为60km/h,但属于区域干线的双车道公路,其上的十字交叉应采用图6-38所示的渠化交叉。

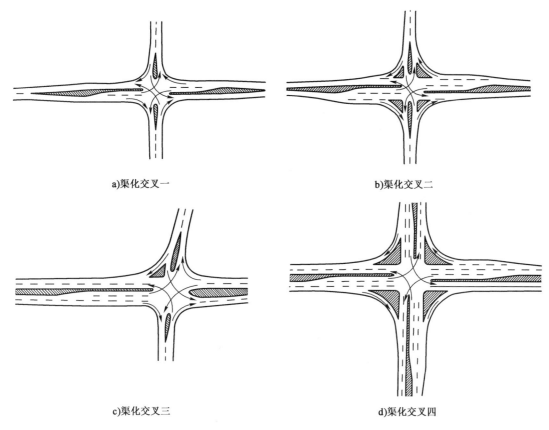

a) 渠化交叉一　　　　　　　　b) 渠化交叉二

c) 渠化交叉三　　　　　　　　d) 渠化交叉四

图6-38　渠化十字交叉

（4）当主要公路为四车道公路，或虽为双车道公路，但交叉所在的局部路段为四车道，次要公路为双车道公路且转弯交通量不平衡时，主要公路与次要公路之间的十字交叉可采用图6-38c)的形式；若转弯交通量较大且各向转弯较平衡时，则应按图6-38b)所示的那样布置完善的渠化岛。

（5）两四车道公路或四车道以上公路相交，或其中之一为四车道以上的公路时，应按图 6-38d)所示，布置完善的渠化岛和转弯车道，而且伴随渠化还应设置足够相数和合适配时的信号系统。

（6）环形交叉。环形交叉适用于交通量适中，经过验算后出、入口间的距离能满足交织长度的要求，或按"入口让路"规则（非交织原理）设计能满足交通量需要的3~5岔的交叉。

①如图6-39所示，环形交叉宜采用适应"入口让路"的行驶规则的形式。

②"入口让路"环形交叉适用于一条四车道公路和一条双车道公路相交的交叉以及两条高峰小时不明显的四车道公路相交的交叉。

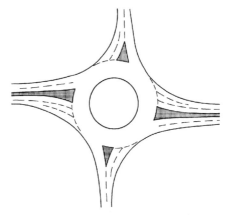

图6-39　"入口让路"环形交叉

第三节 立体交叉

道路立体交叉是指两条或多条路线(道路与道路、道路与铁路、道路与其他交通线路)在不同高程上交叉。互通式立体交叉处设置有跨线结构物(桥梁、隧道或地道)和转向的匝道,这样的设计使相交路线的交通流在平面和空间上得以分隔,车辆转向行驶互不干扰,从而大大提高交叉口行车的速度、安全性和顺畅度,大大缓解道路交叉口的交通问题。

一 互通立体交叉的类型及适用条件

1. 立体交叉的组成

1)主体部分

立交的主体是指直接为车辆的直行、转向行驶的组成部分,包括跨越设施、主线、匝道三部分,如图6-40所示。

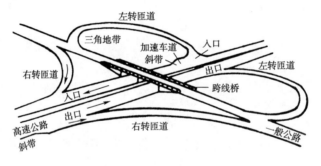

图6-40 立体交叉的组成

(1)跨越设施

跨越设施是立体交叉实现交通流线分离的主体构造物。立交主线间的相互交叉跨越方式可分为上跨式和下穿式。上跨式采用桥跨结构物跨越,下穿式采用隧道或地道的方式跨越。跨越设施是立交的重要组成部分,其工程量可占全立交的50%~70%。

(2)主线

主线又叫正线,是指相交道路的直行车道。两条相交主线,在空间分离时又有上线和下线之分。上跨正线从立交桥到两端主线起坡点的路段叫作引道,下穿正线从立交桥下到两端主线变坡点的路段叫作坡道。引道与坡道将相交的路线与跨线设施连接从而实现空间分离。主线由于有引道、坡道,纵面起伏变化较大,再加上转弯匝道的进、出口均接于主线,并通过加、减速车道与主线连接,因而主线设计与一般路线相比有不同的要求。

(3)匝道

匝道是指相交道路转弯车辆转向使用的连接道。匝道将空间分离的两主线连接,形成互通式结构。匝道的线形和结构,直接影响转弯车辆行驶的技术条件和立交本身的经济环境效益。因此,匝道的布置和设计是立交设计的重要内容。

2)附属部分

除上述三大主体部分外,立交的其他组成部分称附属部分,主要包括出口、入口、辅助车道、集散车道、三角区、收费区等。

(1)出口与入口

出、入口是主线与匝道的结合部位。由主线驶出进入匝道的路口称为出口,由匝道驶入主线的路口称为入口。

如图6-41所示,出口由斜带(渐变段)、减速车道、分流鼻端三部分组成;入口由斜带(渐变段)、加速车道、合流鼻端三部分组成。

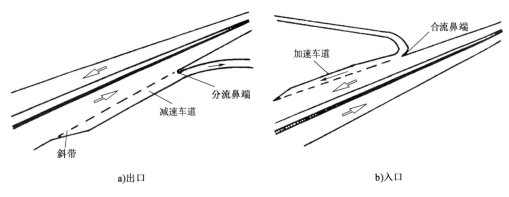

图6-41 立交入口与出口

(2)辅助车道

辅助车道是指为出入主线车辆调整车速、车距、变换车道或为车道平衡等目的,而平行设置于主线外侧的附加车道。

(3)集散道(集散车道)

集散道是指为隔离交织区、减少主线出入口数量而设置于主线外侧并与主线隔离的附加道路。

(4)三角区及立体交叉范围

在立体交叉范围内,除匝道与主线以外的用地统称为立交三角区。三角地带是立交绿化和美化布置,照明以及布置设施等的用地。三角区的布置是立交设计的内容之一。

立体交叉范围是指主线和被交叉公路受互通立体交叉几何构造影响的路段。立体交叉范围线是划分路段与立体交叉、立体交叉与周围其他用地的界限,也是立体交叉征地的依据。

2. 立体交叉的类型及选用原则

公路立体交叉可分为分离式立体交叉和互通式立体交叉。

1)分离式立体交叉

仅设一座跨线构造物(跨线桥或地道),使相交道路在空间上分离,上、下道路间无匝道连接的交叉形式(图6-42)。这种类型的立体交叉,结构简单,占地少,造价低。其作用是保证直行车辆的畅通,但相交道路的车辆不能转弯行驶。适

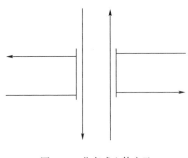

图6-42 分离式立体交叉

用于高速公路或城市快速路与低等级道路之间的交叉。

2)互通式立体交叉

互通式立体交叉通过设置跨线构造物使相交道路在空间上分离,同时上、下道路之间采用相互完全(或部分)连通的交叉方式。这样可使车辆转弯行驶,全部或部分消灭冲突点,减少各方向行车干扰,提高行车安全性和迅速性,从而增大通行能力。与分离式立体交叉相比,互通式立体交叉结构复杂,构造物多,占地大,造价高。

互通式立体交叉按功能不同可分为一般互通式立体交叉和枢纽互通式立体交叉两种基本类型。枢纽互通式立体交叉是指为高速公路之间、高速公路与具干线功能的一级公路之间或具干线功能的一级公路之间提供连续、快速的交通转换功能的互通式立体交叉;一般互通式立体交叉是指为地方交通提供接入和转换功能的互通式立体交叉。

互通式立体交叉根据交叉岔数、交叉形状、交叉方式和方向连通程度等按下列规定分类:

(1)按交叉岔数可分为三岔交叉、四岔交叉和多岔交叉互通式立体交叉。当交叉岔数超过四岔时,均称为多岔交叉。

(2)按互通式立体交叉的形状可分为喇叭形[图6-43a)]、苜蓿叶形[图6-43b)]、菱形、环形、叶形[图6-43c)]、T形、Y形和涡轮形[图6-43d)]互通式立体交叉等。

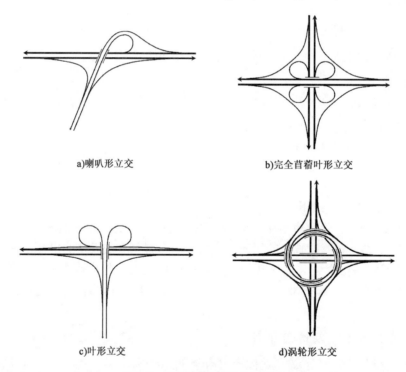

a)喇叭形立交　　　　　　　　b)完全苜蓿叶形立交

c)叶形立交　　　　　　　　d)涡轮形立交

图6-43　不同形状的互通式立体交叉

(3)按交通流线的交叉方式,可分为完全立体交叉型和平面交叉型互通式立体交叉。

完全立体交叉型即所有交通流线之间的交叉均为立体交叉;平面交叉型则在部分交通流线之间存在平面交叉。

完全立体交叉型的车流轨迹线全部在空间分离,各转弯方向都有专用匝道,无冲突点,行车安全、迅速,通行能力较大。其代表形式有三岔喇叭形、叶形、梨形、Y形、完全苜蓿叶形、变形苜蓿叶形、涡轮形等。

平面交叉型相交道路的车流轨迹线之间存在平面交叉。一般用于主要道路与次要道路相交,当个别方向的交通量很小或分期修改,或用地受限、无设置匝道收费站要求时,在满足通行能力的条件下可采用。代表形式有四岔单喇叭形[图6-44a)]、部分苜蓿叶形[图6-44b)]、菱形[图6-44c)]、环形[图6-44d)]等。

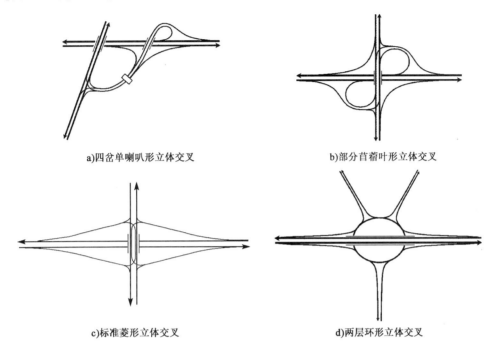

图6-44 平面交叉型立体交叉

(4)按方向连通程度可分为完全互通型和不完全互通型互通式立体交叉。

完全互通型即所有交通流方向均被连通,各交通流之间可以是完全立体交叉,也可以是平面交叉。不完全互通型则尚有部分交通流方向未被连通,即缺省部分交通流线(图6-45)。完全互通型立体交叉的交通流线数目 N 与交叉岔数 n(如三岔交叉,n 值为3;四岔交叉,n 值为4)之间具有如下关系:

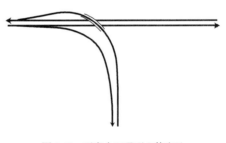

图6-45 不完全互通型立体交叉

$$N = n(n - 1) \tag{6-10}$$

3)互通式立体交叉类型的选择

互通式立体交叉类型的选择应符合下列规定:

(1)被交叉公路为双车道公路或具集散功能的一级公路的互通式立体交叉,宜采用一般互通式立体交叉。

(2)高速公路之间、高速公路与具干线功能的一级公路之间或具干线功能的一级公路之间相交叉的互通式立体交叉,宜采用枢纽互通式立体交叉。

(3)设置匝道收费站的互通式立体交叉可按一般互通式立体交叉设计。

(4)一般互通式立体交叉可采用平面交叉型。

(5)枢纽互通式立体交叉宜采用完全立体交叉型。

(6)当个别方向无交通转换需求,或虽存在少量交通转换需求但实现该方向的连通特别困难时,可采用不完全互通型。对于未连通方向的交通转换功能应可通过路网交通组织由邻近节点承担。同时,选择不完全互通型应与完全互通型综合比较论证后确定。

(7)有条件时,被交叉公路宜采用上跨方式。

3. 三岔立体交叉

1)三岔T形立体交叉

(1)喇叭形立体交叉

三岔喇叭形立体交叉是由一个小环道(转向角约为270°的左转匝道)和一个半定向匝道来实现左转所构成的立体交叉形式。由于其外形似喇叭,故由此得名。这种形式实际上是小环道与半定向匝道的一种组合形式,如图6-46所示。

喇叭形立体交叉是三路T形立体交叉常采用的形式,其主要特点是:

①各转弯方向均设有独立匝道,对交通量大的左转方向提供了车速较高的半定向匝道,车辆可完全互通,无平交冲突点和交织段,通行能力较强。

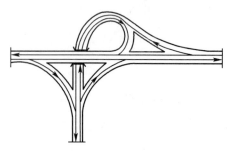

图6-46 喇叭形立体交叉

②结构简单,造型美观,各方向匝道独立,行车方向容易辨别。

③由于设有小环道,左转车转向角为270°,与定向匝道相比,左转行车路线绕行较长,线形较差,且小环道占地面积较大。

④全立体交叉只设一座桥跨即实现全互通,工程造价较省。

适用条件:主要适用于一般公路与高速公路、一级公路或与城市快速路、主干路的T形交叉,适应的设计速度小于或等于50km/h。

(2)三岔叶形立体交叉

三岔叶形立体交叉是由两个小环道来实现车辆左转的T形立体交叉,如图6-47所示。由于两个小环道对称布置,形似叶状,故由此得名。主要特点如下:

①各方面匝道独立设置,无平交冲突点,无交织路段,为完全互通、完全立体交叉型,行车功能较好。

②匝道对称设置,呈叶状,造型美观,若与城市绿化、雕塑、建筑小品结合,有利于城市街景的美观。

③由于设有两个小环,左转车辆绕行路线长,线形差,占地多。

④只设一座桥跨,造价较省。

⑤主线上两小环道之间有交织路段,对行车不利,布设时注意设置足够的交织段长度,或采取集散道路来改善行车条件。

(3)三岔环形立体交叉

三岔环形立体交叉由环形平交演变而来。如图6-48所示,三岔环形立体交叉是用一个公共环道来实现各方向车辆转向的立体交叉形式。

图6-47 三岔叶形立体交叉

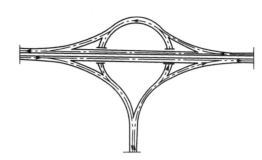

图6-48 三岔环形立体交叉

主要特点：

①公共环道半径一般较小环道大，左转车辆行车方向明确，行车条件较好。

②仅设置一个环道，结构紧凑，占地较小，结合旧的平交改造十分有利。

③环道上有交织路段，属交织型完全互通式立体交叉，对立体交叉通行能力和行车速度有一定影响。

④需修建两座桥跨结构物，造价较高。

⑤中心环岛与城市绿化相结合，有利于街景布置。

适用条件：环形立体交叉适用于各方向左转交通量较均匀、用地较紧张、拆迁较大的情况。特别是对原有环形平交改造、能充分利用原有工程，重新征地较小的情况较适用。

(4) 三岔半定向型立体交叉

如图6-49所示，三岔半定向型立体交叉，是用半定向型匝道来实现车辆左转的立体交叉形式。

主要特点：

①左转车辆用半定向匝道来实现转向，转弯半径大，行车条件较好，绕地距离比小环道短。

②半定向匝道跨越主线或匝道均需设跨线结构物，因而桥跨较多，特别是三层式结构物，显然行车条件好，但高差较大，桥跨长，匝道纵面线形起伏较大。

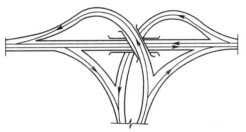

图6-49 三岔半定向型立体交叉

③匝道布置方式多，因而类型较多，布设时可结合设计要求、环境条件和投资条件灵活布置，采用适宜的形式。

④匝道布置灵活、结构紧凑、用地及拆迁较少。

适用条件：半定向型立体交叉比上几种类型行车条件均较好，多适用于交通量较大、车速要求较高的T形立体交叉。当连接道路为双向分离式布置时，采用这种形式匝道布置更为有利。

(5) 三岔定向型立体交叉

如图6-50所示，三岔定向型立体交叉，是用定向型匝道实现车辆左转的立体交叉形式。

主要特点：

①为全互通、完全立体交叉型立体交叉。左转车辆通过定向匝道实现转向，匝道的转向角小(只有90°左右)，左转路线短捷，转弯半径大，行车功能好。

②结构紧凑,用地较省,转向直接,行车方向容易识别。

③由于匝道直接左转,使得路线交叉多,桥跨较长且梁体较高,因而造价昂贵。

适用条件:三岔定向型立体交叉,在T形立体交叉中行车功能最好,多适用于车速高、交通量大的高速公路、一级公路相互连接的情况。当主线与连接道路均为双向分离设置的车道时(或设有中央分隔带时),更有利于匝道的布设。

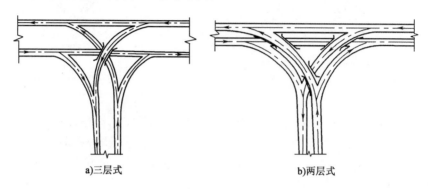

图6-50 三岔定向型立体交叉

2)三岔Y形立体交叉

Y形立体交叉的三个方向的交角相近,且每个方向均无直行车辆,转向角较小,一般在75°~105°之间。与T形立体交叉相比,它具有线形好、行车方向明确、转弯车辆路线短捷、行车有利等特点。如图6-51所示,Y形立体交叉的类型很多,主要有:喇叭形、叶形、环形、半定向型、定向型(两层式)、定向型(三层式)等形式。其特点及适用条件与T形立体交叉的相应类型相近。

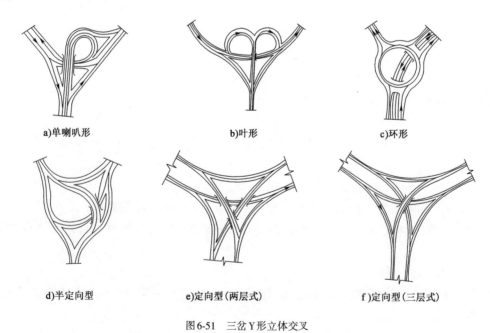

图6-51 三岔Y形立体交叉

4. 四岔立交

1) 全苜蓿叶形立体交叉

如图6-52所示,全苜蓿叶形立体交叉是由四个小环道来实现四个方向左转所构成的立体交叉形式。匝道数与转弯方向数相等,为完全互通、完全立体交叉型。由于四个小环道布置在四个象限,外形似苜蓿叶状,故由此得名。

全苜蓿叶形立体交叉有如下主要特点:

(1)由于采用小环道,变左转为右转,只需设置一座结构物,即可实现全互通,结构物数量少,造价较少。

(2)全苜蓿叶形立体交叉,外形简单、对称,呈苜蓿叶状,造型美观,四个环道的中心岛可供绿化、美化之用。

(3)左转小环道,转向角270°左右,转弯半径小,绕行路线长,并且右转和左转车流在同一直行车道上连续出现四个进、出口,两次合流,形成交织路段,对主线行车干扰较大,交通标志设置复杂。

(4)小环道布置使立体交叉占地面积大,涉及的拆迁范围也较广。

(5)主线每个方向的车流均遵循先出后进,进出均衡,车道数容易平衡。

适用条件:全苜蓿叶形立体交叉适用于两条高速公路或一级公路相交,左转交通量不大的郊区及乡村立体交叉。因占地较多,拆迁范围较广,城市市区内较少采用。由于各方向转弯车道均独立,且进出口多,故不适用于收费道路。

2) 部分苜蓿叶形立体交叉

如图6-53所示,部分苜蓿叶形立体交叉是苜蓿叶形立体交叉去掉部分匝道而形成的一种立体交叉形式。它仍然以小环道为左转匝道,仅在部分象限设置。

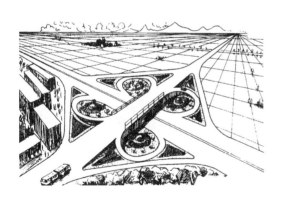

图6-52 全苜蓿叶形立体交叉

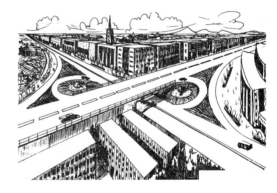

图6-53 部分苜蓿叶形立体交叉

部分苜蓿叶形立体交叉有如下主要特点:

(1)由于左转小环道仅在部分象限设置,故可减少立体交叉用地。

(2)因部分转向缺失,故此立体交叉属部分互通式立体交叉。若此立体交叉全互通,则属于平交型立体交叉;如此型立体交叉部分互通,则属立交型立体交叉;行车功能较全苜蓿叶形立体交叉弱。

适用条件:部分苜蓿叶形立体交叉适用于高速公路与其他公路相交,需限制某方向车辆出入或某些方向转弯交通量较小或用地受限的情况。对于近期交通量小或近期某方向道路尚未形成时,可采用部分苜蓿叶形,作为远期全苜蓿叶形的一种过渡形式。

3)菱形立体交叉

如图6-54所示,菱形立体交叉是用四条直线形匝道来实现所有方向(左转、右转)车辆转弯的立体交叉形式。由于四条匝道在平面上呈"菱形"状,故由此得名,国外又叫"钻石"形立体交叉。

菱形立体交叉有如下主要特点：

(1)结构简单紧凑,用一座跨线结构物实现全互通,用地很省,造价较少。

(2)由于左、右转匝道合并,构成平交型立体交叉,在次要道路上形成两个平交路口,有冲突点(六个)和交织路段(两段),对行车安全不利,设计速度也相对较低。

(3)车辆出入状态一致,行驶路线单一,公路标志设计简便,同时这种单一的驶出驶入状态均避开了桥跨结构物,因而无须在桥上或桥下设置加(减)速车道,可节省结构物造价。

(4)主线上无交织路段,进出车辆对主线干扰小。

(5)当主干线设在下层时,驶出车辆在匝道上为上坡行驶,驶入主干道车辆在匝道上为下坡,有利于车辆驶出减速和加速。

适用条件:菱形立体交叉主要适用于高速公路、一级公路与次要道路相交。因其占地较小,常用于城市用地紧张、拆迁困难的立体交叉。菱形立交属平交型立体交叉,为确保行车安全、顺畅,立交的左转交通量不能太大。布设时,应该注意将平交路口安排在次要道路上。

4)四岔环形立体交叉

四岔环形立体交叉由环形平交演变而来。如图6-55所示,它是在交叉处设置中心岛,用公共环道来实现各方向车辆转向的立体交叉形式。

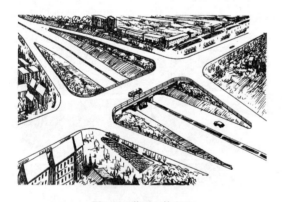

图6-54 菱形立体交叉

图6-55 四岔环形立体交叉

环形立体交叉有如下主要特点：

(1)环形匝道转弯半径较大,左转车行车路线绕行距离较小,环道短,行车方向明确。

(2)匝道共用,结构紧凑,用地较省,拆迁较小。

(3)由于左转车均在环道上绕行,进出车辆形成交织路段,因而对车速和通行能力有较大影响。

(4)桥跨较多,工程造价较前几种高。

适用条件:环形立体交叉用地较省,加之对原有城市环形平交的改造十分方便,一般不需重新征地,并能利用原有工程,因而是城市常采用的立体交叉形式。由于车速及交通量有限,因而适用于设计速度和设计交通量不太大的情况。环形立体交叉形式很多,常用的是两层环形。

5)四岔简单跨越型立体交叉

这是一种只设一个(或两个)直行方向跨线桥(或隧道),保证直行车畅通的简单立体交叉。如图6-56所示,这种立体交叉其所有转弯车辆均在平面交叉口转向,无独立匝道,属平交型立体交叉,有平交冲突点。

简单跨越型立体交叉有如下特点:

(1)简单跨越型立体交叉,仅修一座跨线结构物,结构简单,工程量省,占地少。

(2)由于有平交冲突点,转弯车辆的车速和交通量都不宜太大,行车安全性较差。

适用条件:主要适宜城市中主干道与次道相交,为确保主干道车辆畅通的情况。对于直行交通量大,转弯车辆交通量小的路口最为适宜。当相交道路路口距离太近时,为了保证直行车的畅通和纵面线形顺适,减少纵面起伏,可将相邻的跨线桥直接连通,形成直跨城市快速直达的高架路。

6)四岔半定向型立体交叉

四岔半定向型立体交叉是用半定向匝道来实现左转车辆转向所构成的立体交叉类型。由于半定向匝道转向功能较好,因此比以上其他立体交叉具有较好的行车条件,如图6-57所示。

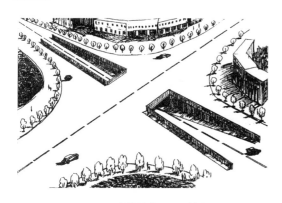

图6-56　四岔简单跨越型立体交叉

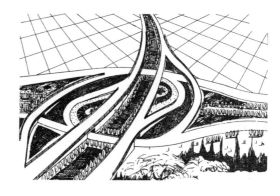

图6-57　四岔半定向型立体交叉

半定向型立体交叉有如下主要特点:

(1)左转车在半定向独立匝道上行驶,转弯半径大,绕行距离较小,环道小,纵坡较平缓,行车功能好。

(2)匝道布设灵活,匝道可有多种变化类型,造型美观,适应面较宽。

(3)桥跨多且长,占地面积大,拆迁范围广,因而工程造价较大。

适用条件:半定向型立体交叉属高级的全互通、全立体交叉型,适用于快速路、一级路相互交叉的情况。对于其他道路相交情况,当左转交通量大、要求车速较高时,亦可选用。

7)四岔定向型立体交叉

四岔定向型立体交叉是最高级的立体交叉形式。它是采用定向匝道从一个路口直接进入另一路口(不绕行)来实现左转构成的立体交叉形式。由于这种立体交叉造价昂贵,目前国内采用较少。四岔定向型立体交叉如图6-58所示。

四岔定向型立体交叉有如下主要特点：

(1)匝道直接进出，不绕行，路线短捷，转向角小(一般只有90°)，转弯半径大，故平面线形好。

(2)各转弯车辆均在独立、定向的匝道上单向行驶，无平交冲突点，无交织路段，行车干扰小，因而行车速度高，通行能力大，安全性好。

(3)匝道左转车直接左进、左出，路线重叠交叉多，匝道向空间发展，跨越构造物多，且建筑物高，因而立交结构复杂，造价昂贵，设计、施工难度都很大。

适用条件：定向型立体交叉适用于高速公路、一级公路及城市快速路、主干路之间相交的情况。能适应的车速高、交通量大。特别适用于人口密集、建筑物多、交通繁忙区域的高速公路和城市快速路。

四岔定向型立体交叉，匝道布设灵活，跨越形式多样，空间层次多，且无固定的模式，变换匝道布局，改变跨越方式和空间层次，可构成各种类型的定向型立体交叉。

8)四岔迂回式立体交叉

四岔迂回式立体交叉又叫"哑铃"式立体交叉。这是一种把左转匝道延长，形成迂回式匝道，先右转，跨过相交道路后，左转进入相交道路，而另一方向左转车辆则直行过相交道路后进入迂回式匝道左转的立体交叉形式。从本质上讲应属于半定向型立体交叉，只不过采用半定向型匝道绕行路线很长而已。四岔迂回式立体交叉如图6-59所示。

图6-58 四岔定向型立体交叉

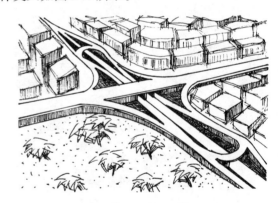

图6-59 四岔迂回式立体交叉

主要特点：

(1)由于左转匝道远离交叉点，使立体交叉结构分散，占地较少。据统计，四岔迂回式立体交叉一般比苜蓿叶形立体交叉减少用地20%~25%。

(2)立交总体布局为长条形，与道路用地一致，拆迁范围较小。

(3)左转绕行路线长，有交织段，因而行车功能较差。

(4)一般需修建两座以上跨线桥或地道桥，且左转匝道跨线为曲线桥，造价较高，施工复杂。

适用条件：该立体交叉主要适宜在受街道宽度限制、用地紧张、拆迁困难、主干道与其他道路相交的情况。

9)组合式立体交叉

以上8种类型,除去类型相近的部分苜蓿叶形、迂回式和不宜组合的简单跨越式,其余五种即:苜蓿叶形、菱形、环形、半定向型、定向型,相互组合构成多种立体交叉形式,叫组合式立体交叉。组合式立体交叉结构复杂,形式变化多样,可利用各种立体交叉的特点,结合立体交叉区的条件和设计要求,灵活运用,设计出结构新颖、功能齐全、经济合理的立体交叉形式。四岔组合式立体交叉如图6-60所示。

a)半苜蓿叶半定向组合式　　　　　　b)半苜蓿叶定向组合式

图6-60　四岔组合式立体交叉

5. 多岔立体交叉

对于多岔立体交叉,由于相交道路条数多(一般为五条路及五条路以上的交会立体交叉),因而行车路线十分复杂,匝道布设比较困难。同时,五岔立交构造物庞大,占地面积大,设计与施工的难度大。理论上讲,要实现五岔交叉全互通、全立体交叉,就必须设置20个独立匝道,并且可能分布在五个不同高度层次上,这种复杂和庞大的结构,就可能有多种结构类型,现介绍五种多岔立体交叉类型。

1)定向型多岔立体交叉

如图6-61所示,这种立体交叉在每一转弯方向均设有独立匝道,车辆直接转向,路线短捷,行车功能好,占地少。但空间层次多,立体交叉结构复杂。同时立体交叉的纵向起伏大,桥跨结构物多,造价昂贵。

2)多岔环形立体交叉

将所有转弯车辆集中于环道实现转向,即构成多岔环形立体交叉。如图6-62所示,这类立体交叉结构简单、桥跨少,是一种较实用的立体交叉

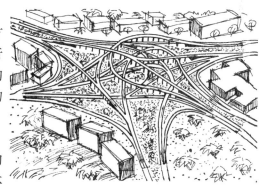

图6-61　全定向型五岔立体交叉

形式。这种立体交叉适用于高速公路、一级公路与几条支线相交的情况,但由于有交织路段,其通行能力低,车速较低。

3)复合式多岔立体交叉

复合式多岔立体交叉(复合式互通式立体交叉)是指相邻互通式立体交叉利用辅助车道、集散道或匝道等相连接而形成互通式立体交叉组合体。将多岔交叉分离为一个四岔和一个

三岔交叉(或三个三岔交叉)分别按两个(或三个)立体交叉设计,即构成复合式多岔立体交叉。如图6-63所示,为一个四环形与一个三岔半苜蓿叶与半定向型组合的三岔立体交叉构成的复合式立体交叉。与全定向型立交相比,这种立交匝道少、桥跨少、费用省,但分离后立交的平面范围扩大,用地较多。

图6-62 多岔环形立体交叉　　　　　图6-63 复合式多岔立体交叉

4)组合式多岔立体交叉

如图6-64所示,这种组合式多岔立体交叉为定向型与环形组合的七岔组合式立体交叉,可供设计参考。

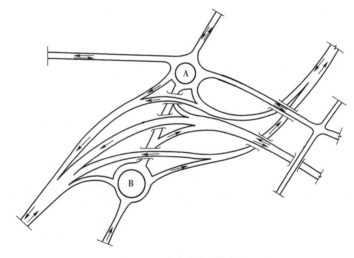

图6-64 组合式多岔立体交叉

5)采用立体交叉交换匝道的多岔立体交叉

如图6-65所示,结合实地条件,因地制宜,运用立体交叉交换匝道,将邻近的两个路口连通,组织单向交通,从而变五岔立体交叉为四岔立体交叉,减少了相交道路数和冲突点。这种立体交叉结构简单,布局紧凑,造价较低。

6. 城市道路立体交叉类型及选择

1)城市道路立体交叉分类及要求

立体交叉口应根据相交道路等级、直行及转向(主要是左转)车流行驶特征、非机动车对机动车干扰等分类,主要类型划分及功能特征宜符合表6-23的规定。分类应满足下列要求:

(1)立A类:枢纽立交

①立A_1类:主要形式为全定向、喇叭形、组合式全互通立体交叉。宜在城市外围区域采用。

②立A_2类:主要形式为喇叭形、苜蓿叶形、半定向、定向—半定向组合的全互通立体交叉。宜在城市外围与中心区之间区域采用。

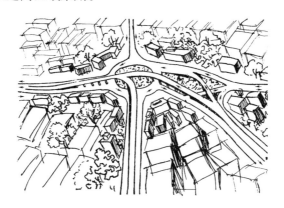

图6-65 采用立交交换匝道的多岔立体交叉

立体交叉口类型划分及功能特征 表6-23

立交类型	主线直行车流行驶特征	转向(主要指左转)车流行驶特征	非机动车及行人干扰情况
立A_1	快速或按设计速度连续行驶	经定向匝道或经集散、加(减)速车道行驶	机非分行,无干扰;车辆与行人无干扰
立A_2	快速或按设计速度连续行驶	一般经定向匝道或经集散、加(减)速车道行驶,或部分左转车减速行驶	机非分行,无干扰;车辆与行人无干扰
立B	快速或按设计速度连续行驶,次要主线受转向车流交织干扰或受平面交叉口左转车冲突影响,为间断流	减速交织行驶,或受平面交叉口影响减速交织行驶,为间断流	机非分行或混行,有干扰;主线车辆与行人无干扰
立C	快速或按设计速度连续行驶	—	—

(2)立B类:一般立交

立B类:主要形式为喇叭形、苜蓿叶形、环形、菱形、迂回式、组合式全互通或半互通立体交叉。宜在城市中心区域采用。

(3)立C类:分离式立体交叉

2)类型选择

城市道路立交类型选择,应根据交叉节点在城市道路网中的地位、作用、相交道路的等级,并应结合城市性质、规模、交通需求及立体交叉节点所在区域用地条件按表6-24选定。

立体交叉选型 表6-24

立体交叉类型	选型	
	推荐形式	可用形式
快速路—高速公路	立A_1类	—
快速路—快速路(一级公路)	立A_1类	—

续上表

立体交叉类型	选型	
	推荐形式	可用形式
快速路—主干路	立B类	立A_2类、立C类
快速路—次干路	立C类	立B类
快速路—支路	—	立C类
主干路—高速公路	立B类	立A_2类、立C类
主干路—主干路	—	立B类
主干路—次干路	—	立B类
次干路—高速公路	—	立C类
支路—高速公路	—	立C类

注：主干路与高速公路相交,经分析论证,可选立A_1。

二 互通立体交叉设计的一般规定

1. 互通式立体交叉间距

1）公路互通立体交叉间距

在一条道路上或一个区域内,立体交叉之间以及立体交叉与其他设施之间应有适当的距离,以使立体交叉分布均衡,功能发挥得当,相互间无干扰,以获得技术、经济上的合理性。

互通式立体交叉之间的间距是指相邻互通各自交叉中心之间的距离；互通式立体交叉之间的净距是指互通式立体交叉加速车道渐变段终点至下一相邻互通减速车道渐变段起点之间的距离(图6-66)。

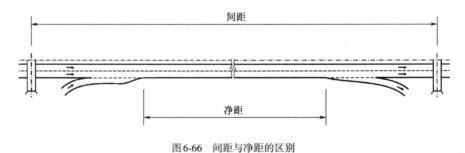

图6-66 间距与净距的区别

(1)互通式立体交叉之间的最大间距

一般地区,高速公路相邻互通式立体交叉的间距不宜大于30km,西部荒漠戈壁、草原地区和人口稀疏的山区可增大至40km；超过时,应设置与主线立体分离的"U形转弯"设施。大城市或大型工业园区附近,最大间距20km。

(2)互通式立体交叉之间的平均间距

大城市、重要工业园区附近的高速公路,其互通式立体交叉的平均间距宜为5~10km；其他地区宜为15~25km。

(3)互通式立体交叉之间的最小间距

高速公路相邻互通式立体交叉的最小间距,不宜小于4km。因路网结构或其他特殊情况限制,经论证相邻互通式立体交叉的间距需适当减小时,其上一互通式立体交叉加速车道渐变段终点至下一互通式立体交叉的减速车道渐变段起点间的距离(即净距),不得小于1000m,且应进行专项交通工程设计,设置完善、醒目的标志、标线和警示、诱导设施;小于1000m且经论证必须设置时,应将两者合并设置为复合式互通式立体交叉。

复合式互通式立体交叉的交织段长度不应小于600m。其连接可采用下列三种方式:

(1)采用辅助车道将两处互通式立体交叉的相邻出入口直接连通(图6-67)。

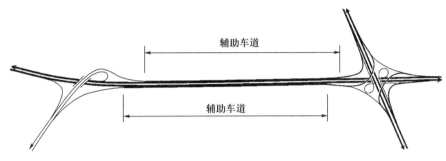

图6-67 辅助车道相连的复合式互通式立体交叉示例

(2)当相邻互通式立体交叉的间距不能满足辅助车道的设置要求时,采用与主线分隔的集散车道将主线一侧所有的出口和入口连通(图6-68)。

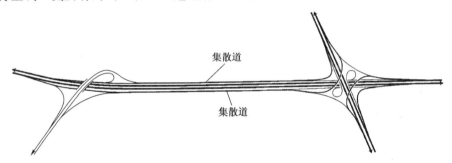

图6-68 集散车道相连的复合式互通式立体交叉示例

(3)当相邻互通式立体交叉因距离过近设置集散道困难时,可采用匝道相连的方式构成复合式互通式立体交叉(图6-69)。当交织长度不能满足设计通行能力要求时,可采用匝道之间立体交叉等方式减少交织交通量或消除交织区(分离车道)。

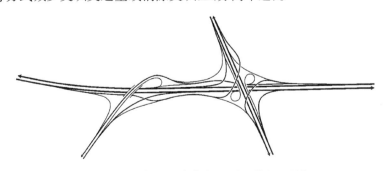

图6-69 匝道相连的复合式互通式立体交叉示例

非高速公路互通式立体交叉的最小间距,可参照高速公路的规定执行。受路网结构或其他特殊情况限制,经论证间距可适当减小,但相邻互通之间的净距不应小于表6-25的规定。

条件受限时互通式立体交叉的最小净距　　　　　　　　　　　表6-25

主线设计速度(km/h)		120	100	80	60
互通式立体交叉之间最小净距(m)	主线单向双车道	800	700	650	600
	主线单向三车道	1000	900	800	700
	主线单向四车道	1200	1100	1000	900

(4)互通式立体交叉与隧道之间的最小净距

①隧道出口

隧道出口与前方互通式立体交叉间的距离[图6-70a)],应满足设置出口预告标志的需要;条件受限制时,隧道出口至前方互通式立体交叉出口起点的距离不应小于1000m,当现场条件受限制时,间距可适当减小,但隧道与前方主线出口之间的净距不宜小于表6-26的规定值,且应在隧道入口前或隧道内设置预告标志。

隧道与前方主线出口之间的最小净距　　　　　　　　　　　表6-26

主线设计速度(km/h)		120	100	80	60
最小净距(m)	主线单向双车道	500	400	300	250
	主线单向三车道	700	600	450	350
	主线单向四车道	1000	800	600	500

②隧道进口

互通式立体交叉加速车道渐变段终点至前方隧道进口的距离(以m计)以不小于设计速度(以km/h计)的1倍长度为宜,如图6-70b)及表6-27所示。

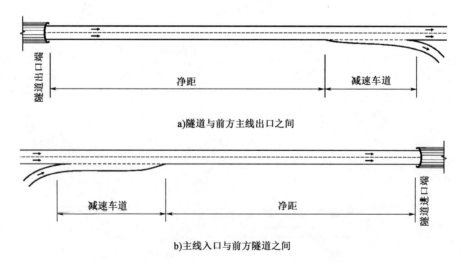

图6-70　隧道出口、入口与互通式立体交叉之间的净距示意图

主线入口与前方隧道之间的最小净距 表 6-27

主线设计速度(km/h)	120	100	80	60
最小净距(m)	125	100	80	60

(5)互通式立体交叉与服务区、停车区、客运车辆停靠站之间的最小净距

互通式立体交叉与服务区、停车区、客运车辆停靠站之间的距离应能满足设置出口预告标志的需要。条件受限制时,间距可适当减小,但上一入口终点至下一个出口起点的距离不应小于 1000m;小于 1000m 且经论证必须设置时,应按复合式互通式立体交叉的方式处理。

2)城市道路互通立体交叉间距

一般情况下,从改善道路行驶条件、节约投资分析,相邻互通式立交的间距宜满足表 6-28 的规定。

城市互通式立体交叉最小间距 表 6-28

相邻互通式立体交叉的类型	最小间距(km)	
	市区	郊区
一般立体交叉与一般立体交叉相邻	1.8(1.5)	3.3
一般立体交叉与枢纽立体交叉相邻	2.4	3.9
枢纽立体交叉与枢纽立体交叉相邻	3.0	4.5

注:括号内数值为最小控制值。

当受路网结构或其他条件限制的情况下,相邻互通式立体交叉的最小间距应满足上游立体交叉加速车道渐变段终点至下游立体交叉减速车道渐变段起点之间的距离不得小于 500m,且应满足设置交通标志的距离要求;当立体交叉间距仍小于上述规定的最小值,且经论证必须设置时,应将两者合并为组合式互通式立体交叉,并设置集散车道。

2. 设计速度

1)公路立体交叉设计速度

(1)主线设计速度

公路立体交叉范围内,交叉公路设计速度应采用基本路段的设计速度。当交叉公路在象限内转弯时,在互通式立体交叉范围内的设计速度可适当降低,但与相邻路段设计速度差不应大于 20km/h。

(2)匝道设计速度

互通式立体交叉的匝道设计速度应符合表 6-29 的规定。

匝道设计速度 表 6-29

匝道类型		直连式	半直连式	环形匝道
匝道设计速度 (km/h)	枢纽互通式立体交叉	80、70、60、50	80、70、60、50、40	40
	一般互通式立体交叉	60、50、40	60、50、40	40、35、30

注:右转弯匝道、直连式或半直连式左转弯匝道宜采用上限或中间值。

2)城市道路立体交叉设计速度

(1)主线设计速度

立体交叉范围的设计速度应根据主路设计速度、立体交叉等级和匝道形式确定。

主路应采用相应道路等级的设计速度。快速路主路为保证全线运行的安全性、连续性和畅通性,其设计速度应不低于路段的设计速度。其他等级道路,在与两端道路运行特征和通行能力相匹配的条件下,经论证可适当降低立体交叉范围主线的设计速度。

(2)匝道设计速度

立体交叉匝道设计速度宜为相应道路设计速度的50%～70%,定向匝道、半定向匝道取上限,一般匝道取下限。菱形立体交叉的平面交叉部分可采用平面交叉的设计速度。环形立体交叉的环道设计速度可采用环形平面交叉的设计速度。

3. 视距

1)公路互通立交视距

(1)主线、匝道停车视距

交叉公路基本路段的视距应采用相应等级公路规定的停车视距。

匝道全长范围内的停车视距应不小于表6-30的规定。

匝道停车视距　　　　　表6-30

匝道设计速度(km/h)		80	70	60	50	40	35	30
停车视距(m)	一般地区	110	95	75	65	40	35	30
	积雪冰冻地区	135	120	100	70	45	35	30

(2)分流鼻前识别视距

在分流鼻端之前宜采用表6-31规定的识别视距,当条件受限时,识别视距不应小于1.25倍的停车视距。识别视距的视认对象为路面标线,采用的视高为1.2m,物高为0。

识别视距　　　　　表6-31

设计速度(km/h)	120	100	80	60
识别视距(m)	350～460	290～380	230～300	170～240

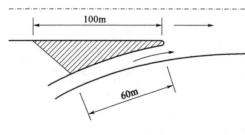

图6-71 汇流鼻前通视三角区

(3)汇流鼻前通视三角区

汇流鼻前,匝道与主线间应具有如图6-71所示的通视三角区。

匝道出口位置应明显,易于识别,宜将出口分流鼻设置在跨线桥前;当设置在跨线桥后时,匝道出口至跨线桥的距离不应小于150m。

2)城市道路互通立交视距

主路分流鼻端之前的识别视距不应小于1.25倍的主路停车视距,匝道汇流鼻端前应满足通视三角区和匝道停车视距的要求。

匝道停车视距不应小于表6-32的规定。匝道平曲线内侧宜采用视距包络线作为视距界限。

城市互通式立体交叉匝道停车视距　　　　　表6-32

匝道设计速度(km/h)	80	70	60	50	40	35	30	25	20
停车视距(m)	110	90	70	55	40	35	30	25	20

对凸形竖曲线和在立体交叉桥下的凹形竖曲线应校核行车视距。验算时物高宜为0.1m;目高在凸形竖曲线上宜为1.2m,在凹形竖曲线宜采用2.2m。

4. 互通式立体交叉一致性设计和车道平衡设计原则

1)一致性设计

互通式立体交叉设计时应符合一致性原则。一致性是指公路立体交叉形式、几何构造及信息分布等应与驾驶员期望相一致,并应与车辆行驶动力特征相适应。

(1)出口形式的一致性

高速公路宜采用相对一致的出口形式(图6-72)。有条件时,分流端部宜统一设置于交叉点之前,并宜采用单一的出口方式。

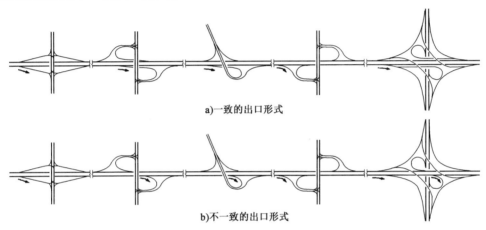

图6-72 出口形式的一致性示意图

(2)分流方向的一致性

当分流交通量主次分明时,次交通应采用一致的分流方向(图6-73)。次交通流宜统一于主交通流的右侧分流,不应采用左右交替分流的方式。

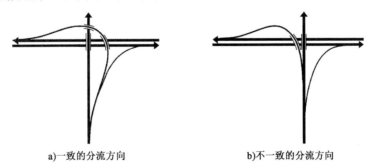

图6-73 分流方向的一致性示意图

2)车道的连续性

互通式立体交叉应保证主交通流方向基本车道的连续性。根据主交通流的分布,交叉形态及车道布置应符合下列规定:

(1)当直行交通为主交通流时,应保持原有的交叉形态[图6-74a)]。

(2)当主交通流在交叉象限内转弯,且其交通流线为同一高速公路的延续时,该转弯交通流线宜按主线设计,原直行交通流线宜按匝道设计[图6-74b)、c)]。

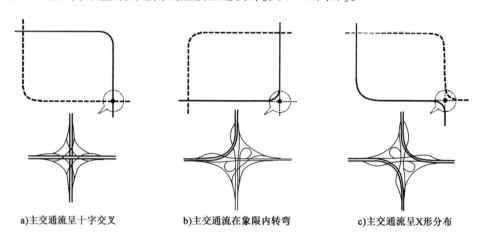

a)主交通流呈十字交叉　　b)主交通流在象限内转弯　　c)主交通流呈X形分布

图6-74　主交通流方向车道的连续性示意图

当两条高速公路形成错位交叉的互通式立体交叉时(图6-75),共用路段的车道布置符合下列规定:

(1)共用路段长度大于3km时,可按整体式横断面设计,共用路段的基本车道数应根据该路段的设计小时交通量确定,且相对于相邻的车道布置所增加的基本车道数不应超过一条。

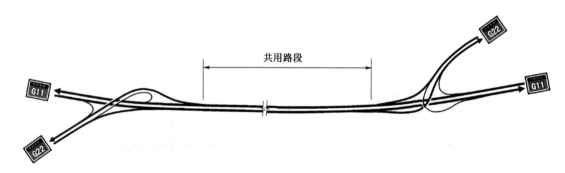

图6-75　错位交叉的共用路段示意图

(2)共用路段长度小于或等于3km时,或共用路段需增加的基本车道数超过一条时,两条高速公路的直行道应分开设置,并应保持各自直行车道的连续性。

3)车道平衡

高速公路应在全长范围内或重要节点之间的较长路段内保持固定基本车道数。相邻的两路段间,一个方向行车道上的基本车道数的变化不得大于1。

高速公路上,主线与匝道的分、汇流处应保持车道数的平衡,即图6-76所示的各部分的车道数应满足式(6-11)的规定:

$$N_C \geq N_F + N_E - 1 \qquad (6\text{-}11)$$

式中：N_C——分流前或汇流后的主线车道数；
N_F——分流后或汇流前的主线车道数；
N_E——匝道车道数。

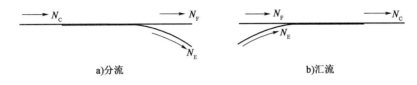

图6-76 分、汇流处的车道数平衡示意图

汇流处的车道平衡如图6-77所示。

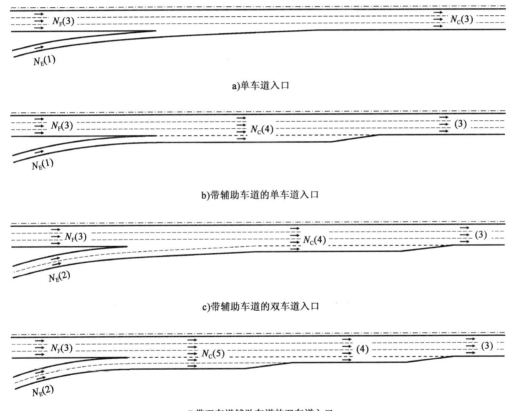

图6-77 汇流处的车道平衡示意图

分流处的车道平衡如图6-78所示。

高速公路保持基本车道数N_B连续的路段，当互通式立体交叉的匝道车道数$N_E>1$时，出、入口应增设辅助车道（图6-79）。

互通式立体交叉既要保持基本车道的连续性，又要在分汇流处保持车道平衡（图6-80）。

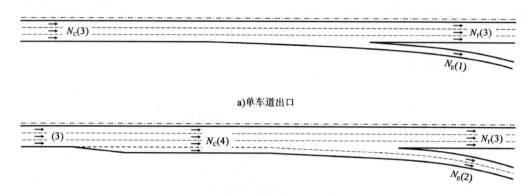

a) 单车道出口

b) 带辅助车道的双车道出口

图 6-78　分流处的车道平衡示意图

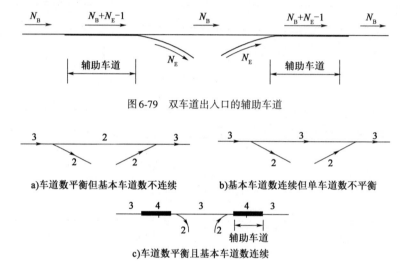

图 6-79　双车道出入口的辅助车道

a) 车道数平衡但基本车道数不连续

b) 基本车道数连续但单车道数不平衡

c) 车道数平衡且基本车道数连续

图 6-80　基本车道数连续与车道平衡示意图

5. 匝道的形式及选择要点

1) 匝道基本形式

匝道可分为直连式（定向）、半直连式（半定向）和环形等基本形式。

(1) 直连式匝道

直连式匝道是指车辆按转弯方向直接驶出和驶入的匝道。右转弯时为右出右进，左转弯时为左出左进，如图 6-81 所示。

(2) 半直连式匝道

半直连式匝道是指车辆未按或未完全按转弯方向直接驶出或驶入的匝道。

根据匝道两端的连接方式，左转弯半直连式可分为右出左进、左出右进和右出右进等形式，如图 6-82 所示。

根据车辆行驶轨迹，半直连式可分为内转弯半直连式、外转弯半直连式和迂回型半直连式等。

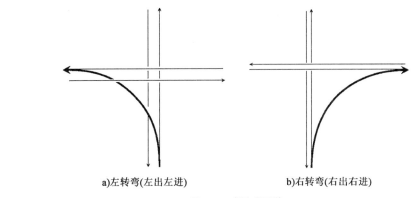

图 6-81 直连式匝道

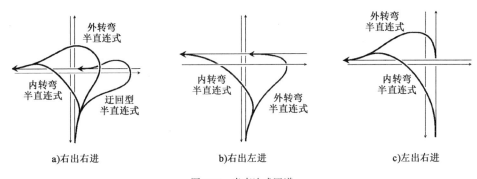

图 6-82 半直连式匝道

(3)环形匝道

环形匝道(图 6-83)是指左转弯的车辆向右运行约 270°转弯进入相交道路的匝道。

2)匝道形式选择的要点

(1)基本规定

①右转弯匝道宜采用直连式。

②单车道左转弯匝道可采用环形。

(2)三岔以上(四岔或多岔)交叉左转弯匝道形式的选择

三岔以上的交叉左转弯匝道宜采用右出右进半直连式,不宜采用右出左进半直连式、左出右进半直连式和直连式。

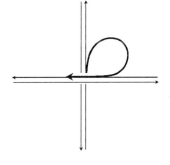

图 6-83 环形匝道

(3)三岔交叉左转弯匝道形式的选择

①左转弯出口匝道形式的选择

三岔交叉左转弯出口匝道形式的采用应符合下列规定:

a. 当交通量大小相当的两条多车道公路呈三岔交叉时,宜采用直连式[图 6-84a)]。

b. 当主次分明的两条多车道公路呈三岔交叉,且左转弯交通量在合流交通量中为主交通流时,宜采用右出左进半直连式;当左转弯交通量在合流交通量中为次交通流时,宜采用右出右进半直连式[图 6-84c)]。

c. 当被交叉公路为双车道公路,或被交叉公路交通量较小时,可采用右出左进半直连式或环形。

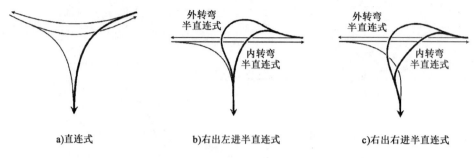

图 6-84 三岔交叉左转弯出口匝道形式

② 左转弯入口匝道形式的选择

三岔交叉左转弯入口匝道形式的采用应符合下列规定：

a. 当交通量大小相当的两条多车道公路呈三岔交叉时,宜采用直连式[图6-85a)]。

b. 当主次分明的两条多车道公路呈三岔交叉,且左转弯交通量在分流交通量中为主交通流时,宜采用左出右进半直连式[图6-85b)]；当左转弯交通量在分流交通量中为次交通流时,宜采用右出右进半直连式[图6-85c)]。

c. 当被交叉公路为双车道公路,或被交叉公路交通量较小时,可采用左出右进半直连式或环形。

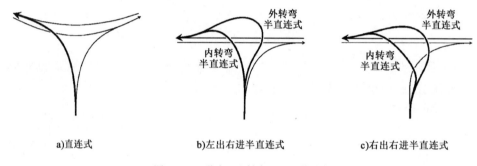

图 6-85 三岔交叉左转弯入口匝道形式

(4) 左转弯匝道形式与匝道设计小时交通量的关系

左转弯匝道形式应根据匝道设计小时交通量 DDHV 确定,并应符合下列规定：

a. 当 DDHV≥1500pcu/h 时,左转弯匝道宜选用内转弯半直连式。

b. 当 1000pcu/h≤DDHV<1500pcu/h 时,宜选用外转弯半直连式,也可选用内转弯半直连式。

c. 当 DDHV<1000pcu/h 时,可选用环形、外转弯半直连式或迂回型半直连式。

d. 当各左转弯匝道 DDHV<1000pcu/h,且有部分匝道需采用半直连式时,交通量较大者或出口匝道宜选用半直连式。

3) 连续分、合流匝道的连接方式

当连续有两条或两条以上的匝道与主线连接时,连续分、合流连接方式的采用应符合表6-33的规定。

连续分、合流连接方式　　　　　表6-33

连接方式	连续分流	连续合流	合分流	分合流
宜采用的方式				
条件受限时可采用的方式			—	—

三　互通立体交叉的设计要点

1．主线平纵线形

1）公路立交主线平纵线形

主线圆曲线最小半径的控制，实质为控制弯道外侧加(减)速车道连接部的横坡差，以提高车辆运行的安全性。主线最大纵坡的控制，主要为驶出主线的车辆提供平稳减速的运行条件，对于驶入主线的车辆则有利于平稳加速和安全合流。

互通式立体交叉范围内主线线形指标应符合表6-34的规定。

互通式立体交叉范围内主线线形指标　　　　　表6-34

设计速度(km/h)		120	100	80	60
最小圆曲线半径(m)	一般值	2000	1500	1100	500
	极限值	1500	1000	700	350
最小竖曲线半径(m)	凸形 一般值	45000	25000	12000	6000
	凸形 极限值	23000	15000	6000	3000
	凹形 一般值	16000	12000	8000	4000
	凹形 极限值	12000	8000	4000	2000
最大纵坡(%)	一般值	2	2	3	4.5(4)
	最大值	2	3	4(3.5)	5.5(4.5)

注：当主要公路以较大的下坡进入互通式立体交叉，且所接的减速车道为下坡，同时后随的匝道线形指标较低时，主要公路的纵坡不得大于括号内的值。

分流鼻前的一定范围内，有条件时应采用满足识别视距的凸形竖曲线最小半径，见表6-35。在设计时若遇到特殊情况或困难，少数指标可采用"极限值"，但应有保证行驶安全的弥补措施。

分流鼻前满足识别视距的凸形竖曲线最小半径　　表6-35

主线设计速度(km/h)	120	100	80	60
凸形竖曲线最小半径(m)	29000	17000	8000	4000

主线竖曲线半径的控制范围如图6-86所示。

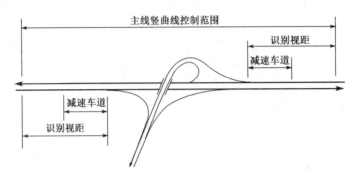

图6-86　主线竖曲线半径控制范围示意图

2) 城市道路立交主线平纵线形

互通式立体交叉范围内主路的平纵线形不应低于路段标准,并应具有良好的通视条件。

互通式立体交叉范围受匝道设置及进出口影响,为提高行驶安全性,在进出立体交叉匝道的主路路段,其线形设计应采用比路段高的技术指标。公路在互通式立体交叉范围内主线形指标的规定比路段线形指标提高很多。由于城市道路立体交叉及进出口间距较密,交通运行状态与公路不一致,建设条件制约因素较多,很难按公路规定值实施,有条件时尽量取高值。分离式立体交叉主线可不受立体交叉范围线形指标要求的控制。

互通式立体交叉区域应具有良好的通视条件。识别视距为驾驶员发现前方互通式立体交叉的出口,按规定行车轨迹驶离主线,从而防止误行,避免撞击分流鼻端,而应保证对出口位置的判断视距(其物高为0)。判断出口时,驾驶员应看到分流鼻端的标线,故物高为0。因此,在确定凸形曲线半径时应注意,出口处应满足最小1.25倍的主路停车视距。

2. 匝道横断面的类型及选用

1) 公路互通立交匝道横断面

(1) 匝道横断面组成

匝道横断面应由车道、路缘带、硬路肩和土路肩等组成,各组成部分的宽度应符合下列规定:

①当匝道设计速度小于70km/h时,车道宽度应采用3.50m;当匝道设计速度大于或等于70km/h时,应采用3.75m。

②路缘带宽度应采用0.50m。

③设紧急停车带的单向双车道匝道,左侧硬路肩宽度宜采用0.75m;其余类型的匝道应采用1.00m。

④当设紧急停车带时,右侧硬路肩宽度宜采用3.00m,条件受限时可适当减小,但单向单车道和单向双车道匝道宽度不应小于1.50m,对向分隔式双车道匝道不应小于2.00m;当不设紧急停车带时,可采用1.00m。

⑤土路肩宽度宜采用0.75m;当条件受限时,可采用0.50m。
⑥对向分隔式双车道匝道的中央分隔带宽度不应小于1.00m。

(2)匝道横断面的类型

①Ⅰ型——单向单车道匝道,其中α为圆曲线路段加宽值(图6-87)。

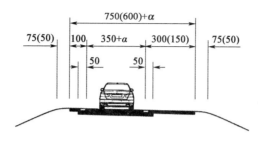

图6-87 Ⅰ型——单向单车道匝道(尺寸单位:cm)

②Ⅱ型——无紧急停车带的单向双车道匝道,可用作对向非分隔双车道匝道(图6-88)。

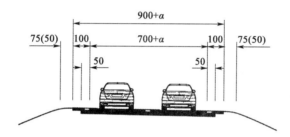

图6-88 Ⅱ型——无紧急停车带的单向双车道匝道(尺寸单位:cm)

③Ⅲ型——有紧急停车带的单向双车道匝道(图6-89)。

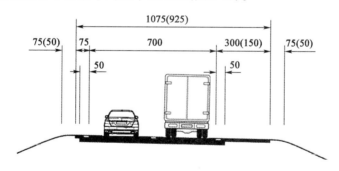

图6-89 Ⅲ型——有紧急停车带的单向双车道匝道(尺寸单位:cm)

④Ⅳ型——对向分隔式双车道匝道,其中α、β为圆曲线路段加宽值(图6-90)。
⑤当匝道按高速公路延续路段设计时,应采用高速公路分离式断面。

2)匝道横断面的选用

单向匝道横断面类型和加(减)速车道的车道数,以及对向匝道各单向车道数及横断面类型宜根据匝道设计速度、设计小时交通量和匝道长度由表6-36选取。

当匝道设计小时交通量小于单车道设计通行能力,但匝道采用双车道时,加(减)速车道宜取单车道;当匝道设计小时交通量大于或等于单车道设计通行能力时,加(减)速车道应取双车道。

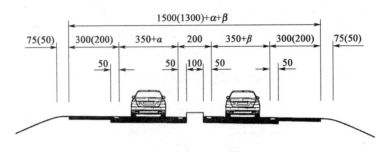

图 6-90　Ⅳ型——对向分隔式双车道匝道（尺寸单位：cm）

单向匝道横断面类型和加（减）速车道的车道数选择条件　　　表 6-36

匝道设计速度（km/h）	80	70	60	50	40	35	30	匝道长度（m）	匝道横断面类型	加（减）速车道的车道数
匝道设计小时交通量 DDHV（pcu/h）	DDHV<400	DDHV<400	DDHV<400	DDHV<400	DDHV<400	DDHV<400	DDHV<400	≤500	Ⅰ	单车道
								>500	Ⅱ	单车道
	400≤DDHV<1500	400≤DDHV<1400	400≤DDHV<1300	400≤DDHV<1200	400≤DDHV<1100	400≤DDHV<900	400≤DDHV<800	≤350	Ⅰ	单车道
								>350	Ⅱ	单车道
	1500≤DDHV<1800	1400≤DDHV<1700	1300≤DDHV<1600	1200≤DDHV<1500	1000≤DDHV<1400	900≤DDHV<1350	800≤DDHV<1300	不限	Ⅱ	双车道
	1800≤DDHV≤2900	1700≤DDHV≤2600	1600≤DDHV≤2300	1500≤DDHV≤2000	1400≤DDHV≤1700	1350≤DDHV≤1500	—	不限	Ⅲ	双车道

注：匝道长度指分、合流鼻端之间的长度。

当减速车道上游或加速车道下游的主线设计小时交通量接近主线设计通行能力时，应对分、合流区通行能力进行验算，当不能满足设计通行能力要求时，宜增加加（减）速车道长度或车道数。必要时，可调整匝道横断面类型。

3）城市道路互通立交匝道横断面

（1）匝道横断面组成

城市道路立体交叉匝道横断面应由车道、路缘带、停车带和防撞护栏或路肩组成。

①行车道宽度

行车道宽应根据车道数、车型及设计速度确定，机动车车道宽度应符合表 6-37 的规定。单车道匝道必须设停车带，停车带含一侧路缘带宽度应为 2.75m；当为小型车辆专用匝道时可为 2.0m。

②其他组成部分宽度

匝道横断面组成中，分隔带、路缘带、侧向净宽、安全带、分车带最小宽度应符合表 6-38 的规定。其中，分车带由分隔带及两侧路缘带组成，侧向净宽包括路缘带与安全带的宽度。机非混行匝道行车道宽应增加非机动车车道宽度，一般机动车道与非机动车道应采用物理分隔。

机动车车道宽度　　　　　　　　　　　表6-37

车型及行驶状态	设计速度(km/h)	车道宽度(m)
大型车辆或大小型车辆混行	≥60	3.75
	<60	3.5(3.25)
小型车辆专用道	≥60	3.5
	<60	3.25(3.0)

注:括号内数值为设计速度不超过40km/h时,或在困难情况下可采用的最小宽度值。

分车带最小宽度　　　　　　　　　　　表6-38

分车带类别	中间带			两侧带		
设计速度 V(km/h)	70~80	50~60	≤40	70~80	50~60	≤40
分隔带最小宽度 W_{dm}(m)	1.5	1.5	1.5	1.5	1.5	1.5
路缘带最小宽度 W_{mc}(m)	0.5	0.5	0.25	0.5	0.5	0.25
安全带最小宽度 W_{sc}(m)	0.5	0.25	0.25	0.25	0.25	0.25
最小侧向净宽 W_l(m)	1	0.75	0.5	0.75	0.75	0.5
分车带最小宽度 W_{sm}(m)	2.5	2.5	2	—	—	—

(2)匝道横断面的类型

匝道横断面布置宜符合表6-39中的图示要求。

匝道横断面布置　　　　　　　　　　　表6-39

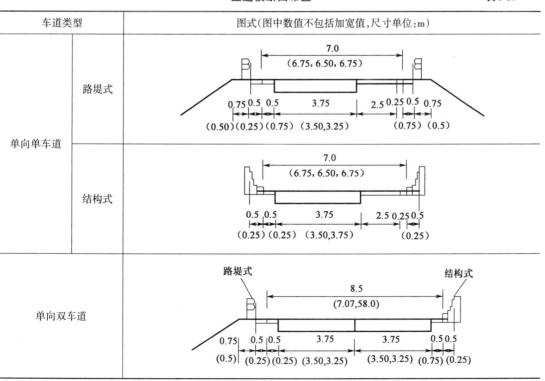

续上表

车道类型	图式(图中数值不包括加宽值,尺寸单位:m)
双向分离式双车道	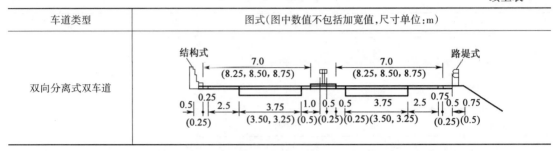

(3)匝道横断面形式的选择

单向交通匝道横断面形式应采用单幅式断面,双向交通匝道横断面形式应采用双向分离式断面。双车道匝道设置应符合下列条件:

①交通量超过单车道匝道设计通行能力。

②在单车道匝道和匝道出入口通行能力满足交通量要求,但遇以下情况之一仍应采用双车道匝道,且宜采用划线方式控制出入口为一车道:

a. 匝道长度大于300m。

b. 预计匝道上或匝道和街道连接处的管制(如信号灯控制)可能造成车辆排队,需增加蓄车空间。

c. 纵坡采用极限值的陡坡匝道。

3. 加(减)速车道

匝道与主线之间的连接部应设置加(减)速车道(图6-91)。加(减)速车道的组成应包括渐变段、变速段(减速或加速段)和鼻端等。当车道不平衡时,应设置辅助车道。渐变段宽度达到"一个车道宽"的断面称为分(汇)流点;加(减)速车道和主线两者的铺面分岔点称为分(汇)流鼻。

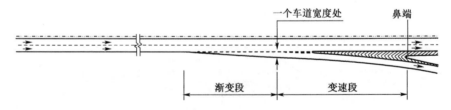

图6-91 加(减)速车道的组成示意图

1)加(减)速车道横断面

加(减)速车道横断面(图6-92)各组成部分的宽度应符合下列规定:

(1)加(减)速车道的车道宽度宜采用匝道车道宽度。

(2)加(减)速车道与主线直行车道之间宜设置路缘带,宽度可采用0.5m。

(3)右侧硬路肩宽度宜采用主线与匝道硬路肩中较宽者的宽度。当条件受限时,右侧硬路肩宽度可适当减窄,但不应小于1.5m。

2)加(减)速车道的形式

加(减)速车道的形式包括直接式和平行式两种。减速车道的形式应根据主线几何条件和车道平衡要求等确定,加速车道的形式应根据几何条件、交通量大小和车道平衡要求等确定。加(减)速车道形式的选择应符合以下规定:

(1)加(减)速车道为单车道时,减速车道宜采用直接式,加速车道宜采用平行式;加(减)速车道为双车道时,加、减速车道均应采用直接式。

(2)主线为左偏并接近圆曲线最小半径的一般值时,其右方的减速车道应为平行式(图6-93),且应缩短渐变段(将缩短的长度补在平行段上)。

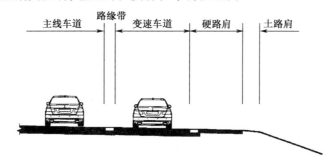

图6-92 加(减)速车道一个车道宽处的横面段示意图

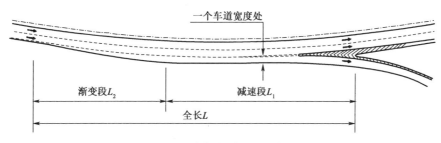

图6-93 单车道平行式减速车道

(3)减速车道接小半径环形匝道时宜采用平行式。

(4)当流入和直行交通量小,且加速车道全长利用率较小时,单车道加速车道可采用直接式(图6-94)。

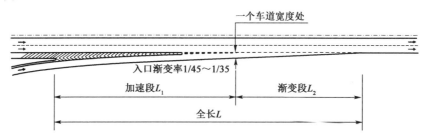

图6-94 单车道直接式加速车道

(5)当主线圆曲线半径小于或等于圆曲线最小半径的一般值时,且设置直接式困难时,曲线外侧双车道加速车道(图6-95)可采用平行式。

3)加(减)速车道的长度

加(减)速车道各路段最小长度及出入口最大渐变率应符合表6-40的规定。

在下列情况下应对加(减)速车道长度进行调整:

(1)当加(减)速车道位于纵坡大于2%的路段时,应按表6-41规定的系数对加(减)速车道长度进行修正。

(2)当减速车道纵坡小于2%但紧接主线纵坡大于4%的下坡路段时,减速车道长度宜采用1.1~1.2的系数进行修正。

(3)当匝道基本路段设计速度小于40km/h时,减速车道最小长度宜按高一个主线设计速度档次的加(减)速车道长度取值。

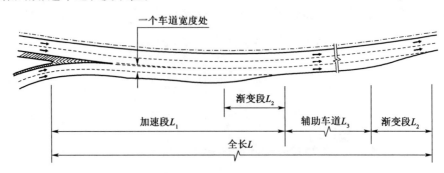

图6-95 双车道直接式加速车道

加(减)速车道长度及有关参数　　　　　表6-40

加(减)速车道类别		主线设计速度 (km/h)	加(减)速车道长度 L_1 (m)	渐变段长度 L_2 (m)	出入口渐变率	辅助车道长度 L_3 (m)	全长 L (m)
减速车道	单车道	120	145	100	1/25	—	245
		100	125	90	1/22.5	—	215
		80	110	80	1/20	—	190
		60	95	70	1/17.5	—	165
	双车道	120	225	90	1/22.5	300	615
		100	190	80	1/20	250	520
		80	170	70	1/17.5	200	440
		60	140	60	1/15	180	380
加速车道	单车道	120	230	90(180)	1/45	—	320(410)
		100	200	80(160)	1/40	—	280(360)
		80	180	70(160)	1/40	—	250(340)
		60	155	60(140)	1/35	—	215(295)
	双车道	120	400	180	1/45	400	980
		100	350	160	1/40	350	860
		80	310	150	1/37.5	300	760
		60	270	140	1/35	250	660

注:括号内数值为直接式单车道加速车道的渐变段长度或全长,平行式采用括号外的值。

坡道上加(减)速车道长度的修正系数　　　　　表6-41

主线纵坡 i(%)		$2<i\leqslant3$	$3<i\leqslant4$	$i>4$
修正系数	下坡减速车道	1.10	1.20	1.30
	上坡加速车道	1.20	1.30	1.40

(4)当双车道匝道采用单车道加速车道时,加速车道的长度应增加10~20m。

4)主线为曲线时加(减)速车道的线形

主线为曲线时加(减)速车道的线形应符合下列规定:

(1)平行式加(减)速车道与主线相依部分应采用与主线相同的曲率。

(2)当为同向曲线时,线形分岔点CP(渐变至一个车道宽度那一起或终点)以外宜采用卵形回旋线或复合回旋线,如图6-96a)所示;当为反向曲线时,则CP以外宜采用S形回旋线,如图6-96b)所示;当主线的圆曲线半径大于2000m时,可采用完整的回旋线。

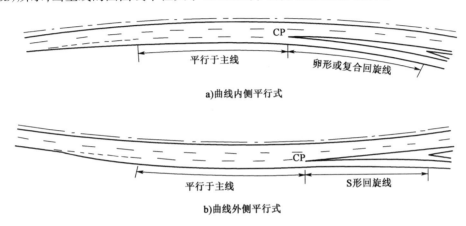

图6-96 曲线段平行式加(减)速车道的线形

(3)直接式加(减)速车道直至分、汇流鼻的全长范围内应采用与主线相同的线形。

(4)曲线外侧的直接式加(减)速车道,当主线为设置大于3%超高的左弯曲线时,或因其他原因而不便在接近分、汇流鼻附近采用主线相同的线形时,可在主线边车道外缘线和匝道车道内缘线的距离为3.5m的点至分、汇流鼻端范围内采用S形回旋线向匝道线形过渡,如图6-97所示。

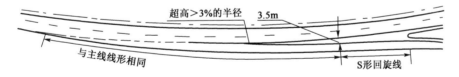

图6-97 主线设置超高大于3%的左弯曲线直接式加(减)速车道的线形

4. 鼻端构造

鼻端是指在分流或合流连接部,相邻路面边缘交会形成的圆形端部。

1)合流鼻端

合流鼻端不应设偏置。

2)分流鼻端

分流鼻端应设偏置,鼻端的设置应符合下列规定:

(1)减速车道分流鼻端,主线侧可按偏置值C_1控制,匝道侧可按偏置加宽值C_2控制(图6-98)。

偏置值C_1是指外侧行车道边缘线以外包括硬路肩宽度的路面加宽值;偏置加宽值C_2则是

左侧硬路肩以外的路面加宽值。

(2)在主线相互分流鼻端,鼻端两侧均可按偏置值 C_1 控制。

(3)在匝道相互分流鼻端,左匝道侧可按偏置值 C_1 控制,右匝道侧可按偏置加宽值 C_2 控制。

(4)主线侧合分流连接部辅助车道的鼻端应按加(减)速车道鼻端设计。

(5)互通式立体交叉集散道与主线之间的鼻端应按加(减)速车道鼻端设计,匝道与集散道之间的鼻端宜按匝道相互分、合流鼻端设计。

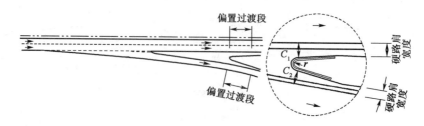

图6-98 偏置值 C_1 和偏置加宽值 C_2 示意图

偏置值及偏置加宽值不应小于表6-42的规定值。当硬路肩宽度大于或等于表中规定的偏置值时,偏置值可采用硬路肩宽度。

分流鼻端最小偏置值及偏置加宽值　　　　　　表6-42

分流类型	最小偏置值 C_1(m)	最小偏置加宽值 C_2(m)
减速车道分流	3.0	0.6
主线相互分流	1.8	—
匝道相互分流	2.5	0.6

分流鼻端与护栏端部之间应安装防撞垫等缓冲设施,其距离应符合以下规定:

(1)当分流鼻端位于路基段,且土路肩上设置防撞护栏时,护栏端部距分流鼻端之间的距离应大于6m。

(2)当分流鼻端位于构造物路段,或路面外缘设置刚性护栏时,护栏端部应从常规分流鼻端位置后移6~10m。

5. 辅助车道

主线侧合分流连接部的辅助车道宽度宜采用与主线直行车道相同的宽度,与主线直行车道间可不设路缘带。辅助车道右侧硬路肩宽度宜与主线基本路段的右侧硬路肩相同。当条件受限时,可适当减窄,但宽度不应小于1.5m。

主线侧合、分流连接部的辅助车道长度不应小于表6-43的规定值,当主线单向基本车道数大于3车道或匝道中有双车道时,不应小于一般值。

主线侧合、分流连接部的辅助车道最小长度　　　　　　表6-43

主线设计速度(km/h)		120	100	80	60
辅助车道最小长度(m)	一般值	1200	1100	1000	800
	极限值	1000	900	800	700

6. 集散道

互通式立体交叉集散道线形设计可采用匝道设计速度及相关技术指标。集散道横断面（图6-99）设计应符合下列规定：

(1) 互通式立体交叉集散道车道数及横断面类型的选择宜按匝道横断面的有关规定执行。
(2) 集散道与主线之间应设置分隔带，分隔带宽度不宜小于2.0m。
(3) 主线在设有集散道路段应维持原有硬路肩的宽度。

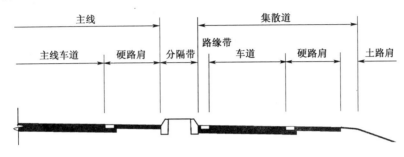

图6-99 集散道横断面示意图

复习思考题及习题

[6-1] 简述分流点、合流点、冲突点的概念，平面交叉中交错点的多少与哪些因素有关？

[6-2] 公路(城市道路)平面交叉和立体交叉的设置条件是什么？

[6-3] 简述平面交叉口与互通立体交叉设计的主要内容。

[6-4] 公路(城市道路)平面交叉有哪些类型？适用条件是什么？

[6-5] 平面交叉范围内的视距要求有哪些？各种视距如何确定？

[6-6] 一般平面交叉口设计主要确定哪些几何尺寸？

[6-7] 如何计算和比较环形交叉口的中心岛直径、交织长度、环道宽度？

[6-8] 平面交叉口竖向设计的原则是什么？简述竖向设计的步骤。

[6-9] 三岔立体交叉有哪些类型？其适用条件是什么？

[6-10] 四岔立体交叉有哪些类型？各类型的主要特点是什么？

[6-11] 如图6-100所示立体交叉属哪一种类型？请用粗线标出其交织路段，采用什么方法可消除主线上的交织路段？试画示意图说明。

[6-12] 某T形平面交叉，主路为具集散功能的一级公路，设计速度采用80km/h。在选择支路与主路的交点位置时，有4个方案可供选择，各交点平面交叉范围内的主路纵坡及与相邻平面交叉的距离见表6-44。在各交点方案中，从技术指标分析，合适的方案为哪一个？

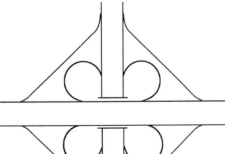

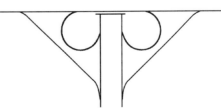

图6-100 立体交叉示意图

交点方案表　　　　　　　　　　　　　　　　　　　　　表6-44

交点方案	主路纵坡(%)	与相邻平面交叉距离(m)
交点1	0.5	1020
交点2	2.0	280
交点3	3.1	580
交点4	3.5	2100

[6-13] 某互通式立体交叉匝道设计服务水平采用四级，其中一条出口匝道设计速度为40km/h，设计小时交通量为600pcu/h，从减速车道起点到该匝道合流鼻端之间的总长度为593m，其中减速车道全长为245m。根据以上条件，确定符合规范要求的匝道横断面类型。

[6-14] 名词解释：
(1)冲突点；(2)引道视距；(3)通视三角区；(4)交织段长度；(5)渠化设计；(6)枢纽互通式立体交叉；(7)复合式互通式立体交叉；(8)车道平衡；(9)鼻端；(10)辅助车道；(11)集散道。

第六章测试题及答案

第七章 交通设施设计

第一节 交通设施概要

一 公路交通工程及沿线设施

公路交通工程及沿线设施是公路的重要组成部分,其建设规模与技术标准对于发挥公路功能、保障行车安全、提高服务水平和通行能力都有非常重要的作用。其设计一般规定如下:

(1)交通工程及沿线设施的建设规模与标准应根据公路网规划、公路的功能、等级、交通量、运营条件等综合论证确定。

(2)交通工程及沿线设施总体设计应符合公路总体设计的要求,相互匹配,协调充分发挥公路的整体效益。

(3)交通工程及沿线设施应按照"保障安全、提供服务、利于管理"的原则进行设计。

(4)交通工程及沿线设施包括交通安全设施、服务设施和管理设施三种,各项设施应按统筹协调、总体设计的原则设置,并应结合交通量的增长与技术发展状况等逐步补充、完善。

(5)对于改扩建工程,交通工程及沿线设施应配合公路主体工程的改扩建方案,提供配套的交通工程及沿线设施的设计和施工组织方案。

交通安全设施包括交通标志、标线、护栏、视线诱导设施、隔离栅、防落网、防眩设施、防风棚、防雪(沙)棚、积雪标杆等。交通安全设施应根据公路功能、交通组成、公路环境、运营条件等设置,以满足交通安全管理与服务的需求。

服务设施包括服务区、停车区和客运车辆停靠站。服务区、停车区的位置应根据区域路网、建设条件、景观和环保要求等规划和布设。客运车辆停靠站的位置宜根据地区公路交通规划、公路沿线城镇分布、出行需求布设。

管理设施包括监控、收费、通信、供配电、照明和管理养护等设施,应符合下列规定:

(1)高速公路应设置监控、收费、通信、供配电、照明和管理养护设施。其他等级的公路可根据需求设置。

(2)监控、收费、通信、供配电、照明和管理养护等设施应根据交通量进行总体设计、分期实施,并据此实施基础工程、地下管线及预留预埋工程等。

二 城市道路交通设施

城市道路交通设施的目的是维护城市道路交通运行有序、安全、畅通及降低公害。其设计一般规定如下:

(1)城市道路交通设施设计应依据道路性质、沿线环境以及交通流特性等进行,符合项目所在地区相关规划、道路总体设计和节能环保的要求。

(2)城市道路交通设施应与道路主体工程同步设计,按总体设计、分期实施的原则进行设计。与主体工程相关的基础工程、管道等应在主体工程实施时一并预留或预埋。

(3)城市道路交通设施除应保持其各自特性和相对独立外,还应相互匹配、相互协调,使之成为统一、协调、完整的系统工程。

城市道路交通设施包括交通标志、交通标线、防护设施、交通信号灯、交通监控系统、服务设施、道路照明及变配电和管理处所及设备等。其中,防护设施包括防撞护栏、防撞垫、人行护栏、隔离栅和防落物网以及防眩设施等;服务设施包括人行过街设施、机动车和非机动车停车设施以及公交停靠站等。

城市道路交通设施等级分为 A、B、C、D 四级,城市道路交通设施各等级适用范围应符合表 7-1 的规定。

各等级城市道路交通设施等级与适用范围 表 7-1

交通设施等级	适用范围
A	快速路、中、长、特长隧道及特大型桥梁
B	主干路
C	次干路
D	支路

第二节 公路交通工程及沿线设施

一 交通安全设施

1. 交通标志、标线

1)一般要求

(1)交通标志、标线应总体布局、合理设置,重要信息应重复设置或连续设置。

(2)交通标志的位置应保证其视认性,与其他标志或设施不应相互遮挡。

(3)交通标志与标线应根据实际需求配合使用,应互为补充、含义一致,并与其他设施相协调。

2)交通标志的分类

交通标志分为主标志和辅助标志两大类。主标志包括:

(1)禁令标志:禁止或限制道路使用者交通行为的标志。

(2)指示标志:指示道路使用者应遵循的标志。

(3)警告标志:警告道路使用者注意道路、交通的标志。

(4)指路标志:传递道路方向、地点、距离信息的标志。

(5)旅游区标志:提供旅游景点方向、距离的标志。

(6)告示标志:告知路外设施、安全行驶信息以及其他信息的标志。

辅助标志是指设在主标志下方,对其进行辅助说明的标志。

3)交通标志三要素

交通标志必须具有良好的视认性,使驾驶员在一定距离内能迅速、准确地辨认。决定其视认性的主要因素包括标志的颜色、形状和符号,称作交通标志三要素。

(1)颜色:选择交通标志的颜色时,考虑了人的心理效果,如红色有危险感,因此在交通上表示停止、约束之意;黄色无红色那么强烈,使人产生警惕的心理活动;蓝色有沉静、安静之意等。交通标志颜色的基本含义见表7-2。

交通标志颜色的基本含义　　　　　　　　　表7-2

颜色	基本含义
红色	表示停止、禁止、限制
蓝色	表示指令、遵循
	表示一般道路(除高速公路和城市快速路之外的道路)指路信息
黄色/荧光黄色	表示警告
荧光黄绿色	表示与行人有关的警告
绿色	表示高速公路和城市快速路指路信息
棕色	表示旅游区指路信息
橙色/荧光橙色	表示因作业引起的道路或车道使用发生变化
粉红色/荧光粉红色	表示因交通事故处理引起的道路或车道使用发生变化
黑色	用于标志的文字、图形符号和部分标志的边框
白色	用于标志的底色、文字和图形符号以及部分标志的边框

注:红色为标志底板、红圈及红杠的颜色。

(2)形状:交通标志选用形状的原则也是要求视认性要强,一般选用最简单的形状,如三角形、圆形、长方形和正方形。《道路交通标志和标线　第2部分:道路交通标志》(GB 5768.2—2022)规定的交通标志形状见表7-3。

安全标志的种类及其含义　　　　　　　　　表7-3

图形	用途	图形	用途
圆形	用于禁令标志和指示标志	正八边形	用于停车让行标志
正等边三角形	用于警告标志	倒等边三角形	用于减速让行标志
矩形(含正方形和长方形)	用于指路标志、旅游区标志、告示标志和辅助标志,以及部分禁令、指示和警告标志等	叉形	用于"叉形符号"警告标志

(3)符号:符号是表示标志的具体意义的,其含义要求简单明了,并符合国际标准和惯例。

标志牌的大小应保证在距标志一定距离内能清楚地识别标志上的图案和符号文字,图案和符号文字的大小必须满足必要距离的识别要求。我国公路各类交通标志的版面规格和文字大小,除特殊规定外,应根据设计速度确定,见表7-4。

标志版面与设计速度的关系　　　　　　　　　表7-4

	设计速度(km/h)	120、100	80	60、40	30、20
警告标志	三角形边长(cm)	130	110	90	70
禁令标志	圆形外径(cm)	120	100	80	60
	三角形边长(cm)	—	—	90	70
	八角形外径(cm)	—	—	80	60
	区域限制和解除标志长方形边长(cm×cm)	—	—	120×170	90×130

续上表

	设计速度(km/h)	120、100	80	60、40	30、20
指示标志	圆形外径(cm)	120	100	80	60
	正方形边长(cm)	120	100	80	60
	长方形边长(cm×cm)	190×140	160×120	140×100	—
	单行线标志长方形边长(cm×cm)	120×60	100×50	80×40	60×30
	会车先行标志正方形边长(cm)	—	—	80	60
指路标志	汉字高度(cm)	60~70	50~60	35~50	25~30
	公路编号标志中的字母标识符、数字及出口编号标识中的数字高度(cm)	40~50	35~40	35~30	15~20

4）交通标线

道路交通标线是由施划或安装于道路上的各种线条、箭头、文字、图案及立面标记、实体标记、突起路标和轮廓标等所构成的交通安全设施，它的作用是向道路使用者传递有关道路交通的规则、警告、指引等信息，可以和标志配合使用，也可单独使用。

交通标线从不同的角度可以划分为多种类型，按设置方式划分为纵向标线、横向标线和其他标线；按形态划分为线条、字符、突起路标和轮廓标；按功能划分为指示标线、禁止标线和警告标线。道路交通标线通常为白色或黄色，可用路标漆、塑胶标带和其他材料（如突起路标用的黄铜、不锈钢、合金铝、合成树脂，以及陶瓷、白石头、彩色水泥等）制作。

《道路交通标志和标线 第3部分：道路交通标线》（GB 5768.3—2009）规定了常见的对向行车道分界线、同向行车道分界线和行车道边缘线的宽度范围，公路相关规范根据设计速度对其进行了细化，见表7-5。

路面标线宽度　　　　　表7-5

设计速度(km/h)		行车道边缘线(cm)	同向行车道分界线(cm)	对向行车道分界线(cm)
120、100		20	15	—
80、60	高速、一级公路	20	15	—
	二级公路	15	10	15
40、30		15	10	15
20	双车道	10	—	10
	单车道	10	—	—

2. 护栏

1）护栏的作用

（1）阻止车辆越出路外或穿越中央分隔带闯入对向车道。

（2）防止车辆从护栏板下钻出，或将护栏板冲断。

（3）能使车辆恢复到正常行驶方向。

道路设计缺护栏！
高速集团被判赔偿

(4)发生碰撞时,对乘客的损伤程度最小。
(5)能诱导驾驶员的视线。

2)护栏的分类

(1)按其在公路中的纵向设置位置,可分为路基护栏和桥梁护栏。
(2)按其在公路中的横向设置位置,可分为路侧护栏和中央分隔带护栏。
(3)根据碰撞后的变形程度,可分为刚性护栏、半刚性护栏和柔性护栏。主要代表形式分别为混凝土护栏、波形梁护栏和缆索护栏。
(4)防护等级按设计能量分为八级,从低到高的防护代码为C、B、A、SB、SA、SS、HB、HA。

3)事故严重程度的判断

公路实际净区宽度与计算净区宽度不同时,应在交通安全综合分析的基础上,按照驶出路外或驶入对向车行道事故的风险确定是否设置护栏。确定风险应综合考虑驶出路外或驶入对向车行道的可能性以及事故严重程度等因素。

驶出事故的严重程度和运行速度、路侧条件有关,可分为低、中、高三个等级。

(1)路侧计算净区宽度范围内有高速铁路、高速公路、高压输电线塔、危险品储藏仓库等设施时,事故严重程度等级为高,必须设置护栏。

(2)路侧计算净区宽度范围内有下列情况时,事故严重程度等级为中,应设置护栏:

①二级及二级以上公路边坡坡度和路堤高度在图7-1的Ⅰ区、Ⅱ区阴影范围之内的路段,三级、四级公路路侧有深度30m以上的悬崖、深谷、深沟等的路段。

②有江、河、湖、海、沼泽等水深1.5m以上水域的路段。

③有Ⅰ级铁路、一级公路等。

④高速公路、一级公路路外设有车辆不能安全越过的照明灯、摄像机、交通标志、声屏障、上跨桥梁的桥墩或桥台、隧道入口处的检修道或洞门等设施的路段。

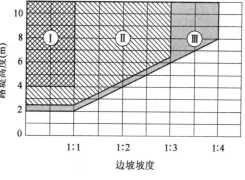

图7-1 边坡坡度、路堤高度与设置护栏的关系

(3)路侧计算净区宽度范围内有下列情况时,事故严重程度等级为低,宜设置护栏。

①二级及二级以上公路边坡坡度和路堤高度在图7-1的Ⅲ区阴影范围之内的路段,三级、四级公路边坡坡度和路堤高度在图7-1的Ⅰ区阴影范围之内的路段。

②二级及二级以上公路路侧边沟无盖板、车辆无法安全越过的挖方路段。

③高出路面或开挖的边坡坡面有30cm以上的混凝土砌体或大孤石等障碍物。

④出口匝道的三角地带有障碍物。

(4)高速公路和作为干线的一级公路,整体式断面中间带宽度小于或等于12m,或者12m宽度范围内有障碍物时,必须设置中央分隔带护栏。事故严重程度可根据下列条件确定:

①中央分隔带宽度小于2.5m且采用整体式护栏形式时,事故严重程度等级为高。

②符合下列条件时,事故严重程度等级为中:

a. 对双向6车道高速公路,或未设置左侧硬路肩的双向8车道及以上高速公路,中央分隔带宽度小于2.5m并采用分设式护栏形式,同时中央分隔带内设有车辆不能安全穿越的障碍物的路段。

b. 对双向6车道及以上一级公路,中央分隔带宽度小于2.5m并采用分设式护栏形式,同时中央分隔带内设有车辆不能安全穿越的障碍物的路段。

c. 不符合本条以上规定的条件时,事故严重程度为低。

(5)作为集散的一级公路,整体式断面中间带应设置保障行车安全的隔离设施。根据交通安全综合分析结果,可考虑是否设置中央分隔带护栏。

(6)高速公路和一级公路采用分离式断面时,行车方向左侧应按路侧护栏设置。一级公路平面交叉两端设置中央分隔带护栏和绿化设施时,不得影响通视三角区停车视距。

4)防护等级的选取

设置路基护栏的防护等级应符合表7-6的规定。

路基护栏防护等级的选取　　　　　　　　　　表7-6

公路等级	设计速度 (km/h)	事故严重程度等级		
		低	中	高
高速公路	120	三(A、Am)级	四(SB、SBm)级	六(SS、SSm)级
	100、80			五(SA、SAm)级
一级公路	60	二(B、Bm)级	三(A、Am)级	四(SB、SBm)级
二级公路	80、60		三(A)级	
三级公路、 四级公路	40	一(C)级	二(B)级	三(A)级
	30、20		一(C)级	二(B)级

注:括号内为护栏防护等级的代码。

5)护栏形式的选择

刚性护栏、半刚性护栏和柔性护栏等护栏形式的选择应考虑护栏材料的通用性、护栏的成本和养护方便性、沿线的环境等因素。

(1)通用性。个别地点特殊需要的护栏需定制、加工。如在平面交叉转弯车道外侧、回头曲线外侧等转弯半径很小的地方,如果使用波形梁护栏,需要定制、加工。

(2)成本。发生事故后,柔性或半刚性护栏比刚性护栏需要更多的养护。交通量大、事故频发的路段,事故养护成本将成为必须考虑的因素,刚性护栏是较好的选择方案。有些路面养护时没有铣刨路面,导致路面养护后护栏高度不足。在新设护栏时就要考虑这种影响,采用护栏高度富余或护栏高度可变的形式,降低路面养护造成的影响。

(3)美观。美观通常不是选择护栏形式的控制因素,但旅游公路或对景观要求高的公路可选择外观自然、能与周边环境融为一体又具有相应防护等级的护栏形式。因设置护栏对提升公路景观不大,因此旅游公路或对景观要求高的公路,要尽量寻找可以替代护栏的措施,如设置浅碟形边沟或挖方路段边沟上设盖板等。经论证,需要设置护栏时,其外观要力求简洁、减少装饰并充分考虑通透性,降低刚性护栏的存在感,护栏色彩要与构造物及周边环境相协调。

(4)环境。护栏的选择还要考虑沿线的环境腐蚀程度、气象条件和对视距的影响等,如积雪地区要考虑除雪的方便性。大型车辆所占比例较大的路段,除位于冬季风雪较大的地区外,中央分隔带护栏宜使用混凝土护栏。冬季风雪较大的地区,宜选择少阻雪的护栏形式,风雪较大的路段,混凝土护栏因容易阻雪,因此不适合使用。

6)护栏最小结构长度

护栏最小长度由两个方面决定:一是从车辆驶出路外的轨迹、计算净区宽度范围内障碍物位置,来确定需要的长度;二是护栏发挥整体作用的最小结构长度,见表7-7。护栏最小结构长度应同时满足以上两个要求。

护栏最小结构长度 表7-7

公路等级	护栏类型	最小长度(m)
高速公路、一级公路	波形梁护栏	70
高速公路、一级公路	混凝土护栏	36
高速公路、一级公路	缆索护栏	300
二级公路	波形梁护栏	48
二级公路	混凝土护栏	24
二级公路	缆索护栏	120
三级公路、四级公路	波形梁护栏	28
三级公路、四级公路	混凝土护栏	12
三级公路、四级公路	缆索护栏	120

相邻两段护栏的间距小于护栏最小结构长度时宜连续设置。通过过渡段连接的两种形式护栏的长度之和不应小于两种形式护栏的最小结构长度的大值。不同防护等级或不同结构形式的护栏之间连接时,应进行过渡段设计,护栏过渡段的防护等级应不低于所连接护栏中较低的防护等级。

3. 其他交通安全设施

1)隔离栅

隔离栅应能阻止行人、动物误入高速公路、需要控制出入的一级公路。隔离栅应根据地形进行设置,隔离栅的高度不宜低于1.5m;在动物身高不超过50cm等人烟稀少的荒漠地区,经分析论证后隔离栅高度可降低10~20cm;靠近城镇区域的隔离栅高度不宜低于1.8m。

隔离栅的设置原则如下:

(1)除符合下列条件之一的路段外,高速公路、需要控制出入的一级公路沿线两侧必须连续设置隔离栅,其他公路可根据需要设置:

①路侧有水面宽度超过6m且深度超过1.5m的水渠、池塘、湖泊等天然屏障的路段。

②高度大于1.5m的路肩挡土墙或砌石等陡坎的填方路段。

③桥梁、隧道等构造物,除桥头、洞口需与路基隔离栅连接以外的路段。

④挖方高度超过20m且坡度大于70°的路段。

(2)隔离栅遇桥梁、通道、车行和人行涵洞时,应在桥头锥坡或端墙处进行围封;隔离栅遇跨径小于2m的涵洞时可直接跨越,跨越处应进行围封。

(3)隔离栅的中心线可沿公路用地范围界限以内20~50cm处设置。在进出高速公路、需要控制出入的一级公路的适当位置可设置便于开启的隔离栅活动门。

(4)高速公路、需要控制出入的一级公路在行人、动物无法误入分离式路基内侧中间区域时,可仅在分离式路基外侧设置隔离栅;在行人、动物可误入分离式路基内侧中间区域的条件下,应在分离式路基内侧需要的位置设置隔离栅。

(5)隔离栅的网孔尺寸可根据公路沿线动物的体型进行选择,最小网孔不宜小于50mm×50mm。隔离栅的结构设计应考虑风荷载作用下自身的强度和刚度。

隔离栅由立柱、斜撑、隔离网、连接件、基础等组成,可选用焊接网、刺钢丝网、编织网、钢板网、隔离墙、绿篱、刺钢丝网和绿篱相结合等。

下列路段可选择电焊网、编织网、钢板网的形式:

(1)靠近城镇人口稠密地区的路段;

(2)沿线经过风景区、旅游区、著名地点等的路段;

(3)互通式立体交叉、服务区、停车区、管理养护机构两侧。

下列路段可选择刺钢丝网的形式;具备条件时,刺钢丝网可和绿篱结合使用:

(1)人口稀少的路段;

(2)公路预留地;

(3)跨越沟渠而需要封闭的路段;

(4)在小型动物出没较多的路段,可设置变孔的刺钢丝网;变孔的刺钢丝网可采用上部的刺钢丝间距较大而下部刺钢丝间距较小的形式。

下列路段可选择隔离墙的形式:

(1)焊接网和刺钢丝网等形式隔离栅经常遭到破坏的路段;

(2)需要采用隔离墙作为景观设计的路段;

(3)公路外侧存在较大不安全影响因素的路段。

根据当地条件,在满足隔离的条件下可采用绿篱作为隔离栅。

2)防落网

防落网应能阻止公路上的落物进入饮用水保护区、铁路、高速公路、需要控制出入的一级公路等建筑限界以内,或阻止挖方路段落石进入公路建筑限界以内。防落网包括防落物网和防落石网。

防落物网距桥面的高度不宜低于1.8m。其设置原则如下:

(1)上跨饮用水水源保护区、铁路、高速公路、需要控制出入的一级公路的车行或人行构造物两侧均应设置防落物网。

(2)公路跨越通航河流、交通量较大的其他公路时,应设置防落物网。

(3)需要设置防落物网的桥梁采用分离式结构时,应在桥梁内侧设置防落物网。

(4)防落物网应进行防腐和防雷接地处理,防雷接地的电阻应小于10Ω。

(5)防落物网的设置范围为下穿铁路、公路等被保护区的宽度(当上跨构造物与公路斜交时,应取斜交宽度),并各向路外延长10~20m。

防落石网的设置原则如下:

(1)根据路堑边坡的地质条件和土体、岩石的稳定性,在高速公路或一级公路建筑限界内有可能落石,经落石安全性评价对公路行车安全产生影响的路段,应对可能产生落石的危岩进行处理或设置防落石网。二级及二级以下公路有可能落石并影响交通安全的路段,可根据需要设置防落石网。

(2)防落石网应充分考虑地形条件、地质条件、危岩分布范围、落石运动途径及与公路工程的相互关系等因素后加以设置。防落石网宜设置在缓坡平台或紧邻公路的坡脚宽缓场地附近,通过数值计算确定落石的冲击动能、弹跳高度和运动速度,并选取满足防护强度和高度要求的防落石网。

3)防眩设施

防眩设施是指防止夜间行车受对向车辆前照灯眩目影响的设施。防眩设施应按部分遮光原理设计,直线路段遮光角不小于8°,平、竖曲线路段遮光角为8°~15°。

直线路段遮光角β_0如图7-2,应按式(7-1)计算。

$$\beta_0 = \tan^{-1}\left(\frac{b}{L}\right) \tag{7-1}$$

式中:b——防眩板的宽度(m);

L——防眩板的纵向间距(m)。

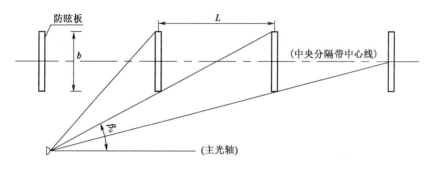

图7-2 遮光角计算图示

平曲线路段遮光角β应按式(7-2)计算。

$$\beta = \cos^{-1}\left(\frac{R - B_3}{R}\cos\beta_0\right) \tag{7-2}$$

式中:R——平曲线半径(m);

B_3——车辆驾驶员与防眩设施的横向距离(m)。

高速公路、一级公路中央分隔带宽度小于9m且符合下列条件之一者,宜设置防眩设施:

(1)夜间交通量较大,且设计交通量中大型货车和大型客车自然交通量之和所占比例大于或等于15%的路段。

(2)设置超高的圆曲线路段。

(3)凹形竖曲线半径等于或接近于现行标准规定的最小半径值的路段。

(4)公路路基横断面为分离式断面,上下行车道高差小于或等于2m时。

(5)与相邻公路、铁路或交叉公路、铁路有严重眩光影响的路段。

(6)连拱隧道进出口附近。

非控制出入的一级公路平面交叉、中央分隔带开口两侧各100m(设计速度80km/h)或60m(设计速度60km/h)范围内可逐渐降低防眩设施的高度,由正常高度逐步过渡到开口处的0高度,否则不应设置防眩设施;穿村镇路段不宜设置防眩设施;公路沿线有连续照明设施的路段,可不设防眩设施。

防眩设施主要包括防眩板、防眩网和植树防眩等形式。防眩设施形式的选择应符合下列规定：

(1)高速公路、一级公路宜采用防眩板和植树两种方式交替设置进行防眩。在进行技术经济论证后，也可采用其他的防眩形式。

(2)对中央分隔带有隔离要求的路段可采用防眩网，积雪严重的路段可采用防眩板。

(3)中央分隔带护栏间距小于树冠直径时，或植树对中央分隔带通信管道有影响时，以及寒冷地区、干旱、半旱地区路基填料采用水稳性差的材料时，不宜采用植树防眩。

4)视线诱导设施

公路视线诱导设施属于主动引导设施，对提高夜间的行车安全水平有重要作用，在条件允许时，可以适当地增加设置，以发挥其节能、价廉的优点。视线诱导设施主要包括轮廓标、合流诱导标、线形诱导标、隧道轮廓带、示警桩、示警墩、道口标柱等设施。

(1)轮廓标

轮廓标的设置条件如下：

①高速公路、一级公路的主线及其互通式立体交叉、服务区、停车区等处的进出匝道和连接道及避险车道应全线连续设置轮廓标，中央分隔带开口路段应连续设置轮廓标。二级及二级以下公路的视距不良路段、设计速度大于或等于60km/h的路段、车道数或行车道宽度有变化的路段及连续急弯陡坡路段宜设置轮廓标，其他路段视需要可设置轮廓标。

②隧道侧壁应设置双向轮廓标。隧道内设有高出路面的检修道时，在检修道顶部靠近行车道方向的端部或检修道侧壁应增设轮廓标。

轮廓标应在公路前进方向左、右侧对称设置。高速公路、一级公路按行车方向配置白色反射体的轮廓标应安装于公路右侧，配置黄色反射体的轮廓标应安装于中央分隔带；二级及二级以下公路，按行车方向配置的左右两侧的轮廓标均为白色；避险车道轮廓标颜色为红色。隧道路段、二级及二级以下公路，轮廓标宜设置为双面反光形式。

直线路段轮廓标设置间距不应超过50m，平面曲线路段轮廓标设置间距不应大于表7-8的规定。

曲线路段轮廓标的设置间距　　　　表7-8

曲线半径(m)	≤89	90~179	180~274	275~374	375~999	1000~1999	≥2000
设置间距(m)	8	12	16	24	32	40	48

(2)合流诱导标

注意合流标志用于提醒驾驶员前方有车辆汇入，注意车辆运行状态。合流诱导标的设置应满足交通标志的有关规定。

(3)线形诱导标

当需要指出公路轮廓时，可在平曲线外侧设置线形诱导标。线形诱导标的设置，应根据曲线半径、曲线长度、偏角大小来确定。偏角小于或等于7°的曲线路段，可在曲线中点位置设一块线形诱导标；偏角大于7°、曲线较长的弯道，可根据需要设置若干块线形诱导标，并应保证驾驶员在曲线范围内连续看到不少于3块线形诱导标。

(4)隧道轮廓带

隧道轮廓带是指在隧道壁或隧道洞门上设置的用于指示隧道横断面边界的交通安全设施。隧道轮廓带的颜色宜采用白色，宽度一般为15~20cm。

特长隧道、长隧道可每隔500m设置一处隧道轮廓带；无照明的二级及二级以下公路隧道可视需要设置隧道轮廓带；紧急停车带前适当位置宜设置隧道轮廓带。

(5)示警桩(墩)

三级、四级公路达不到护栏设置标准但存在一定危险因素的路段，宜设置示警桩、示警墩等设施。示警桩、示警墩的颜色应为黄黑相间。

(6)道口标柱

道口标柱设置在公路沿线较小交叉路口两侧，用来提醒主线车辆提高警觉，防范小路口车辆突然出现而造成意外的情况发生。道口标柱的颜色应为红白相间。

5)凸面镜

凸面镜可用于公路会车视距不足的小半径弯道外侧。凸面镜宜与视线诱导设施配合使用。

6)减速丘

减速丘可用于三级、四级公路进入城镇、村庄的路段，或者进入干线的支路上。减速丘的设置应全断面铺设，并设置相应的减速丘标志、标线、建议速度或限制速度标志。

7)限高架

根据交通运营管理的规定，需要限制通行车辆的高度时，可设置防撞或警示限高架。限高架应与限高标志配合使用，限高架下缘距离路面高度不得小于限高标志限定的高度值。

8)风、雪、沙等危及公路行车安全的路段，应设置防风栅、防雪(沙)栅、积雪标杆等安全设施。

二 服务设施

服务设施是公路交通运输体系的基本组成部分，是体现公路交通文化的窗口。服务设施应依据路网规划、公路服务水平和交通量的增长情况，全省或区域内一次总体规划，区分功能和规模大小，有重点、分层次地分期建设。公路服务设施包括服务区、停车区和客运车辆停靠站。

1．服务区、停车区

服务区的布设宜采用分离式，可对称布置[图7-3a)]或非对称布置[图7-3c)]。地形条件适宜时，可采用单侧集中式[图7-3b)]或其他形式。停车区的布设宜采用分离式，但无须对称布置。

1)一般规定

(1)服务区、停车区的位置应根据区域路网、建设条件、景观和环保要求等规划和布设。客运车辆停靠站的位置宜根据地区公路交通规划、公路沿线城镇分布、出行需求布设。

(2)服务区设置应符合下列规定：

①高速公路应设置服务区，作为干线的一级、二级公路宜设置服务区。服务区平均间距宜为50km；当沿线城镇分布稀疏，水、电等供给困难时，可增大服务区间距。

②高速公路服务区应设置停车场、加油站、车辆维修站、公共厕所、室内外休息区、餐饮、商品零售点等设施。根据公路环境和需求可设置人员住宿、车辆加水等设施。

③作为干线的一级、二级公路服务区宜设置停车场、加油站、公共厕所、室外休息点等设

施,有条件时可设置餐饮、商品零售点、车辆加水等设施。

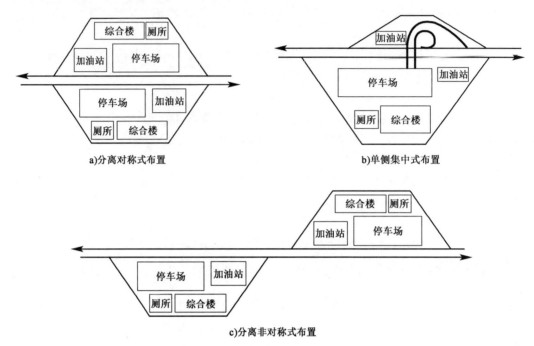

图7-3 服务区总体布置形式示意图

(3)停车区设置应符合下列规定:

①高速公路应设置停车区,作为干线的一级、二级公路宜设置停车区。停车区可在服务区之间布设一处或多处。

②停车区应设置停车场、公共厕所、室外休息区等设施。

2)布设要求及主线线形指标

(1)服务区、停车区设置间距应符合下列规定:

①服务区之间的间距宜为50km,停车区与服务区或两停车区之间的间距宜为15~25km。

②服务区、停车区与互通式立体交叉、隧道的净间距宜大于2km。条件受限时,可参照互通式立体交叉间距的相关要求。

(2)服务区范围内的主线线形指标应符合互通式立体交叉范围内的主线线形指标要求。停车区范围内的主线线形指标应符合表7-9的规定。

停车区范围内的主线线形指标　　　　　　表7-9

设计速度(km/h)		120	100	80	60
最小圆曲线半径(m)	一般值	1500	1000	700	500
	极限值	1200	850	600	400
最小凸形竖曲线半径(m)	一般值	45000	25000	12000	6000
	极限值	23000	15000	6000	3000
最小凹形竖曲线半径(m)	一般值	16000	12000	8000	4000
	极限值	12000	8000	4000	2000

续上表

设计速度(km/h)		120	100	80	60
最大纵坡(%)	一般值	2	3	4	4.5
	极限值	3	4	5	5.5

注：纵坡应选用一般值以上的指标；在地形有限、条件特殊情况下，可采用最大值。

(3)服务区、停车区总体布置应符合下列要求：

①服务区、停车区一般几何布置应包括加(减)速车道、连接匝道、贯穿车道、停车场等，如图7-4所示。

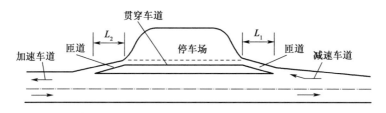

图7-4 服务区、停车区的匝道、贯穿车道布置示意图

②服务区、停车区匝道的设计速度宜采用40km/h，条件受限时不应小于30km/h。

③匝道的最小长度应符合表7-10的规定。

匝道的最小长度　　　　表7-10

主线设计速度(km/h)		120	100	≤80
减速车道一侧L_1(m)	一般值	110	90	80
	极限值	80	70	60
加速车道一侧L_2(m)	一般值	80	70	60
	极限值	60	60	60

④匝道及加、减速车道几何设计应符合互通式立体交叉的相关规定。

⑤贯穿车道几何设计应符合下列规定：

a. 贯穿车道的设计速度宜采用30km/h。

b. 贯穿车道应采用单向单车道，行车道3.50m，左右侧路缘带各宽0.50m。

c. 贯穿车道纵面设计应综合考虑停车场高程及排水需要。

(4)二级公路的服务区、停车区、观景台，根据功能、服务交通量、场地条件等，可采用设置出入匝道和加、减速车道的典型形式，也可采用不设置匝道、与主线布置成整体式的简易形式。简易形式的服务区、停车区、观景台布置应符合下列规定：

①服务区、停车区、观景台范围内的主线纵坡不应大于2.5%，主线行车道与停车场用侧分隔带或路面标线区分。

②停车场的两侧应设置长度相同的加、减速区段，布置图参照客运车辆停靠站，其长度根据侧分隔带宽度、主线设计速度对应的渐变率要求确定。

③停车场沿主线的纵向最小长度宜大于30m。

2. 客运车辆停靠站

(1)高速公路主线侧不应设置客运车辆停靠站。

(2)客运车辆停靠站范围主线的最大纵坡应不大于2%,地形特别困难时应大于3%。主线平曲线、竖曲线指标应符合表7-11的规定。

客运车辆停靠站范围内主线线形指标　　　　　　　　　　表7-11

设计速度(km/h)	100	80	60	≤40
最小圆曲线半径(m)	800	500	250	150
最小凸形竖曲线半径(m)	10000	4500	2000	1000
最小凹形竖曲线半径(m)	4500	3000	1500	1000

(3)一级公路主线侧客运车辆停靠站布置应包括渐变段、加(减)速车道、停留车道等,其布置如图7-5所示,并符合下列规定:

①停靠区与主线右侧硬路肩之间必须用侧分隔带或护栏隔开。

②加(减)速车道及其渐变段长度、停留车道长度应不小于表7-12的规定。

③侧分隔带宽应不小于2.0m,加(减)速车道右侧硬路肩1.50m,停留车道宽应不小于5.50m,站台宽3.0m。

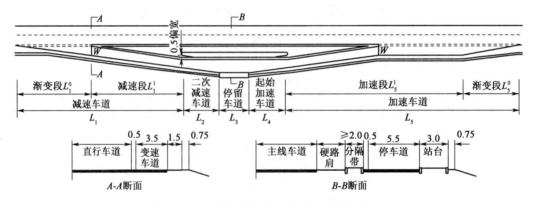

图7-5　一级公路客运车辆停靠站示意图(尺寸单位:m)

一级公路客运车辆停靠站加(减)速车道、停留车道长度　　　　表7-12

主线设计速度(km/h)		100	80	60
减速车道L_1	渐变段L_1^0(1/20)(m)	70	70	70
	减速段L_1^1(m)	100	90	70
主线设计速度(km/h)		100	80	60
(二次)减速车道L_2(m)		50	50	40
停留车道L_3(m)		30	30	20
(二次)起始加速车道L_4(m)		40	40	30
加速车道L_5	加速段L_5^1(m)	130	110	80
	渐变段L_5^0(m)	65	60	50

(4)如图7-6所示,二级及二级以下公路主线侧客运车辆停靠站的布置应包括加(减)速区段、停留车道等,并应符合下列规定:

①停靠区与道路行车道之间用路面标线区分。

②站台前停靠区两侧设置长度相等的加、减速区段,其长度应符合表7-13的规定。

③停留车道长度为15m。
④相邻行车道边缘线的分隔带(标线)、停留车道、站台宽度依次为0.5m、3.5m、2.25m。

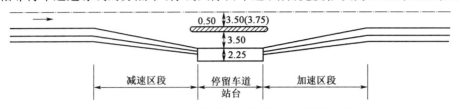

图7-6 二级及二级以下公路客运车辆停靠站示意图(尺寸单位:m)

二级及二级以下公路客运车辆停靠站变速区段长度　　　　　表7-13

主线设计速度(km/h)	80	60	40	30	20
渐变率	1/15	1/12.5	1/10	1/7.5	1/5
加、减速区段长度(m)	60	50	40	30	20

三 管理设施

管理设施包括监控、收费、通信、供配电、照明和管理养护等设施,应符合下列规定:

(1)高速公路应设置监控、收费、通信、供配电、照明和管理养护设施,其他等级的公路可根据需求设置。

(2)监控、收费、通信、供配电、照明和管理养护等设施应根据交通量进行总体设计、分期实施,并据此实施基础工程、地下管线及预留预埋工程等。

1. 监控设施

监控设施应符合下列规定:

(1)监控设施分为A、B、C、D四个等级。

①A级:应全线设置视频监视、动态信息发布及交通诱导设施,结合收费站、特大桥、隧道前、互通式立交、服务区等重点或有特殊需求路段,设置交通事件检测、交通量检测、环境信息检测、匝道控制设施。实现全线的全程监控、动态信息发布和交通诱导。

②B级:应在收费站、特大桥、互通式立交、服务区等重点或有特殊需求路段,设置视频监控、交通事件检测、交通量检测、环境信息检测、匝道控制、动态信息发布及交通诱导设施。实现全线的重点监控、动态信息发布和交通诱导。

③C级:宜在特大桥、服务区、客运车辆停靠站、公路平面交叉口等重点或有特殊需求路段,设置视频监视、交通事件检测、交通量检测、动态信息发布及交通诱导设施。

④D级:可在特大桥、加油站、客运车辆停靠站、主要公路平面交叉口等重点或有特殊需求路段,设置交通量检测、现场交通信息提示及交通诱导设施。

(2)各等级监控设施的适用范围可依据表7-14确定。

各等级监控设施的适用范围　　　　　表7-14

监控设施等级	适用范围	监控设施等级	适用范围
A	高速公路(全程监控)	C	干线一级、二级公路
B	高速公路(分段监控)	D	集散公路、支线公路

333

(3)当桥梁、隧道设置结构监测、养护监测等设施时,应与路段的监控设施统一规划设计、协调管理。

(4)监控系统的各项设备的设计交通量应符合表7-15的规定。

监控系统各项设备的设计交通量　　　　　　表7-15

设备名称	设计交通量
监控系统机电设备及其外场设备基础	预测的第5年交通量
管道及桥梁、隧道等构造物区段的外场设备基础	预测的第20年交通量

(5)监控系统模式可采用集中式或分布式。

(6)监控系统控制方式分为主线控制、匝道控制和通道控制。

2. 收费设施

(1)收费设施应符合下列规定:

①收费设施应与公路设计采用的服务水平相协调。收费广场出口和入口的收费车道数均不应小于2条。新建收费设施应同步建设电子收费(ETC)车道。

②收费系统机电设备可按开通后的第15年交通量配置;收费岛、收费广场、地下通道、收费大棚等设施宜按开通后第15年的交通量配置;收费广场用地、站房用地、建筑和土方工程用地应按开通后第20年的交通量配置。

(2)收费制式应根据公路路网、地区特点、建设与管理等因素论证后确定,可采用开放式、封闭式或混合式。

(3)收费方式应根据收费系统的建设规模、运行管理、联网收费等具体条件,可采用半自动收费、自动收费或不停车收费。

(4)收费站几何设计。

①平纵线形

收费站广场几何指标应符合下列规定:

a. 主线收费站广场:平曲线指标应符合互通式立体交叉区主线线形指标的规定,竖曲线指标不应小于主线纵断面设计指标一般值的规定。收费站广场中心线两侧最小各100m范围内,纵坡坡度不应大于2%。

b. 匝道收费站广场:平曲线半径不得小于200m,竖曲线半径不得小于800m。收费站广场中心线两侧水泥混凝土路面范围内,纵坡坡度不宜大于2%,条件受限时不应大于3%。

c. 收费站广场的横坡宜为1.5%,需要排水时可为2.0%。

②收费站广场设计

收费站广场的设计应符合下列规定:

a. 公路收费站广场应避免设置在凹形竖曲线的底部。

b. 收费站广场几何布置如图7-7所示,收费岛前后水泥混凝土路面长度L_0应符合表7-16的规定。

c. 收费站广场两端渐变段过渡应符合表7-17的要求。

d. 匝道收费站广场中心线至匝道分岔点的距离不宜小于100m,且不应小于75m;至被交道路平交点的距离不宜小于150m,不能满足时,应增加设置等待车道。

e. 收费站广场的宽度应包括收费车道、收费道、路肩(或路缘带)的宽度。收费岛间的车道宽度宜为3.2m,ETC车道的宽度应为3.5m,超宽车道的宽度宜为4.5m。收费岛的宽度宜为2.2m,硬路肩宽度应不小于0.5m。

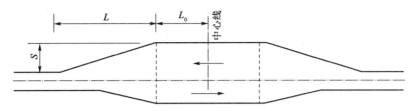

图7-7 收费站广场布置与两端过渡示意图

L-收缩段长度;S-收缩段宽度

收费岛前后水泥混凝土路面的最小长度 L_0(m)   表7-16

收费广场位置		匝道上	主线上
收费方式	单向	30	50
	双向	25	40

收费广场两端行车道过渡渐变率   表7-17

收费广场位置	匝道上	主线上
广场渐变率(L/S)	4～6,极限值为3	6～8

（5）收费站门架或遮雨棚连同收费岛应保证如图7-8所示的车道净空界限。

（6）收费站的过渡。收费站横向较宽,应逐渐过渡到所在匝道的正常横断面。

①对三角过渡段处于直线段部分,满足一定的过渡比例要求,并在三角段斜边两端用圆曲线舒顺(切线 T=10m左右)。

②当三角过渡段处于曲线段上时,宜用高次抛物线过渡。收费广场的过渡如图7-9所示。

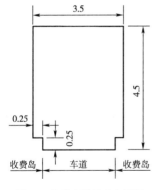

图7-8 收费车道的净空界限
(尺寸单位:m)

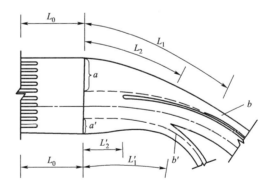

图7-9 收费广场的过渡

L_0-收费广场中心的一侧规定长;L_1、L_1'-过渡段长度;L_2、L_2'-外侧匝道延伸长度;a、a'-过渡段起始宽;b、b'-过渡段终点宽

3. 通信设施

通信设施应符合下列规定:

（1）通信设施应满足监控、收费和管理等业务需求,结合路网统一规划、统一标准、统一体

制,提供语音、数据、图像信息服务平台。

(2)高速公路的通信管道应按远期规划设计。通信管道敷设容量应综合考虑交通专网需求、社会租赁需求和扩容要求确定。省与省之间应保证一条用于干线联网的通信管道。

4. 供配电、照明设施

供配电、照明设施应符合下列规定：

(1)应根据公路特点、系统规模、负荷性质、用电量、电源条件、电网发展规划,在满足近期要求的同时,兼顾远期发展需要,合理确定外部电源、自备应急电源的供配电系统方案。

(2)高压输电线路工程应结合工程特点、规模和远期发展状况,施工临时用电和运营永久性用电相结合实施。

(3)收费广场、服务区广场、避险车道、检测点(站)等应设置照明设施,位于城市出入口路段的互通式立体交叉、特大桥、机场高速公路、环城高速公路可设置照明设施。

(4)不同区域的照明应符合以下规定：

①服务区的停车场宜设置高杆灯照明,照度宜为15～30lx,均匀度应大于0.3。

②收费广场车道数大于或等于12时宜设置高杆灯照明；小于12时宜设置中杆灯照明,其照度宜为20～40lx,均匀度应大于0.4。

③收费天棚应设车道照明,照度宜为30～50lx。

5. 管理养护设施

(1)管理中心、管理分中心、管理站(所)宜结合公路管理需求设置。

(2)养护设施应根据公路养护业务需求设置养护工区和道班房。高速公路宜设置养护工区,其他等级公路宜设置道班房。

(3)公路管理养护管理设施宜结合地形和业务范围选址合建。

(4)公路管理房屋建筑应布局合理、经济适用、环保节能,与周围环境相协调。房屋建筑规模宜根据设计交通量确定。

第三节 城市道路交通设施

城市道路交通设施中的交通标志、交通标线、防护设施等设施的设置原则与公路相似。这里重点介绍服务设施中的公共停车设施、人行过街设施以及照明设施。

一 公共停车设施

城市公共停车设施是城市道路系统的组成部分之一,属静态交通设施,其用地计入城市道路用地总面积之中。但城市公共交通、出租车和货运交通场站设施的用地面积不含在内(其面积属于交通设施用地)；各类公共建筑的配套停车场用地也不含在内(其面积属于公共建筑用地)。常见的停车设施有停车场、停车楼或地下停车库等。做好停车设施的规划和设计,不仅是解决静态交通问题,而且对提高道路交通的效益是有帮助的,是一条"以静制动"的重要措施。

根据城市交通和城市用地性质,城市公共停车设施一般可分为外来机动车公共停车设施、市内机动车公共停车设施和自行车停车设施三类。外来机动车停车设施应设置在城市的外围(如城市外环路)和城市主要出入干道口附近,可起到截流外来或过境机动车辆作用,有利于城市安全、环境卫生和减少对市内交通的影响。市内机动车公共停车设施应靠近主要服务对象,如交通枢纽(如火车站、长途客运站)、大型集散场所(如体育场馆、影剧院、大型广场和公园)和大型服务性公共设施(如大型商场、饭店)等。

1. 机动车停车设施

城市公共停车设施的布局和规模要与城市交通的组织与管理相配合,并且要做好与城市道路的连接设计,既满足静态交通(停车)要求,又不妨碍动态交通的畅通。

1)停车车位数计算

停车场的停车车位数 N(辆/h)可按下式计算:

$$N = \text{AADT} \cdot \alpha \cdot \gamma \cdot \frac{1}{\beta} \tag{7-3}$$

$$\gamma = \frac{\text{高峰小时停放车辆数(辆/h)}}{\text{全日停放车辆数(辆/d)}} \text{(一般} \gamma \text{可取 0.1)}$$

$$\beta = \frac{1(\text{h})}{\text{平均停放时间(h)}}$$

式中:AADT——道路设计年限的年平均日交通量(辆/d);

α——停车率,即停放车辆占设计交通量百分数,与停车场性质、车辆种类等有关;

γ——高峰率,即高峰小时停放车辆数占全日停放车辆数的百分数;

β——周转率,即每小时一个车位可以周转使用停放多少个车次。

若计算市中心公共停车场的停车车位数时,按式(7-3)计算之值还应再乘以 1.1~1.3 的高峰系数。

2)停车场面积计算

机动车公共停车场用地面积宜按当量小客车停车位数计算。地面停车场用地面积,每个停车位宜为 20~30m²;停车楼和地下车库的建筑面积,每个停车位宜为 30~50m²。

3)停车车位的布置

车辆进出停车车位的停发方式(图7-10)有以下三种:前进停车、前进出车;前进停车、后退出车;后退停车、前进出车。其中以第一种方式为最佳(因停车、出车均无须倒车)。

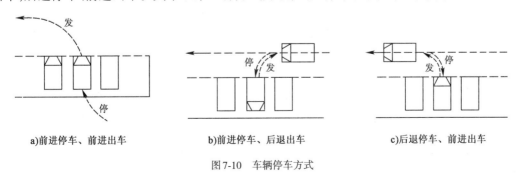

a)前进停车、前进出车　　b)前进停车、后退出车　　c)后退停车、前进出车

图 7-10　车辆停车方式

停车车位的布置方式按车辆纵轴线与通道的夹角关系有以下三种基本类型：

(1)平行停放。平行停放是指车辆停放时车身方向与通道平行,相邻车辆头尾相接,顺序停放,是路边停车带或狭长停车场的常用形式。平行停放如图7-11a)所示。

(2)垂直停放。垂直停放是指车辆停放时车身方向与通道垂直,驶入驶出车位一般需倒车一次,用地较紧凑,通道所需宽度最大。垂直停放如图7-11b)所示。

(3)斜向停车。如图7-11c)所示,斜向停车是指车辆停放时车身方向与通道呈30°、45°或60°的斜放方式。此方式车辆停放较灵活,驶入、驶出较方便,但单位停车面积较大。

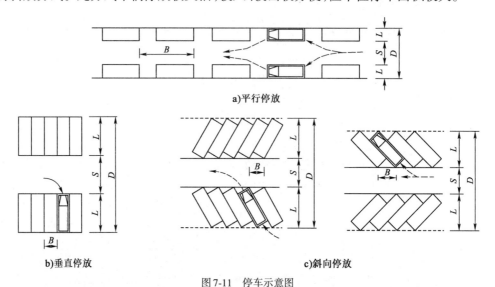

图7-11　停车示意图

L-垂直通道方向停车位宽；S-通道宽；B-平行通道方向停车位宽；D-停车场宽

4)停车楼(库)设计

随着我国城市机动车特别是小轿车保有量的迅猛增长,城市公共停车设施的需求越来越大,而在城市中心区的用地规划中却难以提供足够的用地来设置地面露天停车场。因此,建设多层停车楼或地下停车库就成为解决这一矛盾的重要措施。

停车库可分为坡道式停车库和机械化停车库两大类,本书仅介绍常用的坡道式停车库。

(1)直坡道式停车库(图7-12)。停车楼面水平布置,每层楼面间以直坡相连,坡道可设在库内,也可设在库外；可单行布置,也可双行布置。直坡道式停车库布局简单整齐、交通路线清晰,但单位停车位占用面积较多,用地不够经济。

(2)螺旋坡道式停车库(图7-13)。停车楼面采用水平布置,基本行车部分的布置方式与直坡道式相同,只是每层楼面之间用圆形螺旋式坡道相连。坡道分单向行驶(上下分设)和双向行驶(上下合一,上行在外,下行在内)的方式。螺旋坡道式停车库布局简单整齐,交通路线清晰明了,行驶速度较快,用地稍比直坡道式节省,但造价较高。

(3)错层(半坡道式)停车库(图7-14)。错层式是由直坡道式发展而形成的,停车楼面分为错开半层的两层或三层楼面,楼面之间用短坡道相连,因而大大缩短了坡道长度,坡度适当加大。该形式停车库的用地较节省,单位停车位占有面积较小,但交通路线对部分停车车位的进出有干扰。

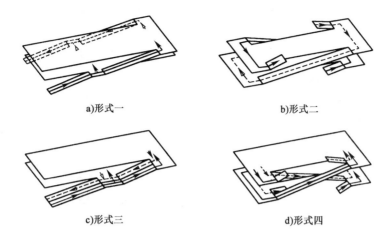

图 7-12 直坡道式停车库

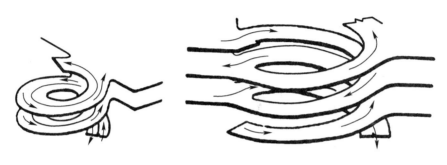

图 7-13 螺旋坡道式停车库

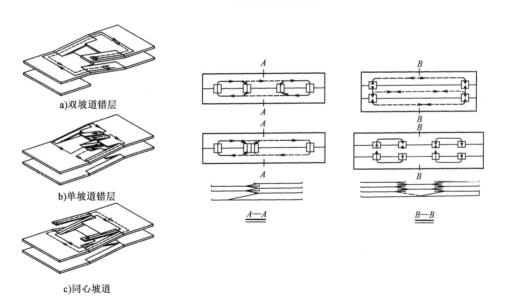

图 7-14 错层式停车库

（4）斜坡楼板式停车库（图7-15）。停车楼板呈缓坡倾斜状布置，利用通道的倾斜作为楼层转换的坡道，因而无须再设置专用的坡道，所以用地最为节省，单位停车位占用面积最小。但由于坡道和通道的合一,交通路线较长,对停车位车辆的进出普遍存在干扰。斜坡楼板式停车库是常用的停车库类别之一,建筑外立面呈倾斜状,具有停车库的建筑个性。

a)双行斜楼板　　　　b)中间有单行水平通道的斜楼板　　　　c)中间有双行水平通道的斜楼板

图7-15　斜坡楼板式停车库

大中型停车场(库)车辆出入口不应少于两个,特大型停车场(库)车辆出入口不应少于三个;出入口应右转出入车道,应距交叉口、桥隧坡道起止线50m以上;对于车辆出入口的宽度,双向行驶时不应小于7m,单向行驶时不应小于5m;各出入口之间的净距应大于20m,出入口距离道路红线不应小于7.5m,并在距出入口边线内2m处为视点保持到红线120°的视距范围,同时设立交通标志。停车场出入口的视距如图7-16所示。停车库应设置人行专用出入口。

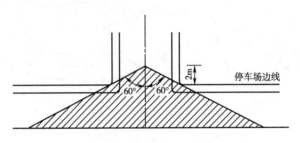

图7-16　停车场出入口的视距

停车库一般需安装自动控制进出设备、电视监控设备、消防设备、通风设备、采暖和变电设备,同时需配备一定数量的管理、修理、服务、休息用房,人行楼梯、电梯等。

停车库对室内温度、有害气体浓度、照明以及消防等都有一定要求,设计时可参照有关规范和标准执行。

2. 非机动车停车设施

自行车是我国城市居民广泛拥有的交通工具,目前城市居民的自行车拥有量已接近饱和。

根据我国的国情和条件,自行车交通在今后相当长的一段时期内仍将在城市交通中占有重要位置。因此,在城市停车规划中应予以重视。

1)自行车停车场地规划原则

(1)就近布置在大型公共建筑附近,尽可能利用人流较少的旁街支路、附近空地或建筑物内空间(地面或地下)。

(2)应避免停放出入口对着交通干道。

(3)停车场内交通组织应明确,尽可能单向行驶。

(4)每个自行车停车场应设置1~2个出入口,出口和入口可分开设置,也可合并设置,出入口宽度应满足两辆自行车并排推行。

(5)固定停车场应有车棚、车架、地面铺砌,半永久或临时停车场也应设置标志或画线。

2)停放方式

自行车停放方式常采用垂直式和斜列式停放,如图7-17所示。

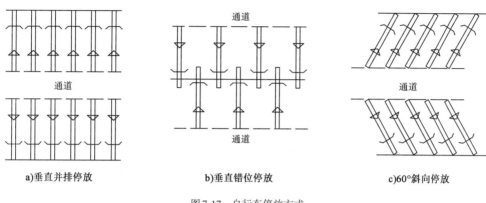

图7-17 自行车停放方式

3. 路边公交停靠站

公交停靠站是提供给沿线公交乘客定点上、下车的道路交通设施。在具体安排时应考虑的主要问题:一是停靠站的间距;二是停靠站台的布置形式。

1)公交站点布置间距

根据对公交乘客的乘车心理分析可知,在公交车上的乘客总是希望车辆尽快到达目的地,中途最好不停或少停车;而对于路线中途要上、下车的乘客,则希望车站离出发点或目的地很近,以使步行时间最短,即要求站距短一点(多设站)好。可见车上和车下的出行者对站点布设的距离要求是不一样的,但他们的目的都一样,即希望出行的途中所用时间最少。

实际上,在市区道路上布设公交车站时,其站距还要受到道路系统结构、交叉口间距、沿线用地性质等的影响。因此,在整条线路上,站距是不相等的。市中心区客流密集,线路两侧客流集散点较多,乘客上下车频繁,站距宜小些;城市边远地区,站距宜小些;城市边远地区,站距可大些;而郊区可更大些。通常市区以500~800m为宜;郊区为1000m左右。在交叉口附近设站时,为了不影响交叉口的交通组织和通行能力,一般应离开交叉口50m左右。交通量较少的道路,站位距交叉口不得小于30m。

2)交叉口附近公交停靠站的布置

交叉口附近设置公交停靠站应保证候车乘客的安全,方便乘客换乘、过街,方便公共汽(电)车停靠进出,减少对其他类型交通的影响。

(1)公交停靠站应设置在交叉口的出口道。改建交叉口在出口道布设公交停靠站确有困难时,可将直行或右转公交线路的停靠站设在进口道。

(2)当公交停靠站设置在进口道,且进口道右侧有展宽增加的车道时,停靠站应设在该车道展宽段之后不少于20m处,并将公交站台与展宽车道做一体化设计;当进口道右侧无展宽增加的车道时,停靠站应在右侧车道最大排队长度再加20m处布设。

(3)公交停靠站设置在出口道,且出口道右侧展宽增加车道时,停靠站应设在展宽段向前不少于20m处;当出口道右侧无展宽时,停靠站在干路上距对向进口车道停止线不应小于

50m,在支路上不应小于30m。

(4)交叉口附近设置的公交停靠站间的换乘距离,同向换乘不应大于50m,异向换乘不应大于150m,交叉换乘不应大于150m,特殊情况下不得大于250m。

3)公交停靠站布置形式

停靠站台在道路平面上的布置形式主要有沿路侧带边设置和沿两侧分隔带边设置两种。

(1)沿路侧带边设置。这种方式布置简单,一般只需在路侧带上辟出一段用地作为站台,以供乘客上、下车即可,如图7-18所示。站台宜高出路面30cm并避免有杆柱障碍,以方便乘客上、下车。此方式对乘客上下车最安全,但停靠的车辆对非机动车交通影响较大。这种布置方式适用于单幅路和双幅路。

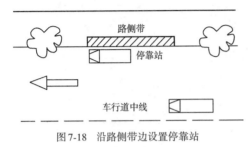

图7-18 沿路侧带边设置停靠站

(2)沿两侧分隔带边设置。对于这种布置方式,停靠的公交车与非机动车道上的车辆无相互影响,但上、下车的乘客需横穿非机动车道,给乘客带来不便。此形式适用于三幅路和四幅路,如图7-19a)所示。采用这种方式布置站台的分隔带宽度应不小于2m。当分隔带较宽(≤4m)时,可压缩分隔带宽度辟作路面,设置港湾式停靠站,以减小停靠车辆所占的机动车宽度,保证正线上的交通畅通,如图7-19b)所示。港湾式停靠站的长度应至少有两个停车位。

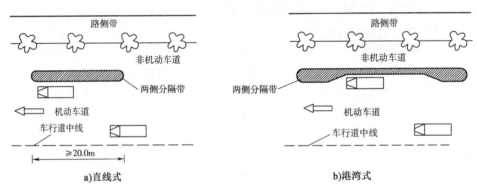

图7-19 沿分隔带边设置停靠站

4)港湾停靠站几何构造

港湾式停靠站几何尺寸及构造见表7-18及图7-20。

港湾式停靠站各部尺寸 表7-18

主线设计速度(km/h)	80	60	50	40	30	20
计算加(减)速段长度采用速度(km/h)	60	50	40	35	30	20
减速段长度(m)	90	65	40	30	25	10
站台长度(m)	20	20	20	20	20	20
加速段长度(m)	140	95	60	45	35	15
总长度(m)	250	180	120	95	80	45

注:1. 表中"站台长度"系按停靠接车确定。若停放单节公交车时,长度可缩短为15m。

2. 几条公交线路合设站点时,视具体情况加长站台长度。

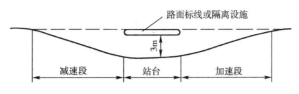

图7-20　港湾式停靠站几何构造

港湾式停靠站出入口的缘石应圆顺,纵坡度应小于或等于2%,地形困难路段应小于或等于3%。

各类停靠站站台均应铺装,铺装的最小宽度为1.5m。长度可根据同一停靠站停车的公共交通线路的线数及乘客流量大小等具体情况确定。

二　人行过街设施

1. 人行横道

人行横道线应采用一组白色平行粗实线,线宽宜为40cm或45cm,线间隔宜为60cm,最大不应超过80cm。人行横道几何尺寸如图7-21所示。人行横道线宽度应大于或等于3m,应以1m为一级加宽。

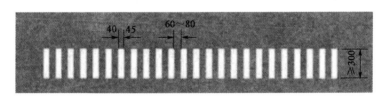

图7-21　人行横道几何尺寸图

人行横道设置应符合下列规定:

(1)应设置在驾驶员容易看见的位置,宜与行车道垂直,平行于路段路缘石的延长线,并适当后退。在右转车辆易与行人发生冲突的交叉口,宜后退3~4m。人行横道间的转角部分长度不应小于6m。人行横道两侧沿路缘石30~120m范围内,应设置分隔栏等隔离设施,主干路取上限,支路取下限。

(2)有中央分隔带的道路,人行横道应设置在分隔带端部向后1~2m处。

(3)穿越主、次干路的行人流量较大时,可设行人过街专用信号相位,其绿灯时长应根据行人安全过街所需时间而定,绿灯信号相位间隔不宜超过70s。

(4)当平面交叉口附近高架路下设置人行横道时,桥墩不应遮挡行人视线,并宜设置行人二次过街安全岛和专用信号。

(5)无信号管制及让行管制交叉口必须设置条纹状人行横道,并在人行横道线上游设置"让行人先行"禁令标志。对右转车无信号控制时,应在右转专用车道上游设置减速让行线,人行道边应设置"让行人先行"禁令标志。

(6)环形交叉口的人行横道宜设置在交通岛上游,并采用定时信号或按钮信号控制。环形交叉口的中心岛上不得设置人行道。

2. 人行天桥及人行地道

1)设置地点

为了保证行人交通安全,避免行人横穿干道而影响车速,在下列情况下宜设置人行天桥或人行地道。

(1)横过交叉口一个路口的步行人流量大于5000人次/h,且同时进入该路口的当量小客车交通量大于1200辆/h。

(2)通过环形交叉口的步行人流量达18000人次/h,且同时进入环形交叉的当量小客车交通量达到2000辆/h。

(3)行人横穿快速道路时。

(4)铁路与城市道路相交,因列车通过一次阻塞步行人流量超过1000人次或道口的关闭时间超过15min时。

选择修建人行天桥还是人行地道,要因地制宜,充分考虑设置地点的道路状况、交通条件、周围景观、地上及地下各种设施、工程费用等,经技术、经济、美观等比较后确定。

2)设计要点

(1)人行天桥和人行地道的宽度

人行天桥和人行地道的宽度应根据设计年限人流量及通行能力计算确定。人行天桥和人行地道的设计通行能力一般为1800~2000pcu/(h·m),车站、码头地段为1400pcu/(h·m)。人行天桥和人行地道的宽度一般为3.0~5.0m。此外,还应考虑其宽度与道路宽度、交叉口大小及周围城市景观和建筑的配合、协调。

(2)人行天桥和人行地道梯道、坡道的设计

由于通过人行天桥和人行地道出入通道的梯道或坡道时行人的速度较低,所以通行能力往往会受到影响。因此,梯道或坡道宽度应大于天桥或地道宽度,梯道或坡道宽度应根据设计年限人流量确定。

人行天桥和人行地道宜采用梯道型升降方式。梯道坡度宜采用1:2.5~1:2,常用踏步每级宽为30cm,高为15cm。梯道高差大于或等于3m时应设平台,平台长度不小于1.5m。

为便于自行车、儿童车、轮椅等的推行,可采用坡道型升降方式。坡道坡度不应陡于1:7,坡道表面应防滑耐磨。冰冻地区应慎重选用。

自行车较多且由于地形状况及其他原由不能设坡道时,可采用梯道带坡道的混合型升降方式。混合型的坡度不应陡于1:4。

梯道、坡道、平台及桥上应设扶手或护栏,扶手或护栏高度应大于或等于1.1m。

(3)人行天桥及人行地道净空设置

人行天桥桥下净空应满足各种车辆及行人的通行需要,人行地道净空应大于或等于2.5m。

(4)行人护栏的设置

为了引导行人经由人行天桥或人行地道过街,应设置导流设施,其断口宜与人行天桥或人行地道两侧附近的交叉口结合。一般需在天桥或地道两端沿街设置50~100m的高护栏。

三 照明设施

1）照明标准

照明标准是以水平照度和不均匀度来衡量的。水平照度是指受光面为水平面的照度，照度的单位是lx，1lx为每平方米有1lm的光通量（引起视觉作用的光能强度）。

不均匀度是表示受光物体表面照度的均匀性系数，即：

$$\text{不均匀度} = \frac{\text{最高水平照度}}{\text{最低水平照度}}$$

照度标准应依道路等级、交通量大小、路面类型等而定。对高速公路及快速路，建议车道水平照度最低为25lx。公路照明标准见表7-19。

公路照明标准推荐值 表7-19

照明区域			亮度			照度	眩光限制	诱导性
			平均路面亮度 L_{av} （cd/m²）	总均匀度 L_{min}/L_{av}	纵向均匀度 L_{min}/L_{max}	平均照度 E_{av} （lx）		
特殊部位	路段	高速公路	1.5~2	0.3	0.7	20~30	6	很好
		一级公路	1.5~2	0.4	0.6	20~30	5	好
	立体交叉口		主路2 匝道1	0.5	0.7 0.7	主路30 匝道15	5	好
	平面交叉口		1.5~2	0.3	0.6	20~30	6	很好
	特大型桥梁		1.5~3.5	0.5~0.7	0.7	15~50	5	很好
	收费站广场		2~5	0.4	0.6	20~50	5	好
	进出口		0.5~2	0.3	0.6	10~30	5	好
相关场所	服务区		0.5~1.5	0.3	0.5	10~20	5	好
	养护区		0.5~1.5	0.3	0.5	10~20	5	好
	停车场		1~2	0.3	0.5	15~30	5	一般

注：表中各项数值适用于干燥路面。

城市道路照明标准见表7-20。

城市道路照明标准 表7-20

道路类别	照明水平		均匀度		眩光限制
	平均亮度 L_g （cd/m²）	平均照度 E_a （lx）	亮度均匀度 L_{min}/L_a	照度均匀度 E_{min}/E_a	
快速路	1.5	20	0.40	0.40	严禁采用非截光型灯具
主干路	1.0	15	0.35	0.35	严禁采用非截光型灯具
次干路	0.5	8	0.35	0.35	不得采用非截光型灯具
支路	0.3	5	0.30	0.30	不宜采用非截光型灯具

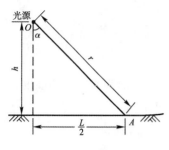

图 7-22　照明布置关系

2)照明布局

(1)立面布局

应注意照明的配光特性,以取得较高的路面亮度、满意的均匀度,并注意尽量减少眩光,以提高行车的可见度和视觉的舒适感。

如图 7-22 所示,照明器的安装高度 h、纵向间距 L 和配光特性三者间的关系为:

$$E_A = \frac{I_\alpha \cos\alpha}{r^2} = \frac{I_\alpha \cos^3\alpha}{h^2} \tag{7-4}$$

式中:E_A——路面上任意点 A 的水平照度(lx);

I_α——光源 O 在 α 方向的发光强度(cd/m²);

r——O 至 A 点的距离(m);

h——光源 O 的高度(m);

α——光源 O 至 A 的连线与路面垂直方向的夹角(°)。

照明布置时可两侧对称,或两侧交错,纵向间距一般为 30~50m,照明灯光度达 1000W,灯柱高为 12~15m。

(2)道路照明器的平面布置方式

道路照明器的平面布置方式取决于道路的等级、横断面形式、交通量大小、路面宽度等因素。一般常用的布置形式有以下几种:

①单排一侧布置[图 7-23a)]。其特点是简单经济,适用于路面宽度在 15m 以下道路;缺点是照度不均匀。

②单排路中排列[图 7-23b)]。利用道路两侧的竖杆将照明灯具悬挂在道路中央上方,其特点是简单经济、照度均匀,适用于道路两侧行道树分叉点较低而造成遮光较严重的较低等级道路(路面宽度宜在 15m 以下)。缺点是对驾驶员形成反光眩目,且悬挂灯具影响超高车辆通行以及对道路景观和市容不利。

③双排对称布置[图 7-24a)]。其适用于路面宽度大于 15m 的城市主干道。在宽度不超过 30m 的情况下,一般均可获得良好路面亮度。

④双排交错布置[图 7-24b)]。其适用条件同双排对称布置,且路面亮度和均匀度都较理想。

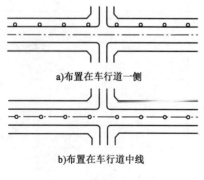

图 7-23　单侧照明的布置

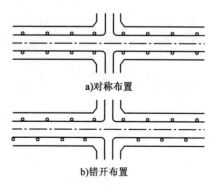

图 7-24　双排照明的布置

交叉口、弯道、广场以及隧道的照明,应根据各自的特点和要求进行布置。

如图7-25所示,对于T形交叉口的灯具布置应有利于驾驶员判断道路尽头,并根据相交道路等级考虑灯具的布置数量和密度。

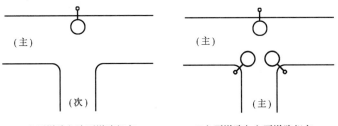

图7-25 T形交叉口照明器的布置

十字相交路口的照明灯具应布置在入口右侧(图7-26),使驾驶员从远处就能看清横穿交叉口的行人。

如图7-27所示,弯道上的照明灯具应布置在弯道外侧,使驾驶员能辨清弯道形状。不同平曲线半径的弯道上照明器的布置间距见表7-21。当半径大于1000m时,弯道照明可按直线段处理。

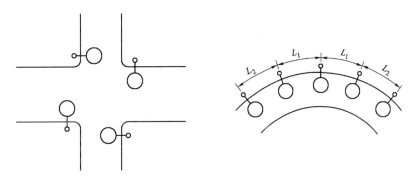

图7-26 十字形交叉口照明器的布置　　图7-27 弯道上照明器的布置

不同弯道半径的路灯间距　　表7-21

弯道半径 $R(m)$	<200	200~250	250~300	>300
路灯间距 $L(m)$	<20	<25	<30	<35

交通广场宜采用高杆照明,不仅经济合理,且照明效果良好。

隧道照明的布置应考虑到驾驶员视觉能力的过渡,隧道入口区的亮度应比洞外区域的亮度略大(若在白天,入口处则采用缓和照明方式),在入口区一定距离内保持恒定亮度,在入口区末端则可将亮度逐渐降低至额定照度标准。

复习思考题及习题

[7-1] 交通标志分为哪两大类?主标志包括哪几种?

[7-2] 简述交通标志三要素。

[7-3] 哪种情况下必须设置公路路侧护栏?

［7-4］ 某二级公路填方路段,路侧计算净区宽度范围内的边坡坡度为1∶1.5,路堤高度4m,该填方路段的路侧事故严重程度为哪种等级?

［7-5］ 公路服务区、停车区设置间距有什么要求?

［7-6］ 简述一级公路主线侧客运车辆停靠站几何设计的组成及要求。

［7-7］ 坡道式停车库有哪几种类型?各有什么特点?

［7-8］ 哪些情况下宜设置人行天桥或人行地道?

［7-9］ 简述道路照明平面布置的要点和方式。

［7-10］ 名词解释:
(1)禁令标志;(2)辅助标志;(3)交通标线;(4)隧道轮廓带;(5)防眩设施;(6)水平照度。

第七章测试题及答案

第八章 道路环境保护与道路景观设计

第一节 道路环境保护设计

一 概述

1. 环境的概念

人类生存的空间及其中可以直接或间接影响人类生活和发展的各种因素称为环境。从哲学上讲，环境是相对于主体(或某项中心事物)而言的客体，与主体相互依存、相互作用、相互制约，其内容随着主体的不同而不同。对于环境科学来说，主体是人类，环境就是人类生存的客体，是以人为主体的外部客观世界的总体，既包括自然环境，也包括社会环境。道路建设的生态效应同样包括这两个方面，即对自然环境的影响和对社会环境的影响。

2. 道路对环境的影响

道路交通运输在促进经济、社会和文化发展的同时，会在道路项目的建设和运营过程中对环境造成不利影响，包括对自然环境的影响和对社会环境的影响。这些影响具有线长、面广、呈带状分布的特点。

道路建设会改变原有的地貌特征，如路基挖方和填方会改变局部地貌，对地表产生较大的干扰，对生物多样性影响明显，同时对沿线环境也带来一定程度的污染，包括大气污染、水污染、土壤污染等；噪声、振动也影响沿线居民的正常生活；隧道的开挖对局部山体的稳定性造成严重的破坏，可能会引发塌方、滑坡等地质病害，还会引起水土流失量。运营过程中，在道路上行驶的车辆会排放包含污染物的尾气会危害人类健康；含有重金属路面径流会污染土壤、水体；道路和车辆的阻隔可能会造成对周围野生动物生活作息的影响；由于边沟、排水沟等排水设施设置或养护的不合理造成区域水土流失；服务区、停车区及收费站的生活污水和洗车废水，对区域地表水也会造成一定的破坏；公路使用的消冰盐，对土壤农作物的影响极大，会造成农作物的减产等。

社会环境是人类赖以生存环境要素之一。而道路交通社会环境，主要是指道路沿线范围内人类在自然环境基础上，经过长期有意识的社会劳动所创造的人工环境。道路交通对社会环境的影响有正面的，也有负面的。社会环境主要包括社区发展、居民生活质量、基础设施、矿产资源利用、土地利用、旅游资源、文物资源、城镇发展规划等。公路施工正式开工前，对施工沿线范围内的社会环境就已经开始有所影响了，包括征地拆迁、居民的再安置问题等；公路建设项目在施工过程中，也会对施工沿线范围内的社会环境产生巨大的影响，主要体现在对周边的基础设施与资源利用，通信设施、水利灌溉设施、电力设施以及旅游资源、文物资源等都会产生干扰;公路建设项目在施工完成后,施工人员、机械的撤离、施工临时建筑的处理等都会对工程附近的社会环境造成一定的影响。运营过程中,公路附属设施如天桥、通道等设置不合理,对沿线两侧的居民的生产作业以及日常出行所带来的阻隔影响。

发展绿色低碳交通是交通运输行业加强生态文明建设、服务国家碳达峰碳中和目标,深入打好污染防治攻坚战的重要举措。为消除和减轻道路建设项目对环境的负面影响,必须在规划与设计阶段就开始重视,且必须做好环境保护设计和环境影响评价工作。

二 公路环境影响评价

1. 概念

道路环境影响评价是环境保护的重要环节,旨在预测和评估道路建设和运营对环境的影响,并提出有效的预防和减缓措施。环境影响评价主要依据国家及地方生态环境保护的法律法规、政策、规划、标准以及有关的技术规范性文件,通过编制建设项目环境影响报告书(表),客观、准确分析和判断建设项目类型、规模、选址布局、生产工艺、生态环境保护措施与生态环境保护相关要求的符合性,科学预测分析建设项目实施可能造成的环境影响,对环境保护目标提出拟采取的有效生态环境保护措施,明确环境影响评价结论,从技术角度分析建设项目环境影响及环境可行性。

依据《建设项目环境影响评价技术导则 总纲》(HJ 2.1—2016)的要求,公路建设项目应在工程分析和生态环境现状调查的基础上,识别公路建设项目生态环境影响,对项目实施后可能造成的生态环境影响进行分析、预测和评价,提出预防或者减轻不利生态环境影响的对策和措施,制订相应的生态环境管理和监测计划,从生态环境影响角度明确公路建设项目是否可行。

环境影响评价应尽早介入项目前期工作,从保护生态环境角度指导项目选址选线。按照"点段结合、反馈全线"的原则开展评价工作。根据工程特点和区域环境特征,对环境保护目标和环境敏感区所对应的路段作重点评价。按照避让、减缓、治理修复和补偿的次序,提出调整选址选线、优化工程设计及施工方案、环境污染治理以及生态保护、修复、补偿等对策措施。

2. 公路环境影响评价的工作程序

环境影响评价工作开展前应分析项目选址选线与国家和地方有关生态环境法律法规、标准、政策、规范、国土空间规划等相关规划、生态环境分区管控以及规划环境影响评价要求的符合性,对不符合上述要求的应提出选址选线优化调整建议。环境影响评价工作一般分为三个阶段。公路建设项目环境影响评价工作程序如图8-1所示。

第一阶段,收集项目前期工程技术资料和其他相关文件,明确工程概况,进行环境影响识别,筛选评价因子,明确环境保护目标,确定评价等级、评价范围和评价标准,明确各环境要素评价重点。

第二阶段,开展生态环境现状调查与评价,进行生态环境影响预测与评价,明确影响的范围和程度,对具备工程可行性的局部替代方案进行生态环境影响比选。

第三阶段,提出预防或减轻不利生态环境影响的对策和措施,制订生态环境管理和监测计划,从生态环境保护角度给出公路建设项目是否可行的结论。

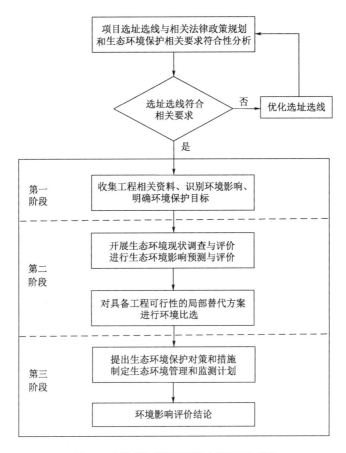

图 8-1 公路建设项目环境影响评价工作程序

3. 公路环境影响评价内容

公路环境影响评价主要包括生态环境影响评价、声环境影响评价、地表水环境影响评价、地下水环境影响评价、土壤环境影响评价、大气环境影响评价、环境风险分析等。

1)生态影响预测与评价

(1)应预测与评价项目施工和运营对沿线生态保护目标的不利影响。

(2)评价等级为一级和二级的路段,预测与评价包括但不限于以下内容:

①对沿线土地利用的影响;

②对沿线植被和植物资源的影响;

③对沿线动物资源的影响;

④对重要生态环境质量、连通性及破碎化的影响;

⑤对涉及法定生态保护区域路段,应开展避让保护区域的方案比选论证;无法避让的,结合保护区域的类型、功能定位、功能区划、保护要求以及主要保护对象的生态特征等,综合评价生态影响范围和程度;

⑥通过统计分析工程占用各类生态系统的面积及比例,结合生物量、生产力、生态系统功能等指标的变化情况预测分析工程对生态系统的影响;

⑦结合项目施工和运营引入外来物种的主要途径、物种生物学特性以及区域生态环境特

点,分析工程实施可能导致的外来物种环境风险;

⑧结合物种、生境以及生态系统变化情况,分析工程对所在区域生物多样性的影响;分析工程通过时间或空间的累积作用产生的生态影响;

⑨评价工程对区域既有生态问题的影响。

(3)评价等级为三级的路段可采用图形叠置法、生态机理分析法、类比分析法等预测分析工程对土地利用、植被、野生动植物等的影响。

(4)当工程通过土壤、地下水、地表水等环境要素间接影响生态保护目标时,应对保护目标进行分析评价。

(5)改扩建公路建设项目,应分析说明项目实施前后的主要生态影响变化情况。

2)声环境影响预测与评价

(1)应按施工期和运营期分别进行评价,施工期应评价施工噪声及其对保护目标的影响,运营期应评价交通噪声及其对保护目标的影响。

(2)对照评价标准,说明各路段不同评价时段、不同声环境功能区,昼间和夜间公路交通噪声的达标距离。

(3)对照评价标准,分析不同评价时段、不同声环境功能区,昼间和夜间保护目标噪声的超标和达标情况,给出超标量和受影响户数。对于背景噪声超标的保护目标,还应给出噪声预测值较背景噪声值的增量。

(4)当评价等级为一级时,应绘制经过城镇规划噪声敏感建筑物集中路段的昼间、夜间水平方向或垂直方向噪声贡献值等声级线图。

3)地表水环境影响预测与评价

(1)应按施工期和运营期分别进行评价,施工期重点评价施工污(废)水对保护目标的影响,运营期重点评价沿线设施污水对保护目标的影响。

(2)分析施工期各主要施工点、施工生产生活区污(废)水排放的来源、排放量及水质特征。涉水施工应就施工对水环境的影响进行分析评价,对涉及地表水饮用水水源保护区、集中式饮用水水源取水口等敏感区的应明确影响范围与程度。

(3)应根据隧道地质条件、封堵材料等分析施工期隧道涌水排放量及水质特征。

(4)可采用类比调查方法预测施工期污(废)水排放量和水质,评价施工期污(废)水排放可能产生的影响范围和程度。

(5)运营期沿线设施污水达标排放和对受纳水体环境质量的影响。

4)地下水环境影响预测与评价

(1)对公路建设项目包含的加油站,应开展场区选址及罐区布置方案环境合理性分析。加油站禁止设置于地下水饮用水水源保护区、特殊地下水资源保护区和其他依法不得占用的环境敏感区范围内,并尽可能避让饮用水水源保护区的准保护区、补给区。加油站选址涉及《环境影响评价技术导则 地下水环境》(HJ 610—2016)中地下水"敏感"区域或未按要求采取严格的防泄漏、防渗等环保措施的,按照《环境影响评价技术导则 地下水环境》(HJ 610—2016)的相关规定开展地下水环境影响预测与评价;其他情况,不必开展地下水环境影响预测与评价。

(2)针对涉及的地下水饮用水水源保护区、饮用水取水井(泉)以及泉域等特殊地下水资源保护区,应分析项目施工期、运营期可能的地下水环境污染源项及污染影响途径。涉及隧道施工,还应结合区域地下水水文地质情况、水力联系等,分析对相关取水井(泉)用水的影响。

5)土壤环境影响预测与评价

加油站周边土壤环境敏感程度为《环境影响评价技术导则 土壤环境(试行)》(HJ 964—2018)中"敏感"且未按照要求采取严格的防泄漏、防渗等环保措施的,按照《环境影响评价技术导则 土壤环境(试行)》(HJ 964—2018)的相关规定开展土壤环境影响预测与评价;其他情况,不必开展土壤环境影响预测与评价。

6)大气环境影响预测与评价

(1)应按施工期和运营期分别进行评价,施工期重点评价施工扬尘对保护目标的影响,运营期重点评价沿线设施设置的锅炉等集中式排放源的影响。

(2)评价施工扬尘、沥青烟、运输车辆和非道路移动机械尾气对保护目标的影响。

(3)根据沿线设施在运营期所设锅炉采用的燃料种类,分析其污染物排放情况及其对保护目标的影响。

(4)分析沿线设施餐饮油烟排放情况及其对保护目标的影响。

(5)对于公路建设项目包含的加油站,应分析油品挥发废气无组织排放对保护目标的影响。

7)环境风险分析

(1)应识别环境风险敏感路段,识别重点是涉及饮用水水源保护区、集中式饮用水水源取水口,跨越Ⅱ类以及以上水体等水环境风险敏感路段。

(2)施工期应分析涉水、涉海施工溢油等事故导致的环境风险,重点分析对水环境风险敏感路段的环境风险;运营期应分析危险货物运输车辆事故对水环境风险敏感路段的环境风险。

(3)公路建设项目包含的加油站,未按要求采取严格的防泄漏、防渗等环保措施的,应按照《建设项目环境风险评价技术导则》(HJ 169—2018)的规定开展环境风险分析;根据现有案例等,分析服务区、停车区可能存在的其他环境风险。

另外,《公路建设项目环境影响评价规范》(JTG B03—2006)还要求进行社会环境影响分析评价。社会环境影响分析评价主要包括社区发展的影响、农村生计方式与生活质量影响、征迁和安置分析与评价、基础设施的影响、资源利用的影响、发展规划影响等进行评价,并针对社会环境影响评价中叙述的不利环境影响,应提出相应的减缓或消除不利影响的措施、对策与建议,以及公众参与等情况。

4. 公路环境保护主要措施

1)生态保护措施

(1)应优先采取预防保护性措施防止公路项目施工、运营对生态保护目标产生的不利影响。预防保护性措施包括但不限于:

①调整工程选址选线,避让或远离生态保护目标;

②调整部分工程技术指标或规模,尽量减少占地,加强边坡支护,尽量减小隧道、桥梁、路基开挖创面,采取绿色施工技术、工艺或材料,避免对区域生态、生态保护目标产生扰动或破坏;

③优化施工组织,避开重要物种的繁殖期、越冬期、迁徙洄游期以及其他需要特别保护时段;

④通过选址选线或工程方案的优化减少永久占用耕地尤其是基本农田,如设置旱桥、边坡挡墙、节地型排水沟,压缩护坡道、碎落台宽度等。

(2)应采取措施减轻公路项目施工、运营可能对生态保护目标产生的不利影响,加强生物多样性的保护。措施包括但不限于:

①无法避让生态保护红线和相关法定保护区时,采取无害化穿(跨)越,或强化减缓措施,或生态补偿等;

②优化施工生产生活区和取弃土(渣)场等临时工程选址并明确恢复要求;

③采取就地或迁地保护、加强观测等措施,减轻对重点保护野生植物、特有植物、古树名木的不利影响;

④采取优化设计减少对野生动物迁徙洄游通道的占用、建设野生动物通道,采取降噪遮光等措施,减轻对野生动物迁徙、洄游及其生境的影响;

⑤减少对林地、草原和湿地等的占用以及采取林木移植、湿地连通、防沙治沙、植被恢复等措施,加强对沿线林地、草原、湿地等生境的保护;

⑥工程通过土壤、地下水、地表水等对生态保护目标产生间接影响的,还应采取有效的保护措施;

⑦对工程永久占地和临时用地范围内耕地、林地、草地等表土,在施工前提前剥离,单独堆存、保护和利用;

⑧加强弃土(渣)和弃土(渣)场的环境管理,提出避免产生次生生态破坏的保护措施和环境管理要求。

2)声环境保护措施

(1)加强源头控制,科学选址选线,合理规划公路建设项目与噪声敏感建筑物的距离,预防或减轻对声环境保护目标的影响。

(2)当评价范围内涉及主要保护对象为野生动物及其栖息地的生态敏感区时,应进行噪声防治措施技术和经济论证,确定最佳防治方案,明确防治目标和降噪效果,说明责任主体,给出投资估算。

(3)对噪声源控制,可采取低噪声路面、减振降噪设计等措施。

(4)对传播途径噪声控制,可采取安装声屏障、密植降噪林带、利用自然地形物(如噪声源与保护目标之间的山丘、土坡、地堑、围墙等)等措施。采取声屏障措施时,应明确声屏障形式、高度、长度(桩号范围)和降噪效果指标等。

(5)对声环境保护目标自身防护措施,可采取隔声窗或隔声外走廊等建筑物隔声、平面布置优化、功能调整、功能置换或拆迁等措施。

(6)环境管理措施包括车辆行驶规定(如禁鸣、区间控制车速等)、跟踪监测计划、公路路面(含桥梁)及声屏障维护保养的建议或要求。

3)地表水与地下水环境保护措施

(1)地表水环境保护措施应包括工程防治措施和管理措施。

(2)施工生产生活区、储油设施场地等选址,宜避开地表水饮用水水源保护区;对施工生产生活区及施工工点应根据污(废)水去向和规模合理选用处理工艺和设施。涉水施工尽量选在枯水季节进行,宜采取围堰施工、设置防污帘等措施。涉及地表水饮用水水源保护区、集中式饮用水水源取水口等敏感区的还应加强与相关管理部门或取水部门的联动,采取有效措施保护水质。

(3)对隧道涌水应根据水质特征和排放去向提出必要的防治措施。

(4)施工期应禁止将含有有毒、有害物质的物料堆场设置于地下水饮用水源保护区、准保护区和补给区以及取水井(泉)周边、其他特殊地下水水资源保护区等范围,并不得向上述敏感区范围排放各类污水。

4)加油站场区环境保护措施

(1)加油站选址或罐区布置方案不合理的,应提出优化建议。

(2)加油站应按照《加油站地下水污染防治技术指南(试行)》等相关规定,采取严格的防泄漏、防渗等环保措施。场地周边设置完备的排水边沟,场区径流经边沟收集、隔油池隔油处理后,纳入服务区、停车区污水处理设施进行处理。

5)土壤环境保护措施

(1)结合地下水环境保护,一并提出加油站油品泄漏土壤污染防治措施(包含必要时的加油站选址或罐区布置方案优化调整建议)。

(2)服务区选址原为工业用地时,应符合土壤环境管理相关要求。必要时,建设单位应在服务区所在地块开工前,按相关法律法规的规定完成土壤污染风险管控和修复等工作。

(3)利用大宗固体废物作为筑路材料时,建设单位应组织开展相关技术论证,确保固体废物利用不对周边土壤环境造成污染。

6)大气污染防治对策

(1)应对施工生产生活区选址、施工现场、施工机械、物料装运、材料堆放等提出大气污染防治要求。

(2)应根据大气环境保护的相关规定对沿线排放大气污染物设施的位置、锅炉额定容量、烟囱高度、燃料种类、除尘设备等提出要求。

(3)应针对项目设置的加油站、餐饮等设施提出大气污染防治措施。

7)固体废物污染防治措施

(1)应提出弃土(渣)、施工废料的减量、综合利用等处置措施。

(2)针对施工期、运营期,分别提出生活垃圾、危险废物等的分类处置要求。

8)环境风险防范措施

(1)结合工程设计提出环境风险防范措施和事故应急管理对策。对涉及饮用水水源保护区、集中式饮用水水源取水口的路段,跨越Ⅱ类及以上水体的桥梁,在确保安全和技术可行的前提下,应提出采取加装防撞护栏、设置路(桥)面径流水收集系统等环境风险防范措施。

(2)对于公路建设项目包含的加油站,应提出风险防范措施。结合服务区、停车区可能存在的其他环境风险,必要时提出防范措施和要求。

三 道路环境保护设计要点

1.道路环境保护总体设计

道路环境保护总体设计是立足环境保护专业而开展的总体设计。道路环

贵州正习高速荣获
国际大奖

境保护总体设计应按照预防为主、保护优先、防治结合、综合治理的原则,应结合工程项目自然环境、社会环境、交通需求,地区经济发展等条件,以保护沿线自然环境、维护生态平衡、防治水土流失、降低环境污染为宗旨,以环境敏感点为主,点、线、面相结合,确定环境保护总体设计原则和工程方案。道路环境保护总体设计应重点思考道路建设和运营方面会对生态环境带来哪些负面影响,并且应如何去减少或避免产生这种影响。

1)基本要求

道路环境保护总体设计应符合下列要求:

(1)道路选线应结合地形条件,与自然环境融为一体。

(2)道路构造物应结合区域环境进行设计,与周围环境相协调。

(3)路线平、纵、横组合得当,线形均衡、行车安全,为用户提供良好的行车环境。

(4)道路主体及沿线设施用地规模适当,保护土地资源,有利于社会环境协调发展。

(5)防护措施合理、有效,防止水土流失,减少地质灾害对工程的影响。

(6)落实环境影响评价文件中提出的各项措施,对施工与运营期可能产生的声、气、水等各种污染进行综合治理。

2)设计要点

道路环境保护总体设计,应综合考虑路网规划、道路功能、等级、交通量、工程建设条件等因素,推荐有效合理的路线方案,并着重分析以下影响因素:

(1)路线以及相邻路网中交通量变化所带来的噪声和废气的影响。

(2)道路工程对当地自然环境、沿线农田水利以及水土保持的影响。

(3)高路堤和深路堑对自然环境、边坡稳定和水土保持的影响。

(4)在进行治理工程地质病害、开挖隧道等工程时,水文地质情况改变后对周围生态环境的影响。

(5)桥梁墩台压缩河床对河道冲刷的影响。

(6)道路工程对生态环境分割所带来的影响。

(7)路线布设与城镇规划、行政区划的相互配合及其影响。

(8)道路对不可移动文物、具有科学价值的古化石、风景区的影响。

(9)路线与环境敏感点的距离及其影响。

在道路总体设计中,要妥善处理好主体与环保之间的关系。从路线设计、技术指标和设计方案的运用上合理取舍,从源头解决保护环境的问题,减少依赖环境保护设施的措施。在选线时,应尽量避免具有潜在流失源的不良地质路段,如山体滑坡、流沙地段等;路线方案的选择和具体位置确定应尽量减少占地与拆迁,尽量避免空气污染和噪声对环境的影响。如果遇到路线经过文物保护区域时,应采取保护措施。对需要保护的景观点选线时应精心研究,对所有的切削点应设计恢复植被与景观的措施。

2. 路线布设中的环境保护设计要点

道路设计的关键是选择路线方案和掌握平纵指标,选线时要"地形选线"和"地质选线"以及"环保选线"相结合,做到既要选择舒适安全的路线,又要保护当地自然环境。

路线方案受到多种因素影响,以前比较注重工程本身,如长度、工程量、投资等方面。从全面、协调、可持续发展观的角度看,还应强调安全、环保、社会等因素。在方案选择中,除了需要考虑地形条件外,还需考虑是否与周围环境相协调,选择对自然环境造成的损害最小、线形均衡、行车安全的方案。

1)不同区域环境保护设计重点

道路选线应结合地形、地物条件,针对路线所处区域的不同环境特征和不同的环境保护对象,进行相应方案的比选。不同区域道路环境保护设计的重点参见表8-1。

不同区域道路环境保护设计的重点 表8-1

区域	道路环境保护设计的重点
平原地区	(1)降低路基高度,保护土地资源;合理设置通道,减少道路对当地居民出行及景观的影响; (2)减少取土、弃土方式对土地利用方式、土壤耕作条件和农田水利排灌系统的影响; (3)减少路面汇水对养殖业水体的影响
地形条件复杂的山区	(1)重视桥隧方案的选用,减少高路堤和深路堑对自然景观、植被及地质条件的影响; (2)减少道路对珍稀动植物的影响; (3)重视路基开挖、取弃土对水土保持的影响; (4)严禁大爆破作业及乱挖、乱弃,预防诱发地质灾害; (5)注意路基开挖对受国家保护的不可移动文物等的影响; (6)注意隧道工程对当地原有水资源的影响
绕城公路或城市出入口公路	(1)公路与城市规划的协调; (2)减少拆迁工程数量; (3)方便当地居民的出行; (4)选择、利用、创造、改善环境景观; (5)采取综合措施,降低交通噪声、废气、废水等对环境的污染

在地形复杂的山区,路基填挖工程量和填方高度、挖方深度、挖方边坡高度等,直接关系到工程安全、工程投资和环保景观,应对其进行合理的控制。通过多项道路工程的实际调研,许多高度大于20m的填方项目宜改用桥梁;挖方深度(路中)大于30m或挖方边坡高度大于1.6倍的路基宽度值时宜改用隧道,但要进行桥隧方案与填挖方案的经济、技术和环境综合分析。

2)重视"环境选线""地质选线"

道路线形设计,应注重安全、环保、社会等因素,科学确定技术标准,合理运用技术指标。应注意以下几点:注重道路自身线形的协调、道路线形与结构物的协调及道路线形与环境的协调,道路平、纵线形组合满足车辆速度协调性的要求;合理控制互通式立体交叉规模,减小工程量和占地,合理运用互通式立体交叉匝道指标,满足车流顺畅运行的要求。

对地质病害、灾害,应按照"环境选线""地质选线"的要求,根据治理工程的规模,妥善处理地质病害"防"与"治"的关系。在掌握区域地质条件,明确病害的可知性、可治性的基础上,通过综合比较论证,最终合理选择路线位置和工程方案。同时,综合考虑环境地质要素和工程方案的环境保护要素。高填深挖等极易破坏自然环境的平衡,对工程可能诱发的地质病害,应引起设计的足够重视。在自然条件恶劣,地形、地质条件复杂,新构造运动活跃,地震活动频繁的山区修建高速公路,应采用航测、遥感、地质判释、全球定位系统(GNSS)等综合勘测手段,加强基础资料的收集和调查工作,严防道路建设引起地质灾害。

3)注重环境敏感点的环保设计

环境敏感点是针对具体目标而言的,通常分为声环境、环境空气、生态环境、水环境、社会环境等各类环境敏感点。道路应尽量绕避各类环境敏感点,其绕避距离如下:

(1)道路中心线距居民聚居区宜大于100m,距医院、疗养院、学校宜大于200m。

(2)道路中心线距省级(含)以上自然保护区缓冲区的边缘不宜小于100m。当道路必须进入自然保护区时,应遵照国家有关规定执行。

(3)道路不得占用居民集中地区的饮用水体;当路基边缘距饮用水体小于100m,距离养殖水体小于20m时,应采取绿化带或其他隔离防护措施。

(4)沥青混合料应集中场站搅拌,其设备污染物排放应符合《大气污染物综合排放标准》(GB 16297)的规定。搅拌场站距环境敏感点的距离不宜小于300m,并应设置在当地施工季节最小频率风向的被保护对象的上风侧;混合料宜采用集中拌和方式,拌和站距环境敏感点的距离不宜小于200m,并应设置在当地施工季节最小频率风向的被保护对象的上风侧。

(5)道路经过草原草甸时应注意保护腐殖土和地表植被,限制路侧取土;取、弃土场宜选择在地表植被生长差的地方并集中设置,一般宜设置在道路用地界400m以外。

(6)道路线位应设置在饮用水水源一级保护区以外;经过饮用水水源保护区时,应在驶入和驶出点设置警示标志牌;在饮用水水源保护区内不得设置沥青混合料及混凝土搅拌站,不得堆放或倾倒任何含有害物质的材料或废弃物,不得在饮用水水源保护区内取土、弃土,破坏土壤植被。

3. 道路结构物环境保护设计要点

1)路基路面设计

路基路面设计,应结合工程地质条件,因地制宜,就地取材,综合考虑下列因素:

(1)合理选择路基高度,尽量采用低路堤和浅路堑方案,路基边坡应顺应自然。

(2)重视路基及取弃土场范围内的表土保护与利用。取弃土场应采取绿化措施,恢复植被或复垦。弃方应集中堆弃,重视弃方的位置、数量等对自然环境的影响。

(3)充分利用现有料场,新设料场应考虑其位置、开采方式、数量等对坡面植和水土保持等的影响。

(4)路基路面综合排水工程设施应自成体系,不得与当地排灌系统相互干扰。

(5)路基防护形式应根据当地的自然条件合理选用,有条件时应优先采用植物防护;水土流失严重或边坡稳定条件较差时,宜采用工程防护与植物防护相结合的方法,并重视表面植被防护。

2)桥隧环境保护设计要点

桥隧需要依据地质条件选择合适的建设位置、基础及施工工艺,避免发生地质灾害。当基础位于山体完整性、稳定性较差的斜坡时,应对斜坡稳定性进行分析研究,选择对坡面造成扰动最小的方案。桥隧环境保护设计,应结合地质、水文、气象、地震等情况,同时考虑施工和运营环境进行多方案论证,并符合下列要求。

(1)桥隧位置的选择,应综合考虑衔接设计,与周围山川、沟谷等自然景观协调;桥梁的导流设施应自然平顺;隧道洞口总体布置应贴近自然,洞门不宜过分进行人工化修饰。

(2)桥梁的墩台布置应防止河床冲刷。
(3)隧址应避开或保护储水结构层和蓄水层,保护地下水径流和地表植被。

3)路线交叉设计要点

道路交叉环境保护设计,应针对自然地形、地质条件,结合当地交通状况以及周围的自然环境、社会环境等特点,结合道路交叉主体工程,综合考虑确定方案,并符合下列规定:

(1)互通式立交设计应在满足交叉使用功能的同时,考虑交叉形式、布局的美观,与当地自然环境是否相协调。立交区综合排水系统应与路线综合排水系统统一考虑。
(2)互通式立交的匝道边坡宜放缓,贴近自然,与自然环境相协调。
(3)综合考虑立交设计方案,进行上跨主线和下穿主线的方案比选,合理确定桥上纵坡及桥头路基高度。
(4)分离式立交桥的结构形式应考虑行车视距和视觉效果,与周围环境相协调。

4)沿线设施和服务设施环境保护设计要点

服务设施、管理设施的位置、规模应充分考虑人性化,结合自然景观合理确定。其设计应符合下列要求:

(1)服务设施、管理设施的位置应避让饮用水源二级以上保护区。
(2)应进行多方案的污染防治措施比选,将对环境的破坏降到最低。
(3)应综合治理生活废水、废弃物等。
(4)服务区、停车区应合理布设,充分考虑驾乘人员的需求。
(5)应结合路网、地形条件、自然环境和地域文化等进行景观设计。
(6)拟分期实施的防污染设施应综合论证并注意近期和远期有机结合。
(7)由于施工组织可能产生的环境问题,应结合当地人文环境、社会环境等综合考虑,针对不同方面采取相应措施,尽最大能力保护环境。

服务区、管理区、观景台是人流量最大的地方。因此,对景观的需求也较为强烈,服务区的选择与布局也就至关重要,其设计应符合下列要求:

(1)应充分利用当地的自然环境特色,设计时应与自然环境相协调。
(2)服务区、停车区等沿线构造物应注重景观设计,使建筑物本身比例协调,色彩形状等适应周围环境。

第二节 道路景观设计

一 概述

从人类开发利用和建设的角度来看,景观分为两种:自然景观和人文景观。自然景观是指只受到人类间接、轻微影响原有自然面貌未发生明显变化的景观,如极地、高山、热带雨林、河流等。人文景观是指受到人类直接影响和长期作用,使自然面貌发生明显变化的景观,如城市、村镇等,有时指为满足人类物质或精神领域而创造的各种建筑物、雕塑、水利电力设施、交通设施等。

道路作为一种带状的工程构造物,它的特征是区域跨度大,沿线的景观也在不断变化,周围的自然环境都有自己的特色。道路景观设计是保护、利用、改造原有景观以及开发、创造新的景观。这不仅与人们的视觉环境质量息息相关,而且对生态环境的持续发展、自然文化的永久利用都有重要的意义。道路景观设计的目的就是将道路与自然环境融为一体,并将对周围环境的不利影响降到最低。

二 道路景观分类

1. 公路景观分类

公路景观学要研究的是在现代交通条件下,根据驾驶员、乘客的视觉特点,从动态角度来研究线形的连续性、可预知性、视线诱导以及路线与环境的融合等。公路景观又可按照不同的研究方法和不同的研究角度进行分类。概括起来有以下几种:

1) 按公路景观客体的构成要素分类

既然景观分为自然景观和人文景观,那么道路景观也包括沿线自然景观和人文景观两大部分,而道路建筑物本身也是一种人文景观。按公路景观客体的构成要素分类如图8-2所示。这种分类方法包括公路自身及沿线一定区域内的所有视觉信息,适用于对公路沿线一定范围的自然景观与人文景观的保护、利用、开发、创造等工作的研究。

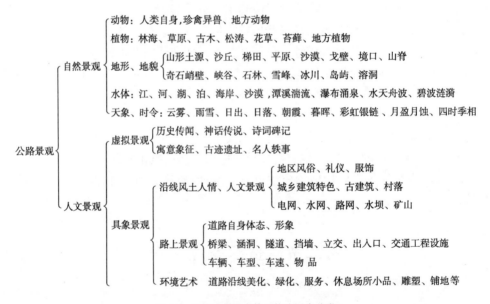

图8-2 按公路景观客体的构成要素分类

2) 按公路景观主体的活动方式分类

按公路景观主体的活动方式进行分类,公路景观分为动态景观(景观主体高速行驶)和静态景观(景观主体静止或慢行);动态景观包括道路用地范围内、外的景观;静态景观亦包括道路用地范围内、外的景观。这种分类方法适用于研究景观主体处于高速行驶或静止慢行状态下,对动态景观及静态景观的生理感受、心理感受、视觉观赏特征及与之相适应的动景观序列空间设计与静景观组景技法、手段的应用。

3) 按公路景观主体的位置分类

按公路景观主体的位置进行分类,公路景观分为内部景观和外部景观。内部景观是指行驶在道路上的驾驶员看到的景观以及在沿线设施等构造物看到路上的景观,比较注重线形对视觉的诱导作用,而线形设计是内部景观的主体,能够直接影响到道路景观设计的效果。外部景观是指从道路外侧观察到道路整体情况的景观,强调道路的整体印象。从外部看,它要求道路整体与自然环境融为一体,成为环境的一部分。这种分类方法适用于公路设计中,判断、评价公路景观设计的合理性和安全性。

2. 城市道路景观分类

城市道路景观学主要根据用路者的视觉特性、行为特性研究以道路组织城市艺术,探索城市道路与视觉环境融为一体的设计方法。城市道路景观可按照设计要素分类,具体分类如图8-3所示。这种分类方法将城市道路景观分为城市道路景观的构成要素和城市道路景观的控制要素。城市道路景观的构成要素是构成城市道路景观的各种物象;城市道路景观的控制要素反映的是城市道路景观各构成要素彼此之间的连接关系。

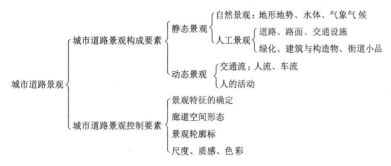

图8-3 按道路景观客体的构成要素分类

三 道路景观设计基本要求

道路是一个带状构造物工程。在道路景观设计中,内容与形式需要与主体工程相协调;设计规模也应与观赏景观和道路环境密切相关的车速相协调,与沿线设施相匹配。道路走向需与自然地形相结合,在整体上达到一定的艺术造型。所谓艺术造型是通过路线的曲折起伏,平滑顺畅,与沿线的地形高低错落、建筑物和绿化配置等协调的空间组合、色调与艺术形式,从而给人以整洁舒适、美观、大方、开朗的美的感觉。道路平、纵、横三维立体线形综合协调,才能满足使车辆行驶的力学、心理学、生理学、美学、环境保护学,以及地形、地理等方面的要求。在一切景观设计中都应将交通安全作为重点因素,树木和灌木丛的种植不应影响视距和给失控车辆造成危害。安全、快速、舒适、经济和美观的线形,才能称得上是好的线形。

道路景观设计的基本要求如下:

(1)根据工程以及沿线设施所在的环境特点或行政区划等,应将道路划分为若干路段,每个路段单独选择大型构造物或有特色的景点进行设计。道路景观设计全面兼顾点、线、面,使道路与沿线环境相协调。

(2)道路沿线的各种人工构造物与色彩应考虑景观效果和驾驶员视觉效果,尽可能降低构造物对环境的不利影响。

(3)有条件时,应采取绿化措施改善道路沿线景观,使不同路段形成各自特有风格的自然景观。

(4)合理组合平、纵、横断面,保证线形均衡,视野开阔,避免较大地切割自然地形。

(5)利用道路沿线设施和各种人工构造物诱导驾驶员视线,预告驾驶员前方道路情况,并及时反馈给驾驶员采取安全行驶措施。

(6)道路景观应避免视觉污染,注意色彩之间的搭配,防止对驾驶员产生视线干扰。

四 道路景观设计要点

1. 道路路线景观

道路景观设计应合理组合路线的平面、纵面和横断面,保证线形均衡、流畅、视野开阔,能够正确引导驾驶员视线,且线位方案比选宜将环境景观作为考虑因素。

1)路线走向应与沿线地理、环境协调

路线布设应结合路线所在地形条件,应充分利用道路沿线有价值的孤立大树、独立山丘或建筑等自然景观和人文景观。尽量避开环境敏感点,如自然保护区和文物古迹等,与周围环境相协调。路线走向必须与自然地理地形和沿线景观以及绿化布置有机结合;同时要求公路立体线形达到一定的艺术造型。所谓艺术造型是通过路线的曲折起伏,平滑顺畅,与沿线的地形高低错落、建筑物和绿化配置等协调的空间组合、色调与艺术形式,从而给人以简洁、舒适、美观、大气的美的感觉。公路平、纵、横三维立体线形综合协调,才能满足使车辆行驶的力学、心理学、生理学、美学、环境保护学,以及地形、地理等方面的要求。安全、快速、舒适、经济和美观的线形,才能称得上是好的线形。

2)重视三维空间线形组合

公路线形是三维空间体。公路景观设计,应合理组合路线的平、纵、横面,保证线形流畅、视野开阔;线位方案比选宜将环境景观作为考虑因素。在平原区,路线应以方向为主导,线形以直线为主;在山岭区,路线以纵坡为主导,线形以曲线为主,线形之间应顺畅连接,具有诱导性和预知性。在自然景观单一的路段,其线形设计宜以曲线为主,并保持连续、均衡;平、竖曲线线形几何要素宜大体平衡、匀称、协调;深挖方路段宜对路堑与隧道方案的景观效果进行比选、论证;路线跨越山间谷地时,宜对高路堤与高架桥方案的景观效果比选、论证;路线沿横坡较陡的山坡布设时,宜对分离式路基、半填半挖与纵向高架桥方案的景观效果进行比选、论证。

在满足控制点和规范要求下,为减少路线对周围自然环境的不利影响,路线纵坡应与地面纵坡相近。当路线穿越山谷、垭口时,应用桥梁结构物代替高路堤,用隧道代替深路堑避免高填深挖。

平、竖组合设计应均衡、协调。可采用道路透视图或模型法进行视觉分析,研究如何满足驾驶员视觉和心理方面的连续、舒适感,与周围环境的协调和良好的排水条件等,再对平、纵面线形进行修改,使平、纵面线形合理地组合起来,使之成为连续、圆滑、顺适、美观的空间曲线,从而达到行车安全、快捷、舒适、经济的要求。平曲线包竖曲线能使车辆行驶安全且使线形更优美平顺,过缓与过急、过长与过短的平竖曲线组合在一起容易使驾驶员失去顺适感,平面转角小于7°的平曲线与坡度较大的凹形竖曲线的组合外观较差,平面线形有折点现象。

在平坦地区,地势平缓、开阔,让人心情开朗,但是地形起伏小,缺乏三维空间感,易使景

观平淡、无焦点和具有发散性。若要在这里创造出动人的富于变化的景观,就必须考虑下面几点:

(1)将沿线周围及其内部有可能成为风景的元素,如建筑、小区、地方绿化、水、造型美观的桥梁等,加以利用,构成"图"形。

(2)运用色彩,并借助于光影效果,加强空间的变化。

(3)由于不受地形限制,容易突出重要景点和景物,利用它控制整个地区,形成主角。

道路横断面设计主要是处理好路基边坡,应使路基边坡与自然地形、地貌相适应,与沿线植被绿化相协调。路基上边坡宜进行生态防护,有条件时可结合地域文化特点进行景观设计。针对硬质护坡造成的视觉污染,应尽量柔化和美化坡面。如选用藤蔓植物或花灌木种植在坡面平台花槽内,使其枝头飘曳下垂,迎风舞动,给坡面带来一种动态飘逸美;同时在护坡下部种植攀缘植物,能加快坡面的覆盖速度。在一级边坡,可做一些粗犷的壁画或浮雕,以表现地域文化为主题,增强边坡的可观赏性,改善低等级公路车速较低时行车的单调枯燥感。自然或人工的山石、水体是平地中不可多得的景观元素,应该尽量利用或创造,以此打破单调局面,形成一道亮丽的风景线。

2. 道路构造物景观

1)路基路面工程

从工程技术经济角度出发,路基中心线处挖深达30m或挖方边坡高度大于1.6倍的路基宽度值的深挖方路段,要与隧道、明洞方案进行比选;路基中心线处填高达20m的高填方路段要与高架桥、半路半桥方案进行比选;而20m高填方主要是针对局部冲沟、山谷路段,对村镇附近路段8m以上,城乡附近6m以上就应进行方案比选;对于路基中心线处的高填和深挖情况还要考虑周围的自然条件,特别是当自然横向较陡、容易导致挖方上边坡高度超过60m或容易导致填方下边坡高度超过50m的路段,其纵向长度超过200m时均应进行方案比选,并优先采用有利于环境景观的建设方案。

路基边沟宜选择宽浅式、盖板式或混合式,利于行车安全,并与原有地面形态相协调。挡土墙的设计应考虑工程设置是否与周围环境相协调,特别是上挡墙应注重带给驾驶员的视觉效果。

路面色彩、护栏、路缘石的色彩与形状等也是公路景观的构成要素。有特殊要求的公路,路面色彩及护栏、路缘石的色彩与形状等宜与沿线自然环境景观相协调。

现代公路的路面多为灰色或黑色,这种色调对人的神经系统起着镇静作用,令人的注意力迟钝,使驾驶员容易松懈或打瞌睡,酿成事故。为了克服惰性颜色路面给驾驶员带来的不良影响,许多国家或地区在公路路面上每隔一定距离刷涂色彩,有的还不断变换颜色,以改善神经系统的迟钝等。为了同时给驾驶员以提示作用,还要在危险地段将路面涂成红色,示意小心谨慎;在学校、医院等地区涂蓝色,表示安静,勿鸣喇叭;在限制车速、陡坡、隧道和转弯处涂黄色,要求驾驶员缓行。通过路面色彩的合理应用,可以减少交通事故,确保安全。相应的路外色彩也可以调节神经系统。

2)桥梁、隧道工程

桥梁的形式、色彩、材质以及各部位均为桥梁景观设计要素,设计时应从路内景观和路外景观两个角度综合考虑桥梁的景观效果。分离式立体交叉、人行天桥等应根据所处的自然环境和人文环境设计,合理确定桥梁形式、颜色和材质以及各部位比例。一座景观较好的桥梁要有与其功能相适应的外形和比例,且要有新颖、优美的形式,简洁明快、朴素大方的线条,强度牢固,并有强烈的时代感和风土气息。

对于跨越大江、大河、城市周围、风景旅游区以及有特殊要求的桥梁,应进行桥梁照明景观设计。有特殊要求的桥梁应进行景观照明设计。

隧道洞口设计应结合地形、地区的自然和人文特点,因地制宜进行绿化,将对自然景观的破坏降到最低。与周围环境相协调;隧道洞内的照明、通风、标志等附属设施和洞壁内饰设计,应综合考虑景观效果。

3)立体交叉与沿线设施工程

互通式立体交叉区设计,应从立体交叉的选型、构造物及附属设施颜色、路基边坡坡面和立体交叉区内绿化等方面综合考虑;立体交叉的整体景观设计,宜利用原有自然植被,使立体交叉与自然景观有机地结合,并与原有地形地貌和谐统一。

3. 道路服务设施景观

服务设施主要是指为驾驶员和乘客提供服务和休息的建筑物,如服务区、停车区、观景台等。这些建筑物的设计在结构尺寸、色彩、形状上要考虑是否均衡、协调。在选址上,结合自然景观选择适宜位置。

(1)服务区的景观设计应符合总体布局要求,注重服务区设施的全面性、经济性和便利性。利用空间美学理论进行视觉艺术设计,产生视觉变化效果。

(2)从景观角度考虑,道路服务区修建位置包括征地应设在易于修建、地势平坦、施工便利、造景容易的地方。

(3)服务区的功能建筑应把握建筑空间尺度。尺度与规模都应与外部空间的环境相协调,建筑的设计从外形和色彩上都应给驾驶员产生较强的视觉冲击力。

(4)服务区停车场的景观设计应强调车辆通行舒畅、高效的特点,同时保证标线清晰、标志信息简洁易懂。

(5)服务区天桥、涵洞的主要功能是将服务区内部联系起来,增强空间环境整体性,景观效果主要强调与道路边坡的衔接与协调性。天桥的景观主要体现在桥梁的造型、颜色等,应与服务区整体环境融为一体。涵洞的线形采用圆滑线的形式衔接,增强行驶安全性的同时减少构筑物的生硬感。

(6)服务区匝道布设应保证视觉空间的通透性,路面标线清晰容易辨认。标识牌的位置布设整齐,避免杂乱无章给驾驶员造成行车干扰,威胁交通安全。

(7)服务区的休息区应充分展示当地城镇的历史文化和人文风情,能够缓解驾驶员疲劳,增强趣味性。

(8)服务区的植物景观可以通过种植绿色植物来减少车辆对周围环境的干扰,营造一个舒适、优美的景观环境。

公路两侧影响视觉的场所,主要有视线范围内的弃、取土场,施工过程中的堆料场、拌和场、预制厂等,施工结束后,对上述场所应采取绿化、复耕或其他工程措施予以遮蔽或改善。

公路景观设计应注意防止视觉污染,公路用地范围内设置的景观小品,应注意色彩、造型的协调,避免引起视觉混乱。

复习思考题及习题

[8-1] 道路建设对环境有哪些影响?
[8-2] 公路环境影响评价工作一般分为哪几个阶段?每个阶段的主要工作内容有哪些?
[8-3] 公路环境影响评价的主要内容有哪些?
[8-4] 公路环境保护的措施主要有哪些?
[8-5] 环境保护总体设计要点有哪些?
[8-6] 路线布设中的环境保护设计要点有哪些?
[8-7] 道路结构物环境保护设计要点有哪些?
[8-8] 公路构造物景观如何分类?
[8-9] 道路景观设计基本要求有哪些?
[8-10] 简述道路景观设计要点。
[8-11] 名词解释:
(1)环境;(2)环境影响评价;(3)内部景观;(4)外部景观。

第八章测试题及答案

第九章 道路安全性评价

第一节 道路安全性评价的基本概念

一 道路安全性评价

1. 概念

道路安全性评价(Road Safety Audit,简称RSA)是指以预防道路交通事故为目标,从道路使用者的角度,应用系统的方法,由独立的、合格的评价人员对规划路网、新建道路或既有路网、现状道路的交通安全性进行的正式的审查。道路安全性评价在国外也称为道路安全审计。道路安全性评价主要包括公路项目安全性评价与城市道路项目安全性评价。

公路项目安全性评价是从公路使用者的角度,按一定的评价程序,采用定性和定量的方法,对公路交通安全进行的全面、系统的分析与评价。在公路交通行业也称为公路安全性评价、交通安全评价、行车安全评价,或简称为安全性评价、安全评价、安全评估。

城市道路项目安全评价是从道路使用者的角度,对城市道路设施、交通环境进行交通安全影响的分析和评价。

在道路设计阶段,通过对设计成果进行安全性评价,能够识别道路设计方案或设计指标运用中可能存在的交通安全隐患,评估公路运营期间发生交通事故的可能性及其严重程度,并通过提出设计优化建议或交通工程设施设置对策,有效保证道路建设项目通车后的交通安全性水平。

道路安全性评价技术最早起源于20世纪80年代的英国。当时,人们注意到新建道路项目通车后,总是会出现一些交通事故明显比较集中或事故后果更严重的路段。这种现象表明,交通事故发生可能与道路设计指标和技术状况存在一定的联系,道路安全性评价技术由此产生,并迅速在国际上得到应用推广。

道路安全性评价技术最早于20世纪90年代中期被引入我国,当时的多条改扩建公路项目在设计阶段应用了道路安全性评价技术。近年来,随着对交通安全问题认识的深入和重视,我国已开展了大量的道路项目安全性评价工作,尤以公路项目设计建设阶段和运营阶段安全性应用最为广泛。《公路工程技术标准》(JTG B01—2014)与《公路路线设计规范》(JTG D20—2017)规定,二级及二级以上的干线公路在设计时应进行交通安全性评价,其他公路在有条件时也可进行交通安全性评价。目前,道路安全性评价理念已被广泛接受,在城市道路的快速路和主干路建设和管理过程中,安全性评价需求日益增长,部分城市要求城市快速路、设计速度为60km/h的主干路应进行交通安全评价。

2. 适用范围

从道路安全性评价的定义可知,任何一类道路交通项目,只要与道路交通安全有关,都可对其实施道路安全性评价。因此,道路安全性评价的适用范围非常广泛,大到一个区域的路网、一条道路,小到一个道路交叉口乃至一块交通标志的设置,凡是与道路使用者出行安全有关的道路交通项目,无论是新建项目还是既有项目,也无论其大小,都可以开展道路安全性评价。

3. 评价原则

道路安全性评价是通过评价发现既有道路或道路建设是否存在潜在的交通事故风险和交通安全性能问题,并提出安全改进建议,以达到"减少安全隐患,保障交通安全,实现平安交通"的最终目的。道路安全评价应遵循权威性、科学性、公正性、严肃性、针对性、综合性和适用性原则。

(1)权威性

道路安全评价是国家以法规形式确定下来的,是一项逐步完善、促进安全生产的有效制度。政策、法规、标准是道路安全评价的依据,承担安全评价工作的单位必须在国家安全生产监督管理部门的指导、监督下,严格执行国家、行业及地方颁布的有关安全的方针、政策、法规和标准等;在具体评价过程中,全面、仔细、深入地剖析被评价项目存在的问题,并且在评价过程中主动接受国家安全生产监督管理部门的指导、监督和检查,力争为道路项目设计和安全运行提出符合政策、法规、标准要求的评价结论和建议,为安全生产监督管理提供科学依据。这些都体现了道路安全评价的权威性。

(2)科学性

道路安全评价过程中,从收集资料、调查分析、筛选评价因子、测试取样、数据处理、模式计算和权重值的确定,直至提出对策措施、做出评价结论与建议等每个环节,都必须坚持科学态度,用科学的方法和可靠的数据,按科学的工作程序一丝不苟地完成各项工作,最大程度地保证评价结论正确及对策措施合理、可行和可靠。

(3)公正性

道路安全评价正确与否直接涉及被评价道路项目能否安全运行,道路安全评价结论是被评价道路项目的决策依据、设计依据。因此,对于安全评价的每一项工作都要做到客观和公正。既要防止受评价人员主观因素的影响,又要排除外界因素的干扰,避免出现不合理、不公正。

(4)严肃性

道路安全评价是以国家有关安全的方针政策、法规、标准等为依据,其结果关系到道路建设项目能否安全、正常地实施,要求安全评价机构具备相应资质。因此,安全评价是一项十分严肃的工作,评价单位和评价人员必须以强烈的责任心和事业心来进行安全评价工作。

(5)针对性

进行道路安全评价时,首先是针对被评价道路项目的实际情况和特征,收集有关资料对其进行全面的分析。其次是对众多的危险、有害因素及单元进行筛选,针对主要的危险、有害因素及重要单元进行重点评价。各类评价方法都有特定适用范围和使用条件,因此要有针对性地选用评价方法。最后要提出有针对性的、操作性强的对策措施,对被评价项目作出客观、公正的评价结论。

(6)综合性

评价的项目千差万别,不可能用单一的方法。如施工图设计阶段的项目安全性评价宜采用限制速度协调性分析、安全检查清单等评价方法;对复杂项目、复杂路段,可采用驾驶模拟方法对线形设计协调性、交通安全设施等进行评价。交工阶段道路项目安全状况评价应进行道路项目现场踏勘和实地驾驶,宜采用安全检查清单等方法进行评价。所以,在评价时要综合考虑各种因素与影响。一般需要采用多种评价方法,取长补短。

(7)适用性

评价方法要适合项目的具体情况,即具有可操作性。方法要简单,结论要明确,效果要显著,这样才能为人们所接受。而一些设定的不确定因素过多,计算过于复杂、艰深而难以理解的方法是不可取的。

道路安全性评价是一项系统而复杂的工作,只有评价人员对道路设计、交通安全等知识有全面深入的理解,对道路交通安全相关标准有实践应用经验,才能保证评价质量。

4. 对道路安全性评价人员的要求

道路安全性评价的目的是检查既有道路或道路建设是否存在潜在的交通事故风险和交通安全性能问题,是采用规定方法进行的正式的审查过程。为了保证道路安全性评价的有效性,对道路安全性评价人员有如下要求:

(1)技术性要求:道路安全性评价涉及知识面较广,包括道路设计、交通管理、驾驶心理和生理、车辆工程等,在技术上对评价人员提出了很高的要求。

(2)公正性要求:道路安全性评价应从道路使用者出行安全的角度考虑问题,公正地指出评价对象存在的各种交通安全问题,不得因对评价项目存有偏见而无端挑剔,也不能仅利用个人的专业特长而忽视其他工程师的经验。

(3)独立性要求:道路安全性评价工作过程、评价结论提出不应受相关人员的限制,因此要求评价人员能正确处理评价与设计者或建设、评价与业主、评价的法律责任三方面问题。

二 道路安全性评价的分类

1. 按评价对象分

道路安全性评价按评价对象可以分为道路网的安全性评价与道路项目的安全性评价。

道路网安全性评价是针对一定地理区域内的道路网开展的安全性评价工作,它可以是路网规划阶段的安全性评价,也可以是现状路网运营状态的安全性评价。路网规划阶段的安全性评价,主要评价路网影响范围内的人口分布、产业布局以及规划的路网结构对交通安全的影响。现状路网的安全性评价则以提高现有路网的道路交通安全水平为目标,通过评价确定路网中的事故多发道路、事故多发路段、事故多发区域,以及影响路网交通安全的共性因素,提出路网交通安全提升的政策和安全改进的技术措施。

道路项目的安全性评价是以一个道路或交通项目为评价对象开展的安全性评价工作,对项目的大小没有限制。项目级的安全性评价是道路安全性评价应用最为广泛的范畴,是安全性评价的主体。

2. 按项目所处阶段分类

以公路为例,《公路项目安全性评价规范》(JTG B05—2015)按评价项目所处的阶段,将安全性评价类型划分为工程可行性研究阶段安全性评价、初步设计阶段安全性评价、施工图设

计阶段安全性评价、交工阶段安全性评价以及后评价。各阶段的评价重点和要求如下:

(1)工程可行性研究阶段公路项目安全性评价

公路项目工程可行性研究阶段的安全性评价重点应为走廊带及工程方案对交通安全、社会和环境的影响。新建公路应针对同深度比选的走廊带方案进行评价;改扩建项目需要评价现状公路的道路交通安全性状况,分析事故多发路段和典型事故的成因,并评价改扩建方案是否有针对性地解决了现状道路中的交通安全问题。

(2)初步设计阶段公路项目安全性评价

公路项目初步设计阶段的安全性评价重点应为路线方案及其技术指标的运用情况、结构物布设的合理性、交通工程及沿线设施建设规模的合理性等。

(3)施工图设计阶段公路项目安全性评价

公路项目施工图设计阶段的安全性评价重点应为交通工程及沿线设施的设置情况等,改扩建公路应评价施工期间交通组织设计对交通安全的影响。

(4)交工阶段公路项目安全性评价

公路项目交工阶段的安全性评价重点应为通车前交通工程及沿线设施的设置情况,本阶段安全性评价应在工程质量验收合格的前提下,进行总体评价和公路安全状况的安全性评价。

(5)后评价

公路项目后评价重点应为公路设施、交通量及交通组成、路网环境、路侧环境等的现状对公路交通安全的影响。

三 道路安全性评价的组织

1. 安全性评价与业主和设计的关系

对道路与交通项目实施安全性评价,其组织形式是极其重要的,其组织形式影响到安全性评价能否取得技术经济和安全效益,真正提高道路与交通项目规划、建设、运营各阶段的安全意识,并尽可能在建设的前期消除安全隐患。

道路设计阶段安全性评价的组织形式涉及项目管理者(业主)、评价人员和设计单位三个方面。为了保证道路安全性评价能够公正与独立地顺利实施,应当处理好评价、业主和设计三者之间的关系。

(1)安全性评价与设计的关系

对于处于设计阶段的道路与交通工程项目,道路安全性评价是在实际设计过程中加入的一个过程,但又是与设计过程分开的。新建道路(或其他项目)的设计者对道路设计负有责任,设计者在设计过程中应做经常性的非正式的设计结果的道路安全性检查。道路安全性评价并不取代设计者在设计过程中"安全第一"的做法,道路安全性评价是由在事故预防与道路安全方面熟练的人对项目做经常性的、正式的、独立的评价,评价建议由业主或设计者考虑是否采纳,项目管理者或设计者仍是最终的设计决策者。道路安全性评价通过审查设计成果,若发现某些安全问题和事故隐患,一般提出建议性方案,但并不做详细设计。一旦业主采纳了评价的建议,仍由设计者进行设计。

(2)安全性评价与项目管理者的关系

按照国际上通用的做法,业主有权决定是否进行道路安全性评价,有权选择评价机构和人员，但评价人员在实施道路安全性评价过程中并不代表业主的利益（尽管因实施了道路安全性评价，开放交通后道路交通事故率降低，业主可从中获益）。评价人员的出发点是道路使用者交通出行的安全性。对于存在安全缺陷的设计，评价人员提出修改建议时不需要一定受业主的投资限制。项目管理者有权决定是否采纳道路安全性评价的建议，但必须给予道路安全性评价人员书面答复，说明采纳与否的理由。关于项目管理者因实施或不实施道路安全性评价及是否采纳道路安全性评价的修改建议，对开放交通后的道路交通事故是否负有法律责任，仍是国际上正在探讨的法律问题。目前一致的观点是鼓励采用道路安全性评价技术，因此认为项目管理者对项目实施了道路安全性评价和采纳道路安全性评价的建议，至少不会加大项目管理者的法律责任。

2. 安全性评价组织形式

道路设计阶段安全性评价在具体实施过程中如何处理项目管理者、设计者、评价人员三者之间的关系与各个国家的管理体制有关。因此，采用何种形式实施道路安全性评价与国家政策、公路管理权及产权归属、投资方式、道路等级等有关。

由于干线公路在路网中的特殊地位，各个国家对其都非常重视，故一般由有关政府管理部门组织实施道路安全性评价。我国《公路工程技术标准》（JTG B01—2014）和《公路路线设计规范》（JTG D20—2017）均在"总则"中对二级及二级以上干线公路在设计阶段开展安全性评价做出明确规定。其他等级的公路可以根据需要开展安全性评价，如因受地形、地物等限制出现超标设计时，开展项目安全性评价是解决设计方案可行性的一项重要的技术手段。国内部分城市要求：城市快速路、设计速度为60km/h的主干路、特大桥梁、中长隧道应进行交通安全评价，高架桥下的主干路、次干路、交通安全隐患较大的道路宜进行交通安全评价。

根据英国等国的评价指南，道路安全性评价的组织方式主要有：

组织方式1：专业评价与安全证书。由指定的专业性评价专家组成的评价组对项目实施道路安全性评价，在进行下一阶段的设计与施工之前，设计必须得到道路安全性评价组的认可（以"安全证书"的形式）。

组织方式2：专业评价与独立的项目管理者。道路安全性评价由项目管理者的上级管理部门委派的专业评价专家实施，评价报告提交给第三方，由第三方确定是否采纳道路安全性评价提出的建议并通知设计单位。第三方通常是更高一级的管理者并且不直接参与该项目的工作（独立的）；由于第三方可能是评价项目的上一级的管理者，可以请独立的顾问对比分析道路安全性评价报告和原设计。这一做法可以避免道路安全性评价与设计间的矛盾。

组织方式3：专业评价与设计者。与组织方式2相同，道路安全性评价由项目管理者的上级管理部门委派的专业评价专家实施，但道路安全性评价报告直接交予设计单位；设计单位应以书面形式表明是否采纳道路安全性评价的建议。

组织形式4：设计单位与独立的顾问。设计成果由另一家与项目设计单位无关的设计单位进行道路安全性评价，报告交予第三方（独立的顾问），由第三方确定处理方式。第三方应与两家设计单位没有直接的关系，以避免矛盾。如果第三方顾问与设计方有关，有可能给出不公正的决定。

3. 评价流程

道路安全性评价流程如图9-1所示。

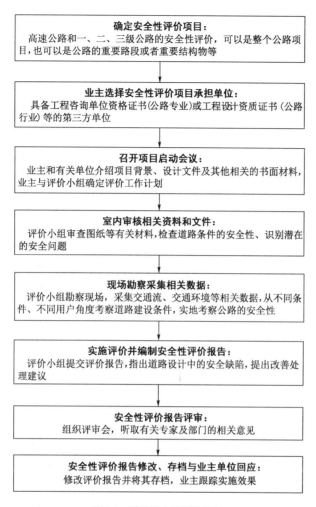

图9-1 道路安全性评价流程

第二节 公路项目设计阶段安全性评价

一 设计阶段安全性评价的方法、指标和内容

1. 道路线形安全性评价的常用方法

道路是一种线形结构。其线形设计的优劣直接影响工程建设成本,同时也影响着车辆的运行性能及驾驶员行驶的安全性和舒适性。公路建成后,其线形缺陷很难改善,所以在设计时必须对其进行检验和评估。

道路线形安全性评价方法主要有线形指标法、驾驶员负荷法、运行速度方法、行车稳定性方法。目前最常用的方法是运行速度方法。这种方法使用速度分布模型来评价道路线形的一致性。其他的方法,比如线形指标法,仅使用一组道路平面指标(例如道路曲线部分占总长度的百分比、最小半径/最大半径、平均半径/最小半径)来评价道路线形设计的一致性;驾驶员负荷法则通过量测驾驶员驾驶车辆过程中的感知、反应与决策过程的脑力劳动和驾驶过程中经过道路的几何结构之间存在的关系来评价线形设计的一致性;行车稳定性法将安全空间作为评价指标,将车辆在弯道上所需摩阻力和公路所提供的摩阻力之差作为车辆安全性评价的标准。这些方法与运行速度方法相比,其可操作性、数据获取难、线形一致性评价结果的客观性较差,运行速度方法更加容易理解、便于观测和控制。

2. 运行速度指标与道路交通安全

运行速度指的是中等技术水平的驾驶员在实际道路、交通、良好气候等条件下能保持的安全速度。通常采用测定速度的85%为行驶速度作为运行速度。

运行速度作为道路几何线形、道路环境、车辆性能以及驾驶员心理行为等多方面综合作用于车辆的最终结果,在道路安全性评价中越来越得到国内外研究人员的重视。在统计分析的基础上得出多种基于运行速度的道路安全性评价方法。几种比较典型的方法如下:

(1)相邻路段车速差值——ΔV法

相邻路段车速差值ΔV是保证线形设计质量的关键参数,也就是保证同一设计区段内,驾驶员能够采取连贯的驾驶方式行车,从而避免或最大限度地减少由于出乎意料或判断失误造成的操作错误,提高驾驶的稳定性和安全性。公式如下:

$$\Delta V = |V_{85i} - V_{85(i-1)}| \tag{9-1}$$

式中:V_{85i}——调查断面上的85%位车速;

$V_{85(i-1)}$——连续的前一断面的85%位车速。

车速差值法建议,当两相邻路段上的运行速度差值不超过10km/h时,线形设计为"优";当两相邻路段上的运行速度差值在10~20km/h之间时,线形设计为"一般";当两相邻路段上的运行速度差值超过20km/h时,线形设计为"差"。

美国对大量事故调查后发现,运行速度差与道路事故率有一定关系,道路安全水平为优($\Delta V \leq 10$km/h)的路段事故率仅为道路安全水平一般(10km/h$< \Delta V \leq 20$km/h)路段事故率的30%左右,而道路安全水平差的路段($\Delta V > 20$km/h)事故率接近一般性路段事故率的1倍,说明相邻路段运行速度差值(ΔV)与道路事故率有着非常明显的相关性。这种将ΔV作为评价交通安全性的手段,在美国及欧洲许多国家得到广泛的应用。

(2)车速降低系数法(Speed Reduction Coefficient,SRC)

在车辆实际运行中,车辆从60km/h减速到30km/h和从120km/h减速到90km/h的速度变化率是不一样的。所以,在ΔV方法的基础上,也有学者提出了SRC方法。采用的计算公式如下:

$$\text{SRC} = \frac{V_{85i}}{V_{85(i-1)}} \tag{9-2}$$

式中:V_{85i}——调查断面上的85%位车速;

$V_{85(i-1)}$——连续的前一断面的85%位车速。

(3)速度梯度法

早在1964年,所罗门(Solomon)就研究过交通事故和速度之间的关系。他将事故诱因归结为速度的变化。他对四车道高速公路进行了交通观测,对不同的道路断面的事故率进行计算和分析,开发出最初的车速模型。公式如下:

$$I = 10^{0.0006062\Delta V^2 - 0.006675\Delta V + 2.23} \tag{9-3}$$

式中：I——路段事故率(次/10万车公里)；

ΔV——速度梯度，即断面的运行速度与平均运行速度的差值(km/h)；

从上面介绍的几种基于运行速度的道路安全性评价方法可以看出，研究人员主要运用统计分析的方法从相邻路段速度差、车速降低系数或速度梯度等方面对道路安全性进行评价。

3. 设计阶段安全性评价的内容

根据《公路项目安全性评价规范》(JTG B05—2015)，设计阶段安全性评价的内容主要包括工程可行性研究阶段安全性评价、初步设计阶段安全性评价、施工图设计阶段安全性评价。

评价内容包括总体评价、比选方案评价和设计要素评价等。对于改扩建公路，还应评价施工期间交通组织设计对交通安全的影响。

二 运行速度及其预测

我国《公路项目安全性评价规范》(JTG B05—2015)借鉴了国外的研究成果，采用基于运行速度的道路安全性评价方法，将运行速度协调性作为评价线形设计一致性的指标，采用相邻路段运行速度差值、运行速度变化梯度以及同一路段运行速度与设计速度差值进行评价。采用运行速度协调性评价方法，可以从一定程度上反映公路几何设计指标的一致性和协调性，可为平纵技术指标优化设计或为交通安全技术管理措施的合理制订提供重要的参考。其中，高速公路、二级公路及三级公路按以下所述方法进行运行速度预测；无平面交叉口、无路侧干扰、类似全部控制出入的一级公路运行速度预测也可按以下方法进行；有平面交叉口、有路侧干扰、部分控制出入的一级公路，宜观测项目所在地区类似公路受到平面交叉口的影响，对运行速度预测结果进行修正。

1. 运行速度分析路段划分

高速公路、一级公路运行速度预测采用的代表车型为小型车和大型车两类，其中小型车轴距不大于7m且比功率大于15kW/t，大型车为轴距大于7m或比功率不大于15kW/t；二级公路、三级公路运行速度预测采用小型车和大型车为代表车型，其中小型车为轴距不大于3.5m，大型车为轴距大于3.5m。

平直路段、平曲线路段、纵坡路段、弯坡组合路段、隧道路段和互通式立体交叉路段的划分标准见表9-1。

主线分析路段划分　　　　表9-1

车型	纵断面		平面	
		高速公路、一级公路	圆曲线半径：>1000m	圆曲线半径：≤1000m
		二级公路、三级公路	圆曲线半径：>600m	圆曲线半径：≤600m
小型车或大型车	坡度：<3%	高速公路、一级公路	长度：>200m平直路段 长度：≤200m短平直线段	平曲线路段
		二级公路、三级公路	长度：>600m平直路段 长度：≤100m短平直线段	平曲线路段
	坡度：≥3%		纵坡路段	弯坡组合路段

2. 运行速度预测方法与预测模型

(1)车速预测基本参数确定

小型车或大型车的初始运行速度V_0、期望运行速度V_e、最低运行速度V_{min}和加速度a符合表9-2和表9-3的规定。

运行速度预测的初始运行速度、期望速度与最低运行车速　　　　表9-2

	设计速度(km/h)		120	100	80	60
高速公路、一级公路	初始运行速度V_0(km/h)	小型车	120	100	80	60
		大型车	80	75	65	50
	期望速度V_e(km/h)	小型车	120		110	90
		大型车	80		80	75
	最低运行速度V_{min}(km/h)	小型车	50			
		大型车	30			
	设计速度(km/h)		80	60	40	
二级公路、三级公路	初始运行速度V_0(km/h)	小型车	80	60	40	
		大型车	60	40	30	
	期望速度V_e(km/h)	小型车	105	85	65	
		大型车	75	75	50	
	最低运行速度V_{min}(km/h)	小型车	30			
		大型车	15			

推荐加速度值(m/s²)　　　　表9-3

车型	a_{min}	a_{max}
小型车	0.15	0.50
大型车	0.20	0.25

(2)基本路段运行速度模型

①平直路段

当车辆在道路条件较好的平直路段上行驶时,小型车和大型车都有其相应的期望车速,当车辆加速至期望后便保持这一速度稳定行驶。当初始运行速度小于期望速度时为变加速过程,直到达到稳定的期望车速后匀速行驶。

当平直路段长度不大于200m时,宜视为短平直路段,该路段起终点的运行速度保持不变;当平直路段长度大于200m时,车辆在平直路段上不同断面处的运行速度按下式计算:

$$v_{out} = 3.6\sqrt{\left(\frac{v_{in}}{3.6}\right)^2 + 2as} \tag{9-4}$$

$$a = a_{\min} + (a_{\max} - a_{\min})\left(1 - \frac{v_{\text{in}}}{v_e}\right) \tag{9-5}$$

式中：v_{out}——平直路段上距起点 s 米处的运行速度(km/h)；

v_{in}——平直路段起点速度(km/h)；

s——平直路段长度(m)；

a——车辆加速度(m/s²)；

$a_{\max}$——最大加速度(m/s²)；

$a_{\min}$——最小加速度(m/s²)；

v_e——期望速度(km/h)。

②平曲线路段

对于高速公路、一级公路纵坡小于3%且平曲线半径不大于1000m的路段，前一路段的终点速度为平曲线路段的入口速度，分别对平曲线中部和曲线出口处的运行速度进行预测；对于二级公路、三级公路纵坡小于3%且平曲线半径不大于600m的路段，前一路段的终点速度为平曲线路段的入口速度，分别对平曲线中部和曲线出口处的运行速度进行预测。

设曲线入口速度 v_{in}、当前路段的曲线半径 R_{now}，预测曲线中部速度 v_{middle}；根据曲线中部速度 v_{middle} 和后续路段的曲线半径 R_{front}，预测曲线出口处的运行速度 v_{out}，则曲线中部速度和曲线出口处的运行速度 v_{out} 分别按表9-4、表9-5的速度预测模型进行预测。

高速公路、一级公路平曲线路段速度预测模型　　表9-4

曲线连续形式		平曲线模型
入口直线—曲线	小型车	$v_{\text{middle}} = -24.212 + 0.834 v_{\text{in}} + 5.729 \ln R_{\text{now}}$
	大型车	$v_{\text{middle}} = -9.432 + 0.963 v_{\text{in}} + 1.522 \ln R_{\text{now}}$
入口曲线—曲线	小型车	$v_{\text{middle}} = 1.277 + 0.924 v_{\text{in}} + 6.19 \ln R_{\text{now}} - 5.959 \ln R_{\text{back}}$
	大型车	$v_{\text{middle}} = -24.472 + 0.990 v_{\text{in}} + 3.629 \ln R_{\text{now}}$
出口曲线—直线	小型车	$v_{\text{out}} = 11.946 + 0.908 v_{\text{middle}}$
	大型车	$v_{\text{out}} = 5.217 + 0.926 v_{\text{middle}}$
出口曲线—曲线	小型车	$v_{\text{out}} = -11.299 + 0.936 v_{\text{middle}} - 2.0601 \ln R_{\text{now}} + 5.203 \ln R_{\text{front}}$
	大型车	$v_{\text{out}} = 5.899 + 0.925 v_{\text{middle}} - 1.005 \ln R_{\text{now}} + 0.329 \ln R_{\text{front}}$

二级公路、三级公路平曲线路段速度预测模型　　表9-5

曲线连续形式		平曲线模型
曲中点	小型车	$v_{\text{middle}} = -244.123 + 0.6 v_{\text{in}} + 40 \ln (R_{\text{now}} + 500)$
	大型车	$v_{\text{middle}} = -80.179 + 0.7 v_{\text{in}} + 15 \ln (R_{\text{now}} + 250)$
曲线出口	小型车	$v_{\text{out}} = -183.092 + 0.7 v_{\text{middle}} + 30 \ln (R_{\text{front}} + 500)$
	大型车	$v_{\text{out}} = -53.453 + 0.8 v_{\text{middle}} + 10 \ln (R_{\text{front}} + 250)$

③纵坡路段

对于高速公路、一级公路，当路线纵坡大于3%且圆曲线半径大于1000m时即为纵坡路段；对于二级公路、三级公路，当路线纵坡大于3%且圆曲线半径大于600m时即为纵坡路段。

纵坡路段的运行速度预测采用先按平直路段预测运行速度,再根据纵坡大小及坡长进行折算的方法进行。纵坡路段不同车型的运行速度折算见表9-6。

高速公路、一级公路、二级公路、三级公路不同纵坡路段各车型运行速度的折算　　表9-6

纵坡坡度		速度调整值	
		小型车	大型车
上坡	3%≤坡度≤4%	每1000m降低5km/h,直至最低运行速度	每1000m降低10km/h,直至最低运行速度
	坡度>4%	每1000m降低8km/h,直至最低运行速度	每1000m降低20km/h,直至最低运行速度
下坡	3%≤坡度≤4%	每500m增加10km/h,直至期望速度	每500m增加7.5km/h,直至期望速度
	坡度>4%	每500m增加20km/h,直至期望速度	每500m增加15km/h,直至期望速度

3. 相邻路段运行速度协调性评价

该项评价是评价线形设计连续性的指标,采用相邻单元路段间运行速度的变化差值进行评价。这里相邻路段是指平面、纵面、横断面指标不同的相接路段。

相邻路段运行速度协调性采用相邻路段运行速度差值的绝对值$|\Delta v_{85}|$及运行速度梯度的绝对值$|\Delta I_v|$进行评价。评价标准见表9-7。

相邻路段运行速度协调性评价标准　　表9-7

公路类型	相邻路段运行速度协调性	评价标准	对策与建议
高速公路、一级公路	好	$\|\Delta v_{85}\| < 10$km/h 且$\|\Delta I_v\| \leq 10$km/(h·m)	—
	较好	10km/h ≤ $\|\Delta v_{85}\| < 20$km/h 且$\|\Delta I_v\| \leq 10$km/(h·m)	相邻路段为减速时,宜对相邻路段平纵横进行优化,或采取安全改善措施
	不良	$\|\Delta v_{85}\| \geq 20$km/h 或$\|\Delta I_v\| > 10$km/(h·m)	相邻路段为减速时,应调整相邻路段平纵面设计;当调整困难时,应采取安全改善措施
二级公路、三级公路	好	$\|\Delta v_{85}\| < 20$km/h 且$\|\Delta I_v\| \leq 15$km/(h·m)	—
	不良	$\|\Delta v_{85}\| \geq 20$km/h 或$\|\Delta I_v\| > 15$km/(h·m)	相邻路段为减速时,应调整相邻路段平纵面设计;当调整困难时,应采取安全改善措施

其中相邻路段运行速度差值为分析单元起点、终点的运行速度差值,运行速度梯度是指100m长度路段的运行速度变化值。当相邻路段运行速度为加速时,驾驶员对车辆控制具有主动性。一般认为对安全的影响较小,而相邻路段运行速度为减速且短距离内减速幅度过大时,驾驶员对车辆控制具有被动特征,一般认为过大的减速度将影响行车安全,需要进行安全性分析评价。

4. 运行速度与设计速度协调性

设计速度与运行速度协调性评价是对同一路段的设计速度与运行速度的差值进行评价,用以反映设计条件与今后运营状况的一致性程度。其中同一路段是指设计速度、平纵面技术指标及横断面相同的路段。当同一路段设计速度与运行速度的差值大于20km/h时,应按运行速度对该路段的相关技术指标进行安全性验算。

三 路线设计安全性评价

1. 各路线设计阶段安全性评价

(1)工程可行性研究阶段公路安全性评价

公路项目工程可行性研究阶段评价重点应为走廊带及工程方案对交通安全、社会和环境的影响。新建公路应针对同深度比选的走廊带方案进行评价,改扩建项目尚应评价现状公路的运营安全状况及工程方案是否能够有效解决现状公路所存在的交通安全问题。一般采用《公路项目安全性评价规范》(JTG B05—2015)规定的经验分析法或安全检查清单法。除此之外,还可采用统计分析、问卷、类比等方法开展评价工作,其中经验分析法和安全检查清单主要用于走廊带方案评价和工程方案评价。统计分析、问卷,结合经验分析法,用于分析现状公路交通安全特点,类比法则用于将现状公路交通安全特点与工程方案进行对比,以评价工程方案应对措施的安全性。

①走廊带方案评价

工可阶段走廊带方案安全比选可采用《公路项目安全性评价规范》(JTG B05—2015)推荐的综合模糊评价法。模糊综合评价法指标分为一级指标和二级指标,具体指标见表9-8。表9-8中的评价指标和评价内容适用于通常情况,实际使用时应根据项目实际情况进行增加或删减。

用层次分析法确定目标层和指标层权重ω。权重的推荐值见表9-9和表9-10,权重可根据项目进行调整,根据德尔菲法评定二级指标,采用隶属函数确定模糊关系得到二级指标层模糊评价矩阵R_i。R_i与表9-10相应指标层权重向量相乘得到一级指标层模糊综合评价集V_i;V_i与表9-9相应目标层权重向量相乘得到评价对象模糊综合评价矩阵S,归一化处理得到$\hat{S}$;令Y为方案评分,则$Y = \hat{S} \times F^\mathrm{T}$。

根据《公路项目安全性评价规程》附录A.0.3条规定,评价指标评语集宜按表9-11划分为Ⅰ级~Ⅴ级,其中Ⅰ—好、Ⅱ—较好、Ⅲ—一般、Ⅳ—较差、Ⅴ—差。

在表9-11中评分值越小,则风险越小,对交通安全的保障能力越强;反之,评分值越大,则风险越大,对交通安全的保障能力越差。

②工程方案评价

结合《公路项目安全性评价规范》(JTG B05—2015)对工程可行性研究阶段公路工程方案安全性要求,工程方案评价主要从工程建设的基本条件,路线起终点与其他公路的连接方式、交通组织等;急弯陡坡、连续上坡、连续长陡下坡、路侧有悬崖、深谷、深沟、江河湖泊等危险路段;特大桥、特长隧道等大型构造物的选址、规模和安全运营需求等;互通式立体交叉选址、形式,相邻互通式立体交叉之间,互通式立体交叉与隧道等大型构造物以及管理、服务设施之间的关系等;平面交叉的选址、形式、交通组织及交叉口间距等;与项目交叉或临近的铁路、油气管道、高压输电线路等;路侧干扰等;改扩建方案交通组织及采取的相应安全措施;气象条件;路线方案与相关路网配合进行应急救援和紧急疏散的能力;设置隔离栅或动物通道的必要性等方面对交通安全的影响进行评价。

表9-8 工可阶段走廊带安全比选指标

一级评价指标	二级评价指标	评价项目	差	较差	一般	较好	好
地形、地质条件 A	A1	地形条件	走廊带穿越复杂地形的路段长度比例大，制约路线走向	走廊带穿越复杂地形的路段长度比例较大，影响路线走向	走廊带穿越复杂地形的路段长度比例较小，基本不影响路线走向	走廊带穿越复杂地形的路段长度比例很小	走廊带不需穿越复杂地形
			(80,100]	(60,80]	(40,60]	(20,40]	[0,20]
	A2	地质条件（不良地质影响大，穿越不良地质如滑坡、泥石流、采空区等）长度和不良地质处治难度	工程地质和水文地质条件差，不良地质处治难度大；易引发新的地质灾害，影响结构物选址和路线走向，对公路建成后行车安全产生影响很大	工程地质较差，不良地质条件差，不良地质处治难度较大，处治费用较高，影响结构物选址和路线走向	工程地质和水文地质条件一般，但是处治难度小，基本不会影响结构物选址和路线走向	工程地质和水文地质条件较好，不会影响结构物选址和路线走向	工程地质和水文地质条件良好，对自然环境影响小
			(80,100]	(60,80]	(40,60]	(20,40]	[0,20]
线形设计要素 B	B1	平面设计指标运用情况	平面设计指标不够均衡，线形连续小半径、受限条件多	平面设计指标不够均衡，连续弯道比例较高，运用较合理	平面设计指标平顺，局部不均衡，运用较合理	平面设计指标连续、均衡、连续，运用较合理	立面设计指标平滑、均衡、连续，运用合理
			(80,100]	(60,80]	(40,60]	(20,40]	[0,20]
	B2	纵断面设计指标运用情况	纵断面局部纵坡较陡，有连续长陡纵坡，占里程比例较大	纵断面局部纵坡较陡，有连续长陡纵坡，且占里程比例较大	纵断面总体平顺，局部纵坡较陡，无连续长陡纵坡	纵断面较平顺，与地形基本相适应，与环境协调	纵断面平顺、圆滑，与地形适应，与环境协调
			(80,100]	(60,80]	(40,60]	(20,40]	[0,20]
	B3	横断面指标运用情况	横断面布置与交通功能明显不适应或高填深挖占里程比例较大	横断面布置难于满足交通功能需求或高填深挖占里程比例较大	横断面布置总体较好，局部与交通功能不适应，局部有高填深挖	横断面布置与地形相适应、局部有高填深挖	横断面布置与功能相匹配、与地形相适应、无高填深挖
			(80,100]	(60,80]	(40,60]	(20,40]	[0,20]

续上表

一级评价指标	二级评价指标	评价项目	差	较差	一般	较好	好
线形协调性和路侧危险 C	C1	线形协调性（急弯陡坡、连续上坡、连续长陡下坡、连续长陡下坡等危险路段长度比例）	1. 平纵横指标配合较差；2. 或急弯陡坡、连续上坡、陡下坡、连续长、陡下坡等危险路段长度比例大于70%	1. 平纵横指标配合一般；2. 或急弯陡坡、连续上坡、陡下坡等危险路段长度占40%~70%	1. 平纵横指标配合一般；2. 急弯陡坡、连续上坡、陡下坡等危险路段长度占20%~40%	1. 平纵横指标配合良好；2. 急弯陡坡、连续上坡、陡下坡等危险路段长度比例占5%~20%	1. 平纵横指标配合良好；2. 无急弯陡坡、连续上坡、陡下坡等危险路段
			(80,100]	(60,80]	(40,60]	(20,40]	(0,20]
	C2	路侧横向干扰或路侧有悬崖、深谷、深沟、江河湖泊等危险路段长度比例	1. 路侧有严重横向干扰；2. 事故侧危险等级高，改善路侧安全状况非常困难	1. 路侧有较严重横向干扰；2. 事故严重程度为中，改善路侧安全状况较困难	1. 路侧有少量横向干扰；2. 事故严重程度为中，改善路侧安全状况不困难	1. 路侧无横向干扰；2. 事故严重程度为低，路侧危险等级较低	1. 路侧无横向干扰；2. 事故严重程度为低或路侧危险等级低
			(80,100]	(60,80]	(40,60]	(20,40]	(0,20]
主要控制点、大型构造物与沿线设施分布 D	D1	路线大型结构物（特大桥隧、互通式立交等）布设及运营安全	大型结构物布设受限条件多，选址、规模、间距等难以满足项目需求	大型结构物布设局限，选址、规模、间距等过优化可以满足项目需求	大型结构物布设局部受限，选址、规模、间距等基本符合要求	大型结构物布设基本学合理，选址、规模、间距等符合要求	大型结构物布设科学合理，选址、规模、间距等完全符合要求
			(80,100]	(60,80]	(40,60]	(20,40]	(0,20]
	D2	路线与城镇区域规划及其他公路、铁路、管线、水利设施、管线等的干扰	路线方案与城镇规划不符，或与铁路、管线干扰严重，施工和公路建成后均会出现严重的交通安全问题	路网衔接顺畅，路线规划与城镇规划协调，铁路、管线交叉配合施工有干扰，建成后对运营有影响	路网衔接顺畅，路线规划与城镇规划协调，铁路、管线交叉配合施工有干扰，建成后基本无影响	路网衔接顺畅，与城镇规划协调，铁路、管线水利设施、管线交叉配合但无干扰影响	路网衔接顺畅，与城镇规划协调，铁路、管线水利设施、管线交叉无干扰问题
			(80,100]	(60,80]	(40,60]	(20,40]	(0,20]
	D3	服务区、停车区、收费站、管理站等沿线设施布局	沿线服务设施、管理设施选址较合理，基本满足规模、功能最低要求	沿线服务设施、管理设施选址较合理，规模、功能匹配	沿线服务设施、管理设施选址较合理，规模、功能匹配	沿线服务设施、管理设施选址合理，规模适当、功能匹配	沿线服务设施、管理设施选址合理，规模适当，功能匹配
			(80,100]	(60,80]	(40,60]	(20,40]	(0,20]

续上表

一级评价指标	二级评价指标	评价项目	差	较差	一般	较好	好
自然气候条件与救援通道 E	E1	路段频繁受雾区、冰雪、大风等不良气候影响	区域小气候环境对方案影响严重,方案对交通安全影响非常不利于交通安全 (80,100]	区域小气候环境对方案对交通安全有较大影响 (60,80]	区域小气候环境对交通安全有一定影响 (40,60]	区域小气候环境对方案交通安全影响较小 (20,40]	区域小气候环境对方案交通无影响 (0,20]
	E2	交通组织与救援通道	交通组织复杂,应急救援不便,设置应急救援通道非常困难 (80,100]	交通组织较复杂,进行应急救援不便,应急救援通道较困难 (60,80]	交通组织较顺畅,有条件设置应急通道,但有一定难度 (40,60]	交通组织顺畅,有较好条件设置应急通道 (20,40]	交通组织顺畅,方便应急救援 (0,20]

380

目标层权重 表9-9

指标	ω_A	ω_B	ω_C	ω_D	ω_E
权重	0.1675	0.2115	0.2457	0.2380	0.1373

指标层权重 表9-10

指标	i		
	1	2	3
ω_{Ai}	0.333	0.667	—
ω_{Bi}	0.359	0.347	0.294
ω_{Ci}	0.467	0.533	—
ω_{Di}	0.325	0.342	0.333
ω_{Ei}	0.550	0.450	

评分标准表 表9-11

评价结果	好	较好	一般	较差	差
分数	[0,20)	[20,40)	[40,60)	[60,80)	[80,100]

(2)初步设计阶段公路安全性评价

公路项目初步设计阶段评价重点应为路线方案及其技术指标的运用情况、结构物布设的合理性、交通工程及沿线设施建设规模的合理性等。此阶段公路安全性评价应进行总体评价、比选方案评价和设计要素评价。比选方案评价应针对同深度的比选方案进行,采用经验分析法或安全检查清单等方法。设计要素评价应针对推荐方案进行,可采用运行速度协调性分析等方法。

①总体评价

根据《公路项目安全性评价规范》(JTG B05—2015),应评价项目特点(技术标准、地形、地质、气候条件、预测交通量及其交通组成、大型构造物分布等)对交通安全的影响。改扩建公路利用既有公路的路段时,应根据既有公路运营状况、交通事故等,分析该路段的特点,并按现行技术标准对利用路段的设计指标进行评价、对工程可行性研究阶段批复与安全性评价与交通安全相关意见的执行情况进行核查。

②方案比选

初步设计阶段同深度路线比选方案安全比选可采用《公路项目安全性评价规范》(JTG B05—2015)推荐的综合模糊评价法。综合模糊评价法指标分为一级指标和二级指标。具体指标详见表9-12。表9-12中的评价指标和评价内容是通常情况,实际使用时将根据公路项目实际情况进行增加或删减。

路线比选方案安全评价采用综合模糊评价法,用层次分析法确定目标层和指标层权重ω。权重可根据项目进行调整,根据德尔菲法评定二级指标,采用隶属函数确定模糊关系得到二级指标层模糊评价矩阵R_i。R_i与表9-14相应指标层权重向量相乘得到一级指标层模糊综合评价集V_i;V_i与表9-13相应目标层权重向量相乘得到评价对象模糊综合评价矩阵S,归一化处理得到$\hat{S}$;令Y为方案评分,则$Y = \hat{S} \times F^T$。

表 9-12 比选方案评价表

一级评价指标	二级评价指标	评价项目	差	较差	一般	较好	好
地形、地质条件 A	A1	地形条件	路线方案穿越复杂地形的路段长度比例大于80%;为克服复杂地形所增大幅增加工程实施难度	路线方案穿越复杂地形比例小于80%的路段长度比例大于60%;为克服复杂地形较大幅增加工程实施难度	路线方案穿越复杂地形的路段长度比例大于60%,小于80%;为克服复杂地形增加工程实施难度	路线方案穿越复杂地形的路段长度比例小于30%;为克服复杂地形所增加的工程实施难度较小	路线方案穿越复杂地形的路段长度比例小于10%;为克服复杂地形所增加的工程实施难度很小
			(80,100]	(60,80]	(40,60]	(20,40]	[0,20]
	A2	地质条件(不良地质影响大小、穿越不良地质长度和不良地质处治难度)	路线方案穿越不良地质路段长度比例大于50%;不良地质处治难度大,对公路建成后的安全行车有影响;路线方案对自然环境影响非常大,对公路建成后的地质灾害,对公路建成后交通安全产生影响很大	路线方案穿越不良地质路段长度比例大于30%,小于50%;不良地质处治难度较大,对公路建成后的安全行车有影响;路线方案对自然环境影响较大,易引发新的地质灾害,对公路建成后安全行车产生影响较大	路线方案穿越不良地质路段长度比例大于20%,小于30%;不良地质处治难度有一定难度,对公路建成后的安全行车影响不大;路线方案对自然环境影响有一定影响,引发新的地质灾害有可能引发,对公路建成后安全行车产生影响	路线方案穿越不良地质路段长度比例大于10%,小于20%;不良地质处治难度不大,对公路建成后的安全行车基本无影响;路线方案对自然环境稍有影响,引发新的地质灾害的可能性较小,并对公路建成后安全行车产生影响较小	路线方案穿越不良地质路段长度比例小于10%;不良地质处治难度很小,对公路建成后的安全行车无影响;路线方案引发新的地质灾害,对自然环境影响小
			(80,100]	(60,80]	(40,60]	(20,40]	[0,20]
线形设计要素 B	B1	平面设计指标运用情况	平面设计半径、视距等普遍采用低于一般值,大部分路段至难以满足运行速度要求,指标不均衡,不利于交通安全	平面设计半径、视距等均不满足运行速度要求,局部路段多处采用接近极限值或至难以满足运行速度要求,运行速度不均衡,运用不够均衡	平面设计半径、视距等主要指标均满足接近极限值要求;个别路段不满足运行速度要求,不满足均衡,运用较合理	平面设计圆曲线、缓和曲线、视距、超高、加宽等指标大部分接近一般值,满足运行速度要求;指标较均衡,运用较合理	平面设计圆曲线、缓和曲线、视距、超高、加宽等均大于一般值,满足要求;指标运行速度完全均衡影响合理
			(80,100]	(60,80]	(40,60]	(20,40]	[0,20]

382

续上表

一级评价指标	二级评价指标	评价项目	差	较差	一般	较好	好
线形设计要素 B	B2	纵断面设计指标运用情况	纵断面设计纵坡、视距等普遍采用低于一般值，大部分路段采用极限值，甚至难以满足设计速度和运行速度要求，对安全影响较大，不利于安全行车 (80,100]	纵断面设计纵坡、视距等均满足设计速度要求，大部分路段多处采用接近极限值，局部路段难以满足运行速度要求或接近极限值，指标运用基本合理 (60,80]	纵断面设计纵坡、视距等均满足设计速度要求，个别路段接近极限值，局部路段接近极限值设计不满足运行速度要求或指标运用较合理 (40,60]	纵断面设计纵坡、竖曲线、视距等多数接近一般值，均满足运行速度要求，指标运用比较合理 (20,40]	纵断面设计纵坡、竖曲线、视距等远大于一般值，满足运行速度要求，指标运用合理 (0,20]
	B3	横断面设计指标运用情况	横断面设计指标普遍采用低于一般值；大部分路段采用极限值以满足设计速度和运行速度要求，横断面布置不利于交通组织和交通安全 (80,100]	横断面设计指标等均满足设计速度要求；局部路段多处采用最小值或不满足设计速度要求，横断面布置基本合理、交通组织较复杂 (60,80]	横断面设计指标等均满足设计速度要求；个别路段受限采用最小值横断面布置较合理 (40,60]	横断面设计指标等均满足一般值，衔接路段过渡较好，横断面布置较合理 (20,40]	横断面设计指标等均满足一般值，衔接路段过渡自然，横断面布置合理 (0,20]
线形协调性和路侧危险 C	C1	线形协调性（急弯陡坡、连续上坡、连续下坡等危险路段长度）	平纵横指标配合较差；连续上坡、连续陡坡、陡下坡比例长度大于60% (80,100]	平纵横指标配合一般；急弯陡坡、连续上坡、连续下坡等危险路段长度比例小于60% (60,80]	平纵横指标配合一般；急弯陡坡、连续上坡、连续下坡等危险路段长度比例大于20%、小于40% (40,60]	平纵横指标配合良好；急弯陡坡、连续上坡、连续下坡等危险路段长度比例小于20% (20,40]	平纵横指标配合良好；无急弯陡坡、连续上坡、连续下坡等危险路段 (0,20]
	C2	路侧横向干扰或路侧有悬崖、深堑、深沟、江河湖泊等危险路段长度比例	路侧有严重横向干扰；交通事故严重程度为高、路侧危险等级高（4级以上）长度比例占80%以上，改善路侧安全状况非常困难 (80,100]	路侧有较严重横向干扰；交通事故严重程度为中，路侧危险等级较高（3～4级）长度比例大于50%、小于80%，改善路侧安全状况困难 (60,80]	路侧有少量横向干扰；交通事故严重程度为中，路侧危险等级较高（3～4级）长度比例大于30%、小于50%，改善路侧安全状况不困难 (40,60]	路侧无横向干扰；交通事故严重程度为低，路侧危险等级较低（3～4级）长度比例大于5%、小于30%，改善路侧安全状况较容易 (20,40]	路侧无横向干扰；交通事故路侧严重程度为低或路侧危险等级低（2级以下），改善路侧安全状况容易 (0,20]

续上表

一级评价指标	二级评价指标	评价项目	差	较差	一般	较好	好
主要控制点、大型构造物与沿线设施分布 D	D1	路线大型结构物(特大桥隧、互通式立交等)布局及运营安全	设置有大型构造物,且其选址、规模、同距对公路建成后的安全行车有很大影响,建成后桥隧立体交叉净距不安全;桥隧长度比例大于60% (80,100]	设置有大型构造物,且其选址、规模、同距对公路建成后的安全行车有较大影响;桥隧长度比例大于40%,小于60% (60,80]	设置有大型构造物,但其选址、规模、同距对公路建成后的安全行车影响不大;小于20%,小于40% (40,60]	设置有大型构造物,但其选址、规模、同距对公路建成后的安全行车影响较小;小于10%,小于20% (20,40]	设置有大型构造物,且其选址、规模、同距对公路建成后的安全行车影响较小;桥隧长度比例小于10% (0,20]
	D2	路线与城镇区规划及其他公路、铁路、水利设施、管线等的干扰	路线方案与城镇规划不符,或与铁路、水利设施、管线干扰严重,施工期和公路建成后均会出现严重的交通安全问题 (80,100]	路线方案与其他线路干扰较严重,施工、管线均出现较为严重建成后公路运营出现交通安全问题 (60,80]	路线方案与其他线路有干扰,施工期和公路建成后可能对安全运营造成一定影响 (40,60]	路线方案与其他线路稍有干扰,施工期和公路建成后对安全运营造成影响很小 (20,40]	路线方案与其他线路干扰很小,施工期和公路建成后对安全运营基本无影响 (0,20]
	D3	服务区、停车区、收费站、管理站等沿线设施布局	沿线服务设施、管理设施选址较合理规模、功能最低满足要求,与隧道、顺接较差,特大桥构造物净距满足要求 (80,100]	沿线服务设施、管理设施选址较合理规模适当功能匹配,出入口衔接顺畅,与隧道、特大桥构造物净距满足要求 (60,80]	沿线服务设施、管理设施选址较合理规模适当、功能匹配,出入口衔接顺畅,特大桥构造物同距满足安全和交通组织要求 (40,60]	沿线服务设施、管理设施选址合理,规模适当,功能匹配顺畅,与隧道,特大桥构造物同距基本满足安全和交通组织要求 (20,40]	沿线服务设施、管理设施选址合理,规模适当,功能匹配,出入口衔接顺畅,与隧道,特大桥构造物同距有利于安全和交通组织 (0,20]

续上表

一级评价指标	二级评价指标	评价项目	差	较差	一般	较好	好
自然气候条件 E	E1	路段频繁受雾区、冰雪、大风等不良气候影响	路线方案受不良气候影响严重,或局部小气候长度比例大于80%,路段长度非常不利于交通安全	路线方案受不良气候影响,局部小气候路段长度比例大于60%,小于80%,对交通安全有较大影响	路线方案受不良气候或局部小气候影响路段长度比例大于30%,于60%,对交通安全有一定影响	路线方案受不良气候或局部小气候影响路段长度比例大于10%,小于30%,对交通安全影响较小	路线方案受不良气候或局部小气候影响路段或路线长度比例小于10%,对交通安全基本无影响
			(80,100]	(60,80]	(40,60]	(20,40]	(0,20]
	E2	交通组织与救援通道	交通组织复杂,应急救援不便,设置应急救援通道非常困难	交通组织较复杂,进行应急救援,设置应急救援通道较困难	交通组织较顺畅,有条件设置应急通道,但有一定难度	交通组织顺畅,有较好条件设置应急通道	交通组织顺畅,方便应急救援
			(80,100]	(60,80]	(40,60]	(20,40]	(0,20]

385

目标层权重   表9-13

指标	ω_A	ω_B	ω_C	ω_D	ω_E
权重	0.2165	0.2120	0.2050	0.2185	0.1380

指标层权重   表9-14

指标	i		
	1	2	3
ω_{Ai}	0.480	0.520	—
ω_{Bi}	0.336	0.345	0.319
ω_{Ci}	0.406	0.594	—
ω_{Di}	0.381	0.314	0.305
ω_{Ei}	0.425	0.575	—

根据方案评分E与表9-15的评分标准比较,提出有相对优势的比较结果。评分值越小,则风险越小,对交通安全的保障能力越强;相反,评分值越大,则风险越大,对交通安全的保障能力越差。

评分标准表   表9-15

评价结果	好	较好	一般	较差	差
分数	[0,20)	[20,40)	[40,60)	[60,80)	[80,100)

③设计要素评价

设计要素评价可采用运行速度协调性分析,对路线、路侧、桥梁、隧道、互通立交、平面交叉、交通工程及沿线设施等方面进行评价,并针对存在问题提出意见和建议。

(3)施工图设计阶段公路安全性评价

公路项目施工图设计阶段评价重点应为交通工程及沿线设施的设置情况等,应进行总体评价和设计要素评价。改扩建公路应评价施工期间交通组织设计对交通安全的影响。本阶段宜采用运行速度协调性分析、安全检查清单等评价方法,对复杂项目、复杂路段,还可采用驾驶模拟方法对线形设计协调性、交通安全设施等进行评价。

①总体评价

总体评价主要分析评价项目的建设条件、主体工程与交通工程及沿线设施设计情况、运营环境、开放交通后的交通条件等分析公路项目的总体安全特征、核查上一阶段设计审查与安全性评价的意见建议及批复的执行情况。

②设计要素评价

设计要素的评价主要是针对施工图设计的路线、路基路面、桥涵、隧道、交叉等设置情况进行评价。当需要补充初步设计阶段相关的评价内容时,应对初步设计提出的路线和结构物设计方案开展安全性评价工作。此时,安全性评价侧重于方案比选、路线走向、设计标准的选择、结构物形式和位置选取、平交设计等方面。通过审查设计图纸,划分评价单元,采用定性与定量相结合的评价方法,从设计方案比选、路线、路基路面、桥涵、隧道,交叉设计、交通工程及沿线设施等方面分析设计中存在的不利于交通安全的因素。对于改扩建公路,还应根据项目影响范围内路网的公路等级、交通组成、交通流特性等,结合既有公路现状、改扩建方案等,对交通组织设计进行评价。

2. 设计要素指标评价

公路路线设计要素指标有很多,各个指标和它们的组合都会在一定程度上影响车辆行驶的安全性。在国内外标准和设计规范中,各种指标的使用范围和推荐值均有较明确的规定,各个指标对事故"权重"的影响程度不一,有些是主要的,有些是次要的,有些则是可以忽略的。所以,对公路行车安全敏感性设计指标的分析就显得尤为重要。结合《公路项目安全性评价规范》(JTG B05—2015)中对路线设计安全性评价的要求和《公路工程技术标准》(JTG B01—2014)、《公路路线设计规范》(JTG D20—2017)、《公路路基设计规范》(JTG D30—2015)等标准、规范中对指标参数的规定,路线设计要素安全性评价所涉及的技术指标主要如下:

(1)平面线形

①直线

在平面线形设计中,直线的应用最为广泛。其特点是路线短、行驶时受力简单、造价低。直线长度评价需要根据运行速度的要求,最小直线长度一般以"同向曲线间直线长不小于 $6V_{85}$;反向曲线间不小于 $2V_{85}$"作为划分标准,最大直线长度评价则借鉴"日本、德国规定直线最大长度不宜超过设计速度的20倍,即72s行程"作为划分标准。在实际运用中,直线长度尤其是长直线划分标准有待商榷。当具体项目中因条件限制采用长直线时,应结合运行速度分析和安全性评价,增设必要的提醒和警示标志,避免出现驾驶疲劳等现象。

②圆曲线

圆曲线是平面线形元素的重要组成部分,起到圆润导线交点处的转弯,使道路线形保持通行连续性。圆曲线半径的评价是根据车辆在弯道上的受力情况(车辆在圆曲线上行驶受到离心力作用,有冲出车道的趋势)和运行速度,计算在横坡和地面产生的摩擦力的影响下保证车辆受力平衡时的最小圆曲线半径,并与设计值进行比较,从而评价圆曲线半径设置是否合理。在实际道路设计中,当有条件时应尽量使用大的圆曲线半径,但不宜超出驾驶员的视距范围。为车辆不产生横向滑移的最小圆曲线半径计算公式为:

$$R = \frac{V_{85}^2}{127(\mu + i)} \tag{9-6}$$

式中:R——路段运行速度要求的圆曲线半径(m);

V_{85}——运行速度的计算值(km/h);

μ——横向力系数;

i——路拱横坡度。

③超高

超高是弯道上保证车辆安全行驶的重要设计指标,主要用于平衡车辆做圆周运动受到的离心力作用。超高评价需要结合运行速度下平曲线路段行车稳定性需求,在圆曲线半径不变的前提下采用运行速度检验设置的超高值是否得当或设计确定的超高值下保证行车稳定性要求的平曲线半径,并与设计值进行比较。评价超高设置是否得当,还应根据公路等级、区域气候条件以及交通组成等因素,对采用的最大超高值进行评价。若超高设置不满足运行速度的要求,必要时应增设警告标志、限速标志等设施对速度进行限制。

④加宽

与超高同时需要评价的还有加宽。加宽主要用于保证车辆在转弯过程中有足够的横向空间,确保车辆的行驶速度和通行能力受弯道的制约小,可有效提高驾驶的安全性和舒适度。加宽评价需要根据交通组成,评价加宽值和加宽形式设置是否得当。若加宽设计不满足要求,必要时应优化线路或设置交通安全设施。

(2)纵断面线形

①纵坡

评价纵坡对交通安全的影响时,主要考虑坡度和长度两个属性。坡度是纵断面设计中重要的控制指标,道路受地形起伏影响,纵断面坡度及坡长设计不仅会影响车辆爬坡效能,而且会对道路工程造价及后续的运输成本影响较大。坡长是指连接纵断面前后变坡点的水平距离。通常认为坡长不能过长也不能过短,否则均会对车辆的安全行驶造成影响。因此,纵坡的评价需要考虑车辆的爬坡性能和公路的通行能力,分析满足运行速度需求下坡度和坡长的极限值,并对连续上坡、连续下坡的路段进行评价。

②竖曲线

竖曲线是连接道路转折点处相邻两线形的平滑曲线。它的作用是使车辆行驶平稳。竖曲线主要分为凸形曲线和凹形曲线两种。竖曲线对交通安全的影响主要体现在视距上。因此,需要根据运行速度来评价接近最小半径或具有最小长度竖曲线的安全性。

③合成坡度

合成坡度是指由路线纵坡与弯道超高横坡或路拱横坡组合而成的坡度,其方向即流水线的方向。应根据气候条件、地形条件和交通组成,采用运行速度来对公路合成坡度进行评价。

④爬坡车道

爬坡车道是设置在上坡路段,供慢速上坡车辆行驶的专用车道。在连续陡坡路段,它位于原有车道外侧,为车速降低过多的载重车行驶而增设,用以维持一般车辆的正常车速,从而提高交通安全和通行能力。对爬坡车道的评价应包括其长度、宽度、紧急停车带的位置和数量,以及相关标志、标线等内容。

避险车道

⑤避险车道

避险车道是长陡下坡路段行车道外侧增设的供速度失控(刹车失灵)车辆驶离正线安全减速的专用车道。对避险车道的评价应包括其设置位置、数量和间距、引道、平面线形、纵面线形、横断面宽度、长度和坡度、制动坡床材料、排水、端部处理以及交通安全设施和管理设施等内容。

(3)横断面

①车道宽度

评价车道宽度首先应能满足所有车辆的基本通过性,在此基础上还需要考虑驾驶员的心理对安全的需求和运行中车辆修正轨迹所需要的额外空间。各国对车道宽度都有明确规定,大多取值在3.0~4.0m之间。我国规范中提供的最大车道宽度为3.75m,最小车道宽度为3m;美国车道宽度取值在2.7~3.9m;日本车道宽度取值在2.75~3.5m。

②路肩宽度

路肩宽度设计不仅需要提供驾驶所需的安全宽度,也要体现宽容性设计理念。硬路肩的功能包括紧急停车、避险,以及供驾驶错误修正的空间。路肩宽度较小时应对设置紧急停车带的有效长度、宽度、间距及其出入口过渡段进行评价。

(4) 视距

视距是保证公路安全的一项重要设计指标。公路沿线应有足够的视距,使驾驶员能及时察觉潜在的危险,并做出适当反应。对视距的评价应根据公路等级采用运行速度对停车视距、会车视距、超车视距进行评价。

(5) 道路线形组合

① 平面线形组合

在道路进行平面线形设计时,主要考虑的是直线和平曲线相接,以及不同半径平曲线相接的情况。对平面线形组合的评价应结合运行速度、视觉条件等,对平面线形组合各参数进行检验,检查是否采用较为顺适、安全水平较好的路线。

② 纵面线形组合

纵断面线形主要有两种基本线形元素构成,包括直线(切线)和竖曲线(圆曲线或抛物线),其组合形式主要有两种,即凸形曲线和凹形曲线。纵断面线形组合评价应考虑挖填平衡和顺应地形起伏,评价纵面线形组合是否选择较大的竖曲线半径进行变坡点处坡度过渡,各级纵坡是否避免使用最大纵坡和对应的最大坡长,对纵坡设计的评价还应考虑避免迁就地形起伏变化,采用平缓纵坡。

③ 平纵线形组合

平纵线形组合应保持各指标间的相对均衡和变化节奏的相互协调,组合后的线形应满足空间上的线连续性,包括视觉连续、运行速度连续和加速度连续。平纵线形组合评价应注意竖曲线取值是否合理;平曲线与竖曲线重叠时,平曲线应包络竖曲线,使驾驶员能够获得较好的道路感知,方便判断道路走向;平、纵曲线应保持大小均衡。

复习思考题及习题

[9-1] 什么是道路安全性评价?试述其作用和意义。

[9-2] 试述道路安全性评价的流程。

[9-3] 试述工程可行性研究阶段安全性评价的方法、指标和内容。

[9-4] 试述初步设计阶段安全性评价的方法、指标和内容。

[9-5] 试述施工图设计阶段安全性评价的方法、指标和内容。

[9-6] 路线设计安全性评价所采用的指标有哪些?

第九章测试题及答案

第十章 道路勘测

第一节 道路勘测的要求

一 基本要求

道路勘测是道路工程设计的依据和基础，而工程设计又是施工的依据和基础。外业资料是否齐全、准确和满足规范要求直接影响设计质量。因此，在公路勘测中，必须以非常认真的态度，深入调查和研究，实事求是，精心勘测，注重技术经济效益，兼顾环境和社会的影响，为设计提供正确、完整的数据和资料，以保证设计文件的高质量，为施工奠定坚实的基础。

(1)有条件时，道路勘测应尽量利用航空摄影测量、地面立体摄影测量和已有的航测资料，并在技术成熟的情况下，优先选用先进仪器和最新测设手段，以提高测设速度和质量，提高测设效益。

(2)道路勘测必须推行全面质量管理，及时检查所有野外资料、各种原始记录和计算成果，有完善的签字制度并层层负责。勘测工作完成后，应组织有关单位进行验收。

(3)各种测量标志的规格、书写、埋设、固定等，应符合《公路勘测规范》(JTG C10—2007)或《市政工程勘察规范》(CJJ 56—2012)的要求。勘测中使用的术语、符号及图表格式，应按现行有关规定执行。地形图式应按国家测绘局制定的现行图式表示，如有补充，应增绘图例。

(4)各种测量仪器和设备，是测量人员不可缺少的生产工具，野外工作中要注意保管和爱护测量仪器。贵重的精密仪器在使用前一定要认真阅读使用说明书，按规定的方法操作，平时应加强保养和维护，按规定定期检校。严禁使用未按规定检校或检校不合格的仪器。

二 测量标志

1. 测量标志分类

(1)测量标志分为控制测量桩、路线控制桩和标志桩三种。
(2)控制测量桩是指控制测量的全球导航卫星系统(GNSS)点、三角点、导线点、水准点以及特大桥隧控制桩。
(3)路线控制桩是指路线起终点桩、公里桩、曲线要素桩、交点桩、转点桩、断链桩等。
(4)标志桩是指路线中线桩和控制桩的指示桩。

2. 测量标志要求

1)控制测量桩

(1)控制测量桩亦可采用不易破碎的石材或其他具有较高强度的材料制成，尺寸规格应符合《公路勘测规范》(JTG C10—2007)附录A的规定,其中,四等控制测量桩尺寸规格如图10-1、图10-2所示。有特殊要求的控制测量桩,其尺寸规格、形状等应专门设计。

(2)各级控制测量桩必须设有中心标志。中心标志宜采用具有中心记号的铸铁,亦可采用直径不小于14mm的钢筋制作。平面控制测量桩钢筋头表面应锉平并刻成细小、清晰的十字线,其露出标石表面的高度应为2~5mm;高程控制测量桩的中心标志顶端应圆滑,应采用球形中心标志或锉平表面的钢筋。

(3)不同的控制测量桩共用时,必须满足各自的埋设和作业要求,标志规格以其中较高者为准。

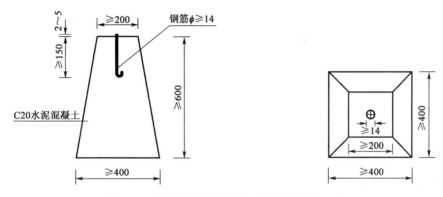

图10-1 四等平面控制测量桩尺寸图(尺寸单位:mm)

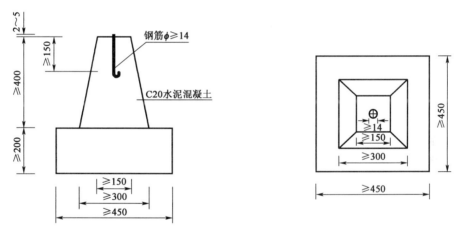

图10-2 四等高程控制测量桩尺寸图(尺寸单位:mm)

2)路线控制桩

(1)路线控制桩应采用木质桩,断面不应小于5cm×5cm,长度不应小于30cm。

(2)路线控制桩应钉设小钉表示其中心位置。

(3)当路线控制桩为控制测量桩使用时,应进行护桩,并应设置指示标志。

3)标志桩

标志桩应采用木质或竹质桩,断面不应小于5cm×1.5cm,长度不应小于30cm。

3. 标志埋设

1)控制测量桩

(1)控制测量桩应埋设在基础稳定、易于长期保存的地点。埋设时,应使其具有足够的稳定性。控制测量桩高出地面的部分不得超过5cm。

(2)控制测量桩埋设时,坑底应填以砂石,并捣实或现浇厚度20cm以上的混凝土,应在控制测量桩周围地表现浇厚度5cm以上、控制桩以外地表现浇宽度10cm以上的混凝土。埋设的控制测量桩应待沉降稳定后方可使用。

(3)冻土地区,季节冻土层以下桩志的高度应大于标准高度的2/3,并应在位于季节冻土层段的桩志周围包裹防水材料。

(4)控制测量桩位于岩石或固定建筑物上时,应将表面凿毛、冲洗干净后,在其上浇筑混凝土并埋入中心标志,其顶部外形尺寸与相应标志相符,混凝土的高度应大于20cm。

(5)控制测量桩位于沙丘和土层松软地区时,应增大桩志尺寸和基坑底层现浇混凝土的面积和厚度,直至具有足够的稳定性。

(6)利用原有控制测量桩时,应确认其标志完好,并符合相应控制测量桩的规格和埋设要求。

2)路线控制桩

(1)路线控制桩顶面宜与地面齐平,并加设指示桩。路线控制桩的木质方桩顶面应钉小钉,标示点位。

(2)路线控制桩位于岩石或建筑物上时,可用油漆标记。柔性路面地段可用钢筋打入路面且与路面平齐。

(3)路线控制桩应具有较高的稳定性,不得随意搁置于地表。

3)标志桩

(1)标志桩打入地下的长度应大于15cm。当标志桩作为指示桩时,应钉设在被指示的桩志的附近。

(2)标志桩位于岩石或建筑物上时,可用油漆标记。柔性路面地质可用铁钉打入路面且与路面平齐。

(3)标志桩应具有一定的稳定性,不得随意搁置于地表。

4. 标志书写

(1)控制测量桩应在其表面标注点名(号)。

(2)路线控制桩、标志桩应标明桩号、中心位置。

(3)控制测量桩、路线控制桩和标志桩应按起终点方向顺序连续编号,中线桩宜按0~9循环编号。

(4)分离式路基测量,其左、右侧路线桩号前应冠以左、右字母符号,并应以前进方向右侧路线为全程连续计算桩号。

(5)有比较方案时,桩号前应冠以比较线的编号。

(6)公路测量符号宜采用汉语拼音字母,有特殊要求时可采用英文字母。

三 测量记录

1. 测量记录的重要性

测量记录是公路外业勘测过程中,对各个工作阶段的各种数据的记录。它应完整而准确地记录整个公路勘测的过程。这些测量记录既是内业设计的依据,又是长期保存的记录档案。随着计算机和现代测设仪器的普及,许多记录已用存储卡或计算机存储。但仍不能忽视人工野外记录工作,这不仅是因为野外记录并不是全部可以用计算机存储替代,更重要的是为防止或尽量减少因仪器故障导致大量原始数据丢失的现象发生。

2. 公路测量记录的要求

1)桩标记录

(1)控制测量桩应填写点之记,并应在现场填绘。

(2)当路线控制桩作为控制测量桩使用时,应填写固定桩志表。

2)勘测记录

(1)公路勘测的各种记录,应采用专用记录簿。记录簿必须编排页码,严禁撕页。采用电子设备记录时可按现行《测量外业电子记录基本规定》(CH/T 2004)执行,并打印输出与手簿相同的内容及各项计算成果附于记录中。测量结束后,应及时整理,检查是否符合各项限差及技术要求。

(2)测量数据记录不得涂改、擦改和转抄。当记录发生错误时,应按下述条款进行处理:

①角度记录中的分位、距离和水准记录中的分米位的读记错误可以更改,但不得连环更改。

②角度记录中的秒位、距离和水准记录中的厘米及厘米以下位数不得涂改,必须重测。

③对允许改正的内容应用斜线整齐划去错误的记录,在其上方重新记录正确的数值,并应在备注栏注明原因。

(3)原始数据和记事项目应现场记录,记录项目应齐全。

(4)各种记录簿应编制目录,并应由测量、复核及主管人员签署。

第二节 道路初测

初测是两阶段设计和三阶段设计中第一阶段(初步设计阶段)的外业勘测与调查工作。

初测的目的是根据批复的《工程项目可行性研究报告》所拟订的修建原则和路线基本走向方案,通过现场对各比选方案的勘测,从中确定要用的方案,并搜集编制初步设计文件所需的勘测调查资料。

一 前期工作

1. 准备工作

(1)应根据初测需要,搜集与项目相关的技术、经济、社会及自然条件等资料。具体内容如下:

①三角点、导线点、水准点、GNSS点等测量控制点及各种比例尺的地形图、航测像片等资料。

②沿线自然地理概况、地质、水文、气象、地震基本烈度等资料。

③沿线铁路、公路、航运、城建、农林、水利、电力、通信、文物、环保、国土资源、国防等部门与本项目有关的规划、设计、规定、科研成果等资料。

④改(扩)建公路还应搜集原有公路的测设、施工、养护、路况及交通量等资料。

(2)应根据批复的工程可行性研究初步拟订的路线起终点、中间控制点及基本走向方案,在地形图、数字地面模型或航测像片上进行研究,初步确定初测的勘测方案。

(3)应根据初步确定的勘测方案,编写工作大纲和技术设计书。在工作大纲中应写明测设组织形式、测设人员、人员分工、工作阶段划分、各阶段工期、质量保证措施等。在技术设计书中应写明资料搜集及可利用情况、仪器设备状况、测设内容、测设方法、测设深度、采用的技术标准及提供的资料等。

2. 现场踏勘

(1)应根据准备阶段确定的初拟勘测方案,对下列主要内容进行现场踏勘：

①核查所搜集地形图的地形、地物的变化及对初拟方案的影响。

②沿线居民点、农田水利设施、主要建筑设施和不良地质的分布情况及对初拟方案的影响情况,并对初拟方案作出相应的调整。

③沿线各种地上(下)管线、重要历史文物、名胜古迹、旅游风景区、自然保护区、景观区(点)等的分布情况,并据此调整初拟方案或拟订相应的环保措施。

④对沿线重点工程和复杂的大桥、中桥、隧道、互通式立体交叉等,应逐一落实其位置与设置条件。

⑤对重要的路线方案、与地方规划或设施有干扰的方案,应征求当地政府或主管部门的意见。

⑥改建公路应对原有旧路的路线线形、路基、路面、桥涵、防护和排水系统、事故多发路段及各种主要病害路段情况进行踏勘。

(2)对搜集的国家及有关部门布设的控制点的完好程度及可利用性进行检查；根据测区地形、植被覆盖情况,结合技术条件确定控制测量方案。

(3)通过现场踏勘确定初测路线地形图测图范围和地形图测量方案。

(4)应调查沿线气象及交通条件等,确定外业勘测方案。

二 初测要点

1. 平面控制测量

(1)公路平面控制测量包括：公路、桥梁、隧道的平面控制测量。平面控制网的布设应遵循因地制宜、技术先进、经济合理、确保质量的原则。

(2)平面控制网宜全线贯通,统一平差。

(3)平面控制测量应采用GNSS测量、导线测量、三角测量、三边测量方法,路线平面控制测量宜采用导线测量方法。二级及二级以上公路必须进行平面控制测量；二级以下公路应进行平面控制测量。路线平面控制测量宜采用导线测量形式。

(4)各级公路、桥梁、隧道平面控制测量的等级不得低于表10-1的规定。

平面控制等级　　　　　　　　　　　　　　　　　　　　　　　表10-1

高架桥、路线控制测量	多跨桥梁总长 L(m)	单跨桥梁 L_K(m)	隧道贯通长度 L_C(m)	测量等级
—	$L \geq 3000$	$L_K \geq 500$	$L_C \geq 6000$	二等
—	$2000 \leq L < 3000$	$300 \leq L_K < 500$	$3000 \leq L_C < 6000$	三等
高架桥	$1000 \leq L < 2000$	$150 \leq L_K < 300$	$1000 \leq L_C < 3000$	四等
高速、一级公路	$L < 1000$	$L_K < 150$	$L_C < 1000$	一级
二、三、四级公路	—	—	—	二级

（5）应根据公路等级、路线所在地区的地形和作业条件、拟投入的仪器设备、国家控制点的数量和分布位置等,确定测量控制网的精度等级、布网方式和作业方式。

（6）可首先布设首级控制网,然后加密与公路等级、构造物相适应的控制网,亦可一次性布设与公路等级、构造物相适应的控制网。

（7）应利用路线经过地区已有国家或其他有关部门的平面控制资料,但应进行以下工作：
①对原有控制点进行检测。
②控制测量的坐标系统与本路的坐标系统不一致时,应进行换算。
③原有平面控制点不能满足公路放线要求,应按规定予以加密。

2. 高程控制测量

（1）公路高程系统,宜采用1985年国家高程基准。同一个公路项目应采用同一个高程系统,并应与相邻项目高程系统相衔接。不能采用同一系统时,应给定高程系统的转换关系。独立工程或三级以下公路联测有困难时,可采用假定高程。

（2）高程控制测量应采用水准测量或三角高程测量方法,高程变化平缓的地区可使用GNSS测量方法,但应对作业成果进行充分的检核。

（3）路线高程控制网应全线贯通、统一平差。

（4）二级及二级以上公路必须进行高程控制测量。二级以下公路宜进行高程控制测量。

（5）各级公路及构造物的水准测量等级不得低于表10-2的规定。

公路及构造物的水准测量等级　　　　　　　　　　　　　　　　表10-2

高架桥、路线控制测量	多跨桥梁总长 L(m)	单跨桥梁 L_K(m)	隧道贯通长度 L_C(m)	测量等级
—	$L \geq 3000$	$L_K \geq 500$	$L_C \geq 6000$	二等
—	$1000 \leq L < 3000$	$150 \leq L_K < 500$	$3000 \leq L_C < 6000$	三等
高速、一级公路	$L < 1000$	$L_K < 150$	$L_C < 3000$	四等
二、三、四级公路	—	—	—	五等

（6）各等级路线高程控制网最弱点高程中误差不得大于±25mm,用于跨越水域和深谷的大桥、特大桥的高程控制网最弱点高程中误差不得大于±10mm,每公里观测高差中误差和附合（环线）水准路线长度应小于表10-3的规定。

（7）高程控制点的布设。路线高程控制点相邻点间的距离以1~1.5km为宜,特大型构造物每一端应埋设两个（含两个）以上高程控制点。高程控制点距路线中心线的距离应大于50m,宜小于300m。

高程控制测量的技术要求　　　　　　　　　表10-3

测量等级	每公里高差中数中误差(mm)		附合或环线水准路线长度(km)	
	偶然中误差	全中误差	路线、隧道	桥梁
二等	±1	±2	600	100
三等	±3	±6	60	10
四等	±5	±10	25	4
五等	±8	±16	10	1.6

(8)应利用路线经过地区已有国家或其他部门设置高程控制点,但应进行下列工作:
①对原高程控制点应进行逐一检测。
②原高程系统与本路使用的高程系统不一致,应进行换算。

3. 地形图测绘

(1)各等级公路均应根据设计需要进行地形图测绘。地形图成果宜首选数字地形图。

(2)根据路线所在地区的地形、地物和植被覆盖情况、公路等级及所具备的经济、技术条件等,确定地形图的测绘方式,地形图比例尺、等高距的选择、精度要求应按《公路勘测规范》(JTG C10—2007)规定执行。测图比例尺一般应采用1∶2000或1∶1000,工点地形图可采用1∶2000~1∶500。

(3)地形图的测绘范围应根据公路等级、地形条件及设计需要等合理确定,应能满足线形优化及构造物布置的需要。二级及二级以上公路中线每侧不宜小于300m。采用现场定线法时,地形图的测绘范围中线每侧不宜小于150m。高速公路和一级公路采用分离式路基时,地形图应覆盖中间带;当两条路线相距很远或中间带为大河与高山时,中间地带的地形图可不测绘。

(4)当公路等级低且无须利用地形图进行纸上定线时,亦可利用纵、横断面资料,配合仪器测量现场勾绘地形图。

4. 路线勘测与调查

(1)路线定线时,应充分了解并掌握沿线规划以及地形、地貌、地质、水文、气候、地下埋藏、地面建筑设施等情况。

(2)纸上定线应进行的勘测内容:
①应将具有特殊要求和控制的地点、必须绕避的建筑物或地质不良地带、地下建筑和管线等标注于地形图上。
②越岭路线需进行纵坡控制的地段,应在地形图上进行放坡,并将放坡点标示于图上。
③路线上一般地形变坡点的高程可从图上判读,对高程要求较严格的路段和地点如河堤、铁路、立体交叉、水坝、干渠、重要管线交叉等应实测其高程,点绘纵断面图。
④应对高填深挖地段、大型桥梁、隧道、立体交叉以及需要特殊控制的地段进行实地放桩,进行纵、横断面测量。
⑤应在地形图上点绘或实测控制性横断面。

(3)现场定线应进行的勘测内容:
①现场定线一般只适用于三级、四级公路的线路选取。
②现场踏勘前,应在地形图上确定控制点、绕避点,选择路线通过的最佳位置。

③越岭路线或受纵坡控制的路段,应选择好坡面及展线方式进行放坡试线。

④现场定线时,可采用直接定交点法、延长直线钉设转点或交点的方法确定路线交点位置。直接定交点法一般可用于地形平坦、地面目标明显、路线受限不严或旧路改建等工程。延长直线钉设转点或交点时应符合以下要求:

a. 交点至转点或转点间距离,宜控制在50~500m之间;当点间距离小于50m时,应设置远视点。

b. 正、倒镜的点位横向偏差每100m不应大于5mm;当点间距离大于400m时,最大点位差不应大于2cm。三级及三级以下公路,点位差值可放至上述规定值的2倍,符合以上偏差范围时,可分中定位。

c. 延长直线时,前、后视距离宜大致相等。当距离小于100m时,应用测钎或垂球对点;当距离较远时,可用花杆对点,并以杆脚为照准目标。如有困难时,至少应照准花杆的下半部分。

⑤选设的交点和转点作为测量控制点使用时,应进行护桩并按照二级平面控制测量的要求测定角度和长度。如交点和转点不作为测量控制点使用,应将交点和转点与路线控制测量点联测,求定交点和转点坐标。

(4)不管是纸上定线还是现场定线,均应根据专业调查需要,进行路线放线。路线放线可采用极坐标法、全球导航卫星系统实时运动定位技术(GNSS-RTK)法、链距法、偏角法、支距法等方法。

(5)定线放桩的密度应满足勘测与调查的需要。放桩桩位、中桩高程及横断面测量精度要求按定测中路线中线敷设的要求执行。当能利用地形图的地形数据构建相当于1:2000地形图精度的数字地面模型时,中桩的高程和横断面可在数字地面模型上内插获得。

5. 其他勘测与调查

初测除上述四项测量内容外,还应包括以下勘测与调查的内容:

(1)路基、路面及排水勘测与调查。

①应对影响路基、路面及排水设计的相关因素和条件进行调查,内容包括沿线的气象、水文、水系、地质、土质、植被、水利设施的现状与规划等。

②应对沿线地质情况以及特殊地质、不良地质的位置、特征,地形地貌的成因、性质、发展规律,对路基、路面的影响进行调查。

③应对附近既有工程路基路面材料、结构形式及使用情况进行调查。

④应对取弃土场的位置与条件进行勘测与调查。

⑤应对防护工程的设置位置及条件进行勘测与调查,地质条件特别复杂、防护工程规模较大的工点,应进行控制测量并测绘1:500~1:2000的地形图。

(2)小桥涵勘测与调查。

①小桥、漫水桥以及复杂涵洞、改沟工程、人工排灌渠道等,应放桩并实测高程与断面。当地形及水文条件简单时,可在1:2000地形图上查取或采用数字地面模型内插获取,但应进行现场校对。

②小桥涵(漫水桥、过水路面、倒虹吸、渡槽)的勘测,应实地调查小桥涵区域的自然条件、桥涵位上游汇水区地表特征,现场核对拟定小桥涵的设计参数。

③调查拟建小桥涵址的上、下游附近原有小桥涵的设计和使用情况。

④改建工程的小桥涵,应查明原有桥涵现状及可利用程度。

(3)大、中桥勘测与调查。

①应搜集与大、中桥测设相关的水文、地质、气象、流冰、流木、通航要求等资料。

②现场踏勘及调查。包括现场核查研究工程可行性研究所推荐的桥位方案,调查桥位所在区域的农田水利、地形、地质、地貌、生态环境、地物分布等情况,调查河流的形态特征、地质、通航要求、施工条件以及地方工农业发展规划等。

③桥梁控制测量。初测阶段可不专门布设桥梁平面和高程控制网,但在布设路线控制网时每岸应各布设必要的控制点,布设的控制点应纳入路线控制测量进行施测。

④桥位地形图、水下地形图测绘。其测绘范围应能满足方案比较和桥梁布孔的需要,桥位地形图还应满足桥头引道和调治构造物布置的需要。

⑤应实地放出桥梁轴线、引道位置,并进行纵、横断面测量。

⑥桥位方案确定后应进行水文调查、测量、分析和论证。

⑦跨河位置布孔方案等应征求水利、航运等部门的意见。

(4)隧道勘测与调查。

①隧道控制测量。初测阶段可不专门布设隧道平面和高程控制网,但在布设路线控制网时每端应各布设必要的控制点,并纳入路线控制测量进行施测。

②隧道地形图测绘。隧道地形图测绘范围应满足隧道洞口选择和设置的需要,并应考虑辅助工程需要,洞口地形图比例尺宜为1:500。

③隧道定线及放桩。应在拟定的概略隧址范围内,对初拟隧道轴线、洞口位置及相应连接线进行勘测与调查。应实地放出洞口附近的中线,并现场核查和测绘洞口纵、横断面。隧道洞身段应根据地质勘察及钻探需要现场放桩。

④应搜集与调查隧址自然地理环境状态、地形、地质、水文、气象、地震等资料。

⑤应对弃渣场地的条件和安全情况进行调查。

(5)路线交叉勘测与调查。

①大型或复杂的交叉应进行平面和高程控制测量,并根据需要测绘比例尺为1:500~1:5000的地形图。

②公路与公路交叉的勘测与调查。调查相交公路的名称、相关区域的路网规划、交叉位置、地名及里程、修建时间、公路等级、技术标准、路面结构类型、排水和防护工程情况及其在路网中的作用。补充调查相交公路的交通量、交通组成。测量交叉角度、交叉点高程、纵坡坡度、路基宽度、路面宽度及厚度。

③公路与铁路交叉的勘测与调查。调查铁路名称、等级、轨道数、运行情况、交叉位置地名、与铁路交叉处里程、铁路路侧附属设施、排水条件以及铁路的技术标准、规划等。测量交叉点铁路轨顶高程、交叉角度及路基宽度。

④公路与乡村道路交叉应调查相交道路的性质、路面结构、排水条件、交通量及规划。测量路基宽度、路面宽度及路面高程。

⑤公路与管线交叉的勘测与调查。测量公路与管线交叉的位置、交叉角度、交叉点悬高或埋置深度、杆塔高度以及受影响的长度。调查管线的种类、技术标准、型号、规格、用途、编号、敷设时间等。

⑥互通式立体交叉、分离式立体交叉、复杂的平面交叉应实地放出交叉桩,测量交叉桩

号、交叉角度和地面高程。

⑦各种交叉的位置、交叉形式、相交道路改移方案等,均应征求地方政府或主管部门的意见。

(6)沿线设施勘测与调查。

现场调查拟建沿线设施位置的地形地貌、地物植被、水文地质等自然条件及与各类设施设置相关的技术条件。重要的沿线设施场地应测绘比例尺为1:500~1:2000的地形图。

(7)环境保护调查。

环境保护调查包括调查当地园林工程和适种植被情况、沿线既有道路环保工程实际情况、沿线国家生态保护区与野生动物保护区的情况、沿线水源保护区和湿地的情况、拟建公路可能对当地的生态环境造成的影响。

(8)沿线筑路材料调查。

应对沿线筑路材料的供应状况、性质等进行调查,拟定料场采集后的复垦措施,大型自采料场应测绘1:1000~1:5000地形图及纵横断面图。

(9)临时工程勘测与调查。

①应对可利用的临时工程进行勘测与调查,包括可供利用的道路、供电、供水、电信等设施的状况。

②应对为满足工程需要而修建或架设的临时工程进行勘测与调查。

③应调查沿线施工场地的位置及条件。

(10)工程经济调查。

①应对占用土地数量、性质和种类进行调查。

②应对各种拆迁建筑物数量、性质、归属、拆迁费用、到路线的距离进行勘测调查,必要时会同主管部门现场勘察,协商处理方案。

③应对沿线伐树、挖根、除草的位置、数量、疏密程度等进行调查。

④概算资料调查应符合《公路工程建设项目概算预算编制办法》(JTG 3830—2018)的有关规定,满足初步设计概算编制的需要,包括概算编制的原则及依据、材料价格、有关税额、相关费用等。

6. 初测的内业工作

1)初测内业工作主要内容

(1)数据处理与分析

①对外业勘测所得的数据进行整理、分类和归档。

②使用专业软件对数据进行处理,如坐标转换、高程计算等。

③对数据进行初步分析,检查数据的准确性和完整性,剔除异常值。

(2)绘制图件

①根据处理后的数据,绘制各种比例尺的地形图、横断面图、纵断面图等。

②在图件上标注关键信息,如地物、地貌、控制点等。

③对图件进行整饰和美化,使其更加清晰易读。

(3)编写初测报告

①撰写初测工作总结,包括勘测过程、方法、结果等。

②编制初测数据报告,详细列出所有勘测数据和分析结果。
③提出建议和注意事项,为后续设计和施工提供参考。
(4)资料管理与存档
①将所有勘测资料、图件、报告等进行整理归档。
②建立完善的资料管理制度,确保资料的完整性和安全性。
③便于后续项目组成员查阅和使用相关资料。
2)初测应提交的成果
(1)各种调查、勘测原始记录及检验资料;
(2)纸上定线或移线成果及方案比较资料;
(3)各种主要构造物设计方案及计算资料;
(4)路基、路面、桥梁、交叉、隧道等工程设计方案图及比较方案图;
(5)沿线设施、环境保护、筑路材料等设计方案;
(6)平纵面缩图,主要技术指标表,勘测报告及有关协议、纪要文件。

第三节 道 路 定 测

道路定测,即定线测量,是指施工图设计阶段的外业勘测和调查工作。道路定测也称为道路详测。

定测的目的是根据批准的初步设计文件及确定的修建原则和工程方案,结合自然条件与环境,通过优化设计后进行实地定桩放线,准确测定路线线位和构筑物位置,为道路施工图设计提供准确、可靠的勘测调查资料。

一 前期工作

1. 收集资料

应搜集工程可行性研究、初设阶段勘测、设计的有关资料以及审查、批复意见。

2. 拟订勘测方案

应根据任务的内容、规模和仪器设备情况,拟定勘测方案。

3. 现场核查

(1)应对初步设计所搜集的资料进行现场核查。
(2)应对沿线地形、地貌及地物的变化情况进行核查。
(3)应对初测阶段施测的路线平面、高程控制测量进行全面检查,并按以下规定执行:
①应对初测阶段设置的平面、高程控制点的点位分布情况进行全面检查。
②当控制点的点位分布满足设计要求时,应对其进行全面检测,检测成果与初测成果的较差在限差以内时,应采用原成果作为作业的依据。
③当个别段落控制点由于损坏或因方案变更不能满足设计要求时应进行补设,高程控制测量可采用同级控制加密,平面控制测量连续补点不大于3个时可进行同级加密,技术要求与

精度应符合规定。

④当检测成果与初测成果的较差超出限差或控制点分布不能满足设计要求时,应对整个控制网进行复测或重测,并应重新进行平差计算。

二 定测要点

对方案明确、地形地质条件比较简单的二、三、四级公路的勘测,可采用一次定测。定测一般分为选线组、测角组、中桩组、水平组、横断面组、调查组、路基路面组、桥涵隧道组、内业组共九个作业组进行。

高等级公路测设,一般采用两阶段或三阶段,多用纸上定线法。首先在地形图上定出交点,从地形图上读取各交点的大地坐标,根据各交点的坐标计算出交点间距和导线方位角,由方位角计算出交点的转角,再确定每个交点曲线半径值和缓和曲线长度,从而计算曲线要素与主点里程并定出路线,然后用全站仪或 GNSS 置于实地,根据中桩的大地坐标将其放到实地上,再收集相关外业资料。由于该方法取消了实地测角和测距的工作,从而消除了常规测设中的误差传递和积累,解决了不能和国家控制点闭合的问题。外业勘测时将选线组、测角组、中桩组 3 个组合并成一个中线组,如果采用 GNSS-RTK 技术放样,还可在中线放样的同时完成中桩抄平工作。因此,外业勘测中,采用不同的方法与仪器,则分组数目与每个组的工作是有区别的。

1. 路线勘测

1)选线与放线

定测阶段应根据批复的初步设计方案,结合现场地形、地物条件或初设审查意见等进一步优化、调整与完善线形线位及构造物位置。若初测阶段采用的是现场定线,则定测阶段一般是在实地现场调整交点位置与曲线参数,对路线进行优化。若初测阶段采用的是纸上定线,则定测阶段一般在地形图上调整交点位置与曲线参数,对路线进行优化,并根据控制测量桩和纸上定线计算成果进行实地放线。

2)中线敷设

(1)中线敷设方法

路线中线敷设可采用极坐标法、GNSS-RTK 法、链距法、偏角法、支距法等方法进行。高速、一级、二级公路宜采用极坐标法、GNSS-RTK 法,直线段可采用链距法,但链距长度不应超过 200m。

(2)中线敷设位置

①需要钉设的中桩包括:路线的起终点桩、公里桩、百米桩、平曲线控制(主点桩)、桥梁或隧道中轴线控制桩以及按桩距要求根据地形、地物、地质需要设置的加桩等。

②路线经过下列位置应设加桩:路线纵、横向地形变化处;路线与其他线状物交叉处;拆迁建筑物处;桥梁、涵洞、隧道等构造物处;土质变化及不良地质地段起、终点处;道路轮廓及交叉中心;省、地(市)、县级行政区划分界处;改、扩建公路地形特征点、构造物和路面面层类型变化处。

③路线中桩间距,应不大于表 10-4 的规定。

中桩间距   表10-4

直线(m)		曲线(m)			
平原、微丘	重丘、山岭	不设超高的曲线	$R>60$	$30<R<60$	$R<30$
50	25	25	20	10	5

(3)中桩桩位精度

中桩桩位精度应符合表10-5的规定。

中桩平面桩位精度   表10-5

公路等级	中桩位置中误差(cm)		桩位检测之差(cm)	
	平原、微丘	重丘、山岭	平原、微丘	重丘、山岭
高速、一级、二级公路	≤±5	≤±10	≤10	≤20
三级及其以下公路	≤±10	≤±15	≤20	≤30

(4)断链及处理

断链指的是因局部改线、量距计算错误或分段测量等原因造成的桩号不相连接的现象。断链的原因较多,但主要有两种:一种是由于计算和丈量发生错误造成的;另一种则是由于局部改线、分段测量等客观原因造成的。此外,当分离式路基变为整体式路基的接头点,上下行线的桩号不一样,一般也会在上行线末点设置断链,比如YK7+188=ZK7+211。

断链桩宜设于直线段,不宜设在桥梁、隧道、立体交叉等构造物范围之内。断链桩就是新老桩号不连续的那个桩点,断链桩上应标明换算里程及增减长度。断链有"长链"和"短链"之分,新桩号比老桩号大(新路线比老路线长)的叫长链,反之则叫短链,即桩号重叠的是长链,桩号间断的是短链。其桩号写法举例如下:

长链:K22+110.66=K21+120   长链990.66m

短链:K3+157.39=K3+200   短链42.61m

2. 中桩高程测量

1)中桩高程测量方法

中桩高程测量可采用水准测量、三角高程测量或GNSS-RTK方法施测,并应起闭于路线高程控制点。

2)中桩高程测量精度与要求

(1)应测至桩志处的地面,读数取位至厘米,其测量的精度指标应符合表10-6的规定。沿线中需要特殊控制的建筑物、管线、铁路轨顶等,应按规定测出其高程,其两次测量之差应小于2cm。

中桩高程测量精度   表10-6

公路等级	闭合差(mm)	两次测量之差(mm)
高速、一级、二级公路	≤$30\sqrt{L}$	≤5
三级及三级以下公路	≤$50\sqrt{L}$	≤10

(2)用三角高程测定中桩高程时,每一次距离应观测一测回两个读数,垂直角应观测一测回。

(3)用GNSS-RTK方法时,求解转换参数采用的高程控制点不应少于4个,且应涵盖整个中桩高程测量区域,流动站至最近高程控制点的距离不应大于2km,并应利用另外一个控制点进行检查,检查点的观测高程与理论值之差应小于表9-6两次测量之差的0.7倍。

3. 横断面测量

1)横断面测量方法

高速、一级、二级公路横断面测量应采用水平仪—皮尺法、GNSS-RTK方法、全站仪法、经纬仪视距法、架置式无棱镜激光测距仪法,无构造物及防护工程路段可采用数字地面模型方法、手持式无棱镜激光测距仪法;特殊困难地区和三级及三级以下公路,可采用水准仪法、数字地面模型方法和手持式无棱镜激光测距仪法、抬杆法。

2)横断面测量精度与要求

(1)断面中的距离、高差的读数取位至0.1m,检测互差限差应符合表10-7的规定。

横断面检测互差限差　　　　　　　表10-7

公路等级	距离(m)	高差(m)
高速、一级、二级公路	≤$L/100+0.1$	≤$h/100+L/200+0.1$
三级及三级以下公路	≤$L/50+0.1$	≤$h/50+L/100+0.1$

注:1. L 为测点至中桩的水平距离(m)。

2. h 为测点至中桩的高差(m)。

(2)断面测量的宽度应满足路基及排水设计、附属物设置等需要。

(3)用无棱镜激光测距仪法测量时,其距离和高差应观测两次,两次读数之差不超过表10-7的规定时,取平均值作为最终观测值。

(4)断面测量应逐桩施测,其方向应与路线中线切线垂直。

(5)断面测量除应观测高程变化点之间的距离和高差外,还宜观测最远点到中桩的距离和高差,其与高程变化点之间的距离和高差总和之差不应大于表10-7的规定。

(6)高速公路、一级公路的分离式路基和二、三、四级公路的回头弯路段,应联测出上、下行路线横断面,并应标注相关关系。

(7)断面测量应反映地形、地物情况,横断面应在现场点绘成图并及时核对;采用测记法室内点绘时,必须进行现场核对。

(8)数字地面模型获取横断面数据时,其航空摄影成图及数字高程模型(DTM)建立除应满足相关要求外,在相片控制测量时应对植被茂密的地段适当加密像控点,在相片调绘时应加强对沿线陡坎、植被、建筑物等的调查,并应对植被茂密、峡谷等地段进行横断面抽查,抽查比例应大于5%。

4. 地形测量

1)地形测量方法

实测地形图可选用测记法、测绘法等成图方法。距离测量可采用视距法或光电测距法,也可采用GNSS-RTK方法测量地形。定测阶段,局部地区地物变动不大时,地形图修测可使用交会法;地形、地物变化较大或采用交会法施测较困难时,应利用导线点、图根点进行。

2)地形测量要求

(1)定测时应利用初测地形图,并进行现场核对。地形、地物发生变化的路段,应予修测;

地形图范围不能满足设计要求时,应进行补测;变化较大时,应予重测。

(2)原有导线点、图根点不能满足修测、补测和重测需要时,应进行导线点(图根点)补测。

(3)修测、补测和重测地形图的技术要求和精度应符合地形测图的规定。

5. 定测内业工作

1)定测内业工作主要内容

(1)应对下列各项外业资料进行检查、复核和签署,检查、复核内容包括测量方法的正确性、野外计算的正确性、记录的完整性等,检查各项勘测调查项目、内容及详细程度是否满足施工图设计的要求。

①控制点测量记录。

②平面、高程控制测量野外记录手簿。

③地形图测量的记录数据。

④中桩放样记录手簿。

⑤中平测量记录手簿。

⑥横断面测量记录手簿。

⑦各专业勘测调查记录手簿。

(2)应对勘测成果进行内部自检和验收。对测绘资料进行限差检查并按规定进行计算,对测绘成果进行精度分析和评价。

(3)对于向有关部门搜集的资料,应检查、分析其是否齐全、可靠、适用、正确。

(4)对地形复杂的路线、不良地质地段、大型桥隧、立体交叉等地段的勘测调查资料,必须进行现场核对。

(5)应按专业分类编绘(制)外业勘测成果图表并编制勘测报告。

2)定测应提交的成果

(1)控制测量、补测或复测记录、计算和成果资料,地形图补充测量资料。

(2)各种调查、勘测原始记录、图纸及资料。

(3)各专业勘测调查的质量检查及分析评定资料。

(4)外业勘测说明书及有关协议和文件。

(5)根据设计需要编制的各种图表、说明资料。

3)检查验收

外业完成后,应经过主管部门的检查验收,经认可方能离开现场或开展设计工作。

三 勘测新技术

1. 3S技术在道路勘测中的运用与操作

1)3S技术的概念

3S技术是遥感技术(Remote sensing,RS)、地理信息系统(Geography information systems,GIS)和全球导航卫星系统(Global Navigation Satellite System,GNSS)的统称,是空间技术、传感器技术、卫星定位与导航技术和计算机技术、通信技术相结合,多学科高度集成的对空间信息进行采集、处理、管理、分析、表达、传播和应用的现代信息技术。3S技术的主要作用是通过以

GNSS为主的定位测量技术以及RS的多平台、多波段、高分辨率数据通过GIS系统来实现采集、编辑、管理、分析空间数据的自动化,从而能够高效地完成道路工程一系列的规划、勘测、设计、施工等工作。

2)GNSS技术在道路勘察设计中的具体应用

在道路勘测设计中对于GNSS的应用,主要集中在数据采集、测量和施工定位控制等方面。适用于道路勘测和设计中的GNSS系统测量技术,可以做到高效、快速、准确地提供各个要素精确的面、线、点的坐标。在道路工程的勘测设计中,特别是初测阶段它被认为是道路勘测放样的主要调查手段和工具。

在道路勘察设计的前期,采用GNSS静态或快速静态方法可建立沿线总体控制网,采用GNSS技术对控制点进行布控和信息采集,可以有效减少外业作业的难度,提高勘察工作效率,为勘察阶段测绘带状地形图、路线平面、纵面测量提供依据;勘察阶段采用动态定位模式(RTK)完成大比例尺工点地形图测绘,中桩测量放样、纵断面地面线测量、横断面测量等工作。

(1)道路中线放样

使用GNSS-RTK技术进行中线测量,不但克服了传统放样法和坐标放样法的缺点,而且具有观测时间短、精度高、无须通视、现场给出精确坐标等优点。其作业流程如下:

①线路设计。路线设计在大比例尺带状地形图或在现场定线完成,路线中心线的位置需要标定在实地。首先将线路的起点坐标、方位角、加直线长度及曲线要素输入计算机中,根据里程计算出待放样点的坐标,将待放样点坐标输入RTK电子手簿中。

②设置基准站。GNSS-RTK定位要求基准站接收机实时地把观测数据及已知数据通过无线电信号传输给流动站接收机,基准站和流动站的观测数据质量、无线电的信号传播质量对GNSS-RTK定位结果影响很大。在设置基准站时,基准站与流动站之间距离不能太大,基准站应设置在上空开阔、没有强电磁干扰、多路径误差影响小的控制点上。架设好基准站和天线,打开接收机,进行点校正工作。在有已知转换参数的情况下,直接输入当前坐标系统与WGS-84坐标系统(World Geodetic System-1984 Coordinate System)的转换参数,建立坐标转换关系。在不知道转换参数的情况下,直接采用点校正方式建立坐标转换方式。

③流动站设置。打开接收机,双击"测量"图标,选择"RTK"测量方式。流动站接收机在跟踪GNSS卫星信号的同时也接收来自基准站的数据,进行处理获得流动站的三维WGS-84坐标,通过与基准站相同的坐标转换参数将WGS-84坐标转换为相应坐标。

④中线放样测量。选择"放样"选项,进行放样测量作业。系统软件会自动根据输入TRK电子手簿中的放样点的坐标,定出放样点的点位。

⑤数值采集。当流动站到达放样点后,整平流动站天线,使放样点位置和天线中心位置重合,按"测量"键对该放样点进行数值采集工作。

(2)纵横断面测量

道路中线确定后,可通过现场数据采集或地形图上数据采集的方式完成纵、横测绘工作。现场数据采集时,根据中线桩的位置、线路走向,使用RTK测量方式,在现场完成纵、横断面采集和绘制。在地形图上进行数据采集时,使用数据绘图软件,在测绘的大比例尺带状地形图上,绘出路线纵断面和各桩点的横断面。

(3)地形图测绘

利用GNSS-RTK快速定位和实时得到三维坐标结果的特点,可以进行地形的碎部测量来代替常规的数字测图。以1台基准站,另一台或几台流动站分别开始进行碎部点测量。地形点的测量可以在数值采集的功能下进行,也可以根据现场地形的实际情况进行测量设定,在测量管道中心线或道路边线时可以设定按距离进行采集,距离可以人为设定;在匀速运动测量的过程中,可以设定按时间采集,时间间隔也可人为设定。采集完将数据格式转换为"点号、东坐标、北坐标、高程"形式,保存到硬盘,使用专用软件经过成图处理,生成数字化地形图。

3) GIS技术在道路勘察设计中的具体应用

随着遥感技术、计算机技术、网络技术和其他现代数字技术的快速发展,使GIS技术的数据更新和数据资源得到了丰富,也使GIS技术具备了多维动态、智能分析和统一的标准。在道路的勘察设计当中,GIS技术主要是用于综合处理三维道路信息的一个计算机软硬件系统。GIS在道路领域的应用范围主要表现在道路的信息分析和技术的处理方面,可以将空间特征可视化。GIS系统为道路的勘察设计工作提供了非常丰富,且内容精准的数据资源,比如GIS系统可以为道路设计人员提供广泛的地理信息查询、分析以及辅助设计参考。GIS系统还可以为设计人员提供道路走廊带的自然条件、经济状态、环境敏感点等信息。这为道路的勘察设计工作提供了必要的地理信息和知识保障。在道路勘察设计工作中,设计人员可以通过数字化地形图,初步选取合适的控制点。控制点上的地理特点和属性就同时显示出来,包括控制点的平面坐标或者高程。当控制点确定以后,将其连线,就会基本确定出路线的走向,然后进行一些平面要素的输入,路线的方案便可基本选定,并可以随时调整,同时可以得到其他相关信息的地理信息。GIS可以准确地确定出路线的占地宽度,也可以自动计算出路线的占地面积,还可以计算出建筑物的拆迁工程量。对于路线的前期规划、路线方案选取等工作有较大的帮助,可以减少设计人员的工作强度和提高工作效率。

4) RS技术在道路勘察设计中的具体应用

现代遥感技术的发展速度较快,具有传感器多、分辨率高和多时相的特征,所以它能获取更多地形、地貌以及地质构造信息。RS技术具有其他勘测技术所无法具备的宏观性、全面性和丰富性,它可为道路的勘察设计工作提供非常可行的地物信息。RS技术可以为道路设计人员提供路线所经过区域的地形地貌、水文景观、植物和作物等资料,对于分析和理解这些因素对道路路线的影响有着重要作用,使得设计人员可以选择最好的设计;RS技术还可以为设计人员提供沿线建筑材料的分布、运输条件和开挖条件,为道路施工创造方便;RS技术提供的遥感图像可快速识别区域的地质特征,可以有效地避开地质断层、滑坡、采空区、复杂的地质构造带等地质危险区,可为路线的选线方案提供科学的指导;RS技术还可以为选好的线路进行三维透视,以帮助设计人员进行反复调整。RS技术为道路的环保、安全和经济选择提供了良好的保证。另外,卫星遥感技术与计算机信息技术的联合应用,可以快速地准备各种尺度的遥感地图,还可以用来解释工程地质图,因此遥感技术在道路选线及优化方案方面发挥了重要的作用。

5) 3S集成技术的合理应用

3S集成技术的应用是道路勘察设计工作实现高效率和高科技应用效果的必然趋势。3S集成技术不但可以实现空间数据的实时采集,还可以对大量的地理信息数据进行更新、处理及分析,使道路的勘察设计工作完全实现智能化。3S集成技术可对地下、地上、三维空间环境,以及构成要素进行综合分析,进而为道路的选择提供最优方案。3S集成技术,可以以GIS

为基础信息平台,道路的勘察设计工作所需要的大理地理信息可以通过GIS系统来提供。GIS需要具有丰富的标准化数据、发达的网络平台以及智能化的决策系统。GNSS+RS技术可以为RS系统提供实时、动态的地形、地貌数据信息,并在此基础上制作出三维的数字地面模型和其他地形图,3S集成技术的科学应用改变了常规地形测量工作的高强度作业方式,大大提高了道路勘察设计工作的效率,也有效节省了工程的成本。

在道路的勘察设计工作中3S技术具有非常广阔的应用前景。数字化勘察技术的全面应用,使道路勘察设计工作的劳动强度大幅减少,也大大提高了道路工作的效率和经济效益。3S技术是现代科技成果和数字技术在工程领域得到有效发挥的成功案例。

2. 无人机航测技术在道路勘测中的运用与操作

无人机航测技术的应用目标主要是获取高分辨率数字影像。它以无人机作为飞行平台,以高分辨率航摄仪作为传感器,利用3S技术在系统中集成应用,从而获取小面积、大比例尺以及现势性强的航测遥感数据。

CAD融合航拍

(1)无人机航测技术在道路勘测中的应用及优势

随着科学技术的进步,无人机和航空摄影测量的相关技术都有了很大的进步。无人机航测已经成为卫星和有人机获取数据的有效补充手段,通过无人机航测技术,能够快速、准确地获取测量区域的影像数据,从而生成影像以及实景三维模型。无人机航测可以对带状地形进行大比例尺的地形勘测,大幅提升了地形测绘工作的质量和效率。目前无人机摄影测量已经能够满足1:500、1:1000、1:2000等大比例尺地形图精度要求,因此其在道路勘察上有很高的实用性。通过无人机摄影测量技术,还可辅助道路路线规划和比选,征地拆迁可视化管理,现状地形分析数据库(如水文地势、现状道路、现状建筑,实现可视、可量、可测)、辅助施工组织总体决策(工程方案分析、现有地形利用、施工便道布置、交通组织导改、现状地形数据查阅),地势复杂区域土方计量等,在智慧城市实景三维建模中具有重要的应用优势和价值。无人机航测技术主要有以下优势:

①机动灵活,安全性高;
②精度高,测图精度高;
③成本较低、操作便捷;
④周期短、效率高。

(2)无人机航测操作流程

无人机航测得到的数据首先是影像。目前获取影像的方法有很多,无人机主要有正射影像和倾斜摄影两种方式。正射影像是通过无人机上搭载的航摄仪对地面连续摄取相片,而后经过一系列的内业处理得到的影像数据,获取的成果只有地物俯视角度信息,也就是视角垂直于地面。正射影像图具信息量丰富,直观性强的优点,并且数据结构简单,有良好的判读与量测性能及具有生产、更新周期短与低成本高效率的优势。而倾斜摄影测量测试通过无人机搭载5个航摄仪从前、后、左、右、垂直五个方向对地物进行拍摄,再通过内业的几何校正、平差、多视影像匹配等一系列的处理得到的具有地物信息的数据。简单理解就是,正射影像上地物是在一个平面的,倾斜摄影测量地物是具有真实高度的。

无人机航测技术应用寄托于先进的软硬件支撑系统,包括专业的航测无人机平台(无人机)、航摄仪(云台)、地面站系统(飞行控制器)、差分系统(网络RTK等)、航片处理和建模软件、划线图等高线采集软件等。

总体流程分为外业和内业两部分。外业主要流程为:前期准备、测区环境勘察、像控布设、无人机及云台搭建、航线规划、飞行作业、航测数据导出。内业主要流程有:航测数据整理、位置和姿态(POS)、数据整理(ppk解算)、空三加密(对空中三角测量精密解算)、刺像控平差(进行像控点刺点及平差处理)、三维建模及生成数字正射影像/数字表面模型/数字高程模型(DOM/DSM/DEM)等、使用数据采集软件加载生成的模型并进行数字线划图(DLG)。无人机航测形图测绘技术流程如图10-3所示。

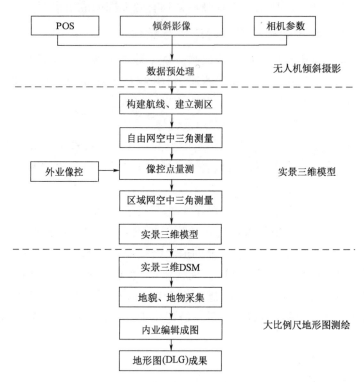

图10-3 基于无人机航测的地形图测绘技术流程图

第四节 道路勘测验收及校审

一 验收依据和制度

1. 验收依据

道路勘测外业各阶段完成后,为确保勘测的质量和精度,应进行全过程的检查及最终验收。检查和验收的依据如下:

(1)任务委托单位提供的勘测任务书、合同书或相关文件。

(2)《公路勘测规范》(JTG C10—2007)及国家的有关法律、法规。

(3)勘测大纲技术设计文件和勘察设计大纲。

2. 验收制度

公路勘测实行三级检查、两级验收、一级校审制度。

"检查"适用于勘测外业实施阶段的质量过程控制。

"验收"适用于勘察外业结束,且提出各工序勘察的原始资料和阶段与阶段性中间成果资料的工作阶段。

"校审"适用于完成了一个合同项目段的勘测报告,内业工作结束,对提出的正式测量报告的校核与审查。

(1)三级检查

一级检查为自检,即记录人员自行检查。

二级检查为互检(复检),一般为观测人员进行复核。

三级检查为组检,即作业组长(或授权具有相应水平的人)进行的检查。

(2)两级验收

一级验收是由单位主要责任人(授权具有相应水平的人)组织进行的验收。

二级验收是由审查人组织进行的验收。

(3)一级校审

校审由主任工程师及以上在正式测量报告提出后组织进行最终质量评定。

二 核审程序

核审程序如下:

(1)勘测原始记录作业员自检。

(2)勘测原始记录互检(复核)。

(3)作业员将勘测记录连同计算书交作业组长。

(4)作业组长将检查意见填入校核单,返回作业员一次修改。

(5)作业员一次修改后,报送作业组长确认修改情况。

(6)作业组长签署后送分院(室)验收。

(7)单位主要责任人组织验收,将验收意见填入审核单,并将验收意见返回作业员二次修改。

(8)作业员二次修改后,交分院长(室主任或授权具有相应水平的人)核对修改后签署验收意见。

(9)验收意见填入校核单并退回分院(室),分院(室)组织修改。

(10)主任工程师及以上核对修改并签署,最后对提出的正式测量报告进行校审并进行质量评定,填写校审单。

三 检查验收的主要内容及要求

1. 检查、验收与校审的共性内容

(1)工程使用的各种仪器、设备的技术性能指标,应满足项目勘测的需要;各种测量仪器应按规定周期进行检校,并有检验报告。

(2)任务书中有项目应完成工作量与实际完成工作量的对照检查,包括调查的项目、测量路线长度和工点数等。

(3)勘测的作业方法、作业程序和作业要求,应符合有关规范和勘测大纲的要求。

(4)原始资料记录、内容的正确性、完整性及其精度,应符合规定的要求。

(5)计算方法、计算过程的正确性,计算成果的精度,应满足规定的要求。

(6)作业成果资料,应满足合同任务书的深度。

2. 各级检查的工作侧重点

1)第一、第二两级检查

作业员负责原始资料的自检、复核。对原始资料的记录和计算进行全面检查和复核。

对图纸上线条、数字、符号、代号、注记的正确性,表示的合理性以及表格和文字说明进行正确性检查。

内外业检查抽检率均为100%。

对各级审核意见进行修改。

2)第三级检查

原始记录的检查、原始记录计算的检查以及计算数据输入、计算过程和计算结果的精度检查。

原始资料记录检查、计算和图纸检查抽检率为100%。

负责作业组审核意见修改的核对并签署。负责组织责任单位验收和验收意见修改。

3)一级验收

对原始记录的正确性,计算的正确性,成果精度,图纸表示的正确性、完整性、合理性,表格文字说明的正确性、完整性,勘测深度,勘测项目的完整性进行全面验收。

原始资料外业验收,其抽检率不低于20%,计算资料验收抽检率不低于50%,图纸、精度以及资料完整性验收为100%。

负责对责任单位审核意见修改的核对并签署。

4)二级验收

对测量方法,计算方法,成果精度,图纸表示的正确性、完整性、合理性,表格文字说明的正确性、完整性,勘测深度,勘测项目的完整性进行抽样验收。

原始资料外业验收抽检率不低于10%,计算资料验收抽检率不低于20%,图纸、成果精度以及资料完整性验收为100%。

负责对验收意见修改的核对并签署。

5)校审

对测量方法,计算方法,成果精度,图纸表示的正确性、完整性、合理性,表格文字说明的正确性、完整性,勘测深度,勘测项目的完整性等作出定性和定量的评价。

复习思考题及习题

[10-1] 测量标志有哪些种类?有何技术要求?

[10-2] 标志埋设应注意哪些问题?

[10-3] 简述道路初测的要点。
[10-4] 道路中线敷设有哪些方法？其适用条件怎样？
[10-5] 中线敷设应满足哪些技术要求？
[10-6] 产生断链的原因有哪些？如何表示长、短链？
[10-7] 简述中桩高程测量的方法及精度要求。
[10-8] 横断面测量有哪些方法？其测量精度有哪些要求？
[10-9] 简述初测、定测内业的工作内容。
[10-10] 3S技术是指什么？简述其在道路勘测中的作用。
[10-11] 公路勘测实行三级检查、两级验收、一级校审制度的具体内容是什么？
[10-12] 名词解释：
(1)初测；(2)定测；(3)断链；(4)长链；(5)短链；(6)三级检查；(7)标志桩；(8)路线控制桩；(9)控制测量桩。

第十章测试题及答案

附件1 课程总结

课程总结1　　课程总结2

附件2 试卷及参考答案

课程考核试卷一

课程考核试卷二

课程考核试卷三

试卷一答案及评分标准

试卷二答案及评分标准

试卷三答案及评分标准

参 考 文 献

[1] 中华人民共和国交通运输部. 公路工程技术标准:JTG B01—2014[S]. 北京:人民交通出版社股份有限公司,2015.
[2] 中华人民共和国交通运输部. 公路勘测规范:JTG C10—2007[S]. 北京:人民交通出版社,2007.
[3] 中华人民共和国交通运输部. 公路路线设计规范:JTG D20—2017[S]. 北京:人民交通出版社股份有限公司,2017.
[4] 中华人民共和国住房和城乡建设部. 城市道路工程设计规范:CJJ 37—2012(2016年版)[S]. 北京:中国建筑工业出版社,2016.
[5] 中华人民共和国住房和城乡建设部. 城市道路交叉口设计规程:CJJ 152—2010[S]. 北京:中国建筑工业出版社,2010.
[6] 中华人民共和国住房和城乡建设部. 城市道路绿化设计标准:CJJ/T 75—2023[S]. 北京:中国建筑工业出版社,2023.
[7] 中华人民共和国住房和城乡建设部. 无障碍设计规范:GB 50763—2012[S]. 北京:中国建筑工业出版社,2012.
[8] 中华人民共和国住房和城乡建设部. 城市综合交通体系规划标准:GB/T 51328—2018[S]. 北京:中国建筑工业出版社,2018.
[9] 中华人民共和国交通运输部. 公路工程基本建设项目设计文件编制办法[R]. 北京:人民交通出版社,2007.
[10] 中华人民共和国交通运输部. 公路排水设计规范:JTG/T D33—2012[S]. 北京:人民交通出版社,2012.
[11] 国家市场监督管理总局. 道路交通标志和标线 第2部分:道路交通标志:GB 5768.2—2022[S]. 北京:中国标准出版社,2022.
[12] 中华人民共和国住房和城乡建设部. 城市道路交通设施设计规范(2019年版):GB 50688—2011[S]. 北京:中国计划出版社,2019.
[13] 中华人民共和国交通运输部. 公路交通安全设施设计规范:JTG D81—2017[S]. 北京:人民交通出版社股份有限公司,2017.
[14] 中华人民共和国交通运输部. 公路项目安全性评价规范:JTG B05—2015[S]. 北京:人民交通出版社股份有限公司,2015.
[15] 中华人民共和国交通运输部. 公路立体交叉设计细则:JTG/T D21—2014[S]. 北京:人民交通出版社,2014.
[16] 中国工程建设标准化协会. 公路项目安全性评价规程:T/CECS G:E10—2021[S]. 北京:人民交通出版社股份有限公司,2021.
[17] 孙家驷. 道路设计资料集[M]. 北京:人民交通出版社,2001.
[18] 孙家驷,吴国雄,朱晓兵. 道路立交枢纽设计[M]. 成都:电子科技大学出版社,1996.
[19] 刘子剑. 互通式立体交叉设计原理与应用[M]. 北京:人民交通出版社股份有限公司,2015.

[20] 刘伯莹,姚祖康. 公路设计工程师手册[M]. 北京:人民交通出版社,2002.
[21] 霍明. 山区高速公路勘察设计指南[M]. 北京:人民交通出版社,2003.
[22] 陈胜营,汪亚平,张剑飞. 公路设计指南[M]. 北京:人民交通出版社,2000.
[23]《公路设计手册》编写组. 公路设计手册[M]. 北京:人民交通出版社,1979.
[24] 姚祖康. 公路排水设计手册[M]. 北京:人民交通出版社,2001.
[25] 李相然,宋华山,岳同助,等. 公路工程现场勘察与测量技术[M]. 北京:人民交通出版社,2003.
[26] 孙家驷等. 公路勘测设计[M]. 重庆:重庆大学出版社,1994.
[27] 张延楷,张金水. 道路勘测设计[M]. 上海:同济大学出版社,1998.
[28] 徐家钰,程家驹. 道路工程[M]. 2版. 上海:同济大学出版社,2004.
[29] 李泽民. 城市道路广场规划设计[M]. 北京:中国建筑工业出版社,1988.
[30] 任福田,肖秋生,薛家蕙. 城市道路规划与设计[M]. 3版. 北京:中国建筑工业出版社,1998.
[31] 裴玉龙. 道路勘测设计[M]. 北京:人民交通出版社股份有限公司,2018.
[32] 吴瑞麟,沈建武. 城市道路设计[M]. 北京:人民交通出版社,2003.
[33] 方守恩. 高速公路[M]. 北京:人民交通出版社,2002.
[34] 李峻利. 交通工程设施设计[M]. 北京:人民交通出版社,2001.
[35] 许金良. 道路勘测设计[M]. 5版. 北京:人民交通出版社股份有限公司,2018.
[36] 李清波,符锌砂. 道路规划与设计[M]. 北京:人民交通出版社,2002.
[37] 刘培文. 道路几何设计[M]. 北京:中国科学出版社,2003.
[38] 周巍,高跃茹. 公路平曲线线形设计[M]. 上海:同济大学出版社,2003.
[39] 刘培文. 现代公路勘测技术[M]. 修订版. 北京:人民交通出版社,2001.
[40] 江海涛. 道路和建筑无障碍设计图说[M]. 山东:山东科学技术出版社,2004.
[41] 李祝龙. 公路环境与景观设计咨询要点[M]. 北京:人民交通出版社,2011.
[42] 张铭,曹纬浚. 注册道路工程师执业资格专业考试应试辅导(2024全国勘察设计注册工程师考试辅导用书)[M]. 北京:人民交通出版社股份有限公司,2024.